国家哲学社会科学成果文库

NATIONAL ACHIEVEMENTS LIBRARY
OF PHILOSOPHY AND SOCIAL SCIENCES

中国文化消费提升研究

毛中根 等著

科学出版社

内 容 简 介

文化消费具有经济、社会和意识形态三重属性。提升文化消费能为人民群众提供丰富的精神食粮，有益于满足人民对美好生活的需要，能有效彰显其经济、社会与意识形态效益。本书以中国特色社会主义文化消费科学内涵为基点，研究文化消费提升的要义、文化消费发展演进、文化消费的增长因素及机理、文化消费质量的内容及提升思路、文化消费满意度量化体系与指数构建、文化消费提升的国际比较及经验借鉴、文化消费调控机制、文化消费提升机制及路径选择等问题。本书期望准确把握文化消费发展的时代命题，积极借鉴国外文化消费发展经验，掌握我国文化消费在扩大数量、提高质量、提升满意度三个方面的发展逻辑，揭示我国文化消费调控机制，探索建立中国特色社会主义文化消费提升的理论体系。

本书可作为消费经济学、文化经济学等专业的高等院校教师和学生的文献资料，也可为从事消费和文化管理的工作人员提供参考。

图书在版编目（CIP）数据

中国文化消费提升研究 / 毛中根等著. —北京：科学出版社，2018.3
（国家哲学社会科学成果文库）
ISBN 978-7-03-056287-6

Ⅰ.①中… Ⅱ.①毛… Ⅲ.①文化生活-消费-研究-中国 Ⅳ.①G124

中国版本图书馆 CIP 数据核字（2018）第 006504 号

责任编辑：李 莉 / 责任校对：赵桂芬
责任印制：张克忠 / 封面设计：肖 辉 黄华斌

科学出版社 出版
北京东黄城根北街 16 号
邮政编码：100717
http://www.sciencep.com

北京通州皇家印刷厂 印刷
科学出版社发行 各地新华书店经销
*
2018 年 3 月第 一 版 开本：720×1000 1/16
2018 年 3 月第一次印刷 印张：24 3/4 插页：4
字数：400 000

定价：186.00 元
（如有印装质量问题，我社负责调换）

作者简介

毛中根 男，湖南武冈人，经济学博士，经济学博士后。现任西南财经大学中国西部经济研究中心主任、教授、博士生导师，四川省第十二届政协委员，兼任（中国）消费经济学会学术委员会副主任、四川省居民消费研究会理事长。入选了教育部"新世纪优秀人才支持计划"，系四川省学术和技术带头人、四川省教育厅创新团队负责人。

主持完成了国家社会科学基金重大项目、国家自然科学基金面上项目、国家社会科学基金青年项目、霍英东教育基金会高等院校青年教师基金项目等课题。研究成果发表于《统计研究》《数量经济技术经济研究》《管理科学学报》《金融研究》《财贸经济》《经济学动态》《南京大学学报》《人民日报》《光明日报》《教育部简报（高校智库专刊）》等报刊，出版专著《生产大国向消费大国演进研究》。研究成果获商务部商务发展研究成果奖一等奖、教育部高等学校科学研究优秀成果奖（人文社会科学）三等奖、四川省社会科学优秀成果奖二等奖和三等奖、山东省社会科学优秀成果奖三等奖等奖项。

《国家哲学社会科学成果文库》

出版说明

　　为充分发挥哲学社会科学研究优秀成果和优秀人才的示范带动作用，促进我国哲学社会科学繁荣发展，全国哲学社会科学规划领导小组决定自 2010 年始，设立《国家哲学社会科学成果文库》，每年评审一次。入选成果经过了同行专家严格评审，代表当前相关领域学术研究的前沿水平，体现我国哲学社会科学界的学术创造力，按照"统一标识、统一封面、统一版式、统一标准"的总体要求组织出版。

全国哲学社会科学规划办公室

2011 年 3 月

序

努力满足人民日益增长的美好文化生活需要

——为《中国文化消费提升研究》作序

洪银兴*

　　党的十九大报告指出，文化自信是一个国家、一个民族发展中更基本、更深沉、更持久的力量。没有高度的文化自信，没有文化的繁荣兴盛，就没有中华民族伟大复兴。在现代化建设进程中，我国始终把文化建设放在重要位置。要坚持中国特色社会主义文化发展道路，激发全民族文化创新创造活力，建设社会主义文化强国。文化兴国运兴，文化强民族强，文化建设是中国特色社会主义事业"五位一体"总体布局的重要组成，在推进社会主义现代化进程中扮演着重要角色。文化消费（cultural consumption）是文化建设中的重要一环，既直接作用于人民群众精神文化需要的满足，促进人全面自由

---

　　* 洪银兴，南京大学原党委书记，南京大学文科资深教授。

发展；又作用于文化生产力的解放与发展，推动经济发展；还作用于社会主义核心价值观的培育和践行，促进社会进步。

当前，中国特色社会主义进入新时代，我国社会主要矛盾已经转化为人民日益增长的美好生活需要和不平衡不充分的发展之间的矛盾。这预示着人民的消费预期不断增强，由强调集合数量概念的物质文化需要变为强调质量概念的美好生活需要，表明我国的消费发展已跨越过去的消费数量满足阶段，进入消费质量满足的新阶段。文化消费属于发展、享受型消费，是消费结构升级的重要方向。满足人民日益增长的美好生活需要，应不断为社会提供优质文化产品与服务，缩小文化消费差距，促进文化消费提升，从文化需要的角度回应人民对美好生活需要的满足。

该书厘清了文化消费提升的理论内涵，构建了文化消费提升的"三位一体"理论框架。与扩大文化消费相比，提升文化消费具有更丰富的含义。随着人们收入水平的提高和消费结构的升级，人们对消费的追求更加注重文化消费的满足，对文化消费的追求更加注重文化消费的质量和文化消费的满意度。根据消费需求升级规律和不断满足人民对美好生活的需要，该书科学界定文化消费提升的内涵，建立文化消费数量扩大、质量提高和满意度提升"三位一体"的理论框架，提出数量扩大是文化消费提升的基础，在数量扩大的基础上，质量提高与满意度提升共同构成了文化消费提升体系。文化消费数量扩大，不仅是人均文化消费支出的增加，而且还要有文化消费支出占总消费支出比重的提高；文化消费质量提高，要求在供给侧提供更优质的文化产品和服务；文化消费满意度提升，既包括人们对文化消费满意程度主观评价的提升，也包括文化产品或服务的供给水平、文化消费环境等客观条件的改善。

该书从经济学视角切入文化问题研究，夯实相关基础性工作，为我国文化经济学理论发展做出探索。该书在充分借鉴已有文化消费内涵研究成果基础上，提出社会主义文化消费的科学内涵，深度剖析我国文化消费发展已经历的四个阶段及其特征、文化消费结构与差距演变、文化消费发展现实困境与新态势、文化消费的增长因素及机理等，界定文化消费质量与满意度的内涵并构建指标体系，分析文化消费政策调控机制，借鉴发达国家文化消费提升经验，探索我国文化消费提升的政策路径。无疑，这些研究成果对促进文化发展、提升文化消费具有重要的参考价值。

该书在准确定位我国文化消费发展的时代价值基础上，从经济学视角提出文化消费数量扩张、文化消费质量提高、文化消费满意度提升的"三位一体"理论框架，并在该理论框架的基础上，清晰剖析文化消费提升的内在规律与机理，丰富中国特色文化消费理论，为文化问题的经济学研究提供探索性范例。

毛中根博士于 2006 年从南京大学取得经济学博士学位后进入西南财经大学工作，十余年来一直从事消费经济学领域的教学和科研。该书在其主持完成的国家社会科学基金重大项目结题报告基础上修改而成，并入选了《国家哲学社会科学成果文库》，可喜可贺。希望他继续深入文化消费与文化经济研究，取得更好的成果，为推动文化大发展大繁荣做出贡献。

是为序。

2017 年 11 月

目　　录

总论 ………………………………………………………………（1）

第一章　文化消费提升的要义及文献回顾 …………………（22）

第一节　文化消费的提升要义 ………………………………（22）

第二节　文献回顾 ……………………………………………（33）

第三节　研究评述与启示 ……………………………………（53）

第二章　我国文化消费发展演进分析 ………………………（58）

第一节　我国文化消费发展历程 ……………………………（58）

第二节　我国文化消费增长的阶段性特征及新态势 ………（78）

第三节　我国文化消费结构的演变 …………………………（92）

第四节　我国文化消费差距及其演变 ………………………（103）

第五节　我国文化消费提升面临的困境 ……………………（121）

第三章　文化消费的增长因素及机理分析 …………………（126）

第一节　收入结构演变与文化消费增长 ……………………（126）

第二节　社保制度改革与文化消费增长 ……………………（139）

第三节　家庭特征变迁与文化消费增长 ……………………（159）

第四节　文化产业集聚与文化消费增长 ……………………（172）

第四章 文化消费质量的内容及提升思路……………………………（187）

第一节 文化消费质量的内涵与描述性评价………………（188）

第二节 分区域居民文化消费质量指数的测度及比较分析………（204）

第三节 提升我国文化消费质量的基本思路………………（223）

第五章 文化消费满意度量化体系与指数构建……………（230）

第一节 文化消费满意度量化体系的理论分析……………（230）

第二节 文化消费满意度指数的初步构建及应用…………（239）

第三节 文化消费满意度指数应用启示及完善思路………（255）

第四节 提升居民文化消费满意度的基本思路……………（261）

第六章 文化消费提升的国际比较及经验借鉴……………（265）

第一节 文化消费发展的国际比较…………………………（265）

第二节 典型国家文化消费发展状况………………………（269）

第三节 典型国家文化消费发展状况比较…………………（299）

第四节 文化消费提升的国际经验…………………………（305）

第五节 主要结论与启示……………………………………（319）

第七章 文化消费调控机制分析……………………………（322）

第一节 文化消费调控机制概述……………………………（322）

第二节 文化消费调控工具传导路径及机制分析…………（330）

第三节 完善文化消费调控机制的思路……………………（342）

第八章 文化消费提升机制及路径选择……………………（347）

第一节 文化消费的提升机制………………………………（347）

第二节 文化消费提升的路径选择…………………………（352）

参考文献……………………………………………………（359）

索引…………………………………………………………（382）

后记…………………………………………………………（384）

Contents

Introduction ·· （1）

Chapter 1   Essence of Promoting Cultural Consumption and Literature
                      Review ·· （22）
   1.1   The Core Essence of Cultural Consumption Promotion ············ （22）
   1.2   Literature Review ··· （33）
   1.3   Research Review and Implications ························· （53）

Chapter 2   Analysis of the Evolution of China's Cultural Consumption ··· （58）
   2.1   The History of China's Cultural Consumption ················· （58）
   2.2   Stages Characteristics and New Trends of China's Cultural Consumption
                      Growth ··· （78）
   2.3   Evolution of China's Cultural Consumption Structure ·············· （92）
   2.4   China's Cultural Consumption Gap and Its Evolution ·············· （103）
   2.5   Dilemma of China's Cultural Consumption Improvement ·········· （121）

Chapter 3   Analysis on Growth Factors and Mechanism of Cultural
                      Consumption ·· （126）
   3.1   Evolution of Income Structure and Cultural Consumption Growth
                      ··· （126）

3.2 Reform of Social Security and Cultural Consumption Growth······（139）

3.3 Changes in Family Characteristics and Cultural Consumption Growth
··（159）

3.4 Cultural Industry Agglomeration and Cultural Consumption Growth
··（172）

Chapter 4 Content of Cultural Consumption Quality and Ideas for Improvement···（187）

4.1 Connotation and Descriptive Evaluation of Cultural Consumption Quality···（188）

4.2 Measures and Comparative Analysis of Residential Cultural Consumption Quality Index in Different Regions ································（204）

4.3 Basic Ideas for Improving the Quality of Cultural Consumption in China
··（223）

Chapter 5 Construction of the Consumption Satisfaction Quantification System and Index···（230）

5.1 Theoretical Analysis of Quantification System of Cultural Consumption Satisfaction ··（230）

5.2 Initial Construction and Application of the Cultural Consumption Satisfaction Index···（239）

5.3 Implications and Improvement Ideas of the Application of Cultural Consumption Satisfaction Index································（255）

5.4 Basic Ideas for Enhancing the Residential of Cultural Consumption Satisfaction ··（261）

Chapter 6 International Comparison and Lessons of the Cultural Consumption ···（265）

6.1 International Comparison of the Development of Cultural Consumption
··（265）

6.2   The Development of Cultural Consumption in the Typical Countries
.... (269)

6.3   Comparison of the Development of Cultural Consumption in Some
Typical Countries .... (299)

6.4   International Experiences in Promoting the Cultural Consumption
.... (305)

6.5   Main Conclusions and Implications .... (319)

Chapter 7   Analysis of Cultural Consumption Regulation Mechanism
.... (322)

7.1   An Overview of the Regulation Mechanism of Cultural Consumption
.... (322)

7.2   Analysis of the Transmission Path and Mechanism of Cultural
Consumption Control Tools .... (330)

7.3   Ideas for Perfecting the Regulation Mechanism of Cultural Consumption
.... (342)

Chapter 8   Promotion Mechanism of Cultural Consumption and Route
Selection .... (347)

8.1   Mechanism of Promoting Cultural Consumption .... (347)

8.2   Selection of Ways to Promote Cultural Consumption .... (352)

References .... (359)

Index .... (382)

Postscript .... (384)

总　论

一、研究背景

在现代化建设进程中，我国政府始终把文化建设放在重要位置。党的十六大报告提出经济建设、政治建设、文化建设"三位一体"，十七大报告将其扩展为经济建设、政治建设、文化建设和社会建设"四位一体"，十八大报告则进一步指出，建设中国特色社会主义，总体布局是经济建设、政治建设、文化建设、社会建设、生态文明建设"五位一体"。文化建设是中国特色社会主义事业"五位一体"总体布局的重要组成，在推进社会主义现代化进程中扮演着重要角色。十九大报告更是将文化建设提升到国运的高度，强调"文化是一个国家、一个民族的灵魂。文化兴国运兴，文化强民族强。没有高度的文化自信，没有文化的繁荣兴盛，就没有中华民族伟大复兴。要坚持中国特色社会主义文化发展道路，激发全民族文化创新创造活力，建设社会主义文化强国"（习近平，2017）。

十九大报告指出，"中国特色社会主义进入新时代，我国社会主要矛盾已经转化为人民日益增长的美好生活需要和不平衡不充分的发展之间的矛盾"（习近平，2017）。文化消费在满足人民群众包括文化在内的日益增长的美好需要方面将起到举足轻重的作用，满足文化需求才能更好地推动人的全面发展和社会的全面进步。

作为文化建设不可或缺的重要环节，扩大文化消费一直是学术界和政府部门关注的热点问题。然而仅仅关注文化消费支出或文化产业增加值虽然有利于文化建设，但是容易造成重数量而轻质量、重扩张而轻发展的错误导向。从更深远的层面来看，研究如何提升文化消费才能够从根本上促进社会主义文化事业建设目标的实现。此处所讲的"提升",既包括在经济层面,通过文化消费数量扩张而产生的促进经济增长的效果;也包括在社会层面,通过文化消费质量提高而产生的增加居民幸福感与构建和谐社会的效果;还包括在国家层面,通过文化消费结构调整而产生的弘扬传统文化、奠定文化强国地位、展示文化自信的效果。因此,文化消费提升既直接体现文化建设的目的,也构成文化建设的内生动力。

(一)长期意义

首先,文化消费提升是深化文化体制改革的题中应有之义,也是破解改革现实困境的关键所在。我国文化体制改革进入深水区,改革面临着诸多深层问题与体制障碍,需要攻坚克难,推动文化体制改革不断实现新进展。党的十九大报告提出,"要深化文化体制改革,完善文化管理体制,加快构建把社会效益放在首位、社会效益和经济效益相统一的体制机制"(习近平,2017)。同时对中国特色社会主义文化发展提出更高的要求,强调"发展中国特色社会主义文化,就是以马克思主义为指导,坚守中华文化立场,立足当代中国现实,结合当今时代条件,发展面向现代化、面向世界、面向未来的,民族的科学的大众的社会主义文化,推动社会主义精神文明和物质文明协调发展。要坚持为人民服务、为社会主义服务,坚持百花齐放、百家争鸣,坚持创造性转化、创新性发展,不断铸就中华文化新辉煌"(习近平,2017)。深化文化体制改革必然涉及文化消费提升问题。提升语境下的文化消费包括数量扩张、质量提高和结构优化,以及其对文化产业、文化事业、经济社会、人的发展等的深层次影响机制。提升语境下的文化消费要服务于"牢牢掌握意识形态工作领导权""培育和践行社会主义核心价值观""加强思想道德建设""繁荣发展社会主义文艺""推动文化事业和文化产业发展"(习近平,2017)。

其次,文化建设由重视扩大文化消费数量向重视提升文化消费质量和文化消费满意度转变,是不断满足人民群众美好文化生活需要的必然结果。满足人民群众日益增长的精神文化需求,是文化建设的根本任务。随着人民群众的物质需求不断得到满足,人们对精神文化需求的层次不断提高。人民群众的文化消费日益活跃,并向高品质、多样化和个性化发展(蔡武,

2010）。党的十九大报告指出，"我国社会主要矛盾已经转化为人民日益增长的美好生活需要和不平衡不充分的发展之间的矛盾"（习近平，2017）。这表明人民的消费已经跨越数量满足阶段，进入质量优化满足阶段。面对这一变化，只有增进居民需要和文化供给之间的结构性和动态性匹配，才能从根本上实现中国文化产品和服务的供需平衡。进一步，保障和改善民生就是要解决人民最关心、最直接的利益问题，最大限度地满足人民群众的需要。当人民群众的基本物质需要得到满足后，精神文化需要成为民生问题的关注点。树立文化民生理念，就是坚持从人的多样性文化生活需要出发，"创造尽可能多而优的文化产品和服务，满足人们求知、求乐、求美的精神文化需求"（聂辰席，2011）。文化消费的切实提升，能够使文化发展成果最大限度地惠及人民群众，让人民身心得到愉悦，情操得到陶冶，丰富人民群众的精神文化生活，保障和改善人民群众的文化权益。

再次，文化建设由重视文化消费数量向重视文化消费层次提升转变，是通过内需扩张保证经济可持续发展的必然要求。《文化部"十二五"时期文化改革发展规划》明确指出，"把扩大文化消费作为扩大内需的重要组成部分，建立扩大文化消费需求的长效机制，以优质、丰富的文化产品和服务吸引消费者，增加文化消费总量，提高文化消费水平"[①]。近 20 年来，文化消费虽一直保持高速增长，1995~2015 年，全国城乡文化消费总量由 1 962.86 亿元增至 24 036.45 亿元，年均增长 13.34%（王亚南，2017），但与发达国家相比，我国文化产业与文化消费还有较大缺口。通过文化消费层次的提升可以极大地释放文化消费潜力：一是，文化消费是居民消费的重要组成部分，是拉动经济增长的三驾马车的重要组成部分；二是，文化消费是文化产业发展的内在动力，文化产业是低能耗、少排放、多就业的新兴产业，对调整经济结构、促进产业升级、转变经济发展方式具有重要意义；三是，文化消费提升对文化生产力的进一步发展起着非常重要的推动作用。文化消费是一种能动性消费，能够提高国民素质，提高和激发人的创造力。满足了国民的文化消费，也就再生产着高端的生产力，国民文化消费水平越高，文化生产也就

---

①　http://zwgk.mcprc.gov.cn/auto255/201205/t20120510_473085.html?keywords=%E6%96%87%E5%8C%96%E6%94%B9%E9%9D%A9%E5%8F%91%E5%B1%95%E8%A7%84%E5%88%92.

越有活力（韩震，2011）。文化消费是激活文化市场，推动文化市场机制有效发挥的源泉，文化消费提升将推动文化的大发展大繁荣。

最后，文化建设由重视文化消费数量向重视文化消费结构调整转变，是构建文化强国的必然要求。文化建设不仅自身有重要的经济发展促进功能，还能为经济发展提供强大的精神动力。在过去的文化建设与经济发展关系中，我们主要重视扩大文化消费对经济增长的直接拉动作用，较少提及文化建设中文化消费提升与经济增长的关系。在经济增长速度换挡、结构调整阵痛、前期刺激政策消化三期叠加背景下，提升文化消费的意义愈发凸显。这是因为，文化消费提升重视依靠体系化的消费层次提升来解决文化产业与文化消费结构之间的不匹配，推动文化消费增长与引导文化产业结构升级，促进经济结构调整与转型；文化消费提升还重视传统文化与现代文化的有机结合，从而促进文化消费结构的动态调整，在全球化和信息化背景下彰显中国文化历久弥新的强大生命力；文化消费提升更重视社会福利和个体满意度的提升，通过文化消费结构的优化与升级，实现居民文化素质不断提高和社会日益和谐的良好局面。进一步，文化强国建设还依赖于文化软实力的提高，推动文化软实力的不断增强，加快发展文化对外贸易，加强中华文化"走出去"力度。蔡武（2012）提出："要着眼两个市场，加快对外文化贸易发展。统筹利用好国内国外两个市场、两种资源，在大力推动政府间文化交流的同时，积极探索市场运作方式，创新文化'走出去'模式。"即文化企业要充分利用国内国外两个市场，增强自身"走出去"能力。国内文化消费水平的提升，将有效推动我国文化企业在文化产品开发方面的能力，奠定企业"走出去"的基础。

（二）时代价值

在当代中国，文化消费的重大作用和现实意义已逐渐得到重视，十九大报告指出"中国特色社会主义进入新时代，我国社会主要矛盾已经转化为人民日益增长的美好生活需要和不平衡不充分的发展之间的矛盾"（习近平，2017）。理解中国文化消费的特征，有助于理解中国新时代特点，有助于加深对中国文化消费主体性地位的理解。

文化消费可以引领、提升和改造其他经济活动，对文化生活和再生产具有能动性，能够联系历史与现实、融合东方与西方，在重塑中国特色社会主义精神文明方面具有基础性作用。文化作为一种社会建构，为个人、社会和国家提供经验、信念和价值体系，必须同时回答我是谁，我处在哪里，这是怎样一个时代的问题。习近平指出"正确对待不同国家和民族的文明，正确对待传统文化和现实文化，是我们必须把握好的一个重大课题"。在实现中华民族伟大复兴的时代，实现文化自觉意识和消费主体意识，从广义社会生产生活角度看，只有文化消费能够完成上述目标。

1. 在经济全球化时代，中国文化自觉性需要文化消费主体性的有效支撑

19 世纪中叶为中国"千年未有之大变局"。这种大变革、大转折产生的大碰撞，不仅发生在器物、学理和制度层面，更重要的是发生在社会文化心理层面。中国"家国天下"的差序格局与西方民族国家的神权君权的群己权界，都是沉淀于东西方社会文化心理最深处的对社会构建机理的基本理解。这种对社会建构机制理解的差异是区分"我者"与"他者"的主要原因，也是美国学者萨缪尔·亨廷顿认为的世界政治冲突的主要根源。经济全球化时代，不仅要有自我与他者之间的身份认同，更要有自我身份的认知。中华人民共和国成立以来的探索历程表明，只有立足于中国历史与现实，中国革命、发展和建设才能取得一个又一个胜利，才能由站起来到富起来到强起来。只有文化才能够唤醒自我身份的认知，只有文化才能树立自信，回答"我是谁"这一问题。"丢掉了思想文化这个灵魂，这个国家，这个民族是立不起来的。"（毛丰付和毛中根，2016）

进入 21 世纪，中国实现伟大的民族复兴，实现历史性的跨越，实现社会主义现代化强国伟大征程目标，不仅需要经济上的发展与振兴，更需要文化的发展与振兴。中国文化自觉性不仅要体现在努力为中国发展提供动力和自我认知方面，也需要体现在为东西方文化交融、为世界的和平与发展提供借鉴方面。而文化的生命力和影响力主要体现在文化被生产和消费的广泛程度上，只有根植于文化消费者社会文化心理结构的活的文化，才能成为经济发展、国家安全与文化传承的载体，才能在特定历史时期起到关键作用。因此，构建中国文化消费的主体性地位才能奠定中国文化的自觉性。

迈向后工业社会的中国，社会转型发展需要文化消费主体性的引领和塑造。工业革命改变了人类社会的发展历程，工业革命创造出的生产力第一次使社会物质产品的供给大于物质产品的需求。而进入后工业时代，满足人们情感体验和精神生活需要的以创意、品位、审美为核心的文化产业异军突起，物质产品生产能力无限扩张和消费能力有限的矛盾得到一定程度的缓解、调和。有学者指出，消费诸如奢侈品、艺术品这样无实际用途、与需求有关的商品所带来的满足感，在理论上有无限的发展空间。法国哲学家鲍德里亚认为，后工业社会的驱动力已经从生产主导转向消费主导，生产型的社会被消费型的社会取代。从物质生产转向文化生产，品位、意义、符号与生产、消费、社会发展密切相关是后工业化时代发达国家文化产业在社会活动中占比逐渐上升的主要原因。

处于城市化时代的中国，从农村社会到城市社会的全面转型需要文化消费主体意识的建立和培养。城市不仅是经济中心更是文化中心，城市社会与农村社会的差异不仅体现在经济生产差异上，更重要的是，地理空间上的临近和聚集使城市生产、生活更依赖于城市文明、社会规范、城市文化的指引与影响，而地理空间在文化的生产和消费活动中的极化作用也更加突出。文化消费主体意识的建立和培养，为中国从生产型社会向消费型社会过渡、由农村社会向城市社会转型提供精神消费引领和城市文化塑造的双重功效。

信息化与大数据背景下，新经济形态和新生产方式需要文化消费主体性给予保证。第三次工业革命深刻改变了人类社会的生产和生活方式，计算能力的指数式增长使社会发展进程中智力生产活动终将胜过物质生产活动。大数据和云计算，使围绕消费者为中心的数据收集、整合和挖掘成为趋势，消费者的个人特征，特别是以往难以测度的情感、价值、文化观念等主观偏好通过大数据得以有效显现，新技术的出现使智力活动和物质生产的互动性、消费者的主权地位都将得到增强。

物联网的兴起改变了人类社会的组织方式乃至生存方式，强化文化消费的主体地位，是中国利用新科技形态，实现跨越发展，成为文化强国的必然要求。根据美国学者杰米里·里夫金的分析，网络社会的崛起意味着 21 世纪是颠覆的时代、互联网时代，能源、运输和通信将融为一体成为物联网。

物联网催生出协同共享的新的经济形态和生存方式，在这种新经济形态下，社会共有、生产消费一体化和零边际成本是显著特征。文化产品通常是一种非物质产品，从物联网的时代特征看，文化消费与之有着天然的一致性。强化文化消费的主体地位，是中国在物联网时代，充分利用新科技形态，实施创新驱动战略，实现发展动力转型和跨越发展，树立文化自信，成为文化强国的必然要求。

2. 全球化背景下文化竞争成为国家间竞争的重要内容

随着国家间交往程度的加深，文化交流日益频繁，全球化文化消费趋势的形成既是文化发展的规律，也是不同国家、民族的文化交融的成果，还是西方国家强力推行的结果，因而形成了西方语境下的"消费文化"范畴。相对于早期的西方霸权国家的领土扩张和殖民主义，如今更注重消费文化的输出，成为其软实力建设的重要内容。消费文化是西方赋予商品、服务和消费行为以特定的符号价值意义而产生，因而具有典型的意识形态倾向，是西方价值观输出的重要工具。文化消费自然也是消费文化作用的重要领域。

全球化的深入发展，尤其是西方文化消费扩张，对一国的文化消费必然产生重大影响，不仅会左右居民个体的消费选择和价值追求，也会影响国家的整体文化建设。例如，好莱坞电影对国际文化市场的冲击、韩国娱乐圈的扩张带来的"韩流"迅速席卷亚洲等。提升中国文化消费，深入分析其效应，不仅符合积极引导文化消费健康、合理、快速发展的要求，也符合新时代中国特色社会主义文化建设整体战略目标的要求。

世界正处于大发展大变革大调整时期，和平与发展仍然是时代主题，文化的优越性和吸引力成为国家、民族之间竞争的重要内容，文化竞争已上升至前所未有的高度。文化不仅是人类区别于动物的重要标志，更是不同民族之间区分的重要标志。文化的兴衰关乎民族的兴衰，民族的兴衰关乎每一个人的存在。也正是在这个意义上，唤醒全民族的文化自觉意识，是新时代文化启蒙、文化传承的重要内容。继承、弘扬和创新中华民族的文化，关乎中华文化的发展与传播，关乎中华民族未来的世界地位。"国家兴亡，匹夫有责"这句名言，从某个角度可以理解为"文化兴亡，人人有责"。一个国家的文化产业要发展，必须要有一个良好的文化市场环境、充足的文化消费需求。

文化消费的提升能带动文化产品丰富及产业发展，文化产品丰富及产业发展不仅仅是一个经济问题，在文化产品独特的意识形态属性下，它更是文化影响力、价值观传播与树立的问题。在文化传播中，我们总是以某类地域文化产品所到达的距离作为传播影响力的证明。当世界各地的人们开始消费某类文化产品时，其不知不觉地就受到这类产品中文化积淀的影响；当世界各地的人们开始文化产品交易时，其本质就是文化交流，从丝绸之路到茶马古道都是文化产品承载着文化交流。进入近代，资本主义生产方式带来的商品丰富，各类商品载着资本主义文化和价值观冲击全球。进入现代，特别是美国霸权建立后，美式价值观在世界范围的传播与影响，所依赖的载体就是美式文化产品，包括"好莱坞大片、迪士尼乐园、苹果 iPad、流行音乐、百老汇歌剧、NBA 篮球，甚至麦当劳与可口可乐等食品与饮料，这些产品中的大多数在世界各地流行着，尤其是对年轻人产生着较大的影响，它们代表着美国的思维方式和生活方式"（于殿利，2013）。各国文化之争的背景是价值观之争。党的十九大报告指出，"社会主义核心价值观是当代中国精神的集中体现，凝结着全体人民共同的价值追求"（习近平，2017）。培育和践行社会主义核心价值观也是当前价值观领域的重要工作。

实现中华民族的伟大复兴之梦，要让中华民族屹立于世界民族之林，要在国际竞争中产生中国影响，文化繁荣必不可少、文化竞争必不可少、文化自信必不可少、社会主义核心价值观必不可少。

3. 人民群众的消费观念和需求发生改变

根据主要发达国家的发展历程可以看到，随着经济发展水平的不断提高，居民消费结构会产生明显变化，实物型消费占比将逐年下降，服务型消费占比将逐年上升。反过来，消费需求结构变化将带来消费升级和经济增长方式的变革，为经济增长提供可持续的消费驱动力。这一点，我们从发达国家消费升级的过程中能够得到启发。美国居民消费结构在 20 世纪 60~70 年代也发生了实物型消费占比逐年下降、服务型消费占比逐年提高的变化，实物型消费支出中，住房、汽车等耐用品消费支出占比比较稳定，食品饮料、服装鞋类等非耐用品消费支出占比则逐年下降。2012 年以来，中国居民消费结构变化类似于美国 20 世纪 60~70 年代居民消费结构变化。因此，中国居民消费水平和消费结构与发达国家相比还有很大的提升空间。

经济的发展，使人们的物质生活水平日益提高，在基本满足物质层次需求的基础上，人们更多地关注文化上、精神上、心理上的需求。美国著名心理学家马斯洛认为人类的需求可分为五个层次，其中最低层次的需求是生理需求，最高层次的需求是自我实现的需求（包括知识、理想、创造等）。自我实现需求的满足，主要就是通过对文化的需要来实现的。改革开放以来，我国经济获得前所未有的发展，为人们的休闲生活提供了充分的物质条件，交通通信等基础设施日益完善，娱乐设施等极大丰富；人民生活有了极大改善和提高，城乡居民的消费水平不断提高，消费结构处于不断的升级换代过程中。人们的基本生存需求得到满足后，对文化、休闲等新型消费的需要迅猛提升。

随着中国发展进入新时代，广大民众的消费需求已发生改变。在过去，我们强调社会的主要矛盾是人民日益增长的物质文化需要同落后的社会生产之间的矛盾，从消费需求的角度看表明当时主要是对消费需求数量的满足。中国特色社会主义进入新时代，社会主要矛盾转化为人民日益增长的美好生活需要和不平衡不充分的发展之间的矛盾，从消费需求的角度看表明中国人民群众的消费需求发展已经跨越过去的消费数量满足阶段，进入消费质量满足的新阶段。美好生活需要同过去的物质文化需要相比，不是仅满足依托于物质形态的需要，而是要更好地满足人民在经济、政治、文化、社会、生态等方面日益增长的需要。例如，更好的教育消费、更舒适的住房消费、更便捷的医疗消费、更安全的食品消费。那么现在人民群众的消费需求就更要强调放心消费、舒心消费、开心消费、养心消费，丰富的精神文化消费是满足新消费需求的必然支撑，文化消费进一步发展的大潮正呼啸而来。

（三）现实要求

党的十九大报告中明确指出，增强消费对经济发展的基础性作用。国民经济实现持续增长的关键在于消费需求的增长。经济新常态下，消费对经济增长的贡献率越来越高。2015 年和 2016 年，最终消费支出对中国国内生产总值（GDP）增长的贡献率分别为 66.4%和 64.6%[①]。英国《经济学人》杂志预计，到 2020 年中国个人消费支出将达到 5.6 万亿美元，即 2020 年中国个人消费总规模将是 2016 年的 1.75 倍（臧旭恒，2017）。同时，消费升级类商品增长较快，消费新亮点不断涌现。文化消费作为越来越重要的一种消费形式，从科学发展观、经济发展新常态来看，拉动文化消费，可促进居民消费结构优化升级，有利于国家产业结构优化，事关发展大局。

经济新常态下消费对中国经济发展的贡献率越来越大。2014 年中央经济工作会议指出，认识新常态、适应新常态、引领新常态，是当前和今后一个时期我国经济发展的大逻辑。这要求文化消费发展能与之相适应，文化消费的发展既包括文化消费数量的增长，也包括更加重视质量优化的文化消费提升。具体来看，经济新常态是指经济由过去的高速增长回到常态化增长轨道的趋势过程，是经济发展方式从规模速度型粗放增长转向质量效率型集约增长，是经济结构从增量扩能为主转向调整存量、做优增量并存的深度调整，是经济发展动力从传统增长点转向新的增长点（李文，2015），它是对应结构调整基础上的可持续发展。提升文化消费是推动经济新常态化发展的重要手段，它与经济新常态发展存在内在一致性（毛中根和叶胥，2016）。

第一，文化消费提升适应消费需求向个性化、多样化发展的趋势，是经济中高速增长的新突破口。保持经济中高速增长，在三期叠加背景下"换挡"而不"失速"是经济新常态发展的第一要义。实现文化消费潜力的有效释放是扩大消费、促进经济中高速增长的一个重要突破口。一方面，文化消费作为基本生存需求满足基础上的精神文化消费，是高层次的消费，顺应了消费升级趋势。数据显示，2011 年，美、英、日、澳的人均文化消费占居民消费支出的比重分别为 12.3%、11.6%、12.5%和 14.9%，而中国仅为 6.6%（中央文化企业国有资产监督管理领导小组办公室，2014）；美、英、日、德的人均文化消费占人均 GDP 的比重分别为 7.54%、7.56%、7.14%和 5.27%，中国仅为 1.84%（图 0-1）。另一方面，文化消费多属于发展型和享受型消费，既要充分体现消费者的个性化和多样化需求，又可以有多种满足形式与

[①] http://news.xinhuanet.com/2017-01/20/c_1120351814.htm。

层次，文化消费提升有助于文化消费从模仿型、排浪式需求向个性化、多样化需求发展转变。正是文化消费这种个性化和多样化的发展特征，使文化消费行为更易被新产品激发出来，当推出一些具有别样化功能、外形的新文化产品满足人们的欲望或心理需求时，极易出现"井喷式""爆发式"增长。例如，国内的 3D 电影市场，2008 年初次引入时，国内的银幕数量只有 86 块，到 2012 年 3D 银幕数已经翻了五番（中央文化企业国有资产监督管理领导小组办公室，2014）。更为重要的是文化消费层次提高和结构优化可以通过多种渠道为经济发展提供长期动力，如提升人力资本水平、促进文化资本形成、强化产业关联和优化制度安排等。在经济增长速度换挡、结构调整阵痛、前期刺激政策消化三期叠加的背景下，文化消费提升的重要意义愈发凸显。

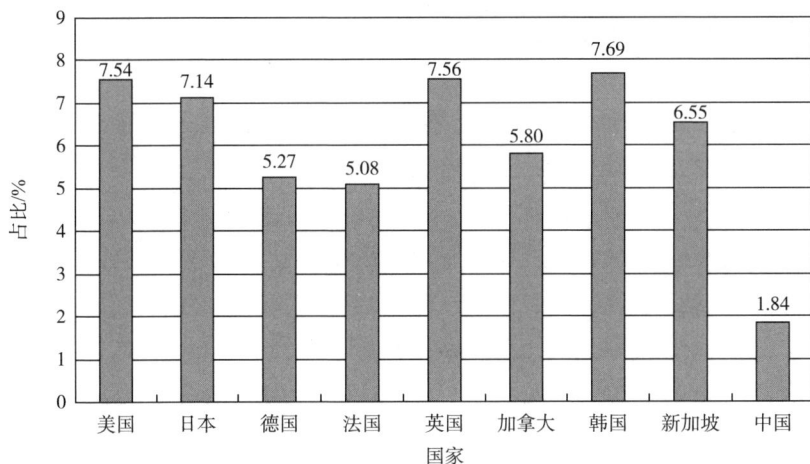

图 0-1　中国与主要发达国家人均文化消费占人均 GDP 比重
图中数据系计算而来，原数据转引自彭翊和李丽（2015）

　　第二，文化消费提升有利于产业转型与升级，推动产业结构优化。推动产业结构升级，实现经济结构优化是经济新常态化发展的又一特征。较之传统产业，文化产业是新兴产业，发展文化产业有利于促进我国产业结构升级。同时，文化产业兼顾制造业和服务业的双重属性，有利于化解产能过剩和解决产业空心化问题，促进产业转型。例如，在传统制造业中融入文化元素，实现部分制造业的升级和转型发展；将淘汰或过剩的第二产业基地转变为文化创意产业基地、影视基地或旅游目的地等，这在国内外都有比较成功的例子，如德国的鲁尔区、美国的利哈伊谷地区以及中国北京的 798 艺术区等。具体来看，一方面，扩大文化消费数量，可促进文化产业的壮大与成长，提高文化产业在产业结构中的比重。数据显示，2016 年中国文化及相关产业实现增加值 3.08 万亿元，占 GDP 的 4.14%，比 2015 年提高 0.17 个百分点（表 0-1），离中央关于推动文化产业成为国民经济支柱性产业的定位还有较大差距。另一方面，文化消费质量和消费满意度的提升，有利于文化产业的专业化发展和竞争力提升，增强文化产业发展的内生动力。

表 0-1　文化及相关产业增加值及其占 GDP 比重

年份	增加值/万亿元	占 GDP 比重/%
2004	0.34	2.15
2005	0.43	2.30
2006	0.51	2.37
2007	0.65	2.43
2008	0.76	2.43
2009	0.88	2.52
2010	1.11	2.75
2011	1.35	2.85
2012	1.81	3.48
2013	2.19	3.67
2014	2.45	3.81
2015	2.72	3.97
2016	3.08	4.14

资料来源：《中国文化及相关产业统计年鉴 2016》；国家统计局

　　第三，文化消费提升服务于增长动力向创新驱动转变，增强经济增长的可持续性。高素质的劳动者是推动全社会创新活力和潜能竞相迸发的前提，服务于经济增长动力由投资驱动向创新驱动转变，最根本的着力点在于劳动者综合素质的提高，高素质劳动者是推动一切创新行为实现和创意元素充分发挥作用的根本所在。创新驱动实质上是人才驱动，特别是高素质人才驱动。相对于实物消费，文化消费过程蕴含着人力资本的增值和积累过程：文化消费既有利于提高劳动者的劳动技能，也有利于提高劳动者的文化素质和综合修养，显著提高劳动者的人力资本。例如，针对自身技能提高的文化消费升级，如舞蹈、歌唱、绘画以及演奏、时尚设计、广告传播和软件设计等方面的培训和学习等，这类文化消费属于人力资本积累范畴。针对人们文化素质和修养提高的文化消费，如各类书籍和报刊阅读、博物馆参观、艺术品鉴赏等，可以促进人力资本增值。人力资本的增值和积累进一步提高劳动生产率，促进经济增长由投资驱动、要素驱动向创新驱动转变。同时，提升文化消费也有助于引导文化创意产业发展，符合增长动力由投资驱动向创新驱动转变的内在要求。

第四，文化消费提升有益于市场形成以质量竞争为核心的多层次竞争体系，提高资源配置效率。文化消费需求的层次性和文化产品的多样性决定了文化消费市场中，市场经营者之间的竞争不能单纯依靠数量和价格，更多地要依靠产品质量与服务的差异性。具体来看，文化消费需求包括基本文化需求、享受型文化需求和发展型文化需求三个层次。其中，享受型和发展型文化消费虽然要借助一定的实物载体，但享受型和发展型文化消费的质量与满意度主要取决于劳动者的素质。例如，艺术类培训，消费者在选择时首先考虑的是师资水平，其次才是价格；在欣赏话剧、歌剧和演唱会时首先考虑的是表演者的能力、唱功和知名度等，其次才是价格。进一步，享受型和发展型文化消费属于高层次的消费需求，是个人为自身发展而产生的需求，这类需求会更多地倾向于个人偏好和目标。只有价格优势，而无差异化的文化消费品，显然不能有效促进这些需求的释放。例如，电影作品必须做好差异化消费群体定位，票价低不是电影叫座的必要条件，若消费群体定位不明确，叫好的影片也不一定叫座。此外，文化产品的多样性使文化消费市场中经营者之间的质量和差异化竞争加剧，因为多样性的文化消费品，不同于标准和规模化生产的一般实物消费品，难以用统一的成本、标准和价值尺度去衡量，也就难以用价格去竞争。使广大人民群众的享受型和发展型文化消费需求得到更加充分的满足，是文化消费提升要解决的一个核心问题，由此必将带来市场竞争思路和方式的转变，提高资源的配置效率。

第五，文化消费提升有利于缓解资源、环境约束，在追求经济增长的过程中深入贯彻绿色发展理念。资源、环境对经济发展的进一步约束是经济新常态的重要特征。在此背景下提升文化消费对缓解资源、环境约束的作用在于：一是与一般实物消费相比，文化消费对物质资源的消耗要少，环境污染要小；二是文化消费的教育功能有利于促进居民消费观念向勤俭节约、循环利用、绿色低碳、文明健康的方向转变，促进居民生活方式和消费模式的转变；三是提升文化消费能有效促进文化产业发展的集约化与合理化，实现文化产业有序发展，降低对资源、环境的重复使用和浪费，促进经济的绿色发展。

二、主要内容及重要观点

（一）主要内容

文化消费提升具有促进经济发展、推进社会和谐与提升人的自由全面发展的功能，服务于满足人民群众对美好生活的需要。本书主要内容如下。

第一，文化消费提升的要义及重要功能。文化消费是指为满足人民群众精神文化需要，采取不同的方式消耗文化产品和服务的过程，主要是对享受资料和发展资料的消费。文化消费提升是文化消费数量增长基础上的文化消费质量优化以及文化消费满意度提高，它既要求文化消费的经济功能充分发挥，也强调文化消费的社会功能充分彰显。理解文化消费要正确认识发展个人文化消费与提供公共文化消费相互补充的关系，增加文化消费总量与提高文化消费质量相互促进的关系，提升通俗文化消费与推广高雅文化消费相互转化的关系，满足文化消费需求与引导文化消费需求相互配合的关系。文化消费提升，对于经济健康发展、社会和谐发展和人的全面发展具有重要意义。

第二，文化消费发展演进及现实困境。1978~1991 年，我国文化消费逐渐兴起，文化消费整体规模日益扩大，但文化消费结构不甚合理，文化消费发展城乡和地区间不平衡，与经济发展不同步；1992~2001 年进入快速发展阶段，虽然文化消费结构层次较低，城乡差异较大，但文化消费总量有了一定发展，呈现个性化、多元化等特征；2002~2011 年经历持续繁荣时期，文化消费日益活跃，并向高品质、多样化和个性化发展，文化消费结构不断优化升级；2012 年以来进入发展的新时代，文化消费迎来新的发展机遇。

进一步，在文化消费保持较高速度增长的同时，文化消费内部又呈现出热点轮动、全面开花的趋势：以电影电视剧欣赏、艺术表演为代表的传统文化消费强势复兴；以艺术品鉴赏、动漫消费为代表的小众化消费趋于大众化。在现代科学技术推动下，文化消费与其他领域消费融合发展的态势越来越强，形成新的消费热点与形式：文化消费与旅游消费的融合愈加明显；文化消费与信息消费的融合不断加深；传统的观赏式文化消费向体验式文化消费转化；个性化、定制型的文化消费被不断开发出来。

与此同时，文化消费在人均 GDP 达到 3 000 美元时出现高速增长的国际经验在我国失效。可能因为消费行为特别是文化消费行为的变化滞后于经济增长，且我国人均 GDP 达到 3 000 美元与国际经验中的 3 000 美元不具有可比性。我国经济进入新常态，文化消费迎来新的发展机遇。城乡居民文化消费需求收入弹性由富有弹性转变为缺乏弹性，文化消费正在成为迫切性消费需求，预示着文化消费增长的拐点即将到来。

在经济发展新常态背景下，文化消费提升，适应消费需求向个性化、多样化发展的趋势，是我国经济高质量增长的新突破口；有利于产业转型与升级，推动产业结构优化；服务于增长动力向创新驱动转变，增强经济增长的可持续性；有益于市场向质量型、差异化竞争的转变，提高资源配置效率；有利于缓解经济增长的资源、环境约束，促进绿色发展。

第三，文化消费的增长因素及机理分析。基于居民消费选择的角度，重点剖析居民收入结构、社保制度改革、家庭特征、文化产业集聚等方面对文化消费增长的影响。

居民收入是影响文化消费增长的主要因素，但城乡居民不同类别收入对文化消费增长的影响效果不同。城镇居民文化消费对持久性收入反应敏感，对暂时性收入反应不敏感；农村居民文化消费对持久性收入和暂时性收入均反应敏感。城镇居民文化消费对工资性收入（salary income）反应敏感，农村居民文化消费对工资性收入、经营性收入（business income）和财产性收入（property income）均反应敏感。城镇居民医疗保险制度改革具有文化消费增长效应。消费者家庭特征影响文化消费增长。研究表明，收入、财富、家庭规模、户主受教育程度对家庭文化消费有显著促进作用；户主年龄和赡养率对家庭文化消费具有显著抑制作用。文化产业集聚带来的外部规模经济效应、竞争优势效应、低成本效应、创新效应和共生效应通过不同途径对文化消费的主体、客体和消费环境产生影响，文化产业集聚对城镇居民文化消费产生显著正向作用。

第四，文化消费质量的内容及提升思路。从人均文化消费水平、文化消费占总消费支出的比重、文化消费与收入的匹配度、文化消费的内部结构、文化消费的差异以及文化消费的成本与消费效果六个维度对文化消费质量的内涵进行刻画，构建文化消费质量的描述性评价指标体系。

进一步，以北京市、湖北省、新疆维吾尔自治区和吉林省为例，对东、中、西以及东北地区代表性省（自治区、直辖市）文化消费质量指数进行测度，并对各地区结果进行比较分析，得出结论：①以北京市为代表的我国东部地区文化消费质量整体水平最高，但随着我国经济发展步入新常态和统计口径变化，2014年北京市文化消费质量指数有一定波动；②以湖北省为代表的中部地区文化消费质量整体水平稍落后于东部地区，略高于全国整体水平，且中部地区受2008年全球性金融危机的影响较小，波动较小；③以新疆维吾尔自治区为代表的西部地区文化消费质量整体水平最低，波动最大；④以吉林省为代表的东北地区文化消费质量整体水平与全国整体水平相当，但吉林省文化消费质量指数整体波动较大，且与东部地区不同的是，从2014年开始，吉林省文化消费质量指数增速明显加快。

第五，文化消费满意度量化体系与指数构建。文化消费满意度是为满足精神文化需要，居民或者消费者对消耗文化产品和服务过程中所产生的主观满意情况。文化消费的特殊性，导致文化消费满意度量化存在较大复杂性，具体表现为主观量化的局限性、对象模糊性和个体随意性。本书以主观满意度评价为主、客观满意度评价为辅，主客观结合。并从完备性、精度性、有效性、简易性和可比较性的角度出发，构建包含教育、旅游、健身休闲和文化娱乐四大类的文化消费满意度量化体系，在我国各省（自治区、直辖市）行政机构所在地，即省会城市（香港特别行政区、澳门特别行政区、台湾省台北市除外），共计27个省（自治区）的省会城市和4个直辖市进行调查，采用"随机抽样为主,配额抽样为辅"的方式进行抽样调查,每个抽样总体最低样本量不低于 385 个基本调查单位(户),总共抽取样本容量为 11 000 户,实际获取有效调查样本 9 308 份。

结果表明,文化消费满意度的高低既直接与区域经济发展水平和居民收入存在关系,也与居民的文化消费体验有关,个体特征(性别、职业、年龄、文化程度等)作用于文化消费体验,导致不同个体特征之间呈现出一定的满意度差异。同时,现阶段居民能够用于消费体验的时间以及时间的弹性尤其需要重点关注。

第六,文化消费提升的国际比较及经验借鉴。我国城乡居民文化消费总量位居世界前列,虽然人均文化消费增长迅速,但与经济合作与发展组织(Organization for Economic Co-operation and Development,OECD)各国相比仍有较大差距,甚至低于同为金砖国家的俄罗斯。美国、英国和日本既是经济强国,也是文化消费大国,其文化消费发展经验对提升我国文化消费有重要借鉴意义。

美国、英国和日本的文化消费发展经验表明,居民收入水平提高、低收入家庭收入增加、失业率降低、文化产品和服务价格降低等有助于提高居民文化消费能力;经济环境、社会环境、技术环境和政策环境的改善有助于改善居民文化消费环境;居民受教育程度提高、闲暇时间增加、文化产品质量和创新性提高有助于提升居民文化消费意愿;社会保障体系完善、生活预期明朗以及互相学习和模仿消费能稳定居民文化消费预期。

第七,文化消费调控机制分析。文化消费调控传导机制可以概括为政策工具→传导中介(产品特征、产业特征、消费者特征、市场特征)→微观主体行为→政策调控目标。按照调控手段从输入端到输出端的传导流程,文化消费调控工具通过产品特征(品种、质量、价格)、产业特征(供给力、美誉度、新业态)、消费者特征(消费能力、消费意愿、消费品位)、市场特征(消费环境)作用于文化消费总量、文化消费结构,进而实现文化消费政策调控目标(经济增长、产业结构优化、满意度提升)。

文化消费政策对产品特征的作用,主要通过调节企业收益和成本等来影响企业决策,进而影响文化产品数量、质量和价格。文化消费政策对消费者特征的作用,主要通过引导社会风尚转变居民的消费理念;通过收入再分配、财政补贴等优惠政策提升居民文化消费能力；通过培育消费热点开发消费者需求。文化消费政策对产业特征的作用，主要通过政策引导来培育产业主体、塑造产业组织形式、打造产业品牌、发展产业新模式等，来促进文化产业综合竞争力，优化文化产业供给结构。文化消费政策对市场环境的作用，主要依靠强化市场主体责任、规范消费市场秩序、保障消费者合法权益等来优化市场环境。

传导中介的作用具体表现为产品数量增加、质量提高和价格合理等供给特征优化，消费者购买能力提升、消费动机增强等消费者特征改变，将促进文化消费并调整文化消费类别，进而提高文化消费在总消费中的占比，并优化文化消费内部结构，提高文化消费质量，提升文化消费满意度。

第八，文化消费提升机制及路径选择。将潜在消费能力转化为有支付力的消费能力，主要途径是提高居民收入和降低消费品价格。从收入的类别看，虽然存在差别，但无论是工资性收入、经营性收入、财产性收入还是政府转移性收入对居民文化消费均具有正向影响。消费环境是外在的、客观的对消费者产生影响的因素，主要包括经济环境、社会环境、技术环境和政策环境等。消费意愿的提高是将有支付力的消费能力转化为实际消费能力的重要途径。文化娱乐和教育支出既受收入和价格等因素影响，又受居民受教育程度、闲暇时间以及文化产品和服务的质量与创新性等因素的影响。良好的消费预期是促使有支付能力的消费转化为实际消费的重要因素。健全的社会保障体系能减少消费者的后顾之忧，增加即期消费。

新时代提升文化消费，要普及创新、绿色、共享的文化消费理念，培育懂消费的文化新人。在动力激活方面，着眼于消费者内生精神文化需求的有效与合理释放，以"敢消费、能消费、愿消费"为切入点，形成内生、有效、优化的文化消费动力。在导向机制方面，以文化供给侧结构性改革为推手，从文化产品及服务的增品种、提品质、创品牌方面促进居民文化消费提升。在推动方式方面，促进文化市场建设，着眼于文化事业和文化产业双轮驱动，以明晰文化产业化界限为重要努力方向。在人才安排方面，着眼于促进要素流动的制度设计和政策安排，以引进和培养双管齐下为着力点，实现区域、城乡文化人才的协调和融合发展。在资金来源方面，着眼于资金渠道的多元化，以提高财政资金社会效益与增强社会资本的经济效益为基本思路。

（二）重要观点

第一，文化消费发展具有复杂性和动态性的特征，呈倒 U 形阶段性特征。文化消费提升是通过文化消费数量扩张、结构优化和层次提升实现经济社会发展多重目标的过程。其中，多重目标可能包括经济可持续发展、促进社会结构转型、人力资本优化、实现产业结构升级、提高居民幸福感和满意度等。我国文化消费经历了兴起与发展阶段，文化消费发展步入新时代。在特定经济社会发展背景下，文化消费有其自身的发展规律。我国文化消费发展较快，但依然存在缺口巨大和内部结构不甚优化等问题。加强文化消费提升，将进一步解放与发展文化生产力，促进人的自由全面发展、增强经济实力与推动社会进步。

根据消费需求层次演进规律，我国文化消费增长阶段性特征为：在达到一定条件之前，居民文化消费占居民收入、消费的比重呈倒 U 形趋势；在达到一定条件之后，后半段呈 U 形趋势。这种规律与文化消费发展的国际经验不同，可能的原因是文化消费行为的变化滞后于经济增长，在居民收入增长过程中，居民文化消费需求收入弹性由富有弹性转变为缺乏弹性。

第二，文化消费与个人特征、文化消费与文化供给、文化消费与社会分层均存在交互作用：①文化消费与个人特征存在交互作用。文化消费是满足精神需求的主要途径，具有鲜明的个人色彩，文化消费的差别在很大程度上取决于消费者个人特征的差别。心理特征、个性特点、经济特征对文化消费具有显著影响，收入与文化消费之间存在正相关关系，不同收入对不同文化产品的需求存在差别性影响；年龄、教育水平、性别等个人特征也对文化消费具有显著影响。文化消费反过来又会影响个人特征演变。例如，电影、音乐和书籍可以有效传递思想，对年轻消费者的性格变化产生显著作用。②文化消费与文化供给存在交互作用。一方面，文化产品的特征决定了其受众；另一方面，文化消费会在一定程度上决定文化产品供给的类型与数量，并以产业间关系、人力资本形成、就业水平等为中介对经济运行施加影响。③文化消费与社会分层存在交互作用。通常认为处于不同社会阶层的个体具有不同的文化消费特征，但社会阶层与文化消费之间的关系往往呈现出复杂的动态特征。从静态视角来看，某个社会群体中的个体应该具有类似的文化偏好，但社会发展导致社会阶层的动态性和社会成员的跨阶层流动，同一社会群体中的成员往往又体现出个体文化的异质性偏好。进一步，文化消费对社会阶层的形成与区分具有重要影响。社会经济环境的动态性导致文化本身也存在极大的可变性，新文化的出现甚至可能导致社会群体分化（洪涛和毛中根，2016）。

第三，文化消费扩张有其内在机理，一般性的消费影响因素在其中表现出特别性。文化消费增长是文化消费提升的基础，收入、财富、家庭特征、社会保障以及产业集聚等一般性的消费影响因素均对家庭文化消费产生显著影响，但城镇居民文化消费仅对持久性收入和工资性收入反应敏感，农村居民则对各类收入均反应敏感；家庭规模、户主受教育程度对家庭文化消费有显著促进作用，户主年龄和赡养率则反之。城镇居民医疗保险制度改革具有显著消费效应，但这种消费效应并不表现为文化消费的大幅增长，文化消费增长只在高收入健康家庭中得以体现。

第四，文化消费质量的测度是研究文化消费提升的宏观学理基础，文化消费质量在我国呈现出时间上的动态性和空间上的差异性。从人均文化消费水平、文化消费占总消费支出的比重、文化消费与收入的匹配度、文化消费的内部结构、文化消费的差异以及文化消费的成本与消费效果六个维度对文化消费质量的内涵进行刻画，构建文化消费质量描述性评价指标体系。测度发现，2001~2015年我国居民文化消费质量指数总趋势表现为持续上升。2001年居民文化消费质量指数较低，随着全面小康社会加快建设，居民文化消费质量指数迅速提升，但居民文化消费质量的提升空间还较大。

第五，文化消费满意度的测度是研究文化消费提升的微观学理基础，受个体特征、产业特征和宏观环境等多方面影响，表现出主观量化的局限性、对象模糊性和个体随意性。应坚持以主观满意度评价为主、客观满意度评价为辅，采取主客观结合研究法：从客观角度而言，构建反映文化消费状况的客观指标体系；从主观角度而言，构建居民对自身文化消费状况的满意程度指标体系，基于民众对文化消费状况的积极评价及其改进诉求，反映文化建设方向。同时，通过大规模调查进一步明确文化消费满意度量化需要正确处理好完备性与操作性的矛盾、正确处理好个体对宽泛对象的选择模糊性，以及进一步关注区域预期对主观满意度的影响。分析结果表明，提高文化消费满意度既要加快经济发展，提高居民收入；也要加快落实与完善带薪休假制度，保障居民有充足的消费时间；还要完善需求表达机制，实现菜单式文化惠民工程，让政府"送文化"与居民"要文化"有机结合。

第六，各国均高度重视文化消费发展，从宏观政策、产业政策、公共服务、市场环境等多角度出台政策，为我国文化消费提升提供了有益借鉴意义。国际经验表明：提高消费能力、改善消费环境、增强消费意愿和稳定消费预期是文化消费提升的重要途径。需要从提高居民收入、降低文化产品及服务价格、改善文化消费环境、提高居民受教育程度、增加闲暇时间、鼓励文化产品和服务创新以及稳定居民消费预期等方面来提升我国文化消费。

第七，文化消费调控是一个复杂化系统，文化消费调控工具主要以产品特征、产业特征、消费者特征和市场特征为传导中介，进而作用于微观主体行为，来扩大文化消费数量和优化文化消费结构，实现文化消费提升。文化消费调控目标是通过文化消费提升来促进经济发展和实现民生幸福，因而必须坚持以人为本原则，突出消费政策对人的关怀和尊重。文化消费调控主要针对供给侧，因而需要大力发展文化事业和文化产业、改善市场环境。文化消费调控的关键是开启良性循环，因而要采取一系列政策措施刺激文化消费，畅通消费与产业发展相互作用机制，从而开启文化消费提升与产业发展的良性循环。

第 一 章

文化消费提升的要义及文献回顾

第一节　文化消费的提升要义

文化伴随着人类社会的存在和发展而不断丰富。无论是人类历史演变、地域环境，还是个体心理、群体习俗甚至知识体系等，只要跟社会生产劳动生活有关的东西，都会与文化产生或多或少的联系。因此，从不同的角度分析，就会定义出不同的文化概念。一般认为，文化是相对于经济、政治而言的人类全部精神活动及其产品。

一、文化消费的基本内涵

文化消费是指人们为了满足精神文化需要，对精神文化类产品及服务性劳务等消费资料的占有、使用和消耗的过程，它是社会文化再生产过程的一个重要环节。由于文化消费是一种能动的消费，在其消费过程中，不仅是对社会及他人提供的精神财富的消化、欣赏与吸收，更是继承、储存、升华与再创。简言之，文化消费是指居民对文化产品及服务的享用活动，这与其他消费无异，它的特殊性或者说个性表现在继承、储存、升华与再创方面，这来源于文化的可继承性和可存储性、文化的升华与再创可能性。

文化消费的产生时间并不落后于其他消费活动，只是在生产力低下的时代，文化消费更多包含的是低层次的文化消费，纯粹为娱乐而进行的消费活动，很多精神文化消费的成分依附在基本物质需要满足之中。工业革命后，生产力的巨大变革既带来产品的极大丰富，也让更多的社会成员从物质生存消费中解放出来，让他们拥有更高的支付能力、更多的闲暇时间以及更强烈的文化消费意愿，促进文化消费的大众化。文化教育的进一步普及使更多的社会普通成员开始向往多层次、多样性的文化消费，有利于丰富文化消费的内容。

文化消费的内容十分丰富，从生产决定消费的角度看，它有狭义与广义之分。狭义的文化消费内容是指对文化及相关产业的产品消费，包括对文化产品实体的直接消费，如书籍、报刊、艺（美）术品等；也包括对依托载体的文化消费，如电影电视节目、歌剧、戏剧、音乐、文艺表演以及文化旅游等；还包括为了消费文化产品而消费的各种物质产品或文化设施，如图书馆、博物馆、展览馆、艺术馆等。广义的文化消费内容是指对涉及精神文化满足的各类事业与产业提供的产品及服务的消费，如教育消费、健身休闲、文化旅游等。

进一步，文化消费主体的需求偏好与层次不同，导致文化消费的层次性与多样性。按照消费层次的一般划分，文化消费可分为基础型文化消费（如基本公共文化服务）、发展型文化消费（如艺术修养、继续教育培训等）、享受型文化消费（如文化娱乐等）；也可以按照消费层次划分为大众化文化消费和中高端文化消费；还可以根据呈现形态划分为实物类文化消费与服务类文化消费。

需要注意的是，必须区分两个概念，即文化消费与消费文化。文化消费与消费文化是两个不同含义、不同主语、不同重点却在理解上需要相互对应的概念。首先，文化消费侧重于消费，文化消费是消费活动中的一个重要组成部分，主要是为了满足精神层面的需要。消费文化侧重于文化，消费文化是文化中的一个小切面，它对应的领域是消费。学术界对文化消费与消费文化关系的理解一直未能达成共识，但总体可归纳出三种观点：第一种是"包容说"，即消费文化包括文化消费，文化消费只是消费文化的重要论题之一；第二种是"区别说"，即消费文化与文化消费相对独立，消费文化是消费文化学的研究对象，文化消费是文化经济学的研究对象之一；第三种是"交叉说"，即消费文化与文化消费虽相对独立，但又存在互相交叉的内容

（司金銮，2001）。

按照本书的理解，消费活动是消费主体在消费环境中作用于消费客体的过程，那么文化消费活动自然受消费文化这一环境因素的影响，不同文化群体对文化消费产品及服务的消费结果会体现出一定的共性。随着社会生产力发展和人类的迁徙（如由山区迁到海岸），一定区域和群体的文化消费对象改变，进而可能形成新的消费文化。同时，一定区域和群体消费文化的变迁（如外来消费文化的影响）又影响着文化消费对象的选择。因此，文化消费与消费文化是两个独立的概念，只不过两者在消费活动的变迁中相互影响。社会物质文明与精神文明的统一性越高，文化消费与消费文化的内涵会有越多的交叉，但不会改变两者相互独立的基本现实。

二、文化消费提升的核心要义

文化消费提升作为文化消费发展的重要有机组成和高级阶段，它是与文化消费扩大相关而又相互区别的概念，文化消费扩大强调的是文化消费数量的增长，而文化消费提升更要求数量扩大基础上的质的提高与效的提升。即文化消费提升是文化消费数量增长基础上的文化消费质量优化以及文化消费满意度提高，它既要求文化消费的经济功能充分发挥，也强调文化消费的社会功能充分彰显。运用马克思主义的辩证方法，正确认识我国文化消费领域的四项基本关系，有助于全面深入理解文化消费提升的内涵（何昀和谢迟，2015）。

1. 发展个人文化消费与提供公共文化消费的关系：相互补充

中国特色社会主义文化发展的根本任务在于满足人民群众日益增长的精神文化需求，其基本途径不外乎个人文化消费和公共文化消费两种方式。毫无疑问，大力发展个人文化消费需求符合个人消费、家庭消费作为社会主义消费方式的主体的客观要求，有其深厚的自然基础、物质技术基础和经济基础。个人文化消费的发展一般受性别、年龄、家庭规模、受教育程度、职业、收入水平、社会保障水平、消费习惯及消费时间等的直接制约，其中收入水平、受教育程度、消费习惯应属主要变量，尤其是收入水平对个人文化消费构成硬约束。因此，发展个人文化消费，关键是要尽快合理调整收入分配状况，保障居民收入水平较快增长，提高其实际购买能力。可以预见，随着经济社会持续稳定发展、收入水平及消费水平不断提高，个人文化消费无论是就其绝对数量、相对比例而言，还是就其增长速度而言，都将继续处于我国文化消费的主体地位，对提升居民文化消费起到主要作用。

提供公共文化消费是在通过市场调节个人文化消费之外，由政府保障人民群众的基本文化需求、基本文化权益的必然要求。换个角度说，只有在政府抓好公益性文化事业，居民基本文化需求得到保障的前提下，通过市场对多样化、多层次、多方面的居民个人文化消费需求起基础性调节作用，才能最大限度地满足人民群众日益增长的精神文化需求。以公共财政为支撑，由政府提供公共文化消费，既要立足全国、全民，又要突出城镇低收入居民、农民等重点人群以及革命老区、少数民族地区、偏远地区和一些特别贫困的地区等重点区域；既要注重构建覆盖城乡的公共文化服务体系，又要加快城乡一体化发展，促进城乡文化基本公共服务均等化。当然，政府提供以基本文化需求为特点的公共文化消费，除了依赖公益性文化事业单位之外，也可以通过市场购买的形式来实现。随着社会的发展特别是人们消费需求层次的提高，公共消费所占比重逐步提高是一种趋势，因此未来公共文化消费水平也将趋向稳定增长，从而更好地实现其与个人文化消费之间的相互补充、相辅相成，共同促进居民文化消费的持续提升。

2. 增加文化消费总量与提高文化消费质量的关系：相互促进

中国人民大学文化产业研究院提供的数据①表明，2013 年我国文化消费规模仅为 10 338 亿元，在居民消费总支出中占 6.6%，与同等经济发展水平国家比较，差距悬殊。这说明，虽然近年来我国文化消费需求一直处于增长的态势，但是整体水平依旧偏低，因此增加我国文化消费总量显得十分紧要。增加文化消费总量，一方面要继续下大力气扩大文化消费需求，要真正理解文化消费者的心理与行为，要准确把握潜在消费者转化为现实购买者的制约因素到底是什么，进而科学决策、正确应对；另一方面要努力增加有效供

---

① 《中国人民大学首次发布"中国文化消费指数"》，http://www.ce.cn/culture/gd/201311/11/t20131111_1732472.shtml，2013-11-11。

给，通过建立结构完整，门类齐全，科技含量高，紧跟时代步伐的文化产业体系，丰富文化产品和服务，全方位地满足文化消费者的需求。需要强调的是，为了衔接文化市场的供给与需求，政府应该厘清自身职能，有所为有所不为，既敢于让权于市场，充分调动各类主体的积极性，激发文化市场活力，又重视制定、完善法律法规，加强文化执法，保证文化市场有序运行。可以预期，当文化市场的供求关系协调后，市场潜力就会充分释放，我国文化消费总量就能得到快速提升，从而也将为我国文化消费质量的提高打下坚实基础。

　　单纯的文化消费数量上的增长，并不能保证文化消费质量的提高。文化消费质量是指居民进行一定的文化消费后获得的消费效果（或效益）的高低，是从质的方面反映居民文化消费状况的重要指标。影响文化消费质量的因素包括居民收入水平、收入差距、文化产业发展状况、文化产业政策、文化产品和服务的价格、文化公共服务基础设施、文化市场的发育状况和消费者素质等诸多方面。因此，提高文化消费质量一要提高收入水平、缩小收入差距，居民收入水平上不去、收入差距下不来会直接影响一般被视为"非必需品"消费的文化消费的数量，缺乏足够的文化消费数量这一必要条件就很难拥有较高的文化消费质量；二要积极实施倾斜性产业政策，推动文化大发展大繁荣，既保证文化产品和服务供给充分，价格稳定、合理，又促进文化企业间良性竞争，共同提升文化产品和服务的质量；三要全面提高文化公共服务基础设施水平，重视图书馆、演艺中心、博物馆等公共服务设施建设，更要加强管理，使其得到充分利用；四要加快构建文化市场体系，培育完整的文化产业链条，实现文化消费的上下游连接；五要切实加强文化消费教育，培养高素质的文化消费者，实现数量更多、质量更高的文化消费。总之，文化消费质量的全面提高既以文化消费总量为基础，又有助于促进人们扩大文化消费需求，能够大大增加文化消费总量，二者一旦形成良性互动态势，就会呈现文化消费总量与文化消费质量"二量"齐升的理想局面。

　　3.提升通俗文化消费与推广高雅文化消费的关系：相互转化

　　文化的雅俗之分，自古至今一直是存在的，所谓"阳春白雪"和"下里巴人"的比喻就是很好的证明。但是，文化的"雅"与"俗"并不代表文化的"好"与"坏",任何一种文化都是随着人类社会的发展而诞生、衍化的,是人类文明的特定写照和标志。判断文化高雅抑或通俗唯一的依据是其层次的高低,更多的是从其发展过程和形态上来说的,并非是对其价值的简单评判。在现实语境下,通常把那些技巧要求较高,所需投入的精神和思维成本高,能够深刻反映社会发展内涵的文化称为"雅"文化;反之,把那些技巧要求较低,所需投入的精神和思维成本不高,不能深刻反映社会发展内涵的文化称为"俗"文化。

提升文化消费应注重高雅文化和通俗文化均衡发展。"俗"文化更多地属于大众文化或者流行文化,随着人们生活节奏的加快,"休闲""减压"需求增加,人们需要更多"放松"式的娱乐、休闲文化消费,"俗"文化的市场愈发广阔。但在大力发展"俗"文化时要避免走向过于低俗化、庸俗化、媚俗化的极端,避免片面追求感官享受。提升文化消费更应倡导"雅"文化消费,因为人们需要从"雅"文化中获得理性认知,高层次的"雅"文化消费在提升人的精神面貌与文化素质方面的价值是低层次的"俗"文化消费不能比拟的,"雅"文化在文化消费中的比重是衡量文化消费质量高低的重要标志。当然,追求文化消费的"雅",绝非意味着让绝大多数消费者争当各类"雅"文化的"发烧友""专家",而是要根据个人实际情况和偏好,追求"雅"文化消费和"俗"文化消费的均衡发展,竭力避免"雅""俗"失衡下人们的感性世界过度扩张、理性世界逐渐退缩或者完全相反的情形。

文化消费均衡发展的过程中,"雅"文化和"俗"文化可以相互转化。经验事实与理论逻辑均表明,"雅"文化和"俗"文化是没有绝对界限的两类精神产品,相对界限即便存在亦非一成不变,二者通常随着时代的变迁而相互转化。就像很多明清小说在当时反映的是市井文化,属于"俗"文化,而现在我们把其中的许多小说当作经典著作,显然归为"雅"文化。此外,"雅"文化和"俗"文化相互包容,相互渗透,往往取决于人们如何去看待。以国内颇具争议的人体艺术摄影来说,一些专业的人士往往追求的是反映人体艺术的本真之美,而有些人则会将人体艺术摄影作品看作下流、色情的产物。因此,哪怕是所谓普遍认定的"雅"文化或"俗"文化,也可能从中读出不同的内涵来,说明"雅"文化和"俗"文化中往往包含某些共通的东西。这也给人以启示,我们可以利用"雅"文化和"俗"文化的这个特性，使二者相互转换，相互促进。我们可以通过"雅"而增加"俗"的文化含量，改变"俗"的构成；也可以通过"俗"而扩大"雅"的文化受众，增加"雅"的影响。例如，某钢琴演奏家和某流行乐天王同台表演，观众不但可以欣赏钢琴大师高超的技艺，还可以感受流行乐火爆的现场气氛，二者相得益彰，真正做到了"雅俗共赏"，这也是提升文化消费行之有效的途径。

4. 满足文化消费需求与引导文化消费需求的关系：相互配合

满足文化消费需求就要充分尊重消费者的自主选择权，由消费者基于自己的预算约束、意愿与消费偏好等，充分实现文化消费自由。在社会主义市场经济条件下，对于消费者多样化、多层次、多方面的文化消费需求，应该交由市场来主导，主要靠市场来满足。因此，当务之急是要加快构建和培育统一开放、竞争有序的现代文化市场体系，鼓励各种经济成分发展经营性文化产业，鼓励文化企业积极提供多样化的文化产品和服务，努力满足不同地域、不同层次、不同群体、不同年龄消费者丰富多彩、健康有益的文化消费需求。满足文化消费需求还要发挥政府的职能，可以实施相关文化消费补贴计划，补贴特定群体，如低保户、空巢老人、残疾人、学生等。文化消费保障政策多向农村和贫困地区倾斜，消除居民文化消费的后顾之忧，满足大多数居民的文化消费需求。

在满足人民群众文化消费需求的同时，政府还要善于引导文化消费需求。这是因为在开放的文化消费市场中难免鱼龙混杂，如在图书市场上，有时候，出版一些低级、庸俗的书刊可能更有利可图，而古典、高雅的书刊也许鲜有人问津，这就需要对文化产品与服务的生产、消费进行引导，促使其走上文明、健康、公益的轨道。第一，对于高雅的、学术含量高的、受众范围小的文化产品与服务，政府应给予一定扶持，使其发挥在相关领域不可替代的"标杆"作用，构成文化消费"金字塔"塔尖的精英部分；第二，对于那些通俗的、娱乐休闲性强的文化产品和服务则应加强舆论引导、政府监督，使其始终沿着正确的方向稳步发展，满足大多数群众的日常文化消费需求，形成文化消费"金字塔"坚实的塔基；第三，对于那些"三俗"文化产品和服务则应该坚决取缔，涉及违法的应追究其法律责任，以法律手段来警示、震慑，是对文化产品和服务生产、消费释放的最强烈的引导信号。当然，政府相关部门要尽可能采取群众喜爱、乐于接受的方式进行管理，才有可能使人们愿意消费，真正实现政府引导、市场主导，相互配合，共同提升文化消费的目标。

三、文化消费提升的重要功能

文化是人类文明进步的重要标志，文化消费是实现人的自由全面发展的必然要求。人有生存、享受和发展的需求，人的需求也是从低向高而发展的。人的需求都将经历一个低层次物质需求逐渐减少、高层次精神需求逐渐增加的过程。文化消费就是满足高层次精神需求，实现人的可持续发展的外在手段。文化消费是推动社会进步、实现社会和谐的重要力量。通过提升人的素质，锻造人的心理，愉悦人的精神，文化消费在微观层面奠定社会进步的组织基础，激发社会和谐的内生动力。同时，文化消费提升与经济增长具有内在一致性，文化消费提升有助于促进我国经济结构转型升级，有助于提升社会文明程度。同时，经济增长必然要求文化发展，经济增长对文化消费提升具有关键作用。此外，文化消费提升要与经济增长和社会发展相适应。

1. 文化消费提升促进经济健康发展

（1）文化消费提升直接有效促进经济发展。文化消费是居民消费的重要组成部分，是拉动经济增长的三驾马车中的重要组成部分，文化消费的扩大直接表现为经济增长。进一步，通过理顺政府与市场的关系来推动文化建设，将文化产业的发展交予市场，发挥市场在文化资源配置中的决定性作用。文化消费是激活文化市场，推动文化市场机制有效发挥的源泉，文化消费提升将推动文化的大发展大繁荣。世界经济发展的历史轨迹表明，当一国经济增长到一定水平时，会愈发依赖文化的巨大引领作用。

（2）文化消费提升能够改善经济发展质量。改善经济发展的质量，要求更高的经济产出效益与更低的经济投入成本。文化消费提升对文化生产力的进一步发展起着两方面的推动作用。一方面，文化消费是一种能动性消费，能够提高国民素质，提高和激发人的创造力。自主品牌中，大约有一半来自技术研发，另一半是靠文化内涵而形成的[①]。而且，文化创造的价

---

① http://money.163.com/05/1203/21/2431IU0S00251LPJ.html。

值往往是永恒价值，在历史的长河中还不断得到增值，作为一个地区、国家甚至是全人类的财富，文化精品保存的时间越长，所蕴含的价值就越高。另一方面，满足了居民的文化消费，也就再生产着高端的生产力，居民的文化消费水平越高，文化生产也就越有活力（韩震，2011），经济发展质量越高。

（3）文化消费提升能够增强经济发展潜力。文化产业是新兴产业和先导产业，能有效增强经济发展潜力。文化产业是新兴产业，顺应我国产业结构调整和升级的方向。从长远看，文化消费不断提升有利于供给与需求之间的良性互动，推动文化产业持续发展。文化产业作为一个独立的经济门类，是国民经济产业体系中较大的一个子系统，所跨行业幅度大，覆盖范围广，产业链延长，与许多产业产生联动效应。文化产品和服务是终端产品，文化生产对技术、信息、设备的投入和文化消费对消费终端的需求，会带动相关产业的生产和技术发展，导致新产业的产生（杨建龙和韩顺法，2013）。文化产业是先导产业，现代产业发展也越来越借助于文化的力量，在传统产业中加入文化元素，促进产业升级；将文化创意与各类产业融合，促进产业融合发展。《国务院关于推进文化创意和设计服务与相关产业融合发展的若干意见》（国发〔2014〕10号）就明确提到"文化创意和设计服务已贯穿在经济社会各领域各行业，呈现出多向交互融合态势。文化创意和设计服务具有高知识性、高增值性和低能耗、低污染等特征。推进文化创意和设计服务等新型、高端服务业发展，促进与实体经济深度融合，是培育国民经济新的增长点、提升国家文化软实力和产业竞争力的重大举措"。融合发展出的新产业、新模式与新消费方式将进一步激发消费和产业潜力，增强经济发展潜力。

2. 文化消费提升促进社会和谐发展

（1）文化消费提高国民素质。文化消费作为包含教育体系和社会培训的增强国民文化素质的手段，其消费过程本身就是消费主体接受教育、提升素质、丰富认知的过程。文化产品所蕴含的文化知识、价值认同、思维逻辑、认知方法、审美标准等，在文化消费过程中，会对消费主体产生潜移默化的影响，从而逐渐提升人力资本。随着社会发展，越来越多的劳动者将从繁重的体力劳动中解放出来，有更多的可支配收入和闲暇时间，投入文化消费中的金钱和时间也会不断增加，从文化消费中获取的知识、技能和心智的提升会越来越多，对文化消费的需求也会越来越高，形成良性循环，从而全方位提升国民素质。

（2）文化消费强化社会主义核心价值观认同。党的十九大报告指出："社会主义核心价值观是当代中国精神的集中体现，凝结着全体人民共同的价值追求。要以培养担当民族复兴大任的时代新人为着眼点，强化教育引导、实践养成、制度保障，发挥社会主义核心价值观对国民教育、精神文明创建、精神文化产品创作生产传播的引领作用，把社会主义核心价值观融入社会发展各方面，转化为人们的情感认同和行为习惯。"（习近平，2017）文化消费是价值认同的重要体现，人们对文化产品和服务的消费，暗含着对价值观念的认同。文化产品和服务所蕴含的价值观念、思维方式等对人们认识、理解和判断事物都会产生影响，最终潜移默化地影响人们的价值取向和行为方式。文化产品中蕴藏的意识形态，在文化消费过程中，会自觉不自觉地为消费主体所接受，从而改变人们对事物和现象的认知力、理解力、鉴赏力以及判断力。文化是一种价值判断，人们在文化消费过程中接受文化产品的价值引领，形成价值判断标准，对文化产品中蕴含的善恶美丑、先进落后、科学愚昧等进行判断。在感受文化产品中蕴含的国家意识、民族情结、公民权利、道德法律力量时，消费者对社会主义核心价值观的认同也会得到强化。

（3）文化消费促进社会和谐。文化消费能够发挥社会调控功能，有效促进社会和谐。一方面，文化产品中暗含着各种行为规范，体现着道德、法律、传统、习俗等的内在要求。通过消费文化产品，公民的道德、法律等意识得到强化，有利于营造知法、守法、讲德的良好社会环境，促进社会和谐发展。另一方面，文化消费中的艺术表演、体育竞赛、旅游观光等休闲娱乐活动能让人直接获得美的享受，缓解人的精神压力，使人心情舒畅愉悦。社会情绪是由个体情绪累加形成的，个体情绪的舒畅有利于营造良好的社会情绪，传递社会正能量，促进社会和谐。

3. 文化消费提升促进人的全面发展

（1）文化消费提升人的认识。人的知识的增加源于不断学习并接受新鲜事物，文化产品和服务中蕴含丰富的人类智慧，通过消费文化产品和服务，人们能够吸收其中的智慧，将其转化为自身的知识储备，丰富知识结构。人的认识源于实践，认识与实践的辩证关系体现在"实践→认识→再实践→再认识"的逻辑过程中。消费者通过文化消费实现认识的深化，在文化消费过程中，文化消费主体将自身已有的认知力、理解力、鉴赏力、批判力等用于文化消费客体，通过对该客体的认知、理解、鉴赏、批判等达到认识、理解、欣赏、升华的目的，进而达到文化消费的最高目的，即把文化产品中蕴含的知识、精神、思想吸收到消费者的头脑中，内化为消费者自己的知识、精神、思想。高品位的精神文化消费能够构建正确的人生观和价值观，塑造高尚的思想品德，培育良好的艺术修养等。人的每一次文化消费，都是对客观世界认识的强化与再理解，文化消费的数量越多，质量越高，层次越丰富，就越能增强人认识世界和改造世界的能力。

（2）文化消费升华人的情感。对照马斯洛的需求层次理论，生理需求属于物质层面的需求，是低层次的情感升华；安全需求、社交需求、尊重需求和自我实现需求则属于精神文化层面的需求，是高层次的情感升华。从需求实现的手段来看，社交需求、尊重需求和自我实现需求，需要通过文化消费提升来实现，在这个过程中，人的感情也得到了升华。由此可见，人们文化消费的数量越多、质量越高、层次越丰富，各种需要越能获得更加彻底的满足，个人的情感也越能获得升华。此外，文化具备独特的情感效能，能满足人们沟通、宣泄、情感抚慰的需要。通过消费文化产品和服务，人们能够释放心理压力，缓解紧张情绪，提升生活品质。

（3）文化消费增进人的自由。人的自由的增进更多地依赖于精神文化的消费。人的思维、心灵和意志自由的实现，主要通过精神上的"净化"来完成。人的自由发展有三个层次，即人与自然关系中的自由、人与社会关系中的自由、人与自身关系中的自由，并依次递进，增进人的自由。人与自然关系中的自由主要表现为人对自然的认识、把握和改造；人与社会关系中的自由主要表现为人从旧的社会历史条件的限制和束缚中突破；人与自身关系中的自由主要表现为人对自身的欲望和情感的自我控制与调节以及从自我旧有的观念、思想、知识结构和思维方式中解放出来。人与自身关系中的自由是建立在前两个自由的基础之上的，是自由的最高层次，即马克思所讲的人的自由全面发展。文化消费通过增加人的知识、提升人的认识、升华人的情感，增进人与自然、社会和自身关系中的自由，从而推进人的自由全面发展。

（4）文化消费增进人的幸福感。幸福感是人们对自身生活所产生的愉悦和快乐的感觉，一般是需求满足后以快感方式呈现。在文化消费活动中，基础文化娱乐本身就服务于消费者的身心放松以及愉悦感、轻松感的增加。例如，欣赏一幕歌剧、听一场音乐会都会让消费者身心得到放松，进而增进幸福快乐的感觉。发展型的文化消费活动中，个人的能力与素质得到提升，有助于个人更好地满足自身需求和欲望，进而产生快乐和幸福感。此外，文化产品和服务所传递的科学与合理的价值观、人生观以及审美观，让人更加清晰地认识自身价值，增进幸福感。

第二节　文 献 回 顾

一、国外研究现状

文化消费提升不局限于数量的简单扩大，关注结构性和层次性问题及其产生的经济社会后果。本书基于国外文献研究的角度，分析文化消费提升中的几对循环因果关系，即文化消费与个人特征、文化消费与文化供给、文化消费与社会分层。由于循环因果关系的存在，一国文化消费提升的过程可能实现快速发展，也可能陷入低水平循环，这取决于对历史状况的路径依赖。其中，文化资本、社会资本与人力资本的互动，文化消费、家庭背景、社会环境与社会网络之间的互动是核心的传导机制。如何实现向上跃升而步入文化提升路径是政策制定中的核心问题。为此，需要在对文化消费进行科学研究的基础上，动员各种社会力量支持提供高质量的文化产品，系统性地考虑循环因果关系和传导机制，制定综合性的政策措施。基于以上认识，下文以探讨文化消费提升过程中的循环因果关系及其可能造成的路径依赖后果为主线，在对国外文献进行梳理与研究基础上，形成四个方面的主要内容。

1. 文化消费的界定：细分与综合

国外文化消费研究往往从消费者自身的偏好和品位出发，关注某一细分文化产品或类型，具有鲜明的微观指向。例如，Rozin 等（2004）以随机分配的大学新生宿舍成员为调查对象，研究同群效应（peer effects）对消费者偏好形成的影响。他们设计的问卷涉及 14 个具体的音乐类型，包括美国民谣、轻音乐、传统音乐、布鲁斯、摇滚、现代音乐、歌剧、古典音乐、嘻哈、流行音乐、重金属、乡村音乐、朋克和爵士乐；六个特定的电视节目，包括《口袋妖怪》《小淘气》《道格》《晚间新闻》《芝麻街》《谁想成为百万富翁》。类似的还有 Han（2003）、Rentfrow 和 Gosling（2003）等对消费者音乐偏好的解析。Kraaykamp 和 Eijck（2005）研究了个人特征对文化偏好的影响，设计的问卷考虑了四种类型的图书，包括文学类（荷兰语）、文学类（非荷兰语）、悬疑小说和爱情小说；四种文化参与活动，包括古典音乐会、艺术博物馆、历史博物馆和流行音乐会。此类将文化产品极度细分甚至到具体节目或歌曲的方式充分考虑了不同文化消费类型的差异性，但也具有相当的局限。其中最重要的一点在于：该产品的受众常常局限在年龄、教育水平、收入或其他消费者特征的一定范围内，如年轻人比老年人会更熟悉某电视台的音乐选秀节目，由此分析的结果有可能缺乏一般性。

Meyer（2000）认为在一个多元化社会中，流行品位的形成不仅仅取决于其从社会上层逐渐向社会下层的扩散，相反的过程也可能存在，只有在更宽泛的视角下才能清晰地界定和识别文化消费。此外，同一个消费者可能具有多种文化偏好，只有综合性地整合多种异质性产品，才能从整体上掌握文化消费的微观效应。这个判断得到了一些学者的认可，如 Nan 等（2000）在整合多个细分产品类型后考察了父母在艺术和阅读两类文化消费过程中对子女教育的影响，得出结论：父母的阅读习惯而非艺术品位，尤其在那些父母教育水平较低的家庭中对子女的学习成绩具有显著的影响。Rentfrow 等（2011）从大学、社区和网络中分别搜集消费者对多种娱乐产品的偏好，得出的三个样本在年龄、教育和种族上具有较大差别。在此基础上，既可以分析娱乐产品消费的结构性问题，也可以通过跨样本比较得出有关文化消费的一般性特征。数据的采集和处理通过两个步骤充分体现了文化消费指标的综合性。第一步，参考在线商店（如亚马逊、iTunes 等）和相关专家的分类标准，总结出了 108 种娱乐产品，包括 22 个音乐流派、34 种图书和杂志分类、18 种电影和 34 种电视节目类型；第二步，利用主成分分析法将 108 种娱乐产品综合为高雅文化和通俗文化两个大类（图 1-1），进而提炼出文化消费过程中体现出的一般性特征。

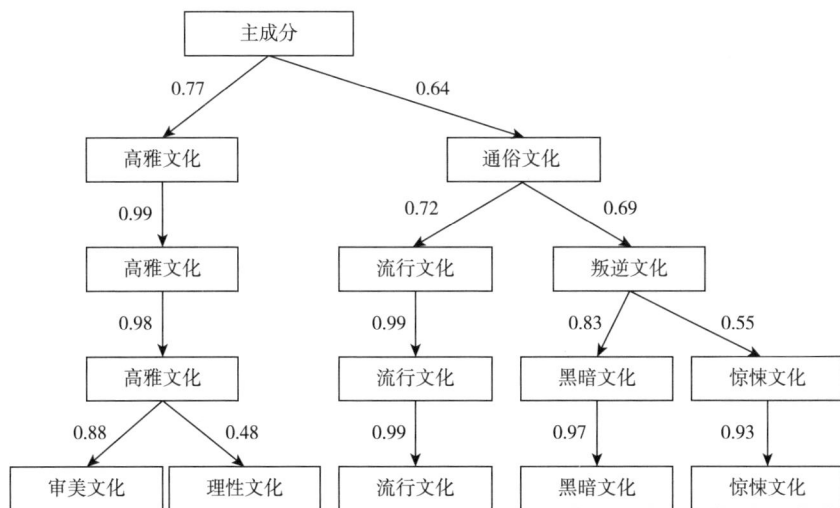

图 1-1　细分文化类型的综合（主成分分析法）

图中数字是主成分分析的载荷系数，反映了影响的大小

资料来源：Rentfrow 等（2011）

国外的文化消费研究具有悠久的传统，从 20 世纪 70 年代开始积累了大量文献。其发端正处于理性预期革命从酝酿、发酵到盛行，宏观经济学发生巨大转变的关键时期。之后"卢卡斯批判"改变了宏观经济学的发展方向，研究需要坚实的微观基础成为一个广为接受的判断，其影响从宏观一直延伸到产业、区域、城市等中观层面。在此背景下，文化消费理论一直建立在微观基础之上。在如何度量文化消费的问题上体现出了丰富的层次性，从细分性指标到综合性指标都得到了广泛应用，进而可以全方位地审视文化消费提升的两个冲击–传导机制。例如，从微观角度探讨文化消费对消费者生活方

式的影响，从中观角度探讨文化产业发展的动力机制，或从宏观角度探讨文化消费对经济社会发展的贡献等。可以说，国外文化消费研究因其丰富的研究层次而具有了鲜明的结构性特征，因其涉及问题的多样性而具有了"提升"而非单纯的数量指向。

2. 文化消费提升中的循环因果关系

（1）文化消费与个人特征的循环因果关系。文化消费是满足精神需求的主要途径，具有极其鲜明的个人色彩。文化消费的差别在很大程度上取决于消费者个人特征的差别。首先，个人心理特征对文化消费具有显著影响。例如，Turrini（2006）利用 Markov 链描述了消费者参观博物馆的习惯形成过程，认为成瘾性心理在文化消费中起到了重要作用。D'Astous 等（2007）考察了电影来源国与其消费数量的关系，认为消费者会根据以往经验和他人评论形成对电影的特定预期，并做出是否观影的决策。Situmeang 等（2014）考察了 2000~2009 年 577 个游戏产品，同样认为消费者的预期形成过程对产品销售起到了重要影响。其次，个人个性特点对文化消费具有显著影响。个性敏感的人更倾向于将观看电视节目作为主要娱乐活动（Weaver，2003）。具有创新精神、语言能力强、政治上的自由主义者更倾向于选择古典、爵士、布鲁斯和民谣等音乐类型；认真、与人为善、政治上的保守主义者更倾向于选择乡村、宗教和流行等音乐类型（Rentfrow and Gosling，2003；Selfhout et al.，2009；Rentfrow and McDonald，2009）。责任感强的人倾向于阅读科学类图书，而性格开朗的人则更喜欢阅读文化艺术类图书（Tirre and Dixit，1995；Schutte and Malouff，2004）。再次，经济特征对文化消费具有显著影响。Brito 和 Barros（2005）的研究表明收入与文化消费之间存在正相关关系。Diniz 和 Machado（2011）的研究进一步表明收入对不同文化产品的需求存在差别性影响：收入增加会对艺术品的需求产生强烈的正向影响，但对戏剧或博物馆等耗时较长的文化产品和服务的需求则没有显著影响。此外，Luksetich 和 Partridge（1997）对美国博物馆参观、Hjorth-Andersen（2000）对丹麦图书消费的分析也发现了类似证据。最后，还有其他一些个人特征也对文化消费具有显著影响。例如，年龄和教育水平（Ateca-Amestoy，2008）、性别和种族（Katz-Gerro，1999）等。

文化消费选择反过来又会影响个人特征演变。例如，North 等（2000）的研究发现年轻人听音乐的主要目的是实现情绪的自我管理和放松。Carpentier 等（2008）及 Knobloch 和 Zillmann（2002）认为人们倾向于寻找特定类型的娱乐活动以舒缓负面情绪。Chan 和 Goldthorpe（2007a）的研究显示：一个人悲伤的时候如果倾向于听悲伤的音乐，有可能强化其个性中敏感的一面；而如果悲伤的时候倾向于听积极乐观的音乐，则可能强化其个性中理性的一面。Böröcz 和 Southworth（1996）研究了1968年匈牙利的统计数据，认为文化消费可以通过增进文化资本、社会资本或经济资本的形式增加个人收入。还可能以消费者的外部联系为中介，如婚姻选择或社会交往（Siu et al., 2013）。

（2）文化消费与文化供给的循环因果关系。文化消费与文化供给之间同样存在相互作用的循环因果关系。一方面，文化产品的特征决定了其受众。例如，Richards（1996）对欧洲文化旅游的供给和需求做了跨国研究，结果显示，文化遗产景区产品供给和消费都呈现出快速增长。虽然文化遗产旅游需求受收入增长和教育水平的刺激，但供给诱导需求仍然是一个很重要的因素。文化遗产产品的空间布局和"新兴中产阶级"群体的有限社会文化遗产旅游消费有着极其紧密的关系，可以努力尝试通过文化遗产的促销来扩大旅游消费。Kushner 和 Brooks（2000）对街头表演艺术特征的研究将文化产品供给者与消费者之间的互动过程视为影响文化消费的重要因素；类似地，Hanley 和 Viney（2001）对数字电视节目产品的研究则将现代技术所产生的消费者与产品之间的互动过程视为影响文化消费的重要因素。Urrutiaguer（2002）研究了法国消费者对戏剧的需求，模型中引入了文化产品若干特征作为自变量，如产品价格、产品数量、座位数量、产品质量、城市虚拟变量、导演虚拟变量和剧场获得的财政补贴等。分析结果显示，所有与"剧场声誉"相关的变量都会通过影响消费者对戏剧质量的预期而显著影响消费者的需求。这个结论在其后 Willis 和 Snowball（2009）的研究中也得到了验证。Bourgeon-Renault 等（2006）的研究相对更加深入，在他们的经验分析中，不仅考虑了消费者特征，还考虑了文化产品的符号价值、美学价值和享乐价值。在此基础上，他们还指出文化消费的驱动因素可以从个人和集体两个角度加以考察。个人层面上主要关注文化产品的符号价值和享乐价值及其创造感官和精神享受的能力；而集体层面上则主要关注社会维度上文化产品消费者对聚会和分享的需求。为此想要增加文化消费，产品的供给方需要为消费者提供核心产品之外的互补产品，如那些并不直接与文化产品相关联，却能够为消费者提供完整体验的产品和服务，以便消费者能够在文化消费的过程中得到从个人满足到社会分享的多层次快乐。

另一方面，文化消费还会在一定程度上决定文化产品供给的类型与数量，并以产业间关系、人力资本形成、就业水平等为中介对经济运行施加重要影响。例如，Bowitz 和 Ibenholt（2009）指出针对文化遗产旅游或其他文化产业的消费增加，可以吸引更多文化产品投资，进而增加就业与收入，促进地方经济发展。他们还举例计算了直接或间接投资的影响，发现文化遗产的旅游消费对整个地区就业率和收入的贡献约为 7%。Ringstad（2005）更加详细地论述了文化消费影响经济发展的多种渠道。其中包括：投入-产出效应，即文化消费通过产业关联所产生的对相关产业的拉动作用；乘数效应，即文化消费增加了地方财政收入，进而通过投资乘数所产生的对宏观经济的拉动作用；额外支出，即消费者在消费文化产品时附带消费的其他产品，如游客在景区附近支付的餐饮、住宿费用等；引力效应，即文化消费环境的改善导致区域居住生活环境改善，进而产生对人才、资本等生产要素更大的吸引力。

（3）文化消费与社会分层间的循环因果关系。通常认为处于不同社会阶层的个体具有不同的文化消费特征。例如，Katz-Gerro（2006）利用多个国家的数据构建得分指标，分析了社会阶层和性别对文化消费的影响，得出结论：意大利和瑞典社会底层的妇女文化消费得分较低，德国和美国社会上层的妇女文化消费得分较高，而在以色列文化消费得分则没有体现出性别差异。Alderson 等（2007）使用多元逻辑回归的方法对美国 2002 年全社会调查数据进行分析，得出的结论为文化消费的类型和社会地位，而非教育或收入水平有直接的关系。Chan 和 Goldthorpe（2007a，2007b）同样指出社会地位和文化消费关系的复杂性，而这种复杂性则由收入、受教育程度和社会阶层的联合效应决定。Sintas 和 Álvarez（2002）的研究发现，处于底层的消费者往往倾向于消费与传统价值和流行文化关联更加紧密的产品，而处于社会中、高阶层的消费者则倾向于消费更加现代性的文化产品。Chan 和

Goldthorpe（2007c）使用其调查的数据来检验关于社会分层和文化消费之间的同源关系、个性化关系和通识性关系的三种观点，通过纳入一系列地理和社会分层变量的回归分析证明个体的社会角色对文化消费具有显著影响。

然而社会阶层与文化消费之间的关系往往呈现出复杂的动态特征。从静态的视角来看，某个社会群体中的个体应该具有类似的文化偏好，但社会发展导致社会阶层的动态性和社会成员的跨阶层流动，同一个社会群体往往体现出个体文化偏好的异质性。正因如此，在分析不同时间、不同区域的社会阶层与文化消费层次间关系问题时往往会得出不一致的结论。例如，Graaf 和 Nan（1991）认为职业差别对文化消费并没有直接影响，而 Prieto-Rodriguez 和 Fernández-Blanco（2000）则认为恰恰相反；Graaf 和 Nan（1991）认为性别有显著影响，而 Wilska（2002）则认为没有。从动态的视角来看，社会阶层与文化消费层次之间的匹配，以及其在一段时间内所体现出来的特定关系具有相当大的脆弱性（Beck，1992）。这恰恰源于个体不断调整自身的文化消费层次以与其所处社会群体文化特征相匹配的过程中，也就是源于个体寻找社会身份和文化认同一致性的过程中。例如，Jafari（2007）基于消费者文化理论探索了伊朗年轻消费群体的文化消费，论证了文化消费是反映与构建身份、意义和价值的创造性过程。有研究重点关注了中产阶级的文化消费、不同阶层间的文化冲突、个体在社会总体和微观组群间的身份识别、信息社会的影响等。例如，Crompton（1992）的研究表明中产阶级内部的物质性差异（如职业、收入）对个体社会地位的影响在逐渐消失，而文化消费差异产生的社会身份的差别则在逐渐扩大，进而成为社会阶层和个体身份识别的主要影响因素，也成为社会阶层间文化冲突的主要来源。信息社会中，对相关知识的掌握成为个体身份识别的一个重要因素，基于互联网的文化消费也与社会阶层的区隔紧密相关（Hargittai，2000）。

文化消费对社会阶层的形成与区分具有重要影响。社会经济环境的动态性又导致文化本身也存在极大的可变性，新文化的出现甚至可能导致社会群体分化以适应文化消费层次的变化。社会群体的区分不再依赖于某种物质性标准（如职业或收入），而更多地以文化消费等非物质性特征为主要表现（Schor，1999），而文化消费特征反过来又成为驱动社会阶层形成的重要力量（Pakulski and Waters，1996）。其中的原因可能在于作为新进入社会阶层的个体的身份具有脆弱性，需要通过群体内部与其他个体进行频繁的交流，并获取对其身份的认可，主要途径之一就是通过文化消费来表达其转换身份的需求和努力（Lamont and Molnár，2001）。个体追求身份认同的努力在中观层面上又会通过社会关系网络的传播而得到强化，从而形成不同特征表现的社会阶层。

3. 文化消费提升中的路径依赖

文化消费对个人、经济、社会的发展存在多重影响，因而与其影响因素间往往存在循环因果关系，进而导致文化消费的发展受到以往状态的约束。例如，一个知识水平较高的人倾向于阅读专业类图书，而另一个知识水平较低的人则倾向于阅读通俗小说。前者在阅读的过程中不断增进自己的专业知识与劳动技能，进而形成更复杂而有效的人力资本；后者的阅读过程则更多地体现为娱乐和休闲，知识水平和劳动技能并未通过文化消费得以提高，极易陷入低水平的循环因果链条中无法解脱（图 1-2）。又如，社会上层的人偏好于高雅音乐和古典音乐，而社会底层的人则更偏好流行音乐。前者通过与具有共同喜好的人加强交流而积累更丰富的文化资本和社会资本，进一步巩固自己在上层社会的地位；后者则可能使自己底层身份进一步固化。结果是不同阶层之间的流动性变差，降低了个体追求进步的动力，也降低了多样化思想碰撞促进创新的可能。从经济的角度看，文化消费与文化供给的良性互动可能大大促进二者的经济效应，进而促进宏观经济的可持续发展。然而长期供给低层次文化产品将限制消费者文化层次的提高，而消费者文化需求品位的停滞同样会遏制高层次文化产品的供给。

本书对文化提升做了一个结果导向的概念界定，图 1-2 中两条文化消费发展路径由于其对个人特质、社会阶层、文化产业和宏观经济的影响不同可以分为文化消费提升路径和文化消费停滞（衰退）路径。其中存在显著的路径依赖现象，即个人文化消费提升过程严重依赖于其过去的文化消费状况。路径依赖使文化消费政策极易陷入困境，对文化消费层次和结构均处于转型期的社会来讲尤其如此。如何打破路径依赖，使更多个体跳出文化消费停滞（衰退）路径，而跃升到文化消费提升路径，是一国政府面对的重要问题。为此，必须深入了解文化消费提升过程中循环因果产生的内在机理。

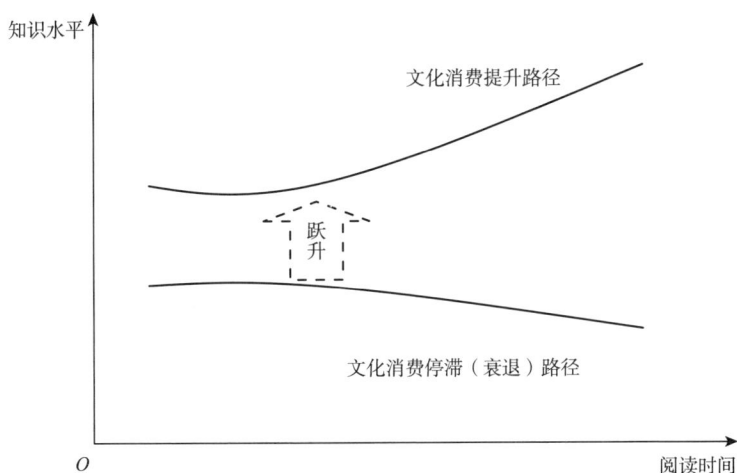

图 1-2　文化消费提升中的路径依赖

4. 文化消费提升的传导机制

（1）文化资本、社会资本与人力资本。Bourdieu（1986）认为资本具有创造利润的潜在能力，并划分了四种资本类型，即经济资本、文化资本、社会资本和符号资本。其中，经济资本是能够转换为金钱或私人权利的资源，而文化资本和社会资本经过适当的使用可以转换为经济资本。Bourdieu 和Passeron（1977，1979）分析了大学生文化活动参与对其步入社会精英阶层的影响，并提出了文化资本的概念：通过书籍、艺术和其他文化消费活动获取的无形资本。文化资本可以促使个人融入特定社会阶层，通过生活方式的改变增加获得有价值社会资本的概率。通过文化消费活动，学生获得了有关高层次文化的相关知识和经验，更容易利用法国精英阶层提供的机会，因而更容易获得好工作或获得提升。文化资本因而转换为经济资本。

社会资本以在市场中获得回报为目的，对社会关系进行投资（Lin，2001），文化资本可以促进社会资本的不断累积（Putnam，2001；Glaeser et al.，2002）。社会资本可以直接转换为经济资本。例如，Lin 等（1981）研究了社会资本在劳动力市场中的作用，发现社会资本在美国、联邦德国和荷兰等国工人寻找工作的过程中，所发挥的重要作用甚至超过了正式渠道。社会资本也可以教育水平为渠道，影响人力资本形成。例如，White 和 Glick

（2000）发现，一些社会资本变量，如父母参与学校活动的频率、学生为家庭做出贡献的意识等显著影响学生高中入学率。Stanton-Salazar等（2001）发现，学生对受教育的热情受到是否积极利用社会关系寻求帮助的限制，拉丁裔学生因为疏于激活社会资本而入学率较低。Saha（2003）在考察大学教育时也发现了社会资本与教育产出间的显著关系。

文化资本还可以直接影响教育水平，进而影响人力资本形成。例如，Dimaggio（1982）利用 3 000 名学生的数据进行分析，发现即使控制了家庭背景和个人能力变量，文化资本变量仍然与学生成绩高度相关。在一些艺术、文学等非技术类学校，文化资本所起的作用可以与个人能力相提并论。Castello和Domenech（2002）、Blessi等（2012）、Saha（2015）等同样认为文化资本对人力资本的积累起到了重要作用。

（2）家庭背景、社会环境与社会网络。个人的文化消费数量与类型受家庭环境的显著影响。Ateca-Amestoy（2008）认为父母的教育水平越高，个人的初始文化禀赋越高，在特定时点可以整合到文化消费过程中，并产生更高的文化消费水平和层次。这个观点的理论基础来自 Stigler 和 Becker（1977）对文化资本积累的论述。可用的文化资本存量是一系列文化消费变量的函数，也受到人力资本变量，如教育水平的影响，并潜在影响文化资本转化为经济资本的能力。据此，可以用过去的文化消费解释当前的文化消费。Eijck（1997）采用了同胞模型（sibling models）来估计不同家庭背景和教育获取程度对文化消费的影响，结果表明先辈的文化资源是衡量文化参与度最为重要的因素，而教育获取程度的影响相对而言较小。相比年幼的家族成员，年长者的文化消费受家庭教育背景的影响更大。Wan 等（2011）利用巴西 2002~2003 年的调查数据分析在参与体育和文化两项闲暇活动时的个人决策，结果表明两项活动都具有季节性并且在城市地区更加普遍。此外，家庭责任感和家庭规模对体育和文化活动具有消极的影响。

文化消费还与其所处的社会、文化环境具有显著关系。例如，Mencarelli（2008）认为博物馆艺术产品的需求不仅与艺术品本身的特征有关，还与消费者所处的社会和文化环境有关。Cheng（2006）构建了一个同时受到文化产品特征、文化消费环境和文化资本影响的消费者效用函数并展开分析，结论认为一个社会的文化氛围随着文化消费数量的增加而变得更加浓厚，而文化氛围的变化又会反过来影响文化消费。Emmison（1997）以澳大利亚社会美国化为例，利用调查数据，重点分析了当前年轻一代、中年群体中"婴儿潮"一代、第二次世界大战及 20 世纪 20 年代后出生的年长一代这三个群体的文化口味和偏好的变化，指出来自美国等海外国家的影响在很大范围不断增强，并体现出对澳大利亚文化的强大控制力，直接造成了居民文化品位的重构。但即使在这样的背景下，不同时期的澳大利亚人仍然保持了独一无二的民族文化认同。Bühlmann 等（2013）认为全球化的趋势对个人的文化消费产生了重大影响。

个人的文化消费习惯通过其社会关系、社会网络向外扩散，并对其文化资本存量、社会文化氛围等产生影响，形成反馈循环。例如，Spitz 和 Horvát（2014）利用电影评论网站 IMDB 的相互引用数据构建了电影的网络关系，并运用网络分析方法计算中心性指标对电影进行排序。结果表明，评论者之间的相互引用对电影销售产生了显著的影响，个人的观影感受通过社会网络对其他人的预期产生了显著影响。Kraaykamp 等（2015）研究了荷兰的土耳其和摩洛哥移民在文化消费方面的差异，结论认为那些社会网络中包含更高教育水平朋友的人在文化消费中更加活跃。社会网络中还会通过新旧淘汰过程朝着自我强化的方向发展，即排除那些与大多数人文化消费习惯不同的个人使社会网络得到"净化"。

二、国内研究现状

国内关于文化消费提升没有系统的研究，相关的研究散见于消费提升以及提高生活质量的研究之中，专门涉及文化消费提升的研究更为少见。对文化消费问题的深入研究，需要从对文化消费水平和文化消费结构的研究延伸到对文化消费质量和文化消费满意度的研究，这就是文化消费提升的问题。文化消费提升的研究具有重大意义，一方面，文化消费提升是经济发展的结果，反过来，文化消费提升促进经济发展；另一方面，文化消费提升是社会进步的体现，反过来，文化消费提升促进社会进步。文化消费提升不仅能促进居民消费水平的提高、生活质量的改善，还能推动经济增长、社会进步，进而实现中华民族伟大复兴。从更深远的层面看，研究如何提升文化消费才能从根本上促进文化发展。

1. 文化消费的界定

国内学术界对文化消费的定义并不统一，但对文化消费的理解极为相似。随着对文化消费研究的深入开展，文化消费的概念逐渐清晰。苏志平和徐淳厚（1997）认为，文化消费是指对精神文化类产品及精神文化性劳务的占有、欣赏、享受和使用等，其实质是对社会以及他人提供的物化形态和非物化形态的精神财富的消耗，同时这种消费过程又是精神财富的消化、继承、积蓄、再造和创新过程。一些学者从马克思主义政治经济学的角度理解文化消费，认为文化消费是为满足人们精神文化需要，采取不同的方式消耗文化消费品和劳务的过程，主要是对享受资料和发展资料的消费，文化消费品与其他消费品一样，凝聚了人们的体力和脑力劳动，能满足人们的某种需要，它是社会化生产过程的一个重要环节（尹世杰，1994a；李伟，2000；米银俊和王守忠，2002）。对文化消费的其他定义有广义和狭义之分。施涛（1993）从狭义上将文化消费理解为对以文学艺术为主体，包括音像、出版和与此相适应的文化艺术等文化产品和文化服务的消费。但目前越来越多的学者倾向于采用广义上的理解，即文化消费是指人们为了满足自己的精神文化生活而采取不同的方式来消费精神文化产品和精神文化服务的行为（曹俊文，2002）。

总体来说，我国文化消费研究起步较晚，学术界对文化消费内涵尚未形成统一认识，但是基本对文化消费有一个比较科学与全面的认识，从学者们对文化消费的理解来看，文化消费已经从狭义的以消费文学艺术为主延伸到广义的消费文化产品和服务的层面，在此背景下，文化消费提升的路径显得更为丰富，如果仅着眼于扩大文化消费数量，显然不能最大限度地满足人民群众多样化、日益增长、不断提高的精神文化需求，必须切实推进文化消费扩大与升级，用文化消费品质的提升来推动文化建设。

2. 我国文化消费的现状

第一，全国文化消费总量不高，农村居民文化消费偏低。在"十一五"的前三年，全国城乡居民文化消费年均增长幅度下降，低于"十五"年均增幅 4 个多百分点，人均文化消费占收入和总消费的比重下降或接近 2001 年的水平（王亚南，2010a）。数据显示，全国乡村人均文化消费与人均产值的比例由 8.29% 降至 6.61%，占人均总消费的比重由 11.2%降至 8.53%（张莹和赵丽鹏，2010）。

第二，文化消费结构逐步调整，但仍然需要加快升级优化。文化消费结构呈转型升级趋势，由单纯的教育开支占主导向教育、休闲娱乐与求知求美并重的高层次转变（严小平，2013）。吕寒和姜照君（2013）使用省级面板数据从心理账户视角考察城镇居民人均全年分项收入对文化消费的影响发现，全国居民家庭人均全年教育消费和文化消费支出逐年上升，其中文化消费增长速度明显快于教育消费增长速度；而在文化消费支出中，文化娱乐服务支出增长速度明显快于文化娱乐用品支出的增长速度。韩海燕（2012a）分析我国城镇居民文化消费结构也得出相似结论，我国城镇居民教育消费支出所占比例呈逐渐下降趋势，而文化娱乐消费呈上升趋势，两者此消彼长，但教育消费支出所占比例仍然较高。吉林省中国特色社会主义理论研究中心文化消费研究课题组（2011）研究吉林省文化消费发现，农村文化消费大多体现在子女教育支出上，有大学生的农村家庭支付子女上学的费用占家庭总收入的三分之一，有的占一半。80%的农民日常文化消费只是看电视、听广播、打扑克、玩麻将，外出参观旅游的人很少，文化消费单调匮乏。

第三，居民文化消费观念落后，文化消费层次偏低。居民普遍重视物质消费，轻视文化消费，认为文化消费就是"消遣娱乐"，导致物质消费增长而精神文化质量、水平并未得到提升（吉林省中国特色社会主义理论研究中心文化消费研究课题组，2011）。据杨凌（2005）对河南省文化消费的调查，该省七成以上的家庭平均每人每月用于文化消费的支出在 100 元以下；对未来文化消费支出，超过半数的人只愿意拿出家庭收入的 5%；而对于居民家庭消费的迫切需要，选择"物质产品"的人数是选择"精神产品"人数的近两倍。汪建根（2013）对我国居民文化消费状况的调查显示，只有 9.31%的居民认为文化消费"非常重要"，35.92% 的居民认为"很重要"，45.56%的居民认为文化消费处于个人生活中的"一般"位置，9.23%的居民认为文化消费是否进行"无所谓"。有关调查显示，2010 年，有 41.6%的居民对文化消费采取谨慎态度，家中一份报纸杂志都没有订的接近 24%，订阅一种杂志的占 35%（张文珍，2010）。过去一年，偶尔和没有去过电影院的占 75%，经常去和只在放大片时去的占 25%（人民论坛"千人问卷"调查组，2009）。文化产品品位不高，对于精神世界和价值意义的追求有被消解的态势，消极落后的文化消费所占比例偏大，相对严肃、高雅的文化消费严重不足（罗忻和黄永林，2013）。中共吉林省委宣传部调查发现，居民热衷于购买和消费带有色情、暴力的书刊和影视；城乡居民中都有一定比例居民通过不同形式参与赌博；无论是城镇还是农村，看风水、测字、看相、算卦、求神问卜都比较流行（吉林省中国特色社会主义理论研究中心文化消费研究课题组，2011）。

随着我国经济社会的快速发展，文化需求快速增长，文化消费日益活跃，并向高品质、多样化和个性化发展，以优质、丰富的文化产品和服务吸引消费者。针对目前的状况，增加文化消费总量，提高文化消费水平是可持续发展的必然要求。通过文化消费的提升，才能实现居民文化素质不断提高和社会环境日益和谐的良好局面。

3. 文化消费及其影响因素的相互关系

文化消费提升是指通过文化消费数量扩张、结构优化和层次提高来达到经济社会发展的多重目标。从上文对文化消费现状的分析可见，我国文化消费现状还存在诸多问题。文化消费提升更要求数量扩大基础上的质的提高与效的提升，可见，文化消费需要从消费主体的能力与意愿、消费客体的供给和消费环境等层面加以促进才能真正体现出提升的内涵。

（1）文化消费和消费主体的相互关系。消费主体的消费能力和消费意愿对文化消费具有显著性的影响，文化消费的差别在较大程度上取决于消费者消费能力和消费意愿的差别。目前，国内涉及消费者消费能力和消费意愿对文化消费影响的相关研究有很多。消费者消费能力是受内外多种因素影响而形成的综合能力，主要取决于消费者的收入水平、文化素质、闲暇时间、文化价格和文化基础设施等。雷五明（1993）对消费者的基本情况与文化消费水平进行分析，研究发现影响文化消费的变量由强到弱依次是收入、职业、婚姻状况、年龄、受教育程度、性别。米银俊和王守忠（2002）研究认为，文化水平、消费水平、消费时间、消费方式等是影响文化消费需求的主要因素。邹晓东（2007）利用上海市相关数据进行分析，得出收入水平、受教育程度和投资水平三个主要因素分别从消费能力、消费意愿和消费机会方面影响上海地区居民文化消费的发展。陈海波等（2012）研究得出江苏镇江居民文化消费的影响因素有个人兴趣、学历、年龄、文化产品（服务）的种类、文化消费设施及场所的远近等。韩海燕（2012b）通过实证分析与国际对比研究发现，经济发展和生产力提高会增加居民的闲暇时间，从而提升其文化消费能力；通过经济学原理和需求层次理论分析得出收入是影响居民文化消费的主要因素；消费主体的受教育程度不同导致其寻求精神依托的诉求不同从而影响文化消费的消费意愿。张为付等（2014）从文化产品的生产供给、流通和消费内生性需求三个维度建立宏观文化消费函数，检验得出受边际消费倾向下降影响，当期收入在逐渐减弱对我国居民文化消费的促进作用。总之，收入增加等消费能力的提升会对文化消费的需求产生强烈的正向影响，年龄、教育水平、职业等对文化消费具有显著影响。

文化消费反过来也会影响个人的消费能力和消费意愿。文化消费是提高消费者素质、实现人的自由全面发展的重要途径。"当人们还不能使自己的吃、喝、住、穿在质和量方面得到充分供应的时候，人们就根本不能解放。"（马克思和恩格斯，1972a）人们物质需要、精神文化需要的不断满足和改善，是人类社会发展进步的一个重要标志。"消费生产出生产者的素质"，人们消费的最高目的就是促进人的全面发展。扩大文化消费对于培养文化自觉和文化自信，提高全民族文明素质，增强国家文化软实力具有重要意义（何炼成，2011）。尹世杰（1994b）提出"文化教育是第一消费力"。文化消费不仅是提高劳动力素质、发展生产力的主要因素，也是提高消费者素质、发展消费力的极重要的条件（尹世杰，2001a）。文化消费是一种能动性或生产性的消费，能够提高国民素质，提高和激发人的创造力（韩震，2011）。贾小玫和文启湘（2007）认为，文化消费不仅有利于人力资本的培养，更重要的是可带来人的全面发展，是提高居民幸福感的最优途径。胡秀丽（2008）指出文化消费的发展有助于改善居民消费结构，可以有效衡量居民生活品质。

（2）文化消费与文化供给的相互关系。文化供给与文化消费是一对不可分离的概念，二者良性互动才能实现文化的大繁荣。就二者的互动关系，韩震（2011）认为二者之间是同一个历史进程的两个相互促进的方面，不仅是基础与目的的关系，而且文化消费可以提高人民群众的文化素质，因而也生产着文化生产力；文化产业需要消费文化资源和文化生产力。安顺和张明之（2012）则从历史发展的统一性上说明了二者的关系，指出文化产业是文化消费的历史深化，而文化产业的发展是文化消费繁荣的社会要求，这是二者相互统一的一面。同时，两者又充满着难以调和的矛盾性。具体表现为文化产业与文化消费的发展既是相互统一的发展，又是相互对立的发展。

首先，文化供给决定了文化消费的种类和数量。文化产业不发达、文化市场不健全也严重制约文化消费发展（韩海燕，2012a；张颖，2013）。李涛（2014）指出文化消费总量和结构还不尽如人意，原因在于文化供需不匹配，主要是文化供给远落后于文化需求，扩大文化消费应基于供给端创新。伴随经济市场化进程，文化消费的市场化进程也在加快，但人们的文化消费观念仍有待转变，文化产品价格偏高，文化消费市场存在结构性失衡和供求不匹配现象（李俏，2001；朱毅蓉，2003；杨凌，2005）；当前我国的文化消费市场中的创意文化、养文化、微文化、奢文化、宅文化和藏文化，正在成为我国居民文化消费的新的增长点（卢嘉瑞和薛楠，2013）。李惠芬和付启元（2013）从系统论角度构建文化消费指标，对我国副省级城市的文化消费进行了量化研究，指出收入水平、社会保障水平、供给水平和消费者传统消费习惯均对居民的文化消费水平具有显著影响，其中收入水平和供给水平为重要因素。为此，要增加文化消费，文化产品供给方需要为消费者提供满足其需求的产品。

其次，文化消费对文化供给具有反作用。在经济社会发展的较低级阶段，人们追求消费数量的增加；在经济社会发展的较高级阶段，人们会更加注重和更加追求消费质量的提高，人们文化消费需求的改变对文化供给提出了更高的要求。尹世杰（1994b）指出精神文化消费从两方面促进生产力的发展：一方面，健康的精神文化消费，能培养人们高尚的品德，高雅的情操促进人的身心健康和全面发展，开拓人的智力，提高人的整体素质，直接促进生产力水平的提高。另一方面，人们的消费需要得到较好的满足，特别是高层次的精神文化需要得到较好的满足，就会形成一种强大的激励机制，大大有利于调动人的积极性，促进人的能力的充分发挥，从而促进生产力发展。韩震（2011）提到文化消费能够提高国民素质，提高和激发人的创造力。满足了人的文化消费，也就再生产着高端的生产力。文化产品供给的类型和数量受到文化消费的影响，文化消费还以人力资本的形成影响着文化供给。

（3）文化消费与消费环境的相互关系。良好的消费环境能够促进文化消费。一般认为，收入水平、教育程度和社会保障制度是决定消费的重要因素（葛继红，2012；马玉琪和扈瑞鹏，2015），所以增加居民收入、提高居民受教育程度以及完善社会保障制度，都可以促进消费增长。但是，增加居民收入会受到经济发展速度的限制，而居民受教育程度也很难在短期内迅速提高。那么，相对而言，社会保障制度建设不仅可以改善人民的生活质量，而且按照预防性储蓄理论，还具有明显的消费效应，正逐渐受到经济学者的重视（靳卫东等，2017）。李瑢（2010）认为优良的文化环境有利于树立正确的世界观、人生观、价值观，摒除一些不文明、不合理甚至低级庸俗的消费。王亚南（2010b）通过城乡人均产值、收入、总消费、积蓄与文化消费增长态势的同年增长指数之间的可比性联系，分析其同步性增长的相关性高低，得出完善公共服务体系、健全社会保障制度，是提高广大城乡居民文化消费水平，增进文化民生、推动文化大发展大繁荣的重要保证。戎素云和闫鞯（2013）以河北省居民文化消费为研究对象，得出影响文化消费的非经济因素有文化消费基础设施、金融体制和社会文化消费环境等。江金启等（2010）基于河南省嵩县农村的调查数据，研究了农村地区社会公共文化的消费情况。研究得出，政府在文化生活供给上存在着种类错位、季节错位及设施"徒有其表"的情况，导致农民对政府供给的公共文化活动利用率低、供给效果差。基于文化消费市场的特点，政府在推动文化消费的过程中发挥着重要的作用，但存在政策不明、规划不当、基础设施滞后、相关配套服务不足等问题（程晖，2006；邹晓东，2007）。

文化消费促进经济发展，有利于构建更好的消费环境。蔡武（2014）指出，中国消费需求中最具潜力的消费是文化消费。建设社会主义文化强国，发展文化产业，也必须扩大文化消费，培育扩大文化市场，推动文化产业成为国民经济支柱性产业（韩震，2011）。根据马斯洛的需求层次理论和发达国家的经验，当物质需求和消费得到基本满足之后，人的需求就会转向更高层次的精神、文化需求和消费。因此，扩大文化消费，有助于优化消费结构、拉动内需、调整经济结构、加快转变经济发展方式和促进经济可持续发展（赵建国，2012）。尹世杰（1994b）从消费者个人及社会两个层面分析了文化消费的功能：个人层面，文化消费提高了劳动力素质、开拓了消费领域及市场，从而促进社会再生产发展；社会层面，文化消费在提高消费者素质时产生正的外部效应，使更多人享受到古今中外的优秀精神成果，因此可以提高社会文明程度，有利于净化社会环境，树立良好社会风尚，保证国家健康持续发展。社会主义生产的根本目的是满足人民群众日益增长的物质和文化需要。促进社会精神文明的发展，是文化消费的本来作用（尹世杰，2003a）。

4. 文化消费提升的影响路径

文化消费渗透于消费主体、消费客体、消费环境之中，与个人、文化产业和社会的发展存在着相互影响的关系。消费者文化消费能力的高低，主要取决于其科学文化水平的高低、消费客体的档次、消费环境的优劣等；高水平的文化消费活动需要高科技手段制造，只有具有这方面知识和技能的人才能更好地消费，高雅艺术只有高文化素养的人才能享受。从这个角度看，要扩大居民的文化消费以提升消费者的消费意愿和消费能力，改善人力资本，从而提升文化消费水平；供给高层次的文化产品促进消费者文化层次的提高，而消费者文化需求品位的提高同样也会提升高层次文化产品的供给；消费环境的优化有利于为文化消费的发展提供良好的制度保障。

随着居民收入的增加、消费者素质和消费能力的提高，居民的文化消费对文化产品和服务提出新的要求，需要适合大众文化品位的、具有创新的、多样性的文化产品和服务，文化消费不仅仅是数量上的增加，更是消费质量的提高。文化消费的提升要求消费主体、消费客体和消费环境三者协调发展，包括消费者素质的提高、文化消费内部结构的升级、文化消费品位的提高和文化消费环境的改善。在文化消费及其影响因素的相互关系研究的基础上可知，文化消费提升的传导路径从扩大居民文化消费、提升文化消费质量和改善文化消费环境方面展开。

（1）扩大居民文化消费。文化消费扩大是文化消费提升的基础。扩大居民文化消费，不仅有利于改善人力资本、促进社会进步，而且还可以拉动内需、推动产业结构升级，进而直接和间接促进经济增长。扩大文化消费需求是我国社会文明进步的重要标志，是提升我国居民综合素质的重要途径。人们总是在满足温饱或基本生活需求之后，才会考虑较高层次的文化需求。文化消费的水平又是衡量一个国家历史文化积淀、社会文化氛围和国民文化素养的重要标志，文化消费的价值指向则是观察人们精神面貌和社会发展变化的晴雨表。

文化消费扩大与消费者自身需求有很大的联系。文化消费使消费者受到高层次的文化教育，更容易获得好工作，进而影响人力资本的形成。消费者自身的需求主要受收入和教育水平的影响。在短期内，居民的文化消费主要取决于当前收入的多少，收入是文化消费的来源和基础，是影响文化消费的最重要的因素。我国城乡居民收入快速增加是扩大我国文化消费需求的源泉。王俊杰（2012）利用2000~2009年河南省各地区的统计数据，运用面板数据模型对河南省各地区农村文化消费主要影响因素的差异性进行了研究，结果显示：高收入地区农村文化消费对价格和收入反应更敏感，而中低收入地区则受前期消费水平的影响较深。吕寒和姜照君（2013）使用2002~2011年的省级面板数据，从心理账户的视角，考察了我国城镇居民家庭人均全年分项收入对文化消费的影响。研究发现，工资性收入对文化消费具有显著为正的"乘数效应"；财产性收入对文化消费的影响显著为正；经营性收入对文化消费的影响为负但不显著；转移性收入（transfer income）对文化消费具有显著的负向效应。居民受教育的水平决定了其自身的文化素养，是影响居民文化消费意愿的主要因素之一。文化消费不同于一般物质商品消费之处就在于，文化产品的价值只在"人们与审美对象（消费对象）的共鸣共振中获得"（邹晓东和苏永军，2000）。所以对于不同教育背景的人而言，文化消费所产生的效用就会存在很大的差异。一般来说，同一收入水平下，受教育水平高的居民因为本身的文化修养较高，对文化产品的感受和审美能力必然要强于受教育程度较低的人，所以前者更容易和自己的消费对象产生"共鸣共振"，文化消费对他们更具有享受效用；而后者的收入支出更倾向于物质消费层次，文化消费对他们的效用则较小。左鹏（2010）的实证研究也发现，提高居民教育水平有助于推动文化产品消费，同时提高居民文化修养从根本上有助于推动文化产品消费。因此，随着我国居民受教育程度的提高，居民文化消费需求必然快速增加。

（2）提升文化消费质量。提升文化消费质量能促进文化消费的健康发展，是文化消费提升的重要路径。提升文化消费质量，不仅有利于文化消费结构的优化，进而可以提高较高层次文化消费在消费支出中的比重；而且有利于优化文化产业结构，促进文化消费与文化产业的协调发展。

文化产业的发展程度决定着文化消费的质量。当文化产业繁荣发展时，文化产品和服务供给充分，供给结构能够匹配文化消费的需求结构，则文化产品和服务价格趋于合理，文化消费需要得到较好的满足，文化消费质量较高。文化产业的繁荣发展，一方面，通过生产率的提高降低文化产品和服务的价格，降低文化消费成本；另一方面，通过向市场提供丰富的文化产品和服务，满足居民文化消费需要，提高文化消费效果。文化消费成本降低和文化消费效果提高是文化消费质量提高的两个具体表现。制定文化产业发展规划，着力培育一批有实力、有竞争力的骨干文化企业，建设若干辐射全国的区域文化产品物流中心，支持和加快发展具有地域和民族特色的文化产业群。加快建设具有自主知识产权、科技含量高、富有中国文化特色的主题公园。开发与文化结合的教育培训、健身、旅游、休闲等服务性消费，带动相关产业发展。

（3）改善文化消费环境。文化消费环境的改善对文化消费的提升会产生积极的影响，消费环境不仅可以直接影响居民的消费质量，而且通过对消费主体、消费资料以及消费环境三要素的有机结合产生影响，从而间接影响消费质量。研究消费环境的提升为如何提升文化消费的研究打开了另一扇门。

很多时候，不是人们没有文化消费的意愿，而是消费环境限制了人们文化消费潜能的释放。因此消费环境质量的提高也十分重要。良好的文化市场机制能使消费渠道畅通，为文化消费提供良好的消费环境，使文化消费引导文化生产，文化生产促进文化消费，实现高质量的文化消费。我国文化消费市场制度不够完善，市场机制没有充分发挥作用，政府参与过多但引导过少，影响了文化消费质量。应加快完善和培育文化市场制度，形成完整的文化经济产业链，文化消费上下游连为一体，运行有致，促进文化消费质量的提高。李瑢（2009）认为，我国农村消费环境亟待提高，要逐步优化农村自然环境、市场环境，出台和施行恰当的政策措施，重视农民消费知识的宣传，积极提升农村消费质量。卢嘉瑞（2006）在重新定义消费环境的基础上主要探讨了通过优化消费环境，从而提高消费质量的措施，包括：完善法律法规，加大执法力度；积极解决"环境不公"问题，尽快消除"环境日益边缘化"现象；妥善处理治理环境与优化环境的关系，治理与优化并重；增加基础设施建设；开展消费教育；推进诚信体系建设；发挥媒体优势，创造良好的舆论氛围；等等。王启云（2007）从人与自然的关系和人与社会的关系两个方面探讨了如何优化消费环境，前者有发展循环经济、完善环保法律体系、加大宣传力度等，后者有整顿市场秩序、净化精神文化消费市场、改善消费制度环境等。王启云（2008）也强调了政府监管的作用。

第三节　研究评述与启示

一、研究评述

已有研究对指导文化消费发展具有重要意义，具体体现为以下几点：首先，丰富了文化消费的内涵。学界就文化消费内涵的认识虽尚未完全统一，但是基本对其有一个比较科学与全面的认识，并在此基础上就文化消费的内容与分类做了诸多有益的探索，为推动文化大发展大繁荣奠定了理论基础。其次，探究了文化消费的影响因素。已有研究从多个方面和多个维度对影响文化消费的因素做了理论与实证的探索，并不断细化研究的层面，分析诸如不同收入来源对不同消费阶层的影响等。最后，提出了扩大文化消费的路径。基于对文化消费影响因素深刻的探究和过去文化消费不足的现实，众多专家学者在如何扩大文化消费的路径设计与保障体系构建上，形成了较为丰硕的成果，有效地指导着我国文化消费的发展。

同时，也可以看到仍有进一步提升的空间，具体体现为以下几点：

第一，缺乏文化消费理论的基础性与原创性研究，导致对文化消费发展的客观规律的认知不足。党的十六大以来，党中央深刻认识到文化在中国特色社会主义事业建设中的重要地位和作用，努力探索新时期文化发展的客观规律，提出了一系列战略思想（蔡武，2010）。这就要求我们在理论上要与时俱进，不断认识和把握文化消费发展的客观规律。由于我国文化消费研究起步较晚，还缺乏足够的实践来研究和总结我国文化消费发展规律。文化消费相关基础性与原创性研究还相当不足。在诸如文化消费微观基础研究方面还很缺乏，也未就文化消费相关的量化与测度做深刻的理论探究。虽然，明确了社会主义文化产品较普通商品的不同，提出了它的双重属性，但并没有就文化消费的双重属性进行深入研究。还无法明确回答什么是中国特色社会主义文化消费理论、中国特色社会主义文化消费理论有什么规律、怎样认识与深刻把握这些规律、中国特色社会主义文化消费理论研究的目的等。这些决定着文化消费理论的广度与深度。

第二，研究主题集中在文化消费数量的探讨方面，而忽视了在更深层次上对文化消费"提升"内涵的探讨。文化消费提升理论是文化消费理论的重要组成，尤其是它相对于单纯地扩大文化消费有着更深层次的含义。虽然，现有研究中不少已经涉及文化消费提升这一概念，但较少有文献对这一概念的内涵做深入剖析与论证，通常将其作为扩大、增进的同义替换，无论是从社会、经济、文化还是其他角度来看，都没有就其做深刻把握。但是，消费提升有着更深层的含义，它是较过去消费的层次提升，是在数量增加基础上质量的优化，不能简单等同于扩大或增进。

第三，虽然对文化消费提升有片段化的认知，但鲜有深入剖析文化消费提升内在机理的系统性研究。已有研究多集中于对扩大文化消费数量的研究，而较少有涉及文化消费质量和满意度提升的研究。即使在涉及文化消费提升的研究中，多以某一项措施能否促进文化消费提升为研究对象，未见全面系统研究如何提升文化消费的研究。本书拟从文化消费提升的基础、关键和最终目的三个角度全面系统研究文化消费提升的内在机理。扩大文化消费数量是文化消费提升的基础，提高文化消费质量是文化消费提升的关键，实现消费者消费满意度的提升是文化消费提升的最终目的。

第四，高度关注文化消费对宏观层面上经济增长或中观层面上产业发展的影响，但缺乏对作为社会发展基础的微观个体福利和满意度的研究。满足人民群众日益增长的精神文化需求，切实提高人民群众的文化消费满意度是一切文化消费问题研究的逻辑起点，不管是扩大文化消费还是提升文化消费。通过对文化消费满意度的量化，能够明确文化消费提升的实际效果，指出文化消费提升存在的关键问题和深层次原因，提出适合文化消费提升的路径和对策。

第五，对文化消费提升认知不足和相关研究缺乏导致从深层次上思考如何提升文化消费时，因缺乏理论基础和证据支撑而找不到政策的着力点。无论是基于扩大文化消费的数量、提高文化消费质量以及提升文化消费满意度，还是系统综合以上三个维度研究都能提出有益于文化消费提升的对策建议。但是，要使对策建议可行合理，并取得切实有效的效果，就必须以文化消费政策传导机制研究为支撑。本书拟从文化消费政策传导机制的理论研究、经验研究和数据分析层面来明晰我国文化消费政策的传导机制，科学推动文化消费提升。

二、启示

文化消费提升是指通过文化消费数量扩张、结构优化和层次提升达到经济社会发展的多重目标，其中，多重目标包括经济的可持续发展、促进经济社会结构转型、优化人力资本结构、实现产业结构升级、提高居民幸福感和满意度等。可见，文化消费提升是对文化消费数量扩张的超越和完善，是一套更加完整的理论体系。研究如何提升文化消费，不仅有助于理解文化消费本身的数量、结构和层次性问题，还有助于政府制定合适的文化消费政策以实现经济社会可持续发展。

国外的文化消费研究受到"卢卡斯批判"的巨大影响而一直强调微观基础，由此形成了基于细致分类的研究视角，即放弃对文化消费的总体考察，只从其中的某一类文化产品切入展开研究，在探讨动力性问题或作用性问题时也更加关注个人特征或个人福利。一个自然的结果是，文化消费的结构性和层次性问题并不需要专门分析，机理性问题中的因果关系也由于指标的细分而更加明确和清晰。可以说，国外的文化消费研究关注了文化消费提升，并不局限于数量扩张。

在对国外研究进行分析的基础上，本书指出了文化消费提升中几对重要的循环因果关系，即文化消费与个人特征、文化消费与文化供给和文化消费与社会分层。由于循环因果关系的存在，一国文化消费提升的过程可能进入快速发展进程，也可能陷入低水平循环陷阱，产生文化消费对文化资本存量的路径依赖。这为政策制定带来了一定的挑战，即需要解决如何使个人的文化消费向上跃升，进而迈入文化提升路径的问题。为此，需要了解循环因果关系产生的内在传导机制。本书提出文化资本、社会资本与人力资本的互动，文化消费、家庭背景、社会环境与社会网络之间的互动是最重要的两个传导机制（图 1-3）。

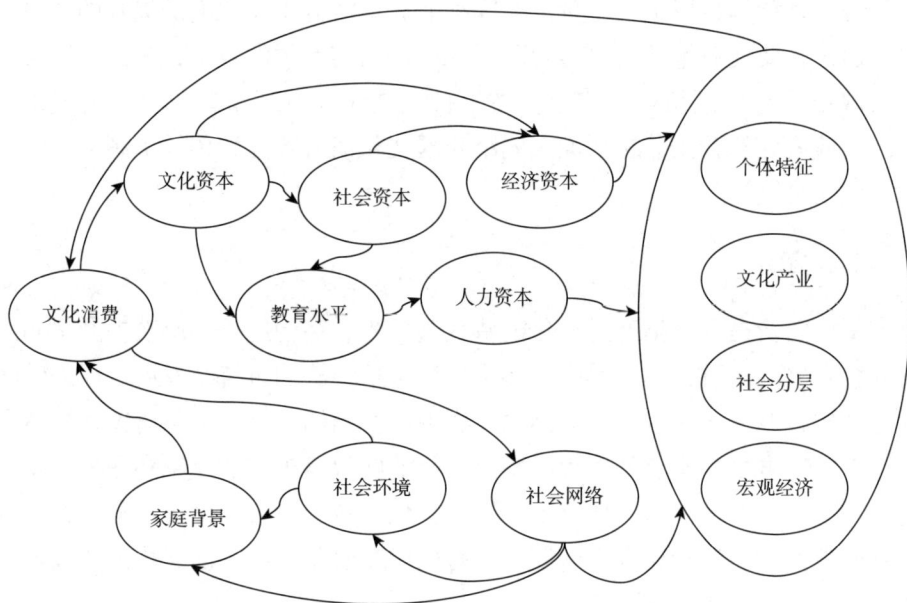

图 1-3　文化消费提升中的循环因果关系及其传导机制

　　为实现文化消费的跃升，首先，需要进行谨慎的政策研究和评估。能否把政策影响和其他影响区分开，这直接决定了能否清晰认识文化消费政策所产生的效果，也就决定了能否针对一个国家特别的市场失灵状况制定合适的文化消费政策。例如，Katz-Gerro 和 Sullivan（2010）建议研究应该从国家、区域和城市等多个层次展开，涉及变量应该包括文化预算、资助领域、私人部门支出、文化产业类型、高等教育制度等。其次，将文化消费的地位定位为经济社会可持续发展的重要动力。其重要性不仅仅体现在对相关产业的直接拉动上，更体现在对社会资本、经济资本和人力资本形成的基础性作用上。再次，动员各种社会力量支持文化产业的发展，进而提供高质量的文化产品，与文化消费形成良性循环。例如，法国大多数的博物馆和画廊直接由政府部门运营，而美国大多数文化产业的金融支持来自私人部门（Zimmer and Toepler，1999），巴西主要依赖于非政府组织（Rásky and Wolf Perez，1996）。最后，需要系统性地考虑文化消费提升过程中的循环因果关系和传导机制，制定综合性的政策措施。例如，单纯依靠学校教育来实现文化消费层次的提升和结构优化效果较慢，而考虑到家庭环境和社会环境对文化消费的影响，进行大规模的文化培育显得尤其重要。通过开展针对成年人的文化教育活动、推广高层次文化产品、宣传构建良好的文化氛围等，进而形成文化消费层次与社会层次的动态匹配与螺旋式上升，通过社会资本和社会网络不断扩大影响，实现文化消费的提升。

第 二 章

我国文化消费发展演进分析

第一节　我国文化消费发展历程

从 20 世纪 40 年代以来，西方国家学者就开始从不同角度对文化消费进行探索，早已形成了一系列出色的研究成果，而我国在相当长的一段时间内对文化消费的研究基本处于空白状态。1987 年，学术界从理论与实践相结合的高度比较系统而明确地提出文化消费命题并给予分析。在此之前，国内理论多是在讨论社会主义生产目的时使用"物质文化生活需要"之类的表述一带而过（司金銮，1994）。司金銮（1994）认为导致我国文化消费问题的深刻思辨源于"三点汇合"。"三点"即国际文化热点、国民文化发展需求点和理论家视点，这"三点"为我国文化消费发展和研究提供了重要契机。1987 年 3 月，北京消费经济讨论会的开幕词中明确提出"随着实物消费品的不断丰富，人们对文化消费、精神消费的需求越来越多，要求越来越高，如何开拓、发展文化消费、精神消费，来适应消费水平不断提高的要求"这一课题，这是揭开我国消费文化研究序幕的重要标志（司金銮，1994）。

本书根据我国各时期的经济发展以及文化消费发展程度来划分我国文化消费各阶段，认为 1978~1991 年为文化消费的初步兴起时期，1992~2001 年为文化消费的快速发展时期，2002~2011 年为文化消费的持续繁荣时期，

2012 年以来文化消费进入新时代。

一、我国文化消费的初步兴起：1978~1991 年

1. 初步兴起阶段文化消费发展状况

1980 年，广州东方宾馆开设了国内第一家音乐茶座，东方宾馆提出要把音乐和消费结合起来，这标志着我国文化娱乐市场的兴起。1984 年，上海开设第一家营业性舞厅，此后民间剧团、歌星演唱会、台球、录像放映、卡拉OK 等一系列文化娱乐方式不断闯入市场。文化市场的进一步开放给公众带来了新的文化娱乐方式，现代化的文化传媒手段也开始出现在人们的生活当中，音响市场粗具规模，娱乐演出事业势头强劲，电影、电视、报纸市场不断发展，以营利为目的的广告业也异军突起，文化市场呈现出一片生机勃勃的局面。农村居民家庭平均每人文教娱乐消费支出由 1980 年的 8.3 元增加到1991 年的 36.4 元，文化消费占总消费的年均比例约为 4%，我国文化消费正在开始萌芽并逐步兴起。在文化消费的兴起阶段，本书重点从教育、耐用文娱消费品、娱乐休闲几个方面来详细介绍该时期文化消费的发展状况。

（1）教育。教育作为我国文化事业的一部分，在 1966~1976 年"文革"期间受到了严重的创伤，但在"文革"结束后获得飞速发展，受教育人数不断增多，教育结构逐步优化，高学历知识分子占比逐步提升。教育内部存在着城乡结构失衡的现象。

截至 1991 年，全国学龄儿童入学率已达 97.83%，在校学生总人数 19 810.3万人；学生内部结构呈现出高等学校、专业学校、技术学校、师范类院校、职业院校学生人数逐步增长的态势。据统计，1978~1991 年，每百万人中大学生人数从 8.9 人增长至 17.64 人。但这一时期我国教育发展以城镇为主，农村教育发展情况不容乐观。城镇居民年教育支出由 1978 年的人均 0.45 元增长至 1991 年的人均 40.83 元，增长了 89.7 倍。在城镇教育快速发展的同时，农村教育却远远不能满足人民的需求，以农民初等学校教育（以扫盲班为主）为例，1982 年在校生 705.9 万人，1991 年达到 819 万人，其规模 9 年只增加了 113.1 万人，1991 年在校生仅占农村人口的 0.96%，1990 年第四次全国人口普查数据显示，全国 15 岁以上文盲、半文盲占同龄人口的比重为

22.3%，其中 85%是农民（卢嘉瑞和陈素梅，1994）。

（2）耐用文娱消费品。随着电子产品市场的发展，以电视、收音机、录音机、照相机为代表的耐用文娱消费品迅速发展并在人民生活中扮演着越来越重要的作用。这一时期，耐用品市场发展迅速且城乡差距明显，城镇居民对于高级耐用品的接受程度和消费情况明显高于农村居民。

1978 年，耐用文娱消费品主要以收音机、黑白电视机为代表，其中农村市场以收音机消费为主，而城镇市场中电视机拥有量远高于农村。截至 1980年底，全国共拥有收音机 11 910 万台，电视机 902 万台，平均每百人分别拥有收音机、电视机 12.1 台和 0.9 台，其中城镇居民平均拥有量为 29.6 台/百人和 3.5 台/百人，而农村居民对应拥有量仅为 8.1 台/百人和 0.3 台/百人。1991年，耐用文娱消费品普及率有了快速提升且种类进一步丰富，彩色电视机、录音机、照相机开始出现在人们生活中。截至 1991 年底，我国收音机、电视机、录音机、照相机拥有量分别为 23 399 万台、20 671 万台、13 099 万台、2 465 万台，平均每百人拥有量分别为 20.2 台、17.8 台、11.3 台、2.1 台。其中，城镇居民每百户拥有收音机 37.33 台、电视机 112.34 台、照相机 21.31台、录音机 70.34 台，农村居民每百户拥有量为收音机 32.41 台、电视机 53.97台、照相机 0.87 台、录音机 19.64 台，明显低于城镇拥有量。

（3）娱乐休闲。在多媒体、互联网、数字技术发展不足的阶段，以电影、艺术表演、书报杂志等为代表的文化事业曾一度是人民精神生活的重要支柱，在这一时期也有了一定程度的发展，书报杂志的发展最为迅猛。

1978~1991 年，我国电影制片厂约增加 1 倍，艺术影片的发行以年均9.34%的速度增长，1991 年达到 130 部。据统计，我国电影放映总收入由1985 年的 135 733 万元增加至 1991 年的 236 510 万元，增长了 74.25%；1985年，艺术表演团体共演出 743 891 场，观众人数达 72 322 万人次，1991 年，累计演出 446 300 场，观众人数达 46 411 万人次，同期演出收入由 13 091 万元增长至 17 798 万元。从演出构成来看，该时期农村演出场数维持在 65%左右，农村观众占比达到 70%。总体来看，该时期人们对电影及艺术表演的消费呈现增加趋势，但电影播放场数和艺术表演演出场数以及观众人数都逐年递减，这也从一定侧面反映了消费群体人均消费呈增加趋势。

该时期书报杂志发展迅猛。从类别来看，1978~1991 年，全国图书种类由

14 987 种增加至 89 615 种，杂志种类由 930 种增至 6 056 种，报纸相应由 186 种增至 812 种；从出版数量来看，1991 年，累计出版图书 613 940 万册，相较于 1978 年约增长了 62.67%，出版杂志 206 000 万册，增长 170.36%，出版报纸 1 766 000 万份，约增长 336.56%；从人均相对数量来看，1978~1991 年，每百人每天拥有报纸量由 3.66 份增长到 4.2 份，平均每人每年拥有图书、杂志量由 4.74 册增长到 7.13 册，城镇居民在书报杂志上的花费相应由 4.32 元增长至 13.1 元。

2. 初步兴起阶段文化消费特征

（1）文化消费整体规模扩大，人均消费水平迅速增长。20 世纪 80 年代，人民收入基本可以满足温饱需求，文化消费开始萌芽并快速发展。城乡居民这一时期人均年文化消费情况如图 2-1 所示。从图 2-1 可以看出，无论是城镇居民还是农村居民，1981~1991 年，文化消费水平都有了大幅增长。从人均规模来看，城镇居民年均消费额由 38.52 元/人增长至 128.76 元/人，增加约 2.34 倍，农村居民年均消费额由 4.64 元/人增长至 36.44 元/人，增加达 6.85 倍之多；从增长速度来看，1981~1991 年，城镇、农村居民文化消费平均增长率分别为 15.09% 和 24.06%，而同期城镇、农村居民平均收入增长率分别为 13.18% 和 12.34%，文化消费增长率明显快于收入增长率；从增长趋势来看，城镇居民人均年文化消费在 1982 年、1983 年、1987 年的增长率为负，而农村居民人均年文化消费在这一时期增长率均为正，体现出城镇居民文化消费增长速度变化大，农村居民文化消费基数相对较小、增长速度较快的特征。

（2）文化消费未能与经济增长同步，且城乡在后期显示出相反的变动趋势。关于文化消费与经济增长的关系，大量研究学者认为收入的提高是文化消费兴起的根本原因。例如，罗晓玲（2004）认为文化消费的发展必定是以经济发展程度为基础的，人们在饥寒交迫时，一般谈不上文化消费或者说文化消费受到了极大的限制，只有在解决了温饱问题之后，文化需求才能得到多方的满足；雷五明（1993）发现影响居民文化消费最主要的因素是消费者自身的收入、文化程度等；米银俊和王守忠（2002）发现个人消费水平对文化消费需求的影响程度最高。这一时期我国城乡居民文化消费占总收入和总消费比重如图 2-2 所示。由图 2-2 可知，农村居民在这一时期内文化消费占总收入和总

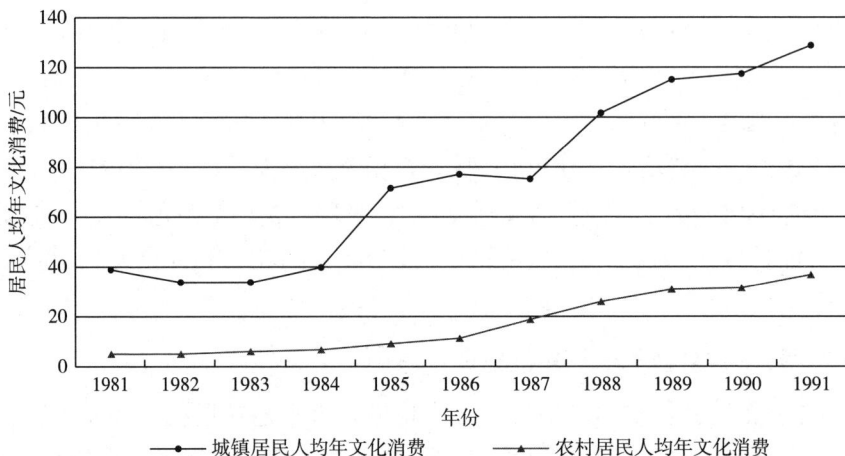

图 2-1　城镇、农村居民人均年文化消费量变化图

消费的比例呈上升趋势，且在 1986~1989 年，增长速度大大加快。而城镇居民在这一时期的变化形态可以分为 3 个阶段，1981~1983 年，城镇居民文化消费在总收入和总消费中所占份额逐步下降，1983~1985 年，处于快速增加阶段，1985 年之后呈下降趋势。总体来看，全体居民的文化消费占比有所增加，但存在占总收入和总消费比重较低的现象。由图 2-2 可以看出，在城镇居民文化消费占比最高的年份，也仅占了总收入的 9.53%，总消费的 10.6%，农村居民则更低，这反映出这一时期城乡文化消费与总收入、总消费增长的不协调性，经济增长的成就、以收入为代表的基本民生增进的成效、以总消费为代表的民生需求增进的成效都未能在提升文化消费上面得到同步的体现（李蕊，2013）。

（3）居民文化消费存在明显的地区差异。关于地区间的差异多以地区比这一指标来衡量，地区比的理想状态为 1，即各地区之间文化消费不存在差异，地区比高于 1 或低于 1 都被认为是发展不平衡。我国城乡居民人均文化消费比如图 2-3 所示。这一时期我国城乡比均大于 1，城乡比最大的年份甚至达到 8.3，这表明我国城乡居民文化消费存在较大差距。但城乡比总体上呈下降趋势，由 1981 年的 8.3 下降至 1991 年的 3.5，这在一定程度上表明在这一时期我国人均文化消费的城乡差距在逐步缩小。除城乡文化消费存在差距外，城市内部不同规模城市之间、不同地区城市之间、不同地区农村之间文化消费都存在巨大差距。例如，1981 年，北京农村地区人均文化消费

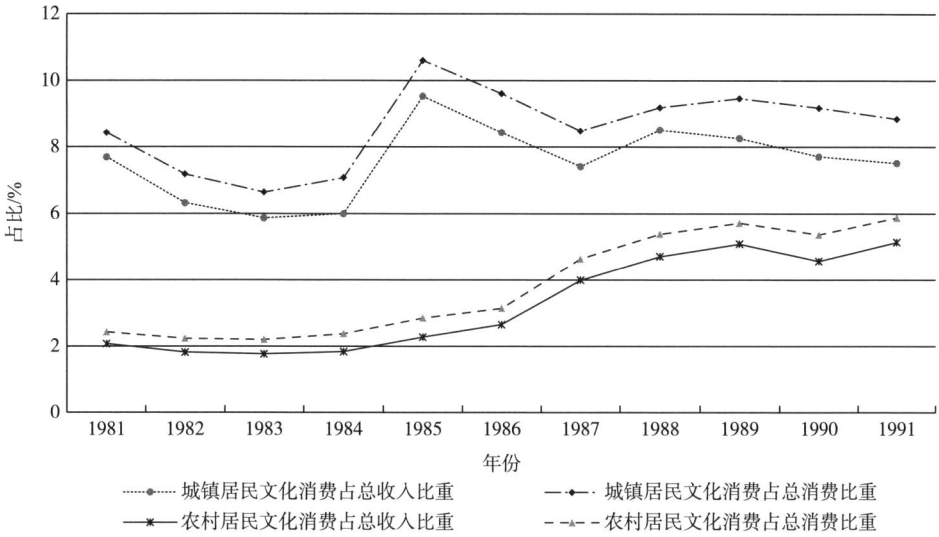

图 2-2　我国城乡居民文化消费占总收入和总消费比重

支出 14.34 元，是山西农村地区的 6.1 倍，是云南农村地区的 5.4 倍；1991 年，北京地区城镇居民年人均文化消费 204.15 元，约是西藏地区城镇居民年人均文化消费的 2.3 倍，是贵州地区城镇居民年人均文化消费的 2.0 倍。

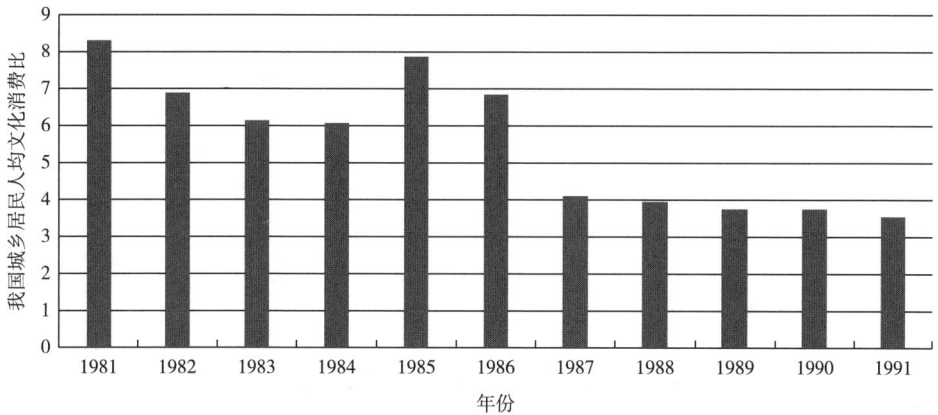

图 2-3　我国城乡居民人均文化消费比

（4）城镇内部消费结构不平衡，且存在向发展性文化消费转移的倾向。从城镇居民内部文化消费结构来看，不同收入水平的居民文化消费存在很大的差异，1991 年，最高收入户每年人均文化消费支出 216.08 元，是中上收入户的 1.5 倍，中等收入户的 1.67 倍，中下收入户的 2.01 倍，最低收入户的 2.74 倍。城镇居民人均文化消费可以分为作为教育支出的发展性文化消费和娱乐性文化消费，而这一时期在农村居民的文化消费研究中并不区分发展性文化消费支出和娱乐性文化消费支出，而是将其统一为文教娱乐及服务支出。图 2-4 统计了城镇居民在两类文化消费上的支出比例。由图 2-4 可知，这一时期，城镇居民文化消费主要集中在娱乐性文化消费上，发展性文化消费占比较小，但呈上升趋势。如图 2-4 所示，城镇居民发展性文化消费占比由 1981 年的 14.02%增长至 1991 年的 31.71%，娱乐性文化消费支出与发展性文化消费支出比相应由 6.13：1 减少至 2.15：1。从总体趋势来看，在 1981~1985 年，两类文化消费占比处于相对平稳状态，1986 年之后，发展性文化消费占比迅速增长，对应由 16.25%增长至 31.71%，年均增长 14.3%。可见，在这一时期城镇文化消费选择主要集中为文娱用品、书报杂志等娱乐性文化消费，但后半段的变动趋势显示城镇居民文化消费倾向迅速由娱乐性文化消费向发展性文化消费转移，这表明 1985 年中共中央发布的关于教育体制改革的决定对我国的教育事业起了巨大推动作用。

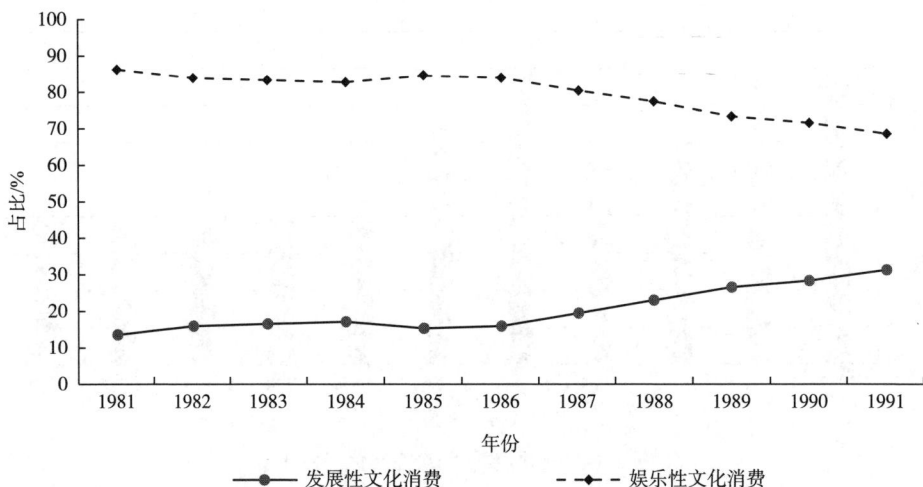

图 2-4　城镇居民两类文化消费占总文化消费比例

二、我国文化消费的快速发展：1992~2001 年

1992 年，邓小平同志南方谈话在极大地促进经济发展的同时，也在一定程度上促进了人们文化消费水平的提高。由此，我国文化消费迈进快速发展阶段，高品位与大众化并存的丰富多彩的文化消费市场为消费者提供了越来越多的个性选择。

1. 快速发展阶段文化消费发展状况

20 世纪 90 年代，城镇居民的精神需求越来越呈现出多样化、大众化和市场化的趋势；相比于城镇，农村的文化消费需求仍比较单一。对于发展阶段的情况，本小节先从 1991~2001 年全国文化消费总量变化、城镇文化消费总量变化、农村文化消费总量变化以及城乡文化消费差异等方面进行分析阐述，再从人均文化消费角度进行考察。

根据王亚南和高书生主编的《文化蓝皮书：中国文化消费需求景气评价报告（2013）》的数据，1991~2001 年，全国城乡文化消费总量从 668.21 亿元增长至 2 774.61 亿元，共增加 2 106.4 亿元，年均增长 15.3%（王亚南，2013a）。同期，城镇文化消费总量从 257.96 亿元增长至 1 229.64 亿元，共增加 971.68 亿元，年均增长 16.9%；农村文化消费总量从 410.25 亿元增长至 1 544.97 亿元，共增加 1 134.72 亿元，年均增长 14.18%。在该时期，就整体而言，农村文化消费总量比城镇文化消费总量要多，而且在总量增加上，农村比城镇略微高出一点。但同期城镇增长速度较快，年均增长率略高于农村，高出 2.72%。农村文化消费总量多于城镇的原因主要在于该时期农村人口比城镇多。

人口统计数据显示，1991~2001 年，我国农村人口占据三分之二，比城镇人口多出一倍。1991~2001 年，全国城乡人均文化消费从 58.07 元增长至 218.6 元，共增加 160.53 元，增长 276.44%。同期，城镇人均文化消费从 84.03 元增长至 264.71 元，共增加 180.68 元，增长 215.02%；农村人均文化消费从 48.62 元增加至 192.71 元，增加 144.09 元，增长 296.36%。在这一时期，每年城镇人均文化消费都高于农村，总增加量也高于农村。从人均文化消费上讲，城镇居民在文化消费方面显著比农村居民更多。总体来说，我国在 1991~2001 年文化消费呈上升态势。

　　在总体上对文化消费情况有所了解后，从教育、文化娱乐、体育健身以及旅游观光四个方面分析文化消费的具体内容。

　　（1）教育。1992~2001 年，我国加大了教育投入。20 世纪 80 年代末，教育战线研制"八五"和 90 年代的发展规划。1990 年，我国人均受高等教育的年限仅为 0.076 年，这是"人口多，底子薄"的反映。2000 年，人均受高等教育的年限达 0.19 年，充分反映出"文革"后我国高等教育迅速恢复、不断发展，特别是 90 年代后期发展速度相当快的情况（李洪天，2001）。与此相对应的是，该时期我国居民在教育消费上的支出增加。以北京为例，从表 2-1 中数据可知，城镇人均教育消费比农村高很多，年均增长高出 7.82 个百分点。从城乡人均比可以看出，虽然在 1995 年和 1997 年城乡差距有所缩小，但总体上城乡教育消费差距呈扩大的趋势。因此，就教育而言，在此阶段，北京城乡居民消费呈逐年增长趋势，而城乡差距也有扩大的态势。

表 2-1　1992~1998 年北京城乡人均教育消费以及城乡人均比

年份	1992	1993	1994	1995	1996	1997	1998
城镇人均/元	61.83	109.91	145.34	203.21	276.82	332.46	459.68
农村人均/元	46.68	80.51	98.80	159.90	169.90	206.90	245.60
城乡人均比	1.32	1.37	1.47	1.27	1.63	1.61	1.87

资料来源：张太原（2007）

　　（2）文化娱乐。这一时期，随着经济不断发展，人们温饱问题逐渐得到解决，越来越多的人向着精神文化消费行进，追求物质消费与精神消费的统一。以北京为例，从表 2-2 中不难看出，在该阶段北京城镇居民的生活水平较高，虽然在 1998 年回落 6.3 个百分点，但人均文化娱乐消费总体上呈增长趋势。城镇居民人均文化娱乐消费从 1992 年的 70.08 元增长至 1997 年的 256.01 元，增加 185.93 元，增长 265.31%。与人均教育支出相比，城镇居民在文化娱乐消费上所占比重较大。农村人均文化娱乐消费在 1992 年仅 7.45 元，到 1998 年增加到 17.80 元，增加 10.35 元，增长 138.93%。相较于人均教育支出，文化娱乐消费所占比重极小。这说明了北京城镇居民文化消费结构多元，精神生活丰富，而农村居民还是以教育支出为主，农村文化消费结构单一，消费需求结构较城镇低下。虽然两者消费结构、形式不同，但北京城乡居民还是基本达到了小康水平。

表 2-2　1992~1998 年北京城乡居民人均文化娱乐消费（单位：元）

年份	1992	1993	1994	1995	1996	1997	1998
城镇人均	70.08	101.40	137.29	173.59	214.51	256.01	239.84
农村人均	7.45	7.30	6.70	11.77	15.54	16.70	17.80

资料来源：张太原（2007）

（3）体育健身。这一时期，随着经济的发展和人们生活水平的提高以及居民消费结构的变化，我国居民体育消费结构发生了很大的变化，从体育实物消费开始转向体育劳务消费，体育的娱乐功能得到了加强（张林，2012）。20 世纪 90 年代，我国的体育劳务消费尚处于起步阶段。由于居民对体育健身的观念不同、文化程度不同、收入不同、地区体育设施建设不同，体育劳务消费表现出了显著的地区差异性，尤其是经济发达地区与经济不发达地区的差距。

地处中部地区的武汉市居民 1995 年人均生活费收入 4 170 元，用于体育消费方面的支出年平均 69.54 元，体育消费支出约占年生活费收入的 1.7%。地处西部地区的兰州市居民 1994 年人均生活费收入 2 873.24 元，兰州市居民每年用于体育消费的支出多数在 50 元以下。同期，东南地区的合肥市、蚌埠市、铜陵市、阜阳市居民，体育消费总量为 29.288 5 万元，年人均消费 232.26 元，月人均消费 19.355 元，体育消费占全年生活费收入的 6.8%。改革开放后最先步入体育市场的珠江三角洲地区，居民月均生活费 675.22 元，居民月均体育消费 36.57 元，形成了一个年均 10 亿元以上的体育消费市场（蔡军，1999）。这表明在文化消费快速发展阶段，东、中、西部在体育消费方面具有不平衡性。

（4）旅游观光。旅游总是随着经济的发展而兴起，20 世纪 90 年代经济不断发展，旅游观光需求随之增长。1994~2001 年，国内旅游总人数从 5.24 亿人次增加到 7.84 亿人次，增加 2.6 亿人次，增长 49.62%。城镇居民旅游总人数从 2.05 亿人次增加至 3.75 亿人次，增加 1.7 亿人次，增长 82.93%。农村居民旅游总人数从 3.19 亿人次增加至 4.09 亿人次，增加 0.9 亿人次，增长 28.21%。可以看出，城镇居民旅游人口增长明显快于农村居民。从《新中国 60 年统计资料汇编》中还可得到城乡居民人均旅游花费数据，见表 2-3。

表 2-3　1994~2001 年城乡居民人均旅游花费

年份	1994	1995	1996	1997	1998	1999	2000	2001
全体居民人均旅游花费/元	195	219	256	328	345	394	426	450
城镇居民人均旅游花费/元	415	464	534	600	607	615	679	708
农村居民人均旅游花费/元	55	61	70	146	197	250	227	213
城乡人均比	7.545	7.607	7.629	4.110	3.081	2.460	2.991	3.324

从表 2-3 中可以看出 1994~2001 年城乡居民人均旅游花费均呈上升趋势。其中城镇居民人均旅游花费明显高于农村居民人均旅游花费，从 415 元增加到 708 元，增长 70.60%。农村居民人均旅游花费从 55 元增加到 213 元，增长 287.27%。比较而言，农村居民人均旅游花费增长率明显高于城镇。从城乡人均比来看，就旅游观光来说，城乡差距并未呈扩大态势。在快速发展阶段，旅游观光需求得到了一定程度的发展，人们的文化消费形式有一定的增加，精神文化生活更加丰富。

2. 快速发展阶段文化消费特征

从文化消费总量来看，这一阶段虽然经济发展取得一定成就，带动了人们文化消费需求的增加，但文化消费总量处于较低水平，我国人民文化消费需求不高，文化消费占总收入、总消费的比例较低。有研究显示，当人均 GDP 达到 1 000 美元、恩格尔系数为 44% 时，城乡文化消费应占个人消费的 18%，总量应该是 10 900 亿元。根据国家统计局的修正数据，2001 年我国人均 GDP 就已达到 1 000 美元，但 2001 年我国实际城乡文化消费总量仅为 2 774.61 亿元。这说明，我国在快速发展阶段的文化消费水平并未达到国际标准，文化消费处于低下水平，居民文化消费需求的满足程度不足 1/3。在我国农村，文化消费低下尤其明显，直到 1999 年在农村居民平均每人消费支出中，文化教育加上"娱乐用品及服务"仍只有 10.67%，一些发达国家在二三十年以前，文化教育在总消费结构中的比重就已超过 20%（尹世杰，2001b）。这些反映出我国居民在文化消费方面有逐年增长的需求，但物质消费仍占主导。

从文化消费结构层次来看，这一阶段总体上文化消费结构层次较低，且城乡间的文化消费结构差异较大，但也有个别城市出现了多元化、较高层次的文化消费结构。城乡居民文化消费层次上存在较大差别，城镇居民在报刊、戏剧、影视等项目上花费较多时间、金钱，而农村居民则主要将时间、金钱消费在麻将、打牌等方面。另外，在体育健身方面，也同样存在不平衡问题，东、中、西部差异很大。而且城乡居民在旅游观光方面的人均花费差异也较大。这些突出表现了全国文化消费不平衡问题。

三、我国文化消费的持续繁荣：2002~2011 年

2002 年 11 月，党的十六大报告明确要求，根据社会主义精神文明建设的特点和规律，适应社会主义市场经济发展的要求，推进文化体制改革。自此，我国文化消费进入持续繁荣阶段。

1. 持续繁荣阶段文化消费发展状况

这一时期，我国文化消费高速发展，2003 年我国文化、体育和娱乐业固定资产投资为 531.5 亿元，到 2011 年达到了 3 162 亿元，9 年间增长了近 5 倍。2004~2011 年，文化产业年均增速在 15%以上，大大超过 GDP 和第三产业的增长速度。本小节参考何昀等（2016）所构建的文化消费质量指标体系的方法，从人均文化消费水平、文化消费占总消费支出比重、不同收入阶层的文化消费能力、不同区域的文化消费环境这四个维度来描述该阶段的文化消费状况。

（1）人均文化消费水平。2002~2011 年城镇居民、农村居民家庭人均娱乐教育文化服务消费支出的变化趋势见图 2-5。由图 2-5 可知，2002 年城镇居民家庭人均娱乐教育文化服务消费支出为 902 元，到 2011 年增加到 1 851 元，增加 1.05 倍，年平均增速为 8.3%；同期，2002 年农村居民家庭人均娱乐教育文化服务消费支出仅 231 元，到 2011 年增加到 396 元，增加 0.71 倍，年平均增速为 6.2%。由此可见，该阶段文化消费的发展表现为基数小、增速快的特点，同时也反映出城乡差距较大、农村文化消费形势更为严峻的问题。

（2）文化消费占总消费支出比重。由图 2-6 可知，2002~2011 年，城镇居民家庭人均文化消费支出占总支出的比重总体呈现下降态势，从 2002 年的 14.96%下降到 2011 年的 12.2%，但在 2008 年开始趋于稳定，并维持在 12%左右。农村居民家庭人均文化消费支出占总支出的比重总体也呈现下降

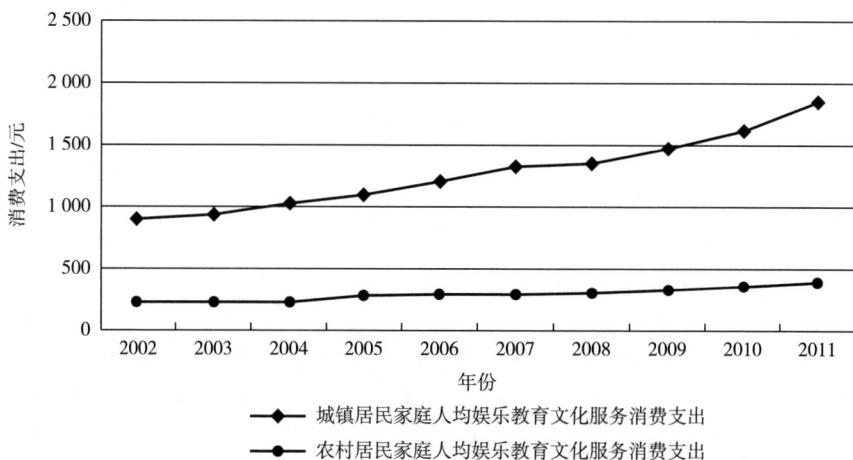

图 2-5 居民家庭人均娱乐教育文化服务消费支出

态势，从 2002 年的 11.5%下降到 2011 年的 7.6%。另外，农村居民家庭人均
文化消费支出占总支出的比重显著低于城镇居民家庭人均文化消费支出占总
支出的比重，这也能够证明文化消费的需求特性：只有当基本的物质需求被
充分满足时，文化消费的欲望和潜力才能充分释放。这从侧面说明城乡经济
差距过大，农村居民的收入水平过低，农村居民文化消费支出比重过低。

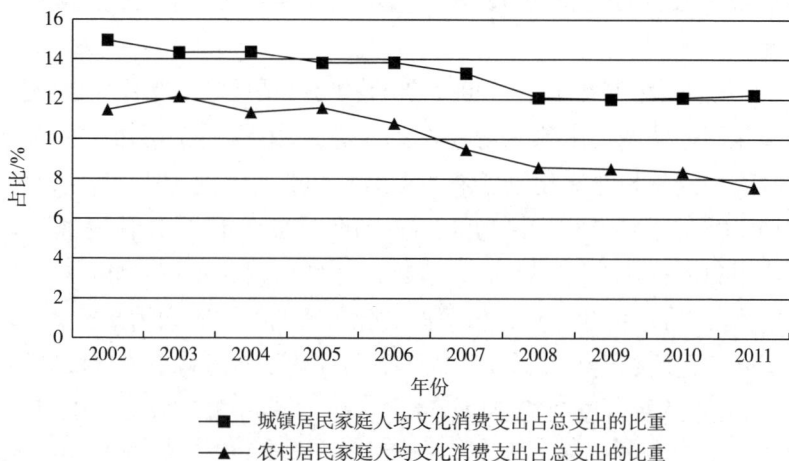

图 2-6 居民家庭人均文化消费支出占总支出的比重

（3）不同收入阶层的文化消费能力。现在将城镇居民按照收入水平分

为最高收入户、较高收入户、中等偏上收入户、中等收入户、中等偏下收入户、较低收入户、最低收入户、困难户八类不同阶层，然后根据不同阶层居民家庭人均文化娱乐用品现金消费支出分析不同收入阶层的文化消费能力。城镇不同阶层居民家庭人均文化娱乐用品现金消费支出如图 2-7 所示。最高收入户城镇居民的人均文化娱乐用品现金消费支出平均值为 1 074 元，相较于困难户城镇居民的人均文化娱乐用品现金消费支出平均值 60 元，高出 17.9 倍。但无论何种收入水平的居民，2005~2011 年的人均文化娱乐用品现金消费支出都是呈上升趋势，且收入水平越高的阶层人均文化消费支出上升速度越快。

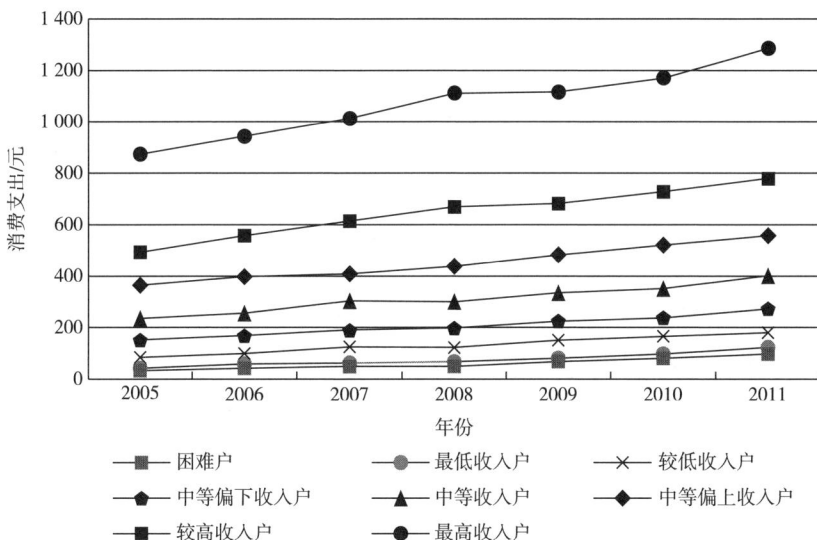

图 2-7 城镇不同阶层居民家庭人均文化娱乐用品现金消费支出

（4）不同区域的文化消费环境。借鉴李蕊（2013）采用的地区差指标衡量不同区域间居民文化消费的差异方法。地区差即以全国人均文化消费的平均值作为标准来衡量各地区的文化消费的人均值，无论各地区的人均文化消费值高于还是低于全国平均值都被视为偏离全国平均水平。地区差的理想值为 1，即各地区之间的文化消费人均值等于全国人均文化消费的绝对值，表明各地区间无差异。由表 2-4 可知，东部地区的地区差最大，各省之间人均文化消费的差异也最为悬殊。其中，山东省的地区差最接近全国平均水平；上海市的地区差是全国人均文化消费最高的地区。

表 2-4　2011 年各地区人均文化消费地区差

东北地区	地区差	中部地区	地区差	西部地区	地区差	东部地区	地区差
辽宁	1.13	山西	0.92	陕西	1.30	山东	1.16
黑龙江	0.78	湖南	1.19	重庆	1.34	福建	1.65
吉林	0.96	安徽	1.13	内蒙古	1.41	河北	0.90
		江西	1.08	宁夏	1.15	海南	0.76
		湖北	1.05	广西	1.24	天津	1.76
		河南	1.09	四川	1.10	江苏	2.23
				甘肃	0.94	广东	2.27
				青海	0.84	浙江	1.96
				贵州	1.11	北京	2.82
				云南	1.17	上海	3.25
				新疆	0.80		
				西藏	0.38		

2. 持续繁荣阶段文化消费特征

（1）消费结构优化升级。随着我国经济社会的快速发展，文化消费需求快速增长，文化消费日益活跃，并向高品质、多样化和个性化发展（洪涛和毛中根，2016）。随着收入水平提高，消费规模不断扩大，消费结构优化升级，从过去重视吃、穿、住，向注重精神文化消费迈进（王俊杰，2012）。2002~2011 年的居民文化消费质量指数是呈上升趋势的（表 2-5），这说明随着经济发展和人均收入水平的提高，消费结构转型升级，居民对于文化消费的需求呈现出明显的上升态势。一般来说，居民的收入水平与文化消费呈正相关，人们的收入只有满足基本的物质需求之后，才能够在基本的文化消费基础上产生更高层次的对文化产品的需求。

表 2-5 2002~2011 年我国居民文化消费质量指数评价结果

年份	2002	2003	2004	2005	2006	2007	2008	2009	2010	2011
指数	0.317	0.359	0.352	0.391	0.440	0.444	0.408	0.453	0.504	0.587

资料来源：何昀等（2016）

（2）城乡发展不协调，区域文化消费差距问题依然突出。我国在该阶段的城镇化水平不高，相较于西方发达国家 80%以上的城镇化率，我国 2011 年的城镇化率仅有 51.27%。农村文化消费的形势相较于城镇文化消费更为严峻。城乡文化消费发展不协调问题依然突出。根据《文化蓝皮书：中国文化消费需求景气评价报告（2011）》的数据，2000~2009 年文化消费增长绝对值东北地区约为东部地区的 53%，中部地区约为东部地区的 43%，西部地区约为东部地区的 40%。地区间的差异与宏观经济层面的地区经济发展不平衡相关。东部农村地区的文教娱乐消费存在一致性，收入是重要的影响因素，而中、西部地区则存在较大的个体差异，传统的消费影响因素作用并不明显，而个人偏好、地方政策等一些特定性因素则起到关键性作用（陈燕武和夏天，2006）。文化消费的地域差异明显，收入较高的东南部地区农村人均文化消费要远高于我国中、西部地区（罗忻和黄永林，2013）。由此也可以看出，不同区域文化消费的差距不仅与地区经济发展的差距相关，更与不同消费阶层所处的文化消费阶段相关。

（3）不同收入阶层的文化消费能力差异巨大。低收入者在教育支出上受制约，在娱乐服务上维持低档次，高收入群体对教育舍得投资，在文娱用品及服务上讲究高品质高档次。受经济水平和消费理念的影响，不同收入阶层的文化消费能力差距日益增长。此阶段的贫富差距问题，即不同阶层的收入差距过大，是导致文化消费差距过大的重要原因。

四、我国文化消费进入新时代：2012 年以来

根据《中华人民共和国文化部 2012 年文化发展统计公报》，2012 年，全国文化系统认真贯彻落实党中央国务院关于文化改革发展的重大部署，以建设社会主义文化强国为目标，把握稳中求进的总基调，振奋精神，团结进取，文化改革取得新突破，文化建设取得新进展。十八届三中全会通过《中共中央关于全面深化改革若干重大问题的决定》，对民生改善和民众福祉给予高度关注，再次将提升文化消费质量、以文化事业作为出发点改善民生提上议程。

近年来，公共文化服务体系的不断完善，艺术创作精品层出不穷，各种类型的文艺演出在国内市场上的大受欢迎，文化遗产保护工作初见成效，对外文化交流工作稳步推进，都标志着文化产业逐步成为新的经济增长点。时代变化为文化消费带来了新的发展契机。首先，伴随着全球化的影响以及全球竞争形态的改变，文化产业正逐步成为国家经济发展的支柱性产业。其次，随着工业化与城市化的推进，文化消费群体正在不断扩大，文化产业不断集聚，文化消费的基础设施不断转好。中国的城市化率在 2012 年达52.57%，由此可见城镇居民人口已经超过农村居民人口，中国已经正式进入城市时代。城市的发展促进文化产业在城市中的集聚，同时可能产生知识溢出，对于文化产业之间相互协作、借鉴，以及创新型发展有非常重要的现实意义。在文化产业创新型发展的背景下，引导中国从生产型社会转向消费型社会，从农村社会转向城市社会，积极培养居民文化消费意识非常重要，对于该阶段而言也是一次发展新机遇。最后，信息化和大数据时代的来临，预示着消费者已经从之前的被动接受转为如今的主动选择，消费方式改变不可避免。因此，文化消费也将告别之前的需求拉动供给的旧模式，跟上供给侧改革的新步伐，结合互联网以及大数据分析，提高消费者参与度，牢牢抓住新的发展机遇。

1. 新时代文化消费发展状况

据统计，2012 年，全国文化市场经营单位营业总收入 2 033.88 亿元，比上年增加 425.55 亿元，增长 26.5%；利润总额 635.11 亿元，比上年增加88.02 亿元，增长 16.1%[①]。根据《文化及相关产业分类（2012）》标准初步测算，2012 年我国文化及相关产业法人单位增加值占同期 GDP 的比重达到3.48%，文化产业正向国民经济支柱性产业的方向迈进。有些地区的文化产业法人单位增加值占地区生产总值的比重已经超过 5%，成为当地的支柱性

---

① 《中华人民共和国文化部 2012 年文化发展统计公报》，http://www.sdwht.gov.cn/uploadfile/2014/0106/20140106014207753.pdf，2014-01-06。

产业，在经济转型中发挥重要作用。截至 2012 年底，纳入统计制度的全国各类文化单位 30.59 万个，比 2011 年减少 4 147 个；从业人员 228.97 万人，比 2011 年增加 7.67 万人。其中文化部门所属部门单位 6.4 万个，比 2011 年增加 273 个；从业人员 61.57 万人，比 2011 年增加 2.02 万人。由此可以看出我国文化建设取得积极进展。

2012~2014 年，我国文化消费规模迅速扩大，从总量来看，我国文化消费总量从 11 405.97 亿元增长至 14 915.29 亿元，年均增长 14.35%。同期，全国城镇文化消费总量由 8 513.001 亿元增长至 9 550.942 亿元，年均增长 5.92%。2014 年城镇居民文化消费增长率为-3.55%，这也是近 10 年来城镇居民文化消费首次出现增长率为负的情形；农村文化消费总量由 2 892.968 亿元增长至 5 364.452 亿元，年均增长 36.2%，其中 2014 年增长 73.62%，这是自 1978 年以来农村居民文化消费增长速度最快的一年，城乡增长率的巨大差距在一定程度上表明城镇文化消费在这一时期增长势头不及农村强劲。从人均文化消费量来看，2012~2014 年，全国人均文化消费总量由 844.45 元增长至 1 093.29 元，年均增长 13.78%，其中，城镇居民人均文化消费由 1 213.88 元增长至 1 290.43 元，农村居民人均文化消费由 445.49 元增长至 859.5 元。

2. 新时代文化消费特征

（1）文化消费规模迅速扩大，但我国文化消费水平依然不容乐观。无论从总量还是人均水平来看，近年来我国文化消费规模都有了较大提升，但情形依然不容乐观。首先，我国文化消费水平与发达国家相比仍存在巨大差距。2013 年，美国、英国、日本和澳大利亚的人均文化消费水平依次为 3 285 美元、2 105 美元、2 803 美元和 2 313 美元，我国人均文化消费水平为 103 美元，远低于发达国家水平。从我国内部缺口来看，中国人民大学与文化部文化产业司联合发布的"文化消费指数（2013）"显示，我国文化消费潜在规模为 4.7 万亿元，实际规模约为 1 万亿元，存在 3.7 万亿元的巨大缺口（毛中根和孙豪，2016）。

（2）文化消费相对比值不断攀升，但并未与收入增长同步。文化消费绝对值在一定程度上可以反映我国文化消费的发展概况，而文化消费相对比值则可以从更深层面揭示文化消费的发展及其经济效应。2012~2014

年，我国人均文化消费占人均收入的比例由 5.1% 上升至 5.4%，人均文化消费占人均总消费的比例由 7.3% 增长至 7.5%，同期很多发达国家文化消费占总消费的比例已超过 10%，显然我国文化消费还存在很大的进步空间。正如居民总消费与 GDP 的比例关系可以用来衡量 GDP 对消费的促进效应一样，文化消费与 GDP 的比值可以很好地反映出经济增长对文化消费的促进作用。这一时期我国人均文化消费与人均产值之比由 2012 年的 2.1% 增长至 2014 年的 2.3%，依然处于较低的水平。根据国际经验，人均 GDP 达到 3 000 美元将带来文化消费需求的高涨，而我国早在 2008 年人均 GDP 就超过 3 000 美元，但文化消费仍处于较低水平，可见我国文化消费并未与经济增长同步。

（3）文化消费地区结构不断优化。一直以来，城乡之间、城市内部、乡村内部在文化消费上都存在较明显的差距，这里主要从城乡以及东、中、西部和东北四大区域来分析我国文化消费的地区差距。地区差距多以地区比来衡量，最理想的状态是地区比为 1，大于 1 或小于 1 都表明地区发展的不平衡。先从城乡比来看，我国城乡比由 2012 年的 2.7 减小到 2014 年的 1.5，呈现明显缩减趋势。从四大区域来看，2012 年，全国平均地区差为 1.4，2014 年，全国平均地区差为 1.2。东部地区人均文化消费 1 297.28 元，是东北地区的 1.26 倍、中部地区的 1.32 倍、西部地区的 1.42 倍。从以上地区比可以看出我国的文化消费地区结构不断得到优化，发达地区与落后地区间的差距存在逐步缩小的趋势。

（4）城镇居民文化消费构成发生新变化。随着收入的提高和人们对文化消费的认识不断提升，近年来城镇居民文化消费构成出现了一些新变化。其中一个变化是相对于文化产品消费，文化服务消费所占比重逐步增加。自 2007 年以来，城镇居民的人均文化服务消费已经开始超过文化产品消费，2012 年，城镇居民人均文化服务消费与人均文化产品消费的绝对值分别为 762 元和 451.9 元，二者所占比重分别为 63% 和 37%；从我国 31 个省（自治区、直辖市，不包括港澳台地区）来看，除西藏外，我国其他省份的文化服务消费均已大于文化用品消费，且浙江、北京、湖北、云南、广东 5 个省（直辖市）的文化服务消费与文化用品消费的比值已经超过 2（李蕊，2014），这表明城镇居民文化服务消费已占据文化消费的大部分。另一个变化是旅游和文化耐用品支出占较高比例，已成为城镇居民文化消费的主要构成部分。周莉等（2013）对南京市发放的 267 份调查问卷结果显示，在居民每年文化消费支出构成中，教育培训支出占 31%，旅游观光支出占 19%，文化类耐用消费品支出占 15%，报纸杂志支出占 10%，休闲支出占 10%，网络服务支出占 9%，影视欣赏支出占 4%，印刷费用支出占 2%。可见，旅游观光和文化类耐用消费品已经占据文化消费的较高份额。

五、小结

本节对我国文化消费各阶段的发展状况和发展特征进行了分析，总体来说，改革开放以来，特别是 2011 年党的十七届六中全会通过《中共中央关于深化文化体制改革推动社会主义文化大发展大繁荣若干重大问题的决定》以来，我国城乡居民的文化消费水平和能力不断提高，展现出强烈的文化消费意愿和巨大的文化消费潜力[①]。随着文化市场不断发展，人们的消费观念逐步向现代消费观念转变，由传统的重实物消费向物质与精神并重转变，文化消费在总消费中的支出比例不断攀升。2008 年金融危机后，中央提出将文化产业发展为支柱性产业，加之城镇化的不断推进，从政治、经济、社会等方面推进文化消费增长，这为文化消费带来了新的发展机遇。

在文化消费初步兴起阶段，我国文化市场还处于成长时期，存在市场化程度低、文化产品整体制作水平低下、市场流通不通畅等问题，导致这些问题的原因归根结底还是人民收入水平低下。这一时期城镇居民的文化消费水平之所以远远高于农村，最重要的原因就是城镇居民有更强的消费能力，农村居民这一时期的食品支出占纯收入的比重一直在46%以上，这种收支状况严重抑制了农村居民文化消费状况的改善，也不利于城乡文化消费结构的优化。因此，在文化消费初步兴起阶段，提供持续增长的收入保证，控制基本生活用品的价格，是提高居民文化消费能力的一个可行办法。此外，公共服务体系不到位，也挤压了文化消费支出。统计资料显示，我国教育、医疗财政经费严重不足，在国家投入不足的情况下，居民个人就成了投资的主体，

---

① 《我国居民文化消费状况分析》，http://www.mcprc.gov.cn/whzx/bnsj/cws/201211/t20121107_519642.htm，2013-08-23。

从而挤压了居民文化娱乐费用。因此，我国政府应加大对教育、医疗、养老、住房的财政投入和制度保障，减轻居民负担，进一步释放更多的可用于文化娱乐消费的财富。

在文化消费快速发展阶段，随着文化市场不断发展，文化消费在总消费中的支出比例不断攀升。但同时也还存在文化消费观念落后、消费结构单一、文化消费环境差等问题。特别是在农村地区，不少农民文化消费观念落后；城镇的消费结构较农村多元，但整体上仍然单一。

在文化消费持续繁荣阶段，政府推进文化体制改革，积极发展文化事业和文化产业，文化消费需求快速增长，文化消费日益活跃，并向高品质、多样化和个性化发展，随着居民收入水平不断提高，广大消费者特别是中等收入群体对消费质量提出了更高要求，更加关注精神的、心理的、哲学的、美学的、艺术的以及文化的内涵，更加需要安全、适用、舒适、美观、具有独特魅力的文化品牌商品。消费结构转型升级，居民对于文化消费的需求也呈现出明显的上升态势。但是不可忽视的问题依旧存在，城乡发展不协调，区域文化消费差距问题依然严峻，不同收入阶层的文化消费能力差异巨大。

进入新时代，文化消费在城乡、地区差距方面有所减小。但不可否认的是，仍存在较多问题。例如，我国文化消费水平依旧不高，发展结构不平衡，文化需求缺口较大，国际经验不适合我国实际，等等。在新时代，文化消费发展的方向是要实现两个转型升级：一是发挥新消费的引领作用，加快推动第一产业和第二产业的转型升级，实现我国经济整体提质增效；二是要实现文化产业自身的升级换代，从供给侧出发，推动我国文化消费的升级换代。从消费环境来看，文化消费的发展一方面取决于居民的收入水平及消费意愿，另一方面也与文化产品供给密切相关。

第二节　我国文化消费增长的阶段性特征及新态势

文化消费必然随着经济的增长而不断扩大，且这种变化具有阶段性特征。不少学者引用文化消费增长的国际经验判断我国文化消费问题，但对我国居民文化消费的专门研究却不多见。文化消费增长的国际经验即人均 GDP 达到 3 000 美元带来文化消费高涨。然而，2008 年我国人均 GDP 超过 3 000 美元，文化消费并没有出现"井喷"式增长，文化消费国际经验在我国并不适用。

从文化消费增长的国际经验来看，我国文化消费增长严重滞后于经济增长，体现在文化消费比重较低、文化消费存在巨大缺口等方面。事物的发展规律就是事物运动过程中内部的、本质的、必然的、一般的联系，具有客观性、多样性和普遍性的特点。事物的发展遵循其发展规律，其发展规律会受到外部条件的影响，在不同的外部条件下，不同的发展阶段可能表现为不同的特征。我们不能直接套用国际经验判断我国文化消费问题，应该具体分析我国的经济状况、发展阶段、居民消费行为特点等，总结符合我国实际的文化消费增长规律。从我国实际情况中归纳的特征才适用于分析居民文化消费问题，对于制定文化消费政策具有借鉴意义。

一、我国文化消费增长阶段性特征

之所以选择 1993~2012 年这一阶段进行研究，主要基于三个方面的考虑：第一，1993 年之后，社会主义市场经济体制基本确立，文化消费增长更加遵循经济发展规律；第二，根据居民消费变迁特征，这一阶段进入"多样化、效益提高型"消费期，文化消费迅速增长，成为消费需求中越来越重要的组成部分；第三，国家统计局对城乡住户的抽样调查在 2012 年之前是分别开展的，2013 年之后开展了城乡一体化住户收支与生活状况调查，统计口径有差异，且不能区分城镇数据与农村数据。

按照城乡住户抽样调查对居民消费的分类，居民消费分为食品、衣着、居住、设备及用品、交通通信、文教娱乐、医疗保健和其他八大类，这里将其中的文教娱乐消费定义为居民文化消费。主要从居民文化消费增长、居民文化消费占居民收入比重、居民文化消费占居民消费支出比重三个方面总结居民文化消费增长特征。

1.居民文化消费增长

首先，考察居民文化消费本身的发展轨迹及增长速度。城镇居民、农村

居民和城乡居民人均文化消费增长趋势见图 2-8。由图 2-8 可知，城镇居民和
农村居民人均文化消费在 1993~2012 年迅速增长，城镇居民人均文化消费从
1993 年的 194 元增加到 2012 年的 1 510 元，增加 6.8 倍；农村居民人均文化
消费从 58 元增加到 331 元，增加 4.7 倍[①]。1994~2012 年，城镇居民收入、消
费和文化消费的年均增长率分别为 8.2%、7.2%和 11.7%，农村居民收入、消
费和文化消费的年均增长率分别为 7.7%、6.9%和 9.8%。文化消费增长速度
快于收入与消费的增长速度，且文化消费增长速度波动较大，体现出城乡居
民文化消费基数小、增长速度快的特点。

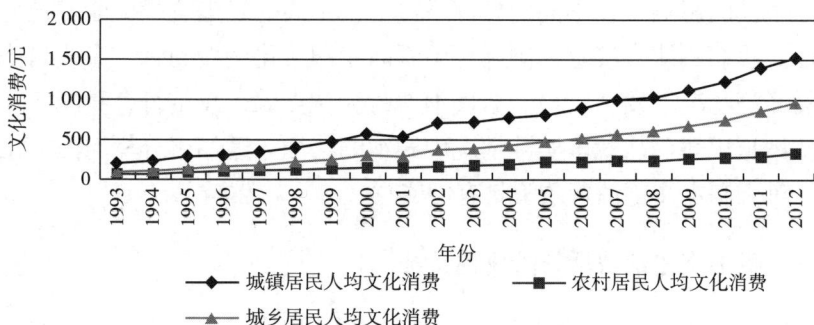

图 2-8　居民人均文化消费增长趋势

2. 居民文化消费占居民收入、消费支出的比重

借鉴恩格尔定律来考察居民文化消费与收入和消费支出的关系。城乡居
民和全体居民文化消费占居民收入、消费支出的比重如图 2-9~图 2-11 所示。
由图 2-9 可知，1993~2002 年，城镇居民文化消费占居民收入、消费支出的
比重呈增长趋势，2003~2012 年保持相对稳定。由图 2-10 可知，1993~2003
年，农村居民文化消费占居民收入、消费支出的比重呈增长趋势，2004~
2012 年呈下降趋势。由图 2-11 可知，1993~2002 年，全体居民文化消费占
GDP 和消费支出的比重均呈增长趋势，2003~2012 年，前者下降幅度较大，
后者保持相对稳定。

---

① 本小节中所有 1993~2012 年的数据均为剔除价格因素后的数据，通过居民消费价格分类指数调整为以
1993 年为基期的数据。

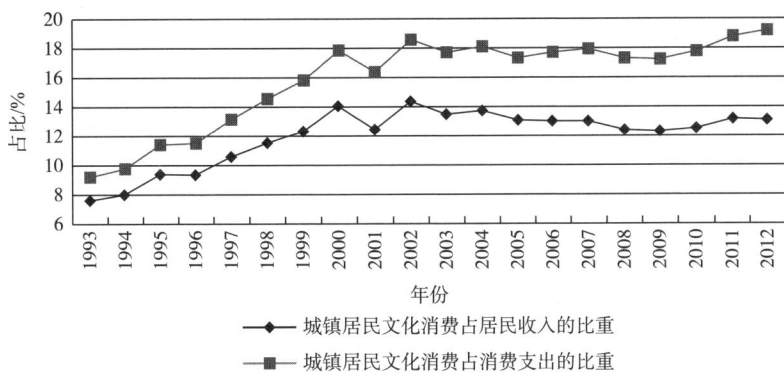

图 2-9 城镇居民文化消费占居民收入和消费支出的比重

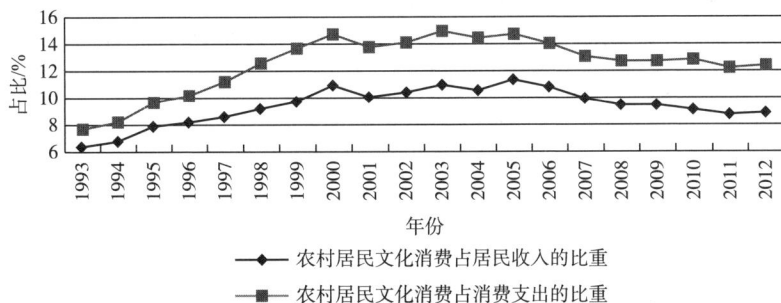

图 2-10 农村居民文化消费占居民收入和消费支出的比重

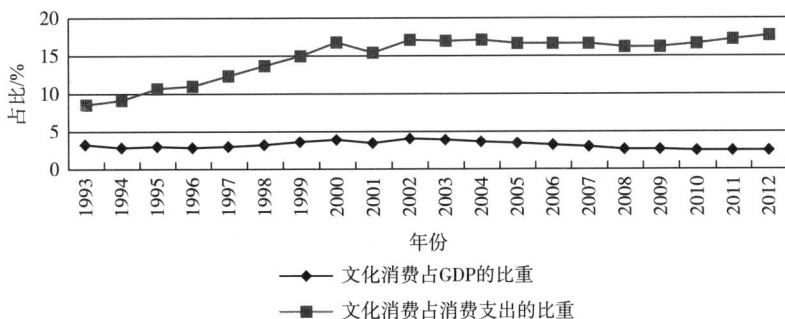

图 2-11 全体居民文化消费占 GDP 和消费支出的比重

根据居民文化消费增长情况以及居民文化消费与收入、消费的关系，可以将 1993~2012 年的居民文化消费增长阶段性特征总结如下：居民文化消费增长迅速，增长速度快于收入和消费支出的增长速度；全体居民文化消费占

GDP 的比重，农村居民文化消费占收入、消费支出的比重呈倒 U 形走势；全体居民文化消费占消费支出的比重，城镇居民文化消费占收入、消费支出的比重呈现先上升后保持平稳的走势。这一特征似乎与文化消费处于较高消费结构，文化消费占收入、消费的比重会逐渐提高的基本认识相悖，特别是全体居民文化消费占 GDP 的比重，农村居民文化消费占收入、消费支出的比重的下降阶段。

其实，该特征只是 1993~2012 年我国居民文化消费的发展特征，具有阶段性。可以预计，从未来某一个时点开始，文化消费占居民收入、消费的比重逐渐提高。因此，这里提出居民文化消费增长特征假说：在达到一定条件之前，居民文化消费占居民收入、消费的比重呈倒 U 形走势；在达到一定条件之后，居民文化消费占居民收入、消费的比重将逐渐上升，即后半段呈现 U 形走势。这里所说的"一定条件"是指一定的收入水平，或基本需求的满足状况，或文化消费的需求收入弹性变为富有弹性等。这里并不预测文化消费呈 U 形走势的上升阶段，而主要解释文化消费呈倒 U 形走势的阶段性特征。

二、我国文化消费增长阶段性特征的解释

按照消费经济理论，文化消费占 GDP 比重下降和农村居民文化消费占收入、消费支出的比重下降不易理解。下文将从收入分配、居民文化消费行为特征和文化消费需求收入弹性三个角度解释居民文化消费增长阶段性特征。

1. 基于收入分配视角的解释

从收入法 GDP 的核算角度，GDP 包括资本、劳动、土地、管理等要素的收入，劳动报酬只是其中一部分。随着经济发展，劳动报酬在 GDP 中的比重呈现 U 形特征，当前我国经济发展阶段尚处于劳动报酬占 GDP 的比重下降阶段。对于普通居民而言，劳动报酬是其消费支出的基础。当劳动报酬在 GDP 中的比重下降时，即使文化消费占收入的比重上升，也可能出现文化消费占 GDP 比重下降的现象。这种现象在经济快速增长、劳动报酬占 GDP 比重下降时期容易发生，我国文化消费占 GDP 的比重出现下降正是这种情况的反映。

2. 基于居民文化消费行为特征的解释

消费需求上升规律表明，随着收入增长，居民消费结构逐渐优化，属于生存型的食品、衣着等需求占居民消费支出的比重将逐渐降低，属于发展和享受型的文化消费等需求占居民消费支出的比重将逐渐上升。农村居民文化消费与消费需求上升规律相悖的事实表明，文化消费行为有其特殊性。

研究居民文化消费行为特征，分析居民分类消费需求的"迫切性"[①]程度，可以解释居民文化消费需求特征与消费需求上升规律的背离。居民文化消费增长特征与居民文化消费行为特征密切相关。文化消费行为特征决定文化消费增长特征，文化消费增长特征是文化消费行为特征的具体体现。居民文化消费行为具有两个典型特征：一是文化消费属于较高层次的消费需求，是非必需性消费；二是从较低收入水平开始，随着收入的增加，文化消费需求的迫切性呈现先减小后增大的趋势。

关于人类需要的马斯洛需求层次理论适用于对居民消费需求的分析。考虑到文化消费行为的两个特征，即消费需求具有层次性，且文化消费属于较高层次的消费需求。人的消费需求是多样的，包括较低层次的衣、食、住、行等物质消费，也包括较高层次的文化消费。不同收入群体的迫切性消费需求各不相同。消费者同时具备多种消费需求，在不同阶段，各种层次的消费需求满足状况不同。消费者总是在有限的条件下，先去满足最迫切的消费需求。随着收入水平提高和最迫切的消费需求得到较好的满足，人们开始追求更高级的消费需求，作为这一阶段新的迫切性消费需求。在这个过程中，迫切性消费需求发生转变，原来最迫切的消费需求变为必需性的消费需求，更高层次的消费需求转变为这一阶段最迫切的消费需求。收入较低时，衣、食、住、行等消费需求还没有得到较好的满足，充当最迫切的消费需求，文化消费只是非必需性消费需求；收入较高时，衣、食、住、行等必需性的物质消费得到较好的满足，较高层次的文化消费开始成为迫切性需求。

因此，随着收入增长，受城镇居民消费示范效应影响较大的农村居民，可能更迫切地增加食品、衣着、耐用品的消费，对增加文化消费需求的迫切程度相对较小，这时将会出现食品、衣着、耐用品等对文化消费的挤出，导

[①]　需求收入弹性富有弹性的为迫切性消费需求，而缺乏弹性的为非迫切性消费需求。

致农村居民文化消费占收入、消费支出的比重降低。

3. 基于文化消费需求收入弹性的解释

居民同时购买不同种类的商品，但是居民在不同时期对不同商品的花费不同，即随着收入的增加，在一些商品上的花费增多，在另外一些商品上的花费相对减少。这一理论即消费者行为理论中的恩格尔加总规则，可以用不同商品花费占收入的份额与消费需求的收入弹性来表述：

$$s_x \times \varepsilon_{x,m} + s_y \times \varepsilon_{y,m} = 1 \qquad (2\text{-}1)$$

其中，s_x 为花费在 x 商品上的收入比例；s_y 为花费在 y 商品上的收入比例；$\varepsilon_{x,m}$ 为 x 商品需求的收入弹性；$\varepsilon_{y,m}$ 为 y 商品需求的收入弹性。

依据所有商品的加权平均收入弹性为 1 的恩格尔加总规则，充当迫切性消费需求商品的收入弹性一定大于 1。因此，收入较低时，衣、食、住、行等物质消费需求对收入富有弹性，文化消费需求对收入缺乏弹性；收入较高时，衣、食、住、行等基础性的物质消费需求对收入缺乏弹性，文化消费需求对收入富有弹性。当处于农村居民衣着、耐用品、医疗保健等消费需求对收入富有弹性、文化消费需求对收入缺乏弹性的阶段时，文化消费占收入、消费支出的比重将下降。

为进一步揭示文化消费行为理论、消费需求层次理论和恩格尔加总规则在文化消费增长阶段性特征中的具体表现，我们通过求解文化消费需求收入弹性分析居民文化消费需求在消费需求中的层次变迁。

弹性分为点弹性和弧弹性，求解点弹性一般通过构建双对数模型进行参数估计，求解弧弹性一般根据公式计算。这里采用弧弹性，利用式（2-2）计算文化消费需求收入弹性。

$$\varepsilon_{it,m} = \frac{(c_{i,t} - c_{i,t-1}) m_{t-1}}{c_{i,t-1}(m_t - m_{t-1})} \qquad (2\text{-}2)$$

其中，$\varepsilon_{it,m}$ 为 i 商品 t 时期消费需求的收入弹性；$c_{i,t}$ 和 $c_{i,t-1}$ 分别为 t 时期和 $t-1$ 时期 i 商品的消费；m_t 和 m_{t-1} 分别为 t 时期和 $t-1$ 时期的收入。

1）城镇居民消费需求层次变迁

利用 1993~2012 年城镇住户抽样调查数据，根据式（2-2）计算出城镇居民食品、衣着、文化等八大类商品的需求收入弹性，结果见表 2-6。当商品的需求收入弹性大于 1 时，称为"富有弹性"；当商品的需求收入弹性小于 1 时，称为"缺乏弹性"；当商品的需求收入弹性等于 1 时，称为"单位弹性"。根据消费需求收入弹性的变化情况，城镇居民最迫切的消费需求由居住类、设备及用品类、医疗保健类、交通通信类和文化类商品转变为衣着类、设备及用品类和交通通信类。其中，文化消费在 1994~2002 年的多数年份富有弹性，为迫切性消费需求；在 2003~2012 年的多数年份缺乏弹性，为必需性消费需求，但这一时期文化消费需求弹性接近单位弹性，在城镇居民文化消费特征上体现为 1993~2002 年文化消费占收入的比重迅速上升，2003~2012 年文化消费占收入的比重保持相对稳定。

表 2-6　城镇居民分类消费需求收入弹性

年份	消费	食品	衣着	居住	设备及用品	医疗保健	交通通信	文化	其他
1994	0.87	0.21	1.18	1.48	2.30	3.28	5.68	1.61	0.74
1995	1.34	0.29	1.55	7.08	−0.45	4.17	8.24	5.19	−4.94
1996	0.43	−0.02	0.60	−1.12	2.11	4.43	2.32	0.61	8.45
1997	0.95	0.56	−1.13	2.68	1.48	5.28	5.37	4.94	1.50
1998	0.69	0.41	−1.16	2.01	2.42	1.86	2.56	2.56	1.13
1999	0.84	0.49	0.33	0.98	1.42	1.97	2.94	1.83	1.87
2000	1.09	0.70	0.69	2.75	−0.45	4.26	6.82	3.11	−3.73
2001	0.65	0.26	1.03	−0.50	2.35	0.93	0.96	−0.39	7.57
2002	1.12	1.02	1.02	1.06	−0.69	2.03	3.00	2.27	−2.30
2003	0.81	0.33	1.19	1.12	0.96	1.12	2.05	0.26	1.02
2004	0.97	0.29	1.33	0.00	0.10	1.61	2.67	1.30	1.15
2005	0.94	0.48	1.97	0.49	1.03	1.48	2.06	0.42	1.47
2006	0.76	0.42	1.28	0.66	0.99	0.21	1.46	0.98	0.94
2007	0.84	0.32	1.37	0.33	1.56	0.87	1.64	0.98	0.89
2008	0.80	0.34	1.68	1.30	1.46	1.15	0.66	0.36	1.33
2009	1.05	0.46	1.29	1.18	1.41	0.79	2.25	0.96	1.50
2010	0.83	0.01	1.76	0.48	1.99	−0.18	2.38	1.28	0.26
2011	0.83	0.30	1.64	0.02	1.21	0.90	0.94	1.61	1.28
2012	0.73	0.48	0.57	0.36	0.72	0.78	1.47	0.95	1.03

2）农村居民消费需求层次变迁

利用 1993~2012 年农村住户抽样调查数据，根据式（2-2）计算出农村居民食品、衣着、文化等八大类商品的需求收入弹性，结果见表 2-7。根据消费需求收入弹性的变化情况，农村居民最迫切的消费需求由交通通信类、医疗保健类和文化类商品转变为衣着类、居住类、设备及用品类、交通通信类和医疗保健类。其中，文化消费在 1994~2003 年的多数年份富有弹性，为迫切性消费需求，在 2004~2012 年的多数年份缺乏弹性，为必需性消费需求，在农村居民文化消费特征上体现为 1993~2003 年文化消费占收入的比重显著上升，2004~2012 年文化消费占收入的比重缓慢下降。

表 2-7　农村居民分类消费需求收入弹性

年份	消费	食品	衣着	居住	设备及用品	交通通信	文化	医疗保健	其他
1994	1.05	0.24	1.27	1.46	1.61	4.15	2.13	0.84	2.38
1995	0.93	0.43	1.12	1.52	1.48	3.95	2.72	1.83	0.39
1996	0.88	0.56	1.42	0.63	1.45	3.23	1.35	2.01	2.06
1997	0.06	0.12	−1.20	−0.31	0.13	3.14	1.95	0.43	0.89
1998	−0.16	−0.33	−2.25	0.24	−0.60	4.11	2.66	1.40	−0.82
1999	0.19	0.50	−0.98	−1.22	0.77	5.34	2.45	0.51	1.52
2000	3.91	1.06	3.47	3.87	−4.08	29.12	9.10	16.22	33.95
2001	0.80	0.29	1.12	1.58	1.05	4.51	−0.75	2.39	1.56
2002	1.06	0.50	1.65	1.40	1.30	3.50	1.56	1.62	0.61
2003	0.92	0.21	1.59	0.13	0.93	6.28	2.28	2.24	−5.60
2004	0.93	0.77	1.37	0.03	1.38	2.61	0.48	1.69	1.12
2005	1.63	1.06	2.90	0.93	2.81	3.21	1.89	3.25	1.24
2006	1.06	0.28	1.60	2.47	1.44	2.10	0.44	1.48	1.64
2007	0.80	0.16	1.57	1.68	1.54	1.45	0.12	0.74	1.23
2008	0.77	0.08	1.30	1.41	1.58	1.24	0.42	1.60	−0.25
2009	1.05	0.18	1.33	2.55	1.94	1.62	1.00	1.72	1.18
2010	0.53	0.24	1.31	−0.06	1.28	1.33	0.63	0.88	0.74
2011	1.07	0.39	2.25	0.79	2.44	1.52	0.65	2.50	1.96
2012	0.98	0.49	1.20	1.01	0.81	1.84	1.12	1.45	1.68

3）城乡居民消费需求层次变迁的差异

城镇居民与农村居民消费需求层次变迁的差异，正是我国城乡二元经济结构在居民消费上的体现。一方面，需求侧，城乡居民收入水平差距较大，需求能力不同，同一时期的迫切性消费需求不同；另一方面，供给侧，城乡消费环境不同，面临着不同的商品和服务供给，不同的公共服务水平。需求侧与供给侧的差异，使城乡居民各类消费需求的迫切性程度不同，导致城乡居民消费需求变迁的差异。

2003 年以后，文化消费逐渐成为农村居民必需性消费需求，对于城镇居民，文化消费正逐渐再次成为迫切性消费需求。当农村居民文化消费从迫切性消费需求转变为必需性消费需求时，随着收入增长，文化消费占农村居民收入、消费支出的比重将出现下降。当城镇居民文化消费从迫切性消费需求转变为具有单位弹性属性的消费需求时，随着收入增长，文化消费占城镇居民收入、消费支出的比重将呈现先增长后保持相对稳定的走势。

三、我国文化消费增长的新态势

1. 发展的新趋势

（1）热点轮动、百花齐放。在文化消费保持较高速度增长的同时，在文化消费内部又呈现出热点轮动、百花齐放的趋势。一是以电影和电视剧欣赏、艺术表演为代表的传统文化消费强势复兴，国家新闻出版广电总局电影局数据显示，2016 年全国电影总票房为 457.12 亿元，同比增长 3.73%，较2000 年增长约 52 倍，较 2006 年增长约 16 倍。其中，城市院线观影人次为13.72 亿，同比增长 8.89%；国产电影票房为 266.63 亿元，占票房总额的58.33%。国产电影海外票房和销售收入为 38.25 亿元，同比增长 38.09%。2016 年中国电影票房为 457 亿元，观影人次超过 13 亿。与此同时，电视媒体全年播出电视剧 120.7 万小时；2015 年国内演出观看人次 95 799.0 万，是2007 年的 1.26 倍。二是以艺术品鉴赏、动漫消费为代表的小众化消费的大众化趋势。我国的艺术品鉴赏市场兴起于 2000 年左右，2010 年进入高成长期，随之而来的是各类艺术品鉴宝和收藏节目火遍全国。文化部发布的《中国艺术品市场年度报告（2010）》显示，2010 年艺术品市场交易规模近 1 700

亿元，同比增速 41%，全球占比 23%，到 2011 年突破 2 000 亿元市场交易规模。成规模动漫消费始于 20 世纪 90 年代，当时主要消费群体为"80 后"和"90 后"青少年及儿童。随着"80 后"和"90 后"逐步成为当前消费的主流群体，动漫消费也实现了长足增长，据不完全统计，2015 年动漫业产值已突破 1 000 亿元。

（2）融合发展，形式多样。在现代科学技术的推动下，文化消费与其他领域消费融合发展的态势越来越强，形成新的消费热点与形式。一是与旅游消费的融合愈加明显，旅游资源的文化创意化和文化教育资源的旅游化双轮驱动，形成了丰富多样的文创旅游商品，多种形式的文化旅游主题活动和亲子游、游学游、团建游、拓展游等细分文化教育旅游方式。二是与信息消费的深度融合，形成了"互联网+文化教育"的新消费体验形式，包括在线教育、在线娱乐、移动平台阅读、手机新闻、网上博物馆、3D 文物以及移动平台的教育与文化消费。三是深化大众化体验，由传统的观赏式文化消费向体验式转变，拓展全民参与方式与体验形式。例如，从前几年最为火爆的歌手选秀赛、民间能手、喜剧明星、演讲等大众选秀节目，到各种形式的冲关电视节目、知识挑战赛以及真人秀节目，进而到微拍和全民直播等。四是重视个性化的挖掘与定制，将文化消费服务更多地贴上个性化与定制化标签，为消费者提供更多的弹性消费方式。例如，在教育消费行业，越来越多地出现定制个人课程，配备专属老师，采取多样的授课方式等。

2.面临的新挑战

（1）经济下行压力制约着居民文化消费能力的提升并增加文化企业融资难度。2015 年我国 GDP 一、二、三季度增幅分别为 7%、7% 和 6.9%，分别低于 2014 年同期的 7.4%、7.5% 和 7.3%。经济持续下行压力既直接制约着居民收入增长，从而影响文化消费能力提升，更重要的是如果经济下行压力预期过大，居民的预防性储蓄将增强，相比于生活必需品，居民更可能减少精神文化类消费，制约文化消费潜力释放。此外，经济下行压力将加剧文化企业的融资难度，特别是在缺少具有核心竞争力的文化企业背景下，文化企业的生存和发展压力最终会影响文化消费的提升。

（2）文化消费提升容易出现"重数量而轻质量、重扩张而轻发展"的错误导向。扩大文化消费对经济增长具有重要意义，在 GDP 导向的官员评价体系中，文化消费发展极易被地方政府片面化对待，特别是在经济增速从高速向中高速转变的背景下，地方政府决策过程很可能只看到文化消费数量扩大对短期经济增长的作用，而忽略文化消费质量提高和满意度提升对长期经济发展的重要推动，对文化消费采取短视的发展态度，进而使文化消费发展理念停留于数量扩大层面，不利于文化消费结构的转型升级。

（3）更加趋向强调文化消费的经济效益而忽略文化消费的社会效益。文化消费兼具经济与社会双重效益。经济新常态下，文化产品的市场化程度和市场竞争将进一步增强。在此背景下，文化消费的经济效益极易优先得到重视，导致文化消费提升高度关注文化消费对宏观层面经济增长或中观层面产业发展的影响，而缺乏对作为社会发展基础的微观个体福利和满意度的重视，远离了文化消费提升是对居民精神文化需求最大限度满足的本质，文化消费引导人民思想和价值观的社会效益也可能被弱化，这不是真正意义上全面的文化消费提升。

（4）文化项目的低水平、同质化制约着文化产业的长远发展，不利于文化消费的切实提升。经济新常态下，作为新增长点的文化产业得到了地方政府的青睐与关注，各地涉及文化产业的项目纷纷展开，但缺乏统一、合理和科学的规划，发展结果将是各地文化产业项目的低水平与同质化，以及不合理的空间布局。事实上，各地热衷的文化产业园和主题公园已出现了上述苗头，从长远看，不利于文化消费的切实提升。

（5）财政收入增长压力带来的公共文化消费支出约束。经济下行压力在影响居民收入的同时，也影响着政府的财政收入。十多年来，全国文化事业费占财政总支出的比重一直在低位徘徊，基本维持在 0.38%左右（图 2-12），更凸显了未来公共文化消费支出约束。

（6）城乡之间的文化消费差距可能进一步拉大，增加文化消费提升的困难。文化消费的提升显然不是一城一区的文化消费提升，而是全域范围内城乡之间、区域之间普遍与全面的提升。数据显示，我国城乡居民文化消费差距进一步拉大，城乡居民人均文化消费比由 2005 年的 1.78 倍扩大到 2013年的 2.81 倍（王亚南，2015）；1993~2013 年，全国农村居民人均文化消费

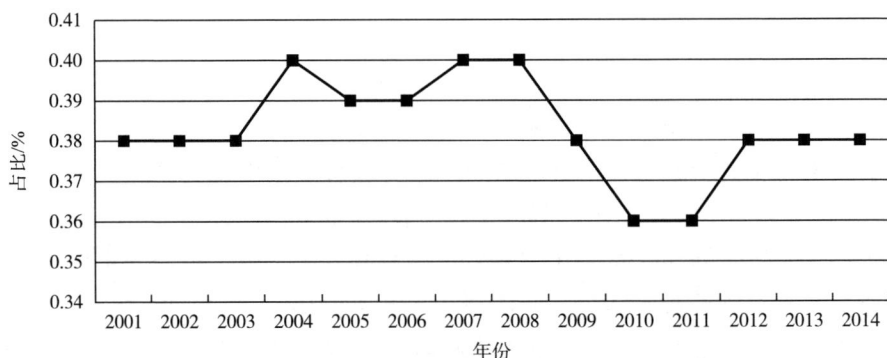

图 2-12 2001~2014 年全国文化事业费占财政总支出的比重

资料来源:《中华人民共和国文化部 2014 年文化发展统计公报》, http://zwgk.mcprc.gov.cn/auto255/
201505/w02016123085680804 9470.pdf

年增长 11.18%, 低于城镇居民 14.06% 的增速 (表 2-8)。

表 2-8 我国居民人均文化消费城乡、区域间的比较

项目		1993 年/元	2013 年/元	1993~2013 年平均增速/%
城乡	城镇	98.66	1 369.38	14.06
	农村	58.38	485.88	11.18
区域	东部	95.89	1 139.37	13.17
	中部	58.46	740.38	13.54
	西部	54.31	719.75	13.79
	东北	64.09	844.23	13.76

资料来源: 王亚南 (2015)

　　区域间居民的文化消费差距在缩小, 东部地区居民人均文化消费与中部、西部和东北三大区域的比分别由 1993 年的 1.64 倍、1.77 倍和 1.50 倍缩小到 2013 年的 1.54 倍、1.58 倍和 1.35 倍;1993~2013 年, 东部地区人均文化消费年增长 13.17%, 分别低于中部、西部和东北 0.37 个、0.62 个和 0.59 个百分点 (表 2-8)。前文分析的新变化, 既可能导致文化项目投资和文化经营企业向重点城市和区域集中, 又可能使偏向广大农村、不发达区域和贫困地区的公共文化消费投入比例减少, 进一步拉大城乡之间的文化消费差距, 增加文化消费提升的困难。

四、小结

劳动报酬占 GDP 份额的 U 形规律、居民消费需求迫切性程度变迁和居民消费需求收入弹性变化导致居民消费需求层次按一定规律演进。城乡居民文化消费需求收入弹性由富有弹性转变为缺乏弹性。按照消费需求层次的演进规律，我国文化消费增长特征为：在达到一定条件之前，居民文化消费占居民收入、消费的比重呈倒 U 形走势；在达到一定条件之后，居民文化消费占居民收入、消费的比重将逐渐上升，即后半段呈现 U 形走势。1993~2012 年我国文化消费增长的阶段性特征为文化消费占 GDP 的比重呈现先上升后下降的倒 U 形走势。

对于文化消费国际经验在我国失效，这里有两点有必要澄清。第一，消费行为特别是文化消费行为的变化滞后于经济增长。在经济快速增长阶段，文化消费的国际经验不能直接拿来应用。我国人均收入从 1 000 美元增长到 5 000 美元只用了 9 年时间，西方发达国家的这一过程要缓慢很多。当收入快速增长时，各种社会保障制度体系建设滞后于经济发展，消费观念和消费行为的变化也滞后于经济发展。因此，当我国人均 GDP 达到 3 000 美元时，文化消费并不会出现"井喷"式增长。第二，收入的不可比性。我国人均 GDP 达到的 3 000 美元与国际经验中的 3 000 美元不可比。国际经验中的收入是西方发达国家当时发展阶段中的美元价值，现在提到人均 GDP 是按现价计算的美元价值。特别是在近年来人民币迅速升值背景下，这两种收入更加不可比。

文化消费 3.7 万亿元的巨大缺口夸大了我国文化消费的短缺。3.7 万亿元文化消费缺口是按照 GDP 与文化消费对应关系依照国际经验估算得出的。显然，这样的估算没有考虑文化消费行为特征，没有考虑文化产业的发展，也忽略了经济发展阶段及居民消费行为特征。在人均收入较低时，文化消费并不能成为居民迫切性的消费需求，文化消费需求对收入缺乏弹性。我国经济的快速发展和典型的东亚消费文化，也使文化消费增长滞后。

经济步入新常态，文化消费发展面临重大机遇。城镇居民文化消费需求收入弹性已初步显现，文化消费正在成为居民"迫切性"消费需求，预示文化消费增长拐点即将到来。文化消费增长拐点的到来，一方面体现居民基本消费需求得到较好满足，另一方面要顺应居民消费行为变迁，发展文化消费，优化消费结构。

第三节　我国文化消费结构的演变

从长期来看，居民消费结构呈现出"上升规律"（尹世杰，2011），即生存资料在总消费中的比重不断下降，享受资料和发展资料的比重不断上升。文化消费是居民消费的组成部分。按照前述规律，随着消费结构的升级，其在总消费中所占比重会逐渐提高。当前，文化消费在居民八大类消费支出中的占比仅次于食品消费和交通通信消费，其重要性日益凸显。

根据国家统计局的统计口径，文化消费由教育、文化娱乐服务、文化娱乐用品三部分构成，这三部分又可分为八个细项。此处集中探讨文化消费结构的变化问题，即文化消费各构成部分（或称不同类别的文化消费）随着时间的推移是如何增长的，各自所占比重之间此消彼长的关系是怎样的，能否通过对历史数据的分析发现结构变化的某种趋势，这种趋势反映出消费者需求的何种特征。如果上述每一个问题都能得到确切回答，则我们不仅对居民文化消费结构的变动历史有了认识，而且对文化消费结构变动背后消费者的需求特征有了一定程度的把握，根据消费者需求特征制定的推动文化消费结构乃至总体消费结构升级的措施将更加精准有效。这就是研究居民文化消费结构变化的现实意义所在。

我们收集了 1993~2013 年共 21 年的文化消费分项支出数据，来源包括《中国价格及城镇居民家庭收支调查统计年鉴》（1996~2005 年）、《中国城市（镇）生活与价格年鉴》（2006~2012 年）、《中国价格统计年鉴》（2013~2014 年）、《中国住户调查年鉴》（2011~2015 年）、《中国统计年鉴》（1994~2015 年）。根据《中国城市（镇）生活与价格年鉴》，文化消费支出共有八个细项，分别为文化娱乐用品、参观游览、健身活动、团体旅游、其他文娱活动、文娱用品修理服务费、教材、教育费用。上述分类可能基于事项的独立性和记录的便利，并非按照消费的性质进行划分。此处根据消费的性质对上述八个细项进行归并整理，最终将文化消费分为五个分项（类）：文化娱乐用品、文娱活动、参观旅游、教材及参考书、教育服务。

一、我国文化消费各分项支出的整体变化

如图 2-13 所示，1993~2013 年，城镇居民人均文化消费各分项的名义支出金额均呈不断增长态势：21 年间，"文化娱乐用品"支出金额由 86.1 元增长至 458.90 元；"文娱活动"支出金额由 12.56 元增长至 197.90 元；"参观旅游"支出金额由 18.3 元增长至 566.70 元；"教材及参考书"支出金额由 7.26 元增长至 57.90 元；"教育服务"支出金额由 88.09 元增长至 775.10 元。

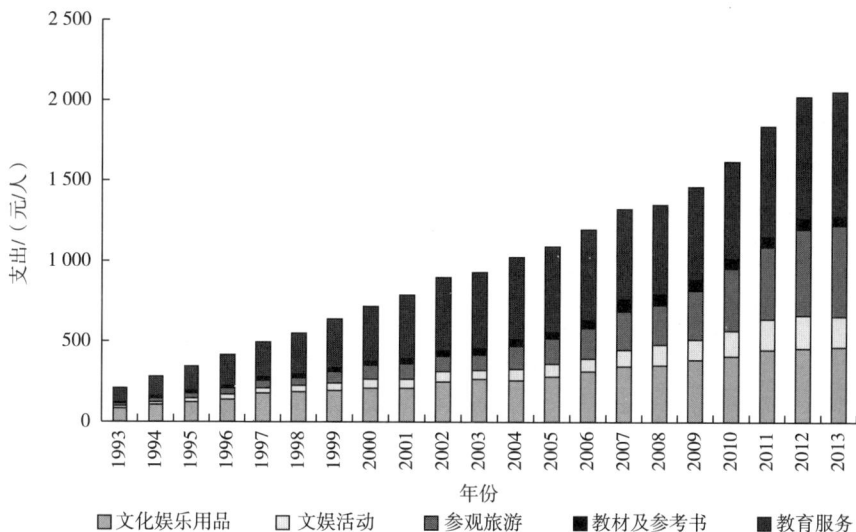

图 2-13　1993~2013 年城镇居民人均文化消费各分项支出金额变化情况

资料来源：《中国价格及城镇居民家庭收支调查统计年鉴》（1996~2005 年）、《中国城市（镇）生活与价格年鉴》（2006~2012 年）、《中国住户调查年鉴》（2011~2015 年）、《中国统计年鉴》（1994~2015 年）

二、我国文化消费各分项所占份额的结构变化

图 2-14 显示了 1993~2013 年我国城镇居民文化消费各分项所占份额的历年变化情况：1993~2013 年，"教育服务"所占份额一直居于首位，2003 年以前呈上升趋势，2003 年以后则呈下滑趋势。截至 2013 年，其支出份额为 37.2%；"参观旅游"所占份额在 1993~1998 年较为稳定（维持在 9.2%附近），1998 年之后开始波动上升，2003 年之后的上升趋势非常明显，截至

2013 年已达 27.2%，居文化消费五项支出中的第二位；"文娱活动"所占份额呈现轻微上升之势；"文化娱乐用品"所占份额呈缓慢下降态势，已由 1993 年的 40.6%降至 2013 年的 22.0%；"教材及参考书"所占份额较小，且长时间内无明显波动。

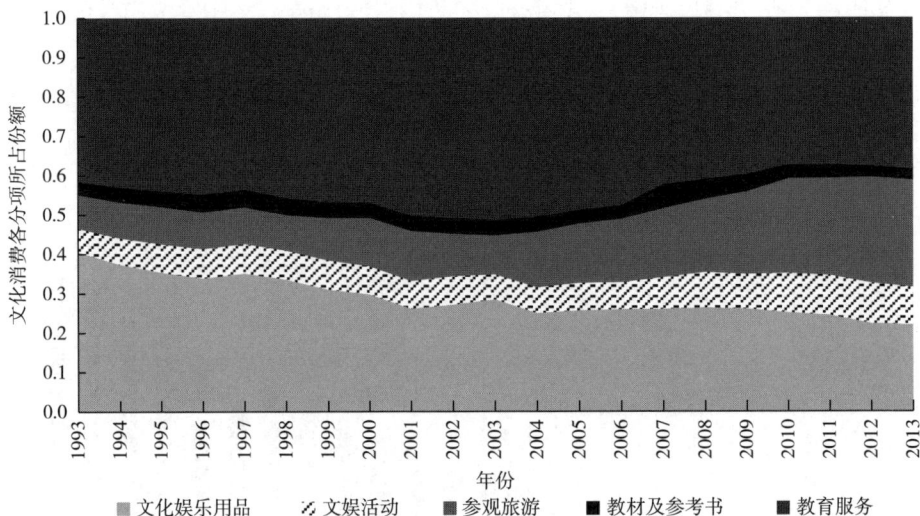

图 2-14　1993~2013 年我国城镇居民文化消费各分项所占份额的历年变化情况

资料来源：《中国价格及城镇居民家庭收支调查统计年鉴》(1996~2005 年)、《中国城市（镇）生活与价格年鉴》(2006~2012 年)、《中国住户调查年鉴》(2011~2015 年)、《中国统计年鉴》(1994~2015 年)

三、我国文化消费各分项所占份额的演变趋势

为了更为清晰地看出文化消费各分项所占份额的变化趋势，下文将对每一分项单独列示趋势线①，具体如图 2-15~图 2-19 所示。图中的虚线是多项式拟合的趋势线。在用多项式拟合曲线时，面临多项式阶数的确定问题，换言之，一组观测值可以对应多个多项式拟合模型。并且，当阶数越高时拟合优度越高，但同时模型变得复杂，因此存在一个"最优"阶数的确定问题，此处采用赤池信息准则（Akaike information criterion，AIC）来确定"最优"阶数。AIC 综合考虑模型的拟合优度和复杂度，其表达式为

---

① 此处的趋势线是直接根据原时间序列数据拟合而成的，并未考虑序列平稳性问题（由于只对过去行为做描述而不做预测，这种做法是可接受的）。

AIC=2k−2ln（L），其中，k 为模型中参数的个数，L 为似然函数。从一组可供选择的模型中选择最佳模型时，通常选取 AIC 取值最小的模型。但 AIC 是一个过于单一的判定准则，在处理较为复杂的具体问题时仍然需要一定的主观判断，因此此处同时设定多项式阶数的上限为 4 阶，因为根据相关数据拟合经验，当阶数更高时，虽然拟合优度增加，但"振荡"加剧，这种"振荡"在此处经济数据的拟合中尤其应当避免。此处依据 AIC 确定了 5 条多项式拟合趋势线[①]，并分别给出了表达式和拟合优度，见图 2-15~图 2-19。

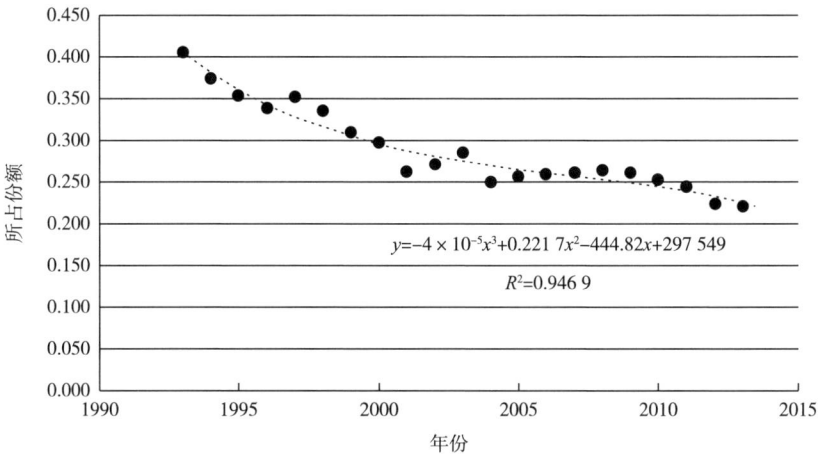

图 2-15　文化娱乐用品所占份额的年度变化及趋势线

从趋势线的走向来看，"文化娱乐用品"所占份额呈长期缓慢下降趋势；"文娱活动"所占份额呈现出缓慢上升趋势；"参观旅游"所占份额在 1998 年之后基本呈现出增长的趋势；"教材及参考书"所占份额未显示出明确趋势；"教育服务"所占份额呈现出先上升后下降的趋势，2003~2013 年处于下降趋势之中。

[①] "教材及参考书"数据波动性过大，虽然做出了趋势线，但认为在我们所考察的时间段内，没有显示出明确的趋势。

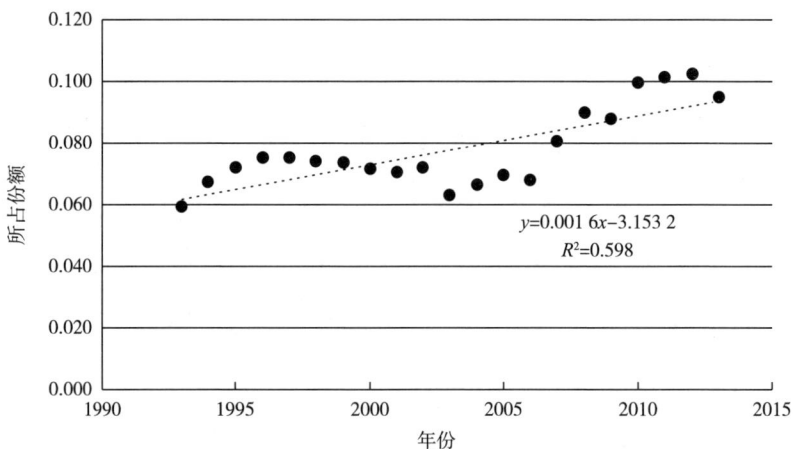

图 2-16　文娱活动所占份额的年度变化及趋势线

$y=0.001\ 6x-3.153\ 2$
$R^2=0.598$

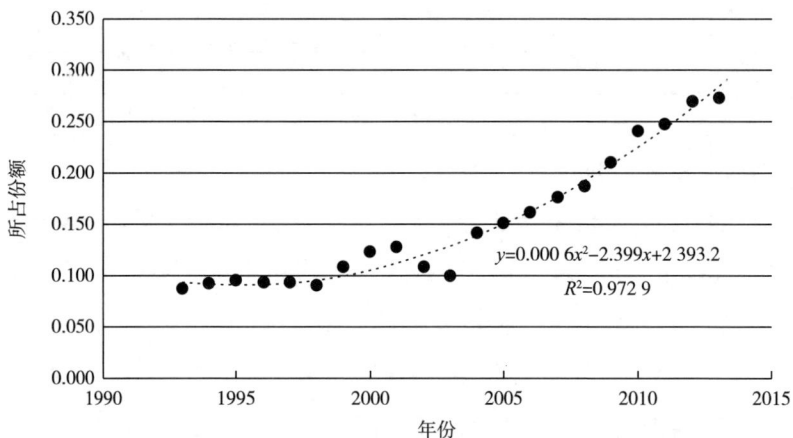

图 2-17　参观旅游所占份额的年度变化及趋势线

$y=0.000\ 6x^2-2.399x+2\ 393.2$
$R^2=0.972\ 9$

四、我国文化消费结构演变的形成原因

（一）"参观旅游"[①]份额持续增加[②]的原因分析

我们试图通过分析旅游服务产品需求量的重要决定因素在 2000~2014 年经历的发展变化，来揭示旅游服务产品需求量增长的深层原因。此处所述旅

---

① 为便于叙述，本小节将"参观旅游"消费简称为旅游消费。
② "持续增加"特指旅游消费 2000 年以来明显高速增加。

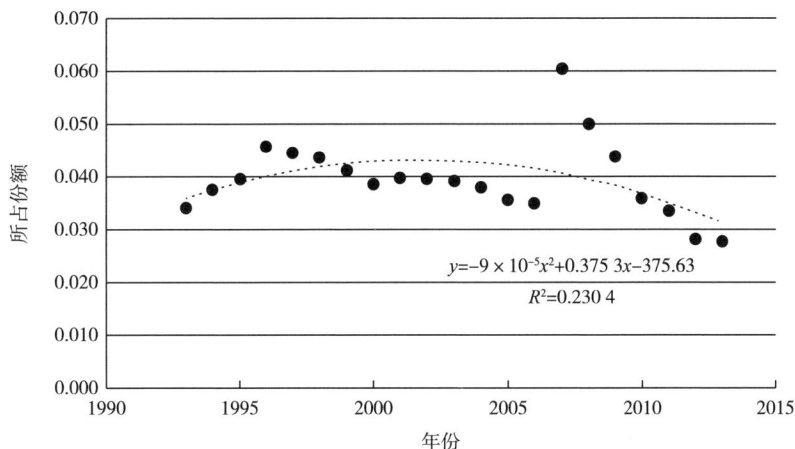

图 2-18　教材及参考书所占份额的年度变化及趋势线

图中公式：$y=-9 \times 10^{-5}x^2+0.375\ 3x-375.63$
$R^2=0.230\ 4$

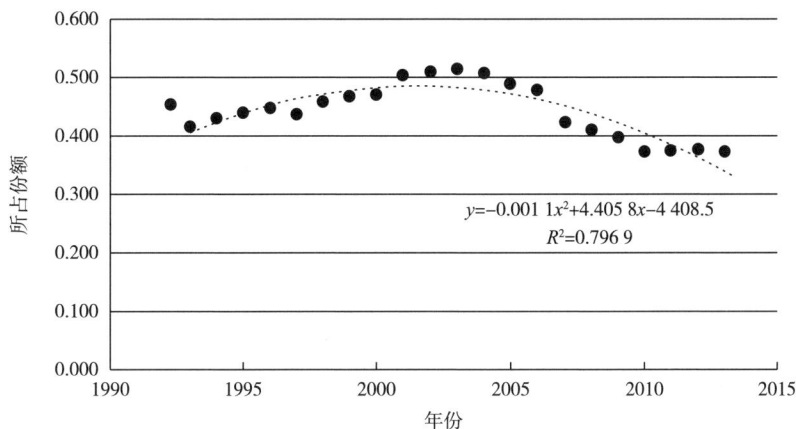

图 2-19　教育服务所占份额的年度变化及趋势线

图中公式：$y=-0.001\ 1x^2+4.405\ 8x-4\ 408.5$
$R^2=0.796\ 9$

游服务产品是指旅游景点（景区）向消费者提供的观赏性、体验性服务产品。这一概念不同于旅游学中的旅游服务产品（核心旅游服务产品），后者专指旅游景点或景区这一实体，而不是其提供的服务产品。

从微观个体的角度来讲，决定其旅游服务产品需求量的主要因素包括旅游服务产品的价格和消费者的收入、旅游服务产品自身的质量（旅游景点的固有属性和外界因素）、关联服务（住宿服务、交通服务、餐饮服务等）的质量等。上述因素的变化会对旅游服务产品需求量产生影响。

第一，旅游服务产品的价格和消费者的收入。旅游服务产品种类繁多，每种产品对应一种价格，因此需要一个综合价格指数来表征旅游服务产品的综合价格，国家统计局公布的"全国居民消费价格分类指数——旅游"可以满足这一要求。根据《中国价格统计年鉴》（2015 年），2000~2014 年，旅游服务产品价格指数的年均增长率为 1.04%。而同期城镇居民人均可支配收入指数的年均增长率达 9.17%[①]。

城镇居民人均可支配收入指数的增长率显著高于旅游服务产品价格指数，表明城镇居民在这一时期相对于旅游服务产品的实际收入在显著提高，收入和价格因素的这一综合变化有力地促进着旅游服务产品需求量的增加。

第二，旅游服务产品自身的质量。对于旅游景点，只要运营者能够施以正常的维护和保养，则在本书考察的时间段内其固有属性不会发生显著变化，因此本书中假定这一因素保持不变。外界因素中的气候因素是一个超长期因素，气候的变化非常缓慢，如果我们的考察时段大于一年但仅有十多年，则可以认为没有发生变化。但天气因素可能发生了不利变化，如近年来空气污染状况的加剧，根据环境保护部发布的数据，2013 年全国直辖市、省会城市和计划单列市等 74 个城市中，仅有海口、舟山、拉萨 3 个城市各项污染指标年均浓度达到环境空气质量二级标准（GB 3095—2012），其他 71 个城市均存在不同程度超标现象，说明空气质量问题已演变成全国性问题。空气污染状况的加剧可能降低观赏效果、损害消费者健康，使旅游服务产品的质量降低，进而使需求量降低。但从各方面因素的综合效果来看，天气因素中的不利变化被其他因素中的有利变化抵消并超越，所以才会产生旅游消费的持续繁荣。外界因素中的人为因素包括旅游服务产品的提供者所提供的配套服务，以及观赏现场其他游客可能形成的干扰等，这些因素在考察期内的变化难以量化，且根据经验观察难以发现明显的变化，此处不作讨论。

第三，关联服务的质量。其一，交通服务质量显然获得了很大提高。交通运输的便捷性与各类运输方式的运输长度直接相关，单从各类线路运输长度的增加来看，根据《中国统计摘要》（2001~2015 年），2000~2014 年，全国铁路营业里程由 6.87 万千米增至 11.18 万千米，年均增长 3.5%；全国公路里

---

① 该指数以 1978 年为基期（取值 100.0），2000 年时达到 383.7，2014 年增长至 1 310.5。

程由 167.98 万千米增至 446.39 万千米，年均增长 7.2%；全国民用航空航线里程由 150.29 万千米增至 463.7 万千米，年均增长 8.4%。其二，住宿服务和餐饮服务质量也快速提升。在便捷性方面[1]，根据《中国旅游统计年鉴》（2011~2015 年），2000 年全国共有星级饭店 6 029 家，到 2014 年增至 11 180 家，平均每年增加 367.9 家，平均每天增加 1 家；客房数由 594 678 间增至 1 497 899 间，平均每年增加 64 515.8 间，平均每天增加 176.8 间。此外三星级及以上酒店的占比由 39.3%增至 76.3%，反映出服务质量的整体性提升十分显著。其三，"互联网+"在提高关联服务质量方面发挥了重要作用。随着互联网、移动互联网的普及和与服务业的深度融合，消费者可以在 PC（personal computer，即个人计算机）端和移动端便捷地参与交通、住宿、餐饮交易，使关联服务质量获得提升。

综上所述，在决定旅游服务产品需求量的主要因素中，价格和收入因素的综合变化有利于需求量的增加；旅游景点的固有属性未发生显著变化；外界因素中的气候因素无显著变化，天气因素发生的变化可能不利于需求量的增加，人为因素的综合变化暂时难以考量；关联服务的质量显著提升，有利于需求量的增加。尽管我们在分析这些因素的变化之前已经知晓这些变化的综合结果是有利变化超过了不利变化，是由果溯因式的反推，但仍然能够看出促使旅游服务产品需求量增加的有利变化主要来自这些因素的变化，即实际收入的提高、关联服务质量的提高。

（二）"教育服务"份额持续降低[2]的原因分析

"教育服务"[3]支出在文化消费支出中所占份额的降低并非由于教育服务的绝对支出在降低（如前所述，教育服务的绝对支出也在增长，并且教育服务支出份额在五大类文化消费支出中始终居于绝对的首位），而是由于"参观旅游"和"文娱活动"这两项文化消费支出增长的幅度更大，挤占了其份额。"参观旅游"和"文娱活动"这两类文化消费支出增长较快的背后

---

[1]　住宿服务和餐饮服务的便捷性与饭店（酒店）数量的增加密切相关。

[2]　特指"教育服务"支出占文化消费支出的份额 2003 年以来明显持续降低。

[3]　教育服务是指消费者在各种公立和私立教育机构接受的教育服务，在教育阶段上涵盖学前教育、各级学校教育，以及成人教育等。

仍然是居民消费结构的升级。

五类文化消费项目，即文化娱乐用品、文娱活动、参观旅游、教材及参考书、教育服务满足消费者的享受需要和发展需要，都可归入享受资料和发展资料，是居民消费结构升级的方向，但各项目之间仍然存在显著差别。"文娱活动"和"参观旅游"主要满足消费者的享受需要，而"教育服务"满足消费者的发展需要。问题的特殊性在于，对于多数家庭而言，"接受教育"这种发展需要拥有比"参观旅游"等享受需要更高的优先级。在过去人们收入水平相对较低时，人们在生存需要基本满足（甚至尚难满足）的条件下就强烈希望子女接受教育，而将"参观旅游"等享受需要延迟。再加上教育服务支出的额度较大，所以教育服务支出在文化消费支出中所占比重长期以来居于首位。但随着经济的不断发展，我国城镇居民的平均实际收入水平逐步提高。根据国家统计局发布的历年城镇居民人均可支配收入指数和城镇居民消费价格指数（consumer price index，CPI）数据，城镇居民人均可支配收入指数以 1978 年为基期（取值 100.0），2000 年时达到 383.7，2014 年增长至1 310.5，年均增长率达 9.17%；城镇居民消费价格指数以 1978 年为基期（取值为 100.0），2000 年时达到 476.6，2014 年增长至 652.8，年均增长率为2.3%。换言之，平均来看，2000~2014 年，城镇居民可支配收入的增长明显快于综合物价水平的上涨，城镇居民实际收入水平在显著提高。随着收入水平的提高，人们在满足受教育需要之余，有了更多预算来满足"参观旅游"等享受需要，因此这些被"延迟"的需要开始获得"补偿"。从而"参观旅游""文娱活动"类的文化消费出现快速的增长，增速显著超过教育服务支出。因此伴随着"参观旅游""文娱活动"支出在文化消费支出中所占份额的提升，"教育服务"支出所占份额呈现出持续降低的趋势。

（三）"文娱活动"份额上升缓慢的原因分析

"文娱活动"类文化消费所占份额上升缓慢，且份额数偏低，排在五类中的第四位。但在经验层面，"文娱活动"消费是五类当中消费对象最丰富的一类，在性质上最能满足消费者的文化娱乐需要，似乎应当得到较快增长，但为什么增长较为缓慢呢？可能存在一些比较大的阻碍因素。分析如下：

"文娱活动"涉及的"活动"包括歌舞厅娱乐活动、电子游艺厅娱乐活动、玩网络游戏、其他室内娱乐活动（如桌游、棋牌等）、游乐园、观看电影、健身活动等，其中玩网络游戏和观看电影是重要消费项目，此处将着重探讨。

网络游戏消费近年来增速放缓。根据《2016 年中国游戏产业报告》[①]，中国游戏市场销售收入增速持续放缓，已由 2013 年的 38.0% 降低至 2016 年的 17.7%。直接原因是游戏用户数量增速持续降低，已由 2009 年的 70.0%降至 2016 年的 5.9%，部分原因是中国的人口年龄结构发生了显著变化。根据《经济蓝皮书夏季号：中国经济增长报告（2014~2015）》，中国 15~59 岁劳动年龄人口增长速度面临快速下滑的趋势，1985~2007 年中国劳动年龄人口增长率为 1.58%，2008~2015 年下降到 0.61%，预计 2016~2020 年将进一步下降到-0.4%。与劳动年龄人口增速下滑相伴随的便是以年轻人为主的游戏用户数量增速的降低。

根据艺恩咨询的统计数据，2010 年我国电影票房收入为 101.71 亿元，到 2015 年增长至 440.69 亿元，年均增长率高达 34.1%。2015 年全国观影人次突破 10 亿大关，达到 12.6 亿人次。电影消费的繁荣是居民文化消费需求旺盛与电影基础设施供给增加[②]的结果。2016 年的票房收入虽然继续增长（达到 455.21 亿元），但增幅明显回落，仅为 3.3%，背后原因除了在线电影票务平台提供的票价补贴减少等短期因素外，还有两大长期因素的影响：一是国产影片质量长期无法获得显著提高，随着观众欣赏水平的提高必然会对票房收入产生负面影响。二是视频网站的分流作用开始显现。经过多年发展，国内主要视频网站的内容更加丰富，大量原创作品涌现，许多网络电影和电视剧兴起[③]，并且消费者可以通过在线付费的方式便捷低成本地观看最新的院线电影，从而对院线市场产生分流效应。如果说在线付费观看院线电影仍然可以算作传统院线电影消费的延伸，则网络电影和电视剧的兴起似乎是对院线

---

① 由中国音像与数字出版协会游戏出版工作委员会、CNG 中新游戏研究、国际数据公司联合发布。

② 包括影院数和银幕数的激增。根据艾瑞咨询公布的数据，截至 2015 年末，全国共有 6 484 座影院，供给 31 930 块银幕，银幕数增速连续六年超过 30%。

③ 根据中国产业发展研究网的统计数据，2011 年全国共上线 36 部网络电视剧，到 2015 年已增至 379 部，年均增幅高达 80.1%；另外，据艺恩咨询发布的《中国网络大电影产业报告 2016》，2015 年全国共有 689 部网络大电影上映，在数量上已超过院线电影（449 部）。网络大电影是时长不低于 60 分钟、具备完整的电影结构和容量、具备专业制作水平、符合国家相关法律法规、以互联网和移动互联网为发行渠道的电影。

电影的真正分流。但如果将两者的发展综合起来看，则消费者"观看电影"这一文化娱乐活动并未出现大幅波动，只是采取了不同的消费方式（线上观看还是线下观看）。经过上述"排除"，制约电影消费发展的最重要因素在于国产影片整体质量偏低。

（四）"文化娱乐用品"份额缓慢下降的原因分析

"文化娱乐用品"既包括电视机、摄像机、电脑、钢琴等耐用消费品，也包括纸张、钢笔等文具，以及书报、杂志等用品。"文化娱乐用品"所占份额呈长期缓慢下降趋势，一部分原因是电视机、电脑等耐用消费品的实际价格因技术进步在降低，另一部分原因是消费者对书报、杂志等的需求量大幅减少。消费者购买和阅读书报、杂志的实质是对资讯和知识的消费，书报、杂志只是资讯和知识的载体（或称纸质媒介），但由于通过互联网和移动互联网新媒体获取资讯和知识的便捷性与经济性均明显优于传统纸质媒介，消费者的消费方式已经随着新媒体的普及发生根本改变，对"电子资讯和知识"的消费量大幅增长，对传统纸质媒介的消费量下滑则非常明显。根据中国新闻出版研究院 2016 年 4 月发布的《第十三次全国国民阅读调查数据》，国民阅读方式中数字化阅读方式（包括网络在线阅读、手机阅读、电子阅读器阅读、平板电脑阅读、光盘阅读）的接触率在持续上升，已由 2009 年的 24.6% 升至 2015 年的 64.0%。从人均每天通过各类媒介的阅读时长来看，2015 年人均每天手机阅读时长为 62.21 分钟，互联网阅读时长为 54.84 分钟，纸质图书阅读时长为 19.69 分钟，报纸阅读时长为 17.01 分钟，期刊阅读时长为 8.83 分钟。以上数据鲜明地反映出当前消费者对资讯和知识的消费方式的巨大变化。综合来看，"文化娱乐用品"份额的降低幅度实际上并没有统计数据所显示的那样大，消费者只是从纸质媒介转移到了新媒体，而在新媒体上的消费并没有统计到"文化娱乐用品"消费之中。

五、"趋势"反映出的消费者需求特征

按照消费需求层次的不同，消费资料[①]可以被分为三种，即生存资料、享

---

① "资料"包括有形的实物商品和无形的服务。

受资料和发展资料（分别对应生存需要、享受需要和发展需要）。对照这种划分方式，五类文化消费项目主要满足消费者的享受需要和发展需要。具体来讲，教育服务满足消费者的发展需要，文娱活动和参观旅游主要满足享受需要[①]。由此可以发现，前文识别出的文化消费结构变化的长期"趋势"——教育服务所占份额 2003 年以来的连续下降趋势，文娱活动所占份额的缓慢上升趋势，参观旅游所占份额 1998 年以来的长期增长趋势——反映出我国城镇居民文化消费需求的特征也在发生转变：由原来的偏重发展需要的满足转向享受需要与发展需要的满足并重，这无疑代表一场消费结构的升级。

对于多数家庭而言，"接受教育"这种发展需要拥有比参观旅游等享受需要更高的优先级。在过去人们收入水平相对较低，生存需要基本得到满足，而无法同时兼顾享受需要和发展需要的情况下，人们一般优先满足发展需要（接受教育服务），而将享受需要"延迟"。等到收入水平提高时，过去被"延迟"的享受需要开始得到"补偿"，因此出现参观旅游和文娱活动份额的显著增长。但需要指出的是，教育服务的消费份额仍然在五类文化消费中居于首位，享受需要与发展需要并重而非偏向其一。

第四节　我国文化消费差距及其演变

近年来，消费差异问题成为我国消费领域的研究热点，关于文化消费的差异研究也开始大量涌现。陆立新（2009a）将我国 28 个省区市分为东、中、西三个地区，选取 1993~2006 年的农村数据，运用动态面板数据模型对它们的影响因素进行了实证检验。研究结果显示滞后一期的文化消费对农村居民当期消费具有显著的正效应，分区域来看，中部和西部的表现要强于东部；当期收入对文化消费影响的区域差异更加明显。聂正彦和苗红川（2014）选取我国 31 个省区市的城镇居民文化消费相关数据，建立模型实证检验了东部、中部和西部区域文化消费影响因素。研究发现东部和中部区

---

① 文化消费所满足的"享受需要"在很大程度上是精神层面的需要，但并非只限于消遣类、娱乐类需要，还包括知识类、心智开发类需要。

域城镇居民文化消费的收入弹性要高于西部区域；而消费习惯恰巧相反，其在西部区域的影响力要强于中部和东部；医疗支出影响因素仅在东部和中部通过了显著性检验，其中中部文化消费支出更容易受医疗支出挤占；而购房支出因素仅在西部通过了显著性检验，正向影响西部居民文化消费。胡乃武和田子方（2015）使用"2009年城镇居民家庭调查数据"分析了文化消费影响因素，研究得出家庭总收入、消费习惯、受教育年限、社会阶层、宗教信仰、户口等显著地影响居民文化消费，此外通过不同地域比较发现，这些影响因素对东部、中部、西部、东北地区居民的边际消费倾向和消费习惯的影响程度存在差异性。田虹和王汉瑛（2016）采用面板门槛模型分别对中国城镇和农村居民文化消费的区域差异性进行了研究，在模型建立中引入了经济发展水平的三重门槛效应，城镇居民中仅有单门槛效应显著。农村居民文化消费的门槛检验结果为单、双和三门槛效应均显著，结论显示收入增加会显著扩大农村居民的文化消费支出。分区域来看，东部区域大部分省市已跨越经济水平门槛，中部和西部区域大部分省市则还处于较低门槛区内。

一、我国文化消费的地区差距

按照《中国统计年鉴》中我国经济地区的"四分法"，我国31个省（自治区、直辖市，不包括港澳台地区）可分为东部、东北、中部和西部四大地区。其中，东部地区包括北京、天津、河北、上海、江苏、浙江、福建、山东、广东、海南；东北地区包括辽宁、吉林、黑龙江；中部地区包括山西、安徽、江西、河南、湖北、湖南；西部地区包括内蒙古、广西、重庆、四川、贵州、云南、西藏、陕西、甘肃、青海、宁夏和新疆。一般来说，各地区内部省份间经济水平接近，消费结构和消费文化相差不大。因此在城乡文化消费差距研究中分地区探讨将提高研究结果的准确性。

东部、中部、西部、东北地区城镇居民人均生活性消费支出及文化消费支出情况如图2-20所示。四大地区发展趋势大致保持一致。东部地区人均生活性消费支出与文化消费支出都遥遥领先其他三大地区。东北地区在2007年之后人均生活性消费支出超过中、西部地区，成为人均生活性消费支出居第二位的地区，并在2012年文化消费支出也超过中、西部地区。中部和西部地区与其余地区相比，没有太大变化，维持着稳定发展态势。总体来看，其他地区与东部地区在生活性消费支出和文化消费支出方面的差距在拉大；西部的文化消费支出与东部和东北地区差距不大。

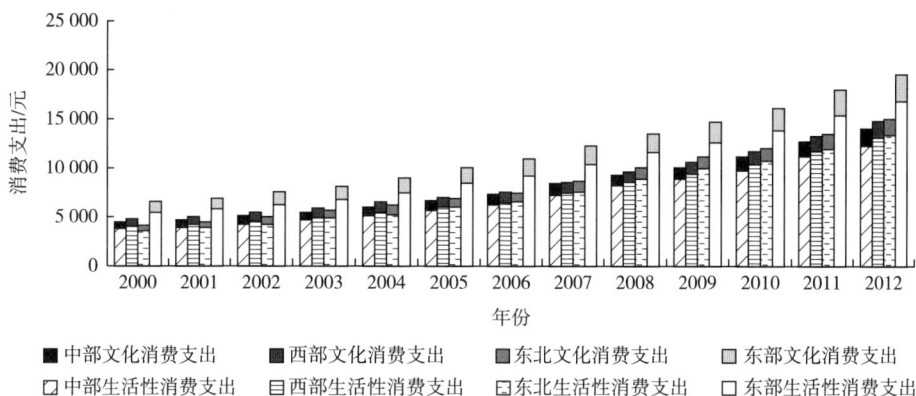

图 2-20　我国四大地区城镇居民人均生活性消费支出及文化消费支出变化情况

资料来源：《中国统计年鉴》

东部、中部、西部、东北地区农村居民人均生活性消费支出及文化消费支出历年变化情况如图 2-21 所示。在生活性消费支出方面，2000~2012 的 13 年间，四大地区的位次相对稳定，但东部地区在增速上明显高于其他地区，地区差距有扩大之势。在文化消费支出方面，四大地区发展趋势分层明显。2005 年以前东部地区处于明显领先地位，东北、中部和西部地区的文化消费相接近且均处于低位；2005 年以后东北地区发展势头强劲，脱离了中部和西部地区，奋起直追东部地区，甚有超越趋势。2012 年，东北地区文化消费支出已与东部地区相接近，拉开了与中部和西部地区的差距。

东部、东北、中部和西部地区城镇人均文化消费支出在生活性消费支出中的占比，以及生活性消费支出增长率和文化消费增长率如图 2-22 所示。文化消费支出占比方面：四个地区有相似的发展过程，自 2002 年均出现了不同程度的降低趋势，到 2008 年降低趋势得到缓解。生活性消费支出增长率方面：东部和中部地区发展趋势较平稳；西部地区次之，振荡幅度稍大于东部和中部；东北地区则有较大波动。文化消费增长率方面：东部地区在 2003 年之后，其文化消费增长率与生活性消费支出增长率接近；东北地区波动较大，且与生活性消费支出增长率没有太大关联性，二者交错振荡；中部地区

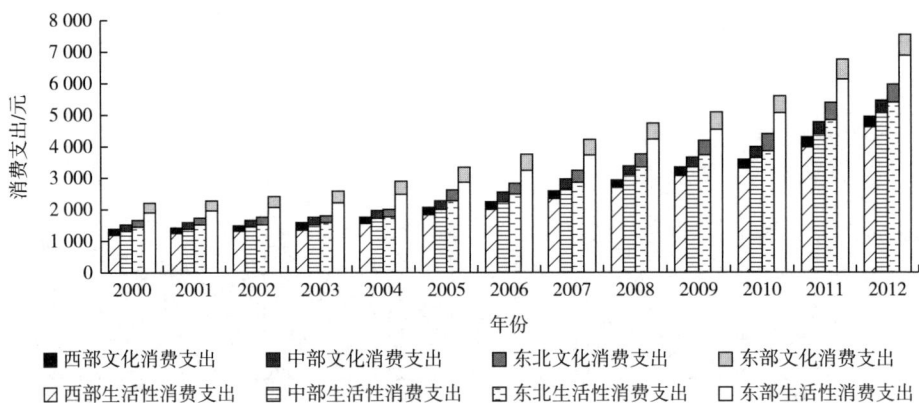

图 2-21　我国四大地区农村居民人均生活性消费支出及文化消费支出变化情况

资料来源:《中国统计年鉴》

除了在 2008 年时有一次大幅降低外,同样与生活性消费支出增长率较为接近,二者交织在一起平稳发展;西部地区在 2004 年之前波动较大,2004 年后除了 2007 年和 2008 年存在较大降幅外,其余年份也和生活性消费支出增长率有着近似发展趋势。但从四大地区对比来看,文化消费增长率在地区间存在明显差异,反映出对我国文化消费差距进行分地区研究的必要性。

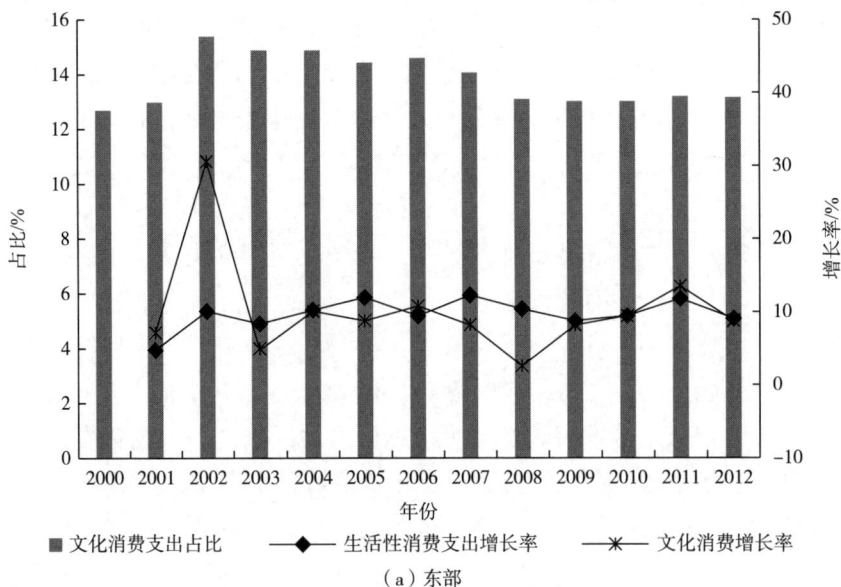

(a)东部

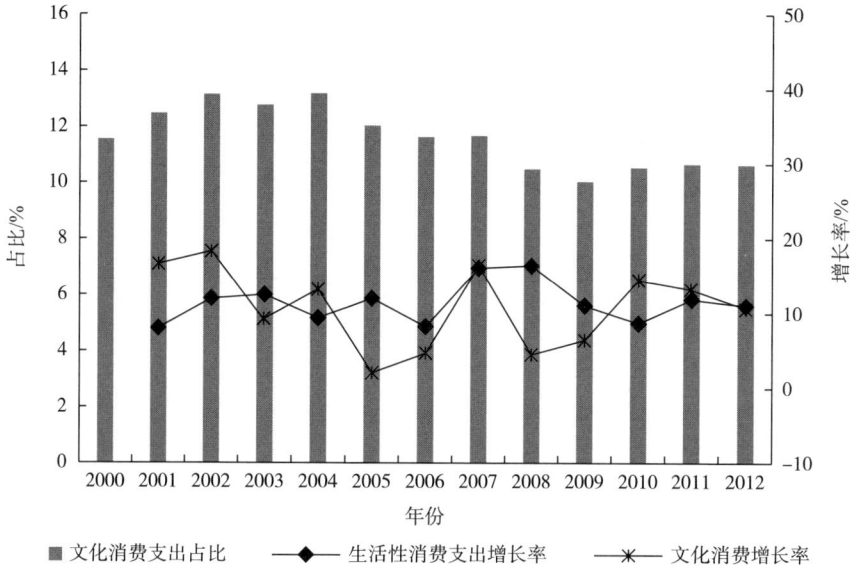

（b）东北

图例：■ 文化消费支出占比　◆ 生活性消费支出增长率　※ 文化消费增长率

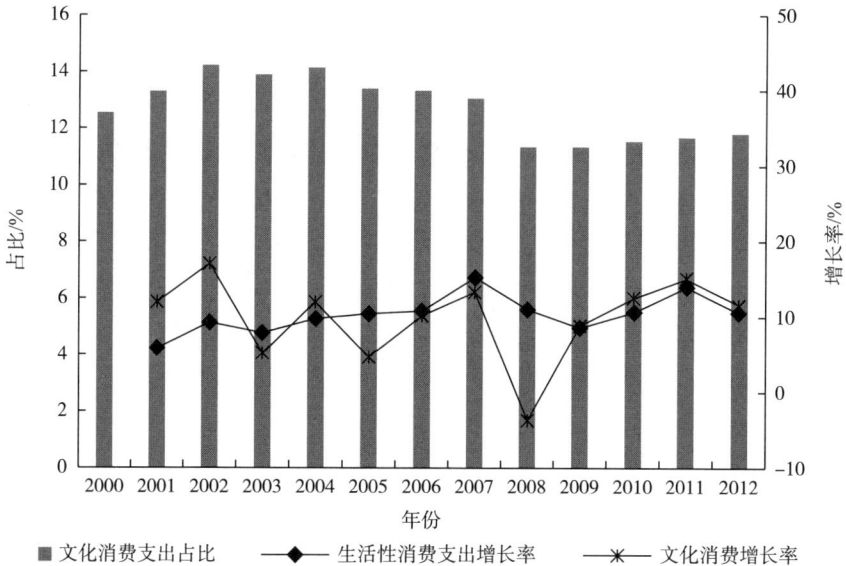

（c）中部

图例：■ 文化消费支出占比　◆ 生活性消费支出增长率　※ 文化消费增长率

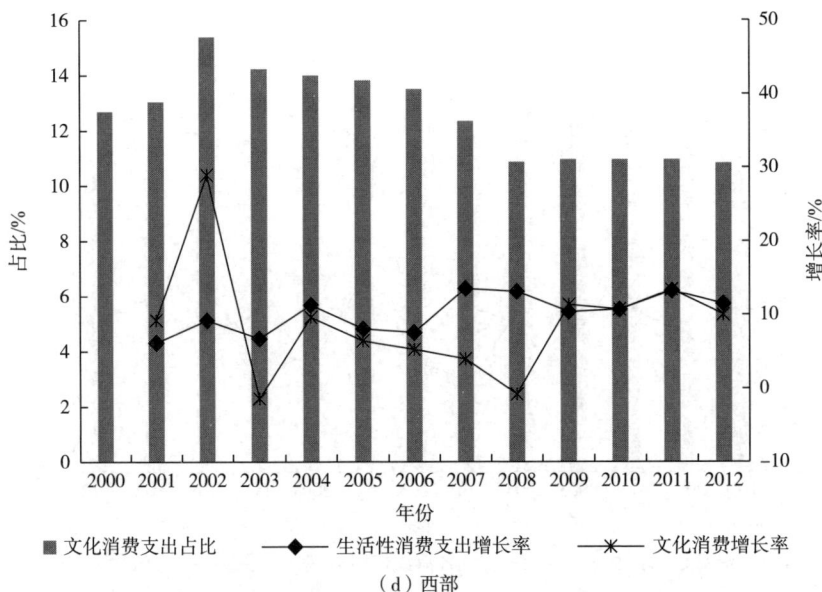

图 2-22　四大地区城镇人均文化消费支出占比及文化消费与生活性消费支出增长情况
资料来源:《中国统计年鉴》

　　东部、东北、中部、西部四大地区农村人均文化消费支出在生活性消费支出中的占比,以及生活性消费支出增长率和文化消费增长率如图 2-23 所示。文化消费支出占比方面:东部地区在 2005 年之前呈波动发展态势,2005 年后表现出了明显的降低趋势;东北地区波动起伏较大,在 2011 年出现了急剧下跌现象,从考察年限的第二高位快速跌落到最低位置;中部和西部发展趋势相同,均在 2003 年后出现大幅降低。生活性消费支出增长率方面:东部地区保持着上升趋势;东北地区虽然有较大幅度振荡,但表现出了波动中的上升趋势;中部地区表现出在小幅振荡中的上升趋势;西部地区在 2005 年之前保持稳定上升状态,2005 年后维持在 0.1 左右波动发展。文化消费增长率方面:四大地区的文化消费增长率与生活消费支出增长率均未表现出相关性,且在大部分年份文化消费的增长率小于生活性消费支出增长率,其中东北、中部和西部地区还出现了负增长情况。总体来看,四大地区发展趋势迥异。

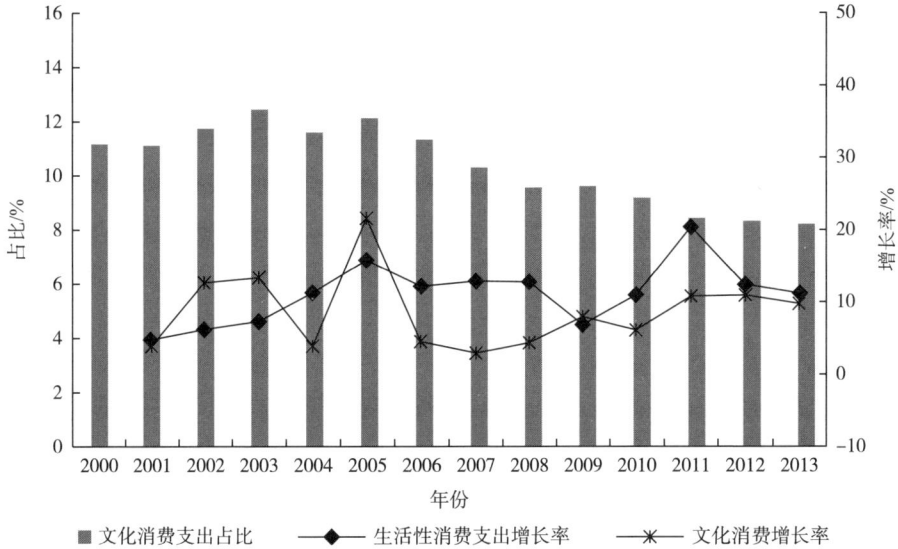

（a）东部

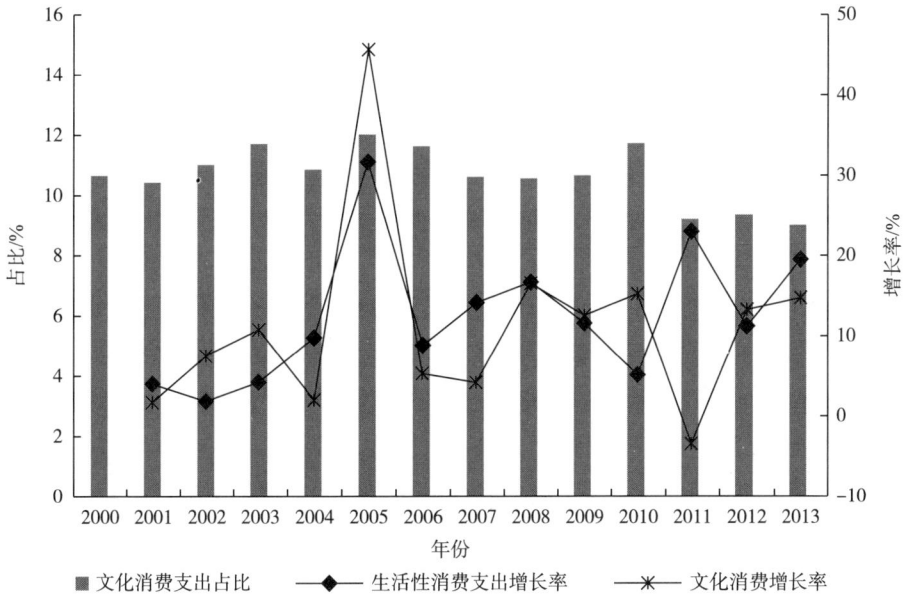

（b）东北

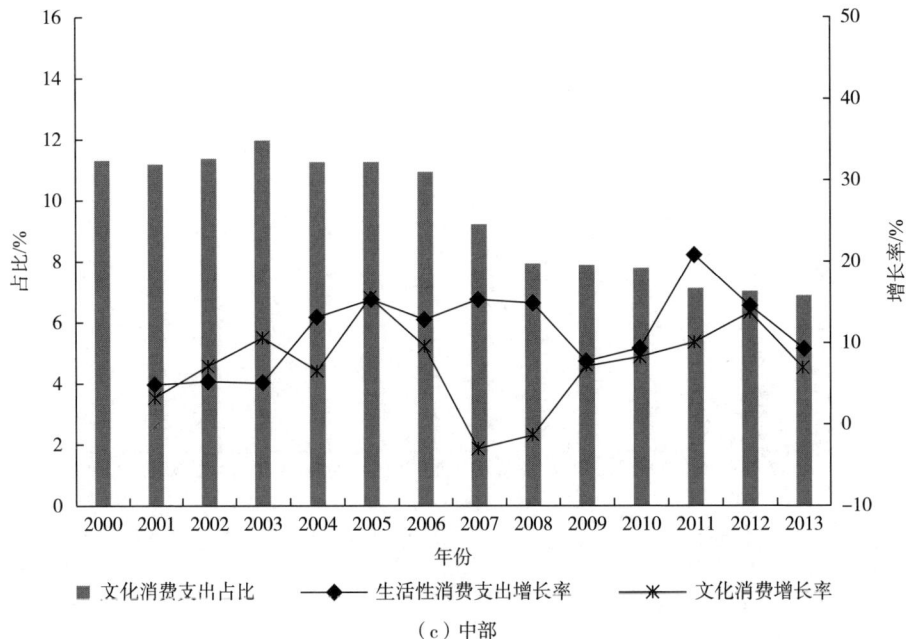

（c）中部

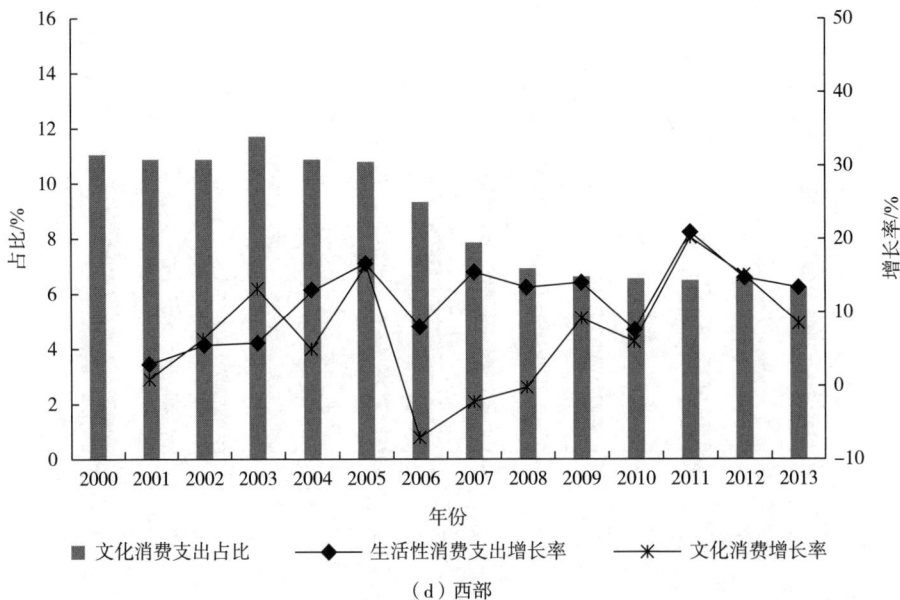

（d）西部

图 2-23　四大地区农村人均文化消费支出占比及文化消费与生活性消费支出增长情况

资料来源:《中国统计年鉴》

从城镇和农村数据的对比分析来看，城镇的文化消费支出占比显著高于农村，两者的增长率也未表现出明显的相关性。

二、我国文化消费差距演变分析

（一）我国居民文化消费差距各构成部分贡献率

此处使用信息理论中的熵指数概念对我国居民文化消费差距进行度量研究，将文化消费差距的测度解释为人口份额消费的文化产品及服务在总量中的份额所包含的信息量，即每个居民文化产品及服务消费的差异情况。在构造泰尔指数时，首先根据我国二元经济结构，将居民文化消费分为城镇和农村两个大组，再将各组分成 31 个省份，这样便能得到城乡居民文化消费差距贡献率，以及 31 个省份省际差距贡献率。用式（2-3）表示我国文化消费差距泰尔指数：

$$T = \sum_{i=1}^{2} \frac{Q_{i,t}}{Q_t} \cdot \lg \frac{Q_{i,t}/Q_t}{N_{i,t}/N_t} + \sum_{i=1}^{2} \frac{Q_{i,t}}{Q_t} \left(\sum_{j \in S_i} \frac{Q_{i,j,t}/Q_t}{Q_{i,t}/Q_t} \lg \frac{Q_{i,j,t}/Q_t \Big/ Q_{i,t}/Q_t}{1/N_{i,t}} \right) \quad (2\text{-}3)$$

$$= \sum_{i=1}^{2} \frac{Q_{i,t}}{Q_t} \cdot \lg \frac{Q_{i,t}/Q_t}{N_{i,t}/N_t} + \sum_{i=1}^{2} \frac{Q_{i,t}}{Q_t} \left(\sum_{j \in S_i} \frac{Q_{i,j,t}}{Q_{i,t}} \lg \frac{Q_{i,j,t}/Q_{i,t}}{1/N_{i,t}} \right)$$

其中，$i=1$，2 分别表示城镇或农村；$k=1$，2，…，31 分别表示 31 个省（自治区、直辖市）；Q_t 表示 t 时刻我国文化消费总额；$Q_{i,t}$ 表示 t 时刻城镇（$i=1$）或农村（$i=2$）文化消费总额；$Q_{i,j,t}$ 表示 t 时刻城镇（$i=1$）或农村（$i=2$）中 j 居民的文化消费支出；$N_{i,t}$ 表示 t 时刻城镇（$i=1$）或农村（$i=2$）人口总数；N_t 表示 t 时刻我国人口总数。

鉴于数据可得性问题，这里分析的文化消费差距只考虑城乡之间的差距、城镇和农村各自的省际差距，不考虑城镇或农村内部居民间的文化消费差距，因此这里个人文化消费支出可取各省（自治区、直辖市）城镇或农村居民的人均支出数据，式（2-3）可进一步转换为

$$T_{cy} = \sum_{i=1}^{2} \frac{Q_{i,t}}{Q_t} \cdot \lg \frac{Q_{i,t}/Q_t}{N_{i,t}/N_t} + \sum_{i=1}^{2} \frac{Q_{i,t}}{Q_t} \left(\sum_{k=1}^{31} N_{i,k,t} \frac{\overline{Q_{i,k,t}}}{Q_{i,t}} \lg \frac{\overline{Q_{i,k,t}}/Q_{i,t}}{1/N_{i,t}} \right) \quad (2\text{-}4)$$

这样，式（2-4）右边第一项的组间差距即文化消费的城乡差距；第二项

分别表示城镇（$i=1$）省际差距与农村（$i=2$）省际差距。

这里采用的我国城镇和农村居民人均文化消费支出、城镇和农村人口数据均来自《中国统计年鉴》，由于 2000 年之前的统计年鉴中没有本书所需数据，且 2013 年起统计口径发生了较大变化，这里只截取 2000~2012 年相关数据进行研究。

（1）城镇居民文化消费差距及贡献率。表 2-9 中的数据具体反映了四个重要信息：第一，城镇居民文化消费差距泰尔指数在波动中有微弱递减趋势。符合边际消费倾向递减规律，随着城镇居民收入增加，收入中用于文化消费的部分越来越少。城镇居民平均收入水平的提高，逐渐减小了文化消费的省际差距。第二，加权指数和未加权指数间差距有减小趋势，说明城镇居民的文化消费支出份额在逐渐增大，城镇居民文化消费增长率大于农村居民。第三，城镇居民文化消费差距对总差距的贡献率在 2006 年前呈 U 形发展规律，在 2008 年后维持在 18%~20% 的范围内小幅振荡。第四，城镇居民间的差距仅能解释 1/5 的总差距，缩小城镇间差距不能从根本上解决目前我国居民文化消费差距现状问题。

表 2-9　我国居民文化消费差距及各构成部分贡献率

年份	差距泰尔指数			贡献率/%		
	城镇	农村	城乡	城镇	农村	城乡
2000	0.030（0.046）	0.008（0.023）	0.085	24.530	6.500	68.970
2001	0.029（0.043）	0.007（0.024）	0.084	24.350	6.150	69.500
2002	0.024（0.033）	0.007（0.025）	0.105	17.700	4.890	77.400
2003	0.026（0.036）	0.007（0.024）	0.094	20.570	5.230	74.210
2004	0.028（0.038）	0.006（0.024）	0.099	21.380	4.460	74.160
2005	0.031（0.043）	0.006（0.024）	0.084	25.770	5.270	68.960
2006	0.032（0.042）	0.007（0.028）	0.089	24.770	5.300	69.920
2007	0.026（0.033）	0.008（0.037）	0.098	19.630	5.920	74.450
2008	0.022（0.028）	0.009（0.042）	0.096	17.680	6.820	75.500
2009	0.024（0.030）	0.009（0.045）	0.094	18.820	7.060	74.120
2010	0.026（0.031）	0.008（0.041）	0.094	20.150	5.940	73.910

年份	差距泰尔指数			贡献率/%		
	城镇	农村	城乡	城镇	农村	城乡
2011	0.024（0.029）	0.008（0.049）	0.097	18.770	6.420	74.810
2012	0.023（0.027）	0.008（0.046）	0.092	18.630	6.260	75.120

注：括号外的数据是加权后的，括号内的数据是未加权的

资料来源：《中国统计年鉴》

（2）农村居民文化消费差距及贡献率。第一，未加权的农村居民文化消费差距指数表现出了明显上升趋势，说明文化消费在农村间的不平衡情况在加剧，东部农村经济发达程度与中、西部拉大了差距。第二，加权后的差距指数显著小于未加权数据，说明农村居民文化消费支出远小于城镇居民文化消费支出。第三，加权数据与未加权数据的差距存在增大趋势，说明农村居民文化消费份额在逐年减少，这与边际消费倾向递减规律相违背，城镇与农村居民文化产品及服务的消费发展规律存在差异性。第四，农村居民文化消费差距对总差距贡献率非常微弱。因此，缩小农村居民文化消费差距虽在一定程度上能够增加文化消费总量，但相比其他路径作用不大。

（3）城乡居民文化消费差距及贡献率。第一，在 2007 年之前文化消费城乡差距波动较大，在 2008 年后稳定在 0.09 附近，说明我国城乡居民文化消费差距问题严重，且在近年来未得到有效改善。第二，城乡差距贡献率在 2007 年后稳定在 75%左右，解释了四分之三的总体差距，说明城乡居民文化消费差距是我国居民文化消费不平衡的最主要构成部分。

（二）城乡居民文化消费差距在各区域的贡献率

下文我们将差距分为东部、东北、中部和西部四大区域间的差距和各区域内差距进行研究，探索四大区域城乡居民文化消费差距的贡献率情况及贡献率的区域差距。

（1）四大区域居民文化消费差距分析。这里把泰尔指数稍作调整，将按城镇和农村划分的两个组转换为按区域划分的四个组。$Q_{q,t}$ 表示 t 时刻各区域文化消费总额；$N_{q,t}$ 表示 t 时刻各区域人口总数；$Q_{q,j,t}$ 表示 t 时刻各区

域内个人文化消费支出，使用各省份城镇人均文化消费支出和农村人均文化消费支出数据代替。

$$T_z = \sum_{q=1}^{4} \frac{Q_{q,t}}{Q_t} \cdot \lg \frac{Q_{q,t}/Q_t}{N_{q,t}/N_t} + \sum_{q=1}^{4} \frac{Q_{q,t}}{Q_t} \left(\sum_{j \in S_q} \frac{Q_{q,j,t}}{Q_{q,t}} \lg \frac{Q_{q,j,t}/Q_{q,t}}{1/N_{q,t}} \right)$$

$$= \sum_{q=1}^{4} \frac{Q_{q,t}}{Q_t} \cdot \lg \frac{Q_{q,t}/Q_t}{N_{q,t}/N_t} + T_{WR} \qquad (2\text{-}5)$$

$$= T_{BR} + T_{WR}$$

其中，T_{BR} 表示区域间文化消费差距；T_{WR} 表示区域内文化消费差距。

表 2-10 为中国居民文化消费总量水平差距的分解。首先，从组间差异来看，四大区域仅东部为正值，其余为负。反映了东部地区文化消费有明显优势，其所占份额远高于其他三大区域所占份额。东北地区文化消费所占份额接近于其人口份额，对区域间差距贡献最小。中、西部地区情况相似，文化消费份额远小于人口份额。总体来看，东部地区文化产业发展一直保持领先势头，贡献了半数以上文化消费，带动中国文化产业发展。东北地区处于平均水平，文化消费份额接近人口份额。中、西部地区文化消费份额小于人口份额，说明中、西部地区文化消费不足。

表 2-10　中国居民文化消费总差距及各区域贡献情况

年份	组内（区域内部差异）				组间（区域差异）				组内贡献率
	东部	东北	中部	西部	东部	东北	中部	西部	
2000	0.089	0.047	0.083	0.120	0.069	−0.003	−0.024	−0.025	0.840
2001	0.095	0.058	0.094	0.121	0.067	−0.001	−0.023	−0.026	0.855
2002	0.110	0.067	0.106	0.148	0.078	−0.003	−0.028	−0.026	0.843
2003	0.100	0.065	0.096	0.127	0.081	−0.003	−0.027	−0.028	0.819
2004	0.107	0.073	0.102	0.132	0.080	−0.003	−0.027	−0.028	0.831
2005	0.092	0.045	0.088	0.120	0.083	−0.004	−0.027	−0.029	0.796
2006	0.094	0.043	0.085	0.138	0.089	−0.005	−0.026	−0.032	0.786
2007	0.099	0.051	0.101	0.142	0.088	−0.003	−0.025	−0.033	0.794
2008	0.095	0.044	0.096	0.143	0.092	−0.002	−0.027	−0.034	0.774
2009	0.097	0.041	0.096	0.141	0.090	−0.003	−0.027	−0.032	0.785

续表

年份	组内（区域内部差异）				组间（区域差异）				组内贡献率
	东部	东北	中部	西部	东部	东北	中部	西部	
2010	0.095	0.042	0.100	0.141	0.087	−0.002	−0.027	−0.032	0.790
2011	0.095	0.051	0.101	0.131	0.085	−0.003	−0.026	−0.031	0.799
2012	0.092	0.050	0.097	0.121	0.081	−0.003	−0.024	−0.030	0.808

注：负号表示文化消费份额小于人口份额，数值大小表示差距程度大小

资料来源：《中国统计年鉴》

从组内来看，西部地区差距指数一直在 0.12 以上（含），最小值也大于其余区域最大值，说明西部地区内部文化消费差距一直比东部、中部及东北地区严重；东、中部地区城乡居民文化消费差距相接近，均在 0.08~0.11 小幅波动，处于四大区域的中间水平；东北地区的差异值最小，2005 年后稳定在 0.05 左右，说明东北地区文化产品及服务的消费情况最为均衡。

结合组间与组内差距来看，东北地区较小的组内差距促进了区域整体文化消费的平衡发展，因此在组间比较时并未被东部区域拉开差距，处在平均水平；西部地区较大的组内差距则带来了明显的负面影响，在组间比较时处于最劣位置，且通过组间数据细化分析得知，西部地区的劣势主要来自其城乡居民文化消费差距；中部地区城乡差距稍小于西部，相比东北地区则问题依然突出，因此在组间比较时处于劣势区域的中间水平。东部地区内部差距虽然也处于较高水平，但其经济水平相对于其余区域有绝对优势，因此东部在组间比较时相对于中、西部及东北地区处于优势地位。组间差距除反映各区域文化消费的绝对差距外，更多的是体现组内差距对各区域文化消费总量的影响，同时组内差距解释了 75% 以上的总量差距，因此对组内差距细化分析才能找出造成差距的具体构成部分。

（2）四大区域城乡居民文化消费差距贡献率。将泰尔指数进行二阶嵌套分解，可以继续深挖城乡居民文化消费差距、城镇间差距和农村间差距对总差距的贡献率，以及各区域的异质情况。这里将区域内差距再细分为省际数据进行处理，其中 S_q 为 q 区域的居民，Z_i 为 q 区域内城镇（$i=1$）或农村（$i=2$）居民，则对式（2-5）中 T_{WR} 项括号内的代数式进行如下二阶嵌

套分解：

$$\sum_{j \in S_q} \frac{Q_{q,j,t}}{Q_{q,t}} \lg \frac{Q_{q,j,t}/Q_{q,t}}{1/N_{q,t}}$$

$$= \lg N_{q,t} - \sum_{j \in S_q} \frac{Q_{q,j,t}}{Q_{q,t}} \lg \frac{1}{Q_{q,j,t}/Q_{q,t}}$$

$$= \lg N_{q,t} - \sum_{i=1}^{2} \frac{Q_{i,q,t}}{Q_{q,t}} \lg \frac{1}{Q_{i,q,t}/Q_{q,t}} - \sum_{i=1}^{2} \frac{Q_{i,q,t}}{Q_{q,t}} \sum_{j \in Z_i} \frac{Q_{i,j,q,t}}{Q_{i,q,t}} \lg \frac{1}{Q_{i,j,q,t}/Q_{i,q,t}}$$

$$= \lg N_{q,t} - \sum_{i=1}^{2} \frac{Q_{i,q,t}}{Q_{q,t}} \lg N_{i,q,t} - \sum_{i=1}^{2} \frac{Q_{i,q,t}}{Q_{q,t}} \lg \frac{1}{Q_{i,q,t}/Q_{q,t}}$$

$$+ \sum_{i=1}^{2} \frac{Q_{i,q,t}}{Q_{q,t}} \left(\lg N_{i,q,t} - \sum_{j \in Z_i} \frac{Q_{i,j,q,t}}{Q_{i,q,t}} \lg \frac{1}{Q_{i,j,q,t}/Q_{i,q,t}} \right)$$

$$= \sum_{i-1}^{2} \frac{Q_{i,q,t}}{Q_{q,t}} \cdot \lg \frac{Q_{i,q,t}/Q_{q,t}}{N_{i,q,t}/N_{q,t}} + \sum_{i=1}^{2} \frac{Q_{i,q,t}}{Q_{q,t}} \left(\sum_{k=1}^{n} N_{i,k,q,t} \frac{\overline{Q_{i,k,q,t}}}{Q_{i,q,t}} \lg \frac{\overline{Q_{i,k,q,t}}/Q_{i,q,t}}{1/N_{i,q,t}} \right)$$

$$= \sum_{i=1}^{2} \frac{Q_{i,q,t}}{Q_{q,t}} \cdot \lg \frac{Q_{i,q,t}/Q_{q,t}}{N_{i,q,t}/N_{q,t}} + \frac{Q_{1,q,t}}{Q_{q,t}} \times \sum_{k=1}^{n} N_{1,k,q,t} \frac{\overline{Q_{1,k,q,t}}}{Q_{1,q,t}} \lg \frac{\overline{Q_{1,k,q,t}}/Q_{1,q,t}}{1/N_{1,q,t}}$$

$$+ \frac{Q_{2,q,t}}{Q_{q,t}} \times \sum_{k=1}^{n} N_{2,k,q,t} \frac{\overline{Q_{2,k,q,t}}}{Q_{2,q,t}} \lg \frac{\overline{Q_{2,k,q,t}}/Q_{2,q,t}}{1/N_{2,q,t}}$$

$$= T_{CV} + T_{CP} + T_{VP}$$

$$（2\text{-}6）$$

其中，$k=1$，2，…，n，表示 q 区域内的 n 个省；$\overline{Q_{1,k,q,t}}$ 表示 q 区域内 k 省城镇居民人均文化消费支出；$\overline{Q_{2,k,q,t}}$ 表示 q 区域内 k 省农村居民人均文化消费支出；T_{CV} 为城乡居民文化消费差距；T_{CP} 为城镇居民文化消费省际差距；T_{VP} 为农村居民文化消费省际差距。

东北、东部、中部、西部四大地区居民文化消费差距的分解情况见表 2-11~表 2-14，表中分别展示了各地区城乡居民文化消费差距、城镇间差距和农村间差距，由此可对上述三个差距的相互关系及其贡献率进行分析。

表 2-11　东北地区居民文化消费差距的分解

年份	组间（城乡差距）	组内（省际差距）		城乡差距贡献率/%
		城镇间差距	农村间差距	
2000	0.046 6	0.000 2（0.000 3）	0.000 7（0.002 7）	98.23
2001	0.057 7	0.000 3（0.000 3）	0.000 2（0.001 0）	99.19
2002	0.065 5	0.000 9（0.001 1）	0.000 3（0.001 5）	98.21
2003	0.064 0	0.000 8（0.001 0）	0.000 2（0.001 2）	98.39
2004	0.072 4	0.000 4（0.000 4）	0.000 3（0.001 9）	99.04
2005	0.043 1	0.000 1（0.000 2）	0.001 4（0.005 9）	96.59
2006	0.042 4	0.000 1（0.000 1）	0.000 6（0.002 5）	98.47
2007	0.050 9	0.000 4（0.000 5）	0.000 2（0.000 9）	98.81
2008	0.042 0	0.001 7（0.002 2）	0.000 5（0.002 0）	95.05
2009	0.037 8	0.003 0（0.003 9）	0.000 6（0.002 5）	91.35
2010	0.036 7	0.004 9（0.006 4）	0.000 4（0.001 5）	87.49
2011	0.047 3	0.003 0（0.003 7）	0.000 3（0.001 6）	93.52
2012	0.044 8	0.005 4（0.006 7）	0.000 2（0.000 9）	88.89

注：括号内数据为未加权数据，权重是城镇或农村居民文化消费占总体文化消费的份额

资料来源：《中国统计年鉴》

表 2-12　东部地区居民文化消费差距的分解

年份	组间（城乡差距）	组内（省际差距）		城乡差距贡献率/%
		城镇间差距	农村间差距	
2000	0.072 5	0.010 2（0.014 1）	0.006 4（0.023 7）	81.29
2001	0.075 1	0.013 2（0.017 7）	0.006 4（0.024 8）	79.34
2002	0.089 6	0.015 0（0.019 2）	0.005 5（0.025 1）	81.36
2003	0.078 0	0.016 3（0.020 9）	0.005 4（0.025 2）	78.16
2004	0.081 6	0.019 6（0.024 4）	0.006 1（0.031 1）	76.04
2005	0.069 4	0.016 8（0.021 0）	0.005 7（0.029 0）	75.46
2006	0.072 7	0.015 7（0.019 2）	0.005 2（0.029 0）	77.61
2007	0.075 7	0.016 3（0.019 6）	0.006 7（0.040 2）	76.64

续表

年份	组间（城乡差距）	组内（省际差距）		城乡差距贡献率/%
		城镇间差距	农村间差距	
2008	0.072 9	0.015 4（0.018 5）	0.006 6（0.040 2）	76.75
2009	0.071 6	0.017 5（0.020 8）	0.007 6（0.048 0）	74.02
2010	0.070 2	0.018 7（0.021 8）	0.006 3（0.044 4）	73.71
2011	0.070 6	0.018 6（0.021 5）	0.005 7（0.042 6）	74.34
2012	0.067 4	0.019 4（0.022 3）	0.005 7（0.043 1）	72.91

注：括号内数据为未加权数据，权重是城镇或农村居民文化消费占总体文化消费的份额
资料来源:《中国统计年鉴》

表 2-13　中部地区居民文化消费差距的分解

年份	组间（城乡差距）	组内（省际差距）		城乡差距贡献率/%
		城镇间差距	农村间差距	
2000	0.072 7	0.006 4（0.011 0）	0.004 3（0.010 2）	87.19
2001	0.082 9	0.007 0（0.011 5）	0.004 5（0.011 5）	87.82
2002	0.094 3	0.006 6（0.010 3）	0.004 6（0.013 0）	89.32
2003	0.087 5	0.006 2（0.009 6）	0.002 8（0.007 8）	90.74
2004	0.093 7	0.005 6（0.008 4）	0.002 5（0.007 6）	92.03
2005	0.080 3	0.004 1（0.006 2）	0.003 4（0.010 1）	91.48
2006	0.080 2	0.002 2（0.003 3）	0.002 8（0.008 7）	94.13
2007	0.097 7	0.002 1（0.002 8）	0.001 7（0.006 1）	96.33
2008	0.093 3	0.000 7（0.001 0）	0.001 8（0.006 6）	97.41
2009	0.093 7	0.000 8（0.001 0）	0.001 6（0.006 5）	97.50
2010	0.096 7	0.001 6（0.002 1）	0.001 5（0.006 2）	96.90
2011	0.099 2	0.000 6（0.000 7）	0.001 0（0.004 6）	98.44
2012	0.094 9	0.001 5（0.001 9）	0.000 6（0.002 8）	97.89

注：括号内数据为未加权数据，权重是城镇或农村居民文化消费占总体文化消费的份额
资料来源:《中国统计年鉴》

表 2-14 西部地区居民文化消费差距的分解

年份	组间（城乡差距）	组内（省际差距）		城乡差距贡献率/%
		城镇间差距	农村间差距	
2000	0.100 8	0.002 8（0.004 6）	0.006 3（0.016 4）	91.70
2001	0.112 2	0.002 6（0.004 0）	0.006 0（0.016 9）	92.90
2002	0.140 7	0.002 6（0.003 8）	0.004 6（0.015 2）	95.11
2003	0.119 9	0.002 0（0.002 9）	0.005 0（0.015 6）	94.48
2004	0.124 4	0.003 3（0.004 7）	0.004 2（0.014 1）	94.31
2005	0.111 0	0.004 9（0.007 0）	0.003 7（0.012 3）	92.82
2006	0.126 5	0.006 7（0.009 2）	0.005 0（0.018 5）	91.53
2007	0.132 8	0.004 3（0.005 8）	0.005 2（0.021 3）	93.27
2008	0.129 7	0.006 4（0.008 4）	0.006 5（0.027 5）	90.96
2009	0.130 2	0.006 1（0.007 9）	0.005 0（0.022 3）	92.15
2010	0.132 3	0.004 7（0.005 9）	0.003 8（0.018 5）	93.96
2011	0.122 4	0.004 5（0.005 7）	0.004 0（0.019 9）	93.47
2012	0.114 1	0.004 4（0.005 5）	0.002 8（0.014 0）	94.07

注：括号内数据为未加权数据，权重是城镇或农村居民文化消费占总体文化消费的份额
资料来源：《中国统计年鉴》

第一，东北地区城乡居民文化消费差距贡献率。东北地区差异指数有以下三个特点：其一，农村居民文化消费的省际差距处于较低状态，且在 2008 年以后有明显的减小趋势，说明农村间的文化消费不平衡情况有所改善。其二，城乡差距贡献率在 2007 年之前维持在 98% 左右，此时东北地区城镇与城镇、农村与农村之间人均文化消费非常接近，文化消费差距主要由城乡差距贡献。其三，城乡差距的波动幅度明显大于城镇间差距和农村间差距，且贡献率的波动也主要由城乡差距波动引起，说明城乡差距不仅是影响东北地区居民文化消费差距的主要成分，而且缩小城乡差距的难度要小于缩小城镇间或者农村间差距。

第二，东部地区城乡居民文化消费差距贡献率。东部地区差距指数主要有以下特点：其一，城乡居民文化消费差距指数在最近几年存在递减趋势，

由 2007 年的 0.075 7 减少到 2012 年的 0.067 4；其二，城镇和农村居民文化消费的省际差距均自 2006 年起表现出增长趋势，加大了其在总体差距中的贡献率；其三，由于农村居民文化消费份额偏低，其对东部地区文化消费总差距仅有微弱影响；其四，东部地区文化消费的城乡差距近年来虽然有缓慢减小趋势，但它依然解释了 70% 以上的总体差距，缩小城乡差距是提升东部地区总体文化消费的重要路径。

第三，中部地区城乡居民文化消费差距贡献率。中部地区的特点为：其一，城乡居民文化消费差距指数有明显的增长趋势，从 2000 年的 0.072 7 增长到 2011 年的 0.099 2，在 2012 年又小幅回落到 0.094 9。其二，城镇居民文化消费差距呈减小趋势，2011 年数值一度减小到 0.000 7。其三，农村居民文化消费差距表现出显著缩小趋势，差距指数由 2000 年的 0.010 2 回落到 2012 年的 0.002 8。其四，中部地区城镇省际和农村省际文化消费差距都出现减小趋势，同时城乡差距呈扩大趋势，两股力量作用推动城乡差距贡献率持续上升，从 2000 年的 87.19% 增长到 2012 年的 97.89%，此时省际文化消费差距贡献率已微乎其微。因此，在中部地区，缩小城乡居民文化消费差距是改善区域内文化消费不平衡状况，从而提升文化消费总量的重要路径。

第四，西部地区城乡居民文化消费差距贡献率。西部地区的特点为：其一，农村居民文化消费差距在 2007 年之前为波动发展趋势，在 2008 年之后呈现出减小趋势，农村间的文化消费不平衡性得到一定改善。其二，城镇居民文化消费差距呈倒 U 形发展趋势，由 2000 年的 0.004 6 增大到 2006 年的高点 0.009 2 后又持续回落到 2012 年的 0.005 5。其三，城乡差距指数明显高于其他三大地区，其数值从未跌破过 0.10，最小的指数数值也大于其余地区的最大数值。其四，城乡居民文化消费差距贡献率在 4.15% 范围内波动变化，在考察年限内未呈现出明显的增减趋势，数值一直高于 90%。与其他地区相似，西部地区居民文化消费差距同样主要由城乡差距引起，缩小城乡差距依然为改善西部地区文化消费不足状况的根本路径。

总体来看，城乡居民文化消费差距在四大地区均为总体差距的主要构成成分。三个成分均有不同程度的波动，但城乡差距的波动程度远大于其余两个差距。由此可知，缩小城乡居民文化消费差距是改善我国居民文化消费不平衡状况的优先路径，且缩小城乡差距比缩小区域差距更易实现。

第五节　我国文化消费提升面临的困境

一、行业发展瓶颈与人才短板

1. 文化经营主体发展不足，有碍文化消费市场壮大

文化消费市场壮大是文化消费数量扩大的前提，也是文化消费提升的基础。但我国文化经营主体发展不足，有碍文化消费市场壮大。从组织结构看，2013 年末，我国小微文化企业数量占全部文化企业数的 98.5%，但其营业收入仅占全部文化企业收入的 45.7%（中华人民共和国文化部，2014），小微文化企业发展明显不足。同时，还缺乏一批具有全国影响力或区域影响力的大型文化企业，还不能在国际市场上形成有效的竞争力。截至 2014 年末，全国仅有 10 个国家级文化产业示范园区、10 个国家级文化产业试验园区和 339 个国家文化产业示范基地[①]。从经营业务看，娱乐服务和网吧是文化经营单位的主要业务，2014 年，我国共有文化市场经营单位 220 043 个、从业人员 1 323 248 人，其中，娱乐场所 84 137 个、从业人员 729 125 人，互联网经营场所 129 289 个、从业人员 452 105 人，两者共占文化市场经营单位数的 97%，从业人员数的 89%，经营收入的 96%。从区域分布看，农村文化市场经营单位不足，2014 年县级以下地区文化经营单位共 52 125 个、从业人员 188 248 人、经营收入 3 452 244 万元，占全国文化市场经营单位的 23.7%，从业人员的 14.2%，经营收入的 21.4%（表 2-15）。

表 2-15　2014 年全国文化经营单位基本情况

项目		经营单位/个	从业人员/人	经营总收入/万元
总数		220 043	1 323 248	16 135 167
按业务分	娱乐场所	84 137	729 125	11 018 667
	互联网经营场所	129 289	452 105	4 477 597
	其他	6 617	142 018	638 903

---

① 《中华人民共和国文化部 2014 年文化发展统计公报》，http://www.mcprc.gov.cn/whzx/bnsj/cws/201505/t2015 0514_519763.htm，2015-05-14。

续表

项目		经营单位/个	从业人员/人	经营总收入/万元
按区域分	城市	77 465	533 590	8 150 929
	县城	90 453	601 410	451 994
	县级以下	52 125	188 248	3 452 244

资料来源：《中华人民共和国文化部 2014 年文化发展统计公报》，http://www.mcprc.gov.cn/whzx/bnsj/cws/201505/t2015 0514_519763.htm，2015-05-14

2. 文化消费相关基础设施运转不畅，有碍文化消费提升的有序展开

近年来，我国文化基础设施建设成绩显著。2014 年末，全国共有群众文化机构 44 423 个，比 2013 年末增加 163 个，其中乡镇综合文化站 34 465 个，增加 122 个；全国群众文化机构实际使用房屋建筑面积 3 686.39 万平方米，比 2013 年末增长 8.8%；全国共有公共图书馆 3 117 个，比 2013 年末增加 5 个；共有国有艺术表演场馆 1 338 个[①]。在城市中，形成了以博物馆、文化馆、图书馆、艺术馆、演艺中心、文化广场和城市文化综合体为支撑的城市文化基础设施；在农村中，形成了以乡镇综合文化站、农家书屋、农村活动室以及文化广场（院坝）为代表的农村文化基础设施。但实际使用效果不佳，主要原因有：第一，基础设施建设重形式轻内容，在为什么建、怎样建以及如何使用等方面缺乏充分考虑和规划，导致建而不用或挪作他用；第二，缺少经费保障，难以开展活动，在一些财政吃紧的县，特别是乡镇表现尤为突出；第三，几个固定场馆和文化站还难以满足广大居民就近消费文化产品的需求，服务能力不足；第四，公共文化设施使用难以准确界定公益性和经营性的边界，导致运行不畅。

3. 文化行业人才不足，制约文化消费满意度的提升

与文化消费质量强调需要满足不同，文化消费满意度强调的是需要的满意程度。满意度要高于满足，满足是指消费者需要的文化消费产品能够被提供的程度，而满意度是指消费者对所提供的文化产品期望合意的程度。虽然

---

① 《中华人民共和国文化部 2014 年文化发展统计公报》，http://www.mcprc.gov.cn/whzx/bnsj/cws/201505/t2015 0514_519763.htm，2015-05-14。

文化产品的消费需要借助一定的实物载体，但精神文化消费的质量和满意度主要取决于劳动者素质，它是劳动者智慧与能力的结晶。而我国文化行业人才严重不足，具体表现在管理人才、创新人才和基层人才三个方面，导致我国居民的文化消费满意度普遍不高，文化消费满意度提升之路任重而道远。其中，管理人才和创新人力缺乏问题比较普遍，而基层人才不足主要表现为基层文化岗位和企业难以留住人，特别是在广大农村的文化经营市场中，吃老本、靠老人、夫妻店现象明显，基层文化人才面临后继无人的困境。

二、产品供给质量与创新不足

1. 文化产品及业态的创新与深度不够，阻碍文化消费质量的提高

所谓文化消费质量，是指消费者在文化产品消费过程中，所产生的对消费的质的规定性，反映消费者需要的满足程度，是文化消费提升中的更高层次，是文化消费提升的重要一环。从文化产品的范围和内容看，针对消费者个性化、多样化文化消费需求的文化产品还很不足，定制化的文化消费产品尚待起步，与信息消费、体育消费以及养生消费等其他消费形式相融合的新消费业态还比较少见，文化消费创新总体不足。从文化消费空间看，各地方标榜地域文化的文化消费项目具有高度一致性，除了有与当地文化相关的固定建筑、雕塑和展品外，其他的便是千篇一律的商铺，而且商铺风格也基本相同，吃、穿、用的各类旅游商品也基本类似，易引起文化消费"疲劳"。

2. 文化产品及服务的标准化建设尚待加强，文化消费环境优化还缺乏有力支撑

消费环境的改善和优化是消费行为得以很好实现的基础，它直接影响消费者的需求和结构，与消费质量的提高有着密切关系。消费环境又分为自然与社会两个部分，其中社会环境改善和优化的主要途径是消费者权益的保护。而由于文化产品的特殊性，它的质量和消费效果对劳动者个人的能力、素质的依赖程度较高。从这个意义上讲，很难在消费者权益保护中明确这个文化产品到底好不好，是否达到买卖双方合同约定或口头约定的标准。因此，加强文化产品及服务的标准化建设非常必要。但现实是，虽制定了《文化标准化中长期发展规划（2007—2020）》并在推进中，可相关标准仍然相

对缺乏，还不能对涉及文化消费的纠纷给予有力的标准支撑。此外，由于基层市场监管力量有限和有效的日常监管缺乏，也不能对文化环境优化给予有力的监管支撑，市场中还存在一定数量的低俗、低质的文化产品。

三、消费时间缺乏弹性

文化消费的时间不充裕及缺乏弹性，影响文化消费提升的效果。文化消费多属发展型和享受型消费，这决定了它对消费体验有很高的要求，而文化消费又是能动性消费，因此，它对消费体验有更高的要求，而充裕的时间及时间弹性是消费体验的基础。一方面，没有充足的消费时间，肯定制约消费行为的实施，也就谈不上消费数量的扩大。根据中国艺术科技研究所的调查报告，在阻碍文化消费的因素中，工作或学习任务重、没有时间进行消费的比例占 61.23%（中华人民共和国文化部，2013a）。另一方面，没有时间进行、没有时间好好进行以及"打仗式"的消费影响文化消费的满意度，导致文化消费提升难以展开。根据全国中心城市民生满意度调查，高收入人群与企业职工对文化娱乐时间的满意度最低，这可能与其体验时间偏少和缺乏弹性有关。更重要的是，作为能动消费的文化消费需要在体验过程中实现人力资本的保值和增值，包括自身技能和文化素质的提高，这当然需要充裕时间的保障，其是文化消费提升的基础。

四、消费理念滞后

1. 文化消费理念滞后，不利于文化消费层次的提升

随着收入和生活水平的提高，我国城乡居民的文化消费意识有了较大增强，调查数据显示，认为文化消费"很重要"和"重要"的消费者比例为45.23%（中华人民共和国文化部，2013a），但文化消费的理念还相当滞后，攀比和炫耀的文化消费观念成为主流，并且存在一定的低俗、黄色和不健康的思想。在城市，部分居民进行娱乐型文化产品消费的出发点并不是愉悦身心，而是"我消费别人没有消费的"；部分居民为子女消费发展型文化产品，也不是满足子女的兴趣爱好或发展，纯粹是朋友之间、同事之间子女的比较。在农村，部分居民购买的文化产品，要么以吸引眼球、讲排场为主，

要么是时下城市流行的，对自身实际需要的满足考虑不足。甚至认为一些传统或民间文化产品是老玩意、不洋气，消费起来丢面子。此外，一些地方在公共文化消费满足方面还表现出较强的"等、靠、要"思想。

2. 文化消费能力培养有长期性和艰巨性，导致文化消费提升初期效益不明显

能力是指人达成某项目标或完成任务所需具备的素质，主要包括知识和技能储备两个方面，对一个消费行为的完成而言，它同样需要消费者具备一定的素质，拥有一定的消费能力。消费能力是消费行为完成的条件和手段。基本消费能力的获取相对简单，如"吃"和"穿"是人天生的最基本的消费能力，但即使是在"吃"和"穿"方面，我们也经常感受到别人"会吃""会穿"，这就是消费能力差异的体现。在新兴消费领域，通常要进行一定的学习，才能很好地完成消费行为，如金融消费和信息消费等。当然，也有人认为消费者"懂不懂""会不会"并不重要，只要拿出了钱，完成了购买，就实现了消费行为。但这又陷入一个悖论：既然不懂不会，为什么愿意消费？而且没有很好的消费体验，会不会再进行消费？精神文化领域的消费，如高素质技能培训、艺术品鉴赏及收藏、专业书籍阅读以及高雅音乐消费等，就必须要有一定的知识和技能基础，才能很好地完成消费行为。并且，涉及文化消费的知识和技能积累是一个逐步积淀的过程，即文化消费能力培养具有层次性和长期性。这就决定了在文化消费提升之初，很多消费者难以在短期具备相应的文化消费能力，不会有很好的消费体验，他们可能不愿意消费。进一步，层次性和长期性还导致在文化消费层次升级时，不可能一蹴而就。总体来说，在文化消费提升的初期，不会立竿见影地看到消费数量持续扩大、消费质量持续优化、消费满意度不断上升。

第 三 章

文化消费的增长因素及机理分析

第一节　收入结构演变与文化消费增长

　　扩大文化消费是文化建设的目的和内生动力，对于提升人力资本、满足居民文化需要、优化消费结构、促进经济可持续增长、增强国家综合实力等具有重要意义。收入是消费的基础，对文化消费的影响最为明显。根据十八大报告提出的全面建成小康社会目标，到 2020 年将实现 GDP 和城乡居民人均收入比 2010 年翻一番。收入倍增将成为文化消费增长的坚实基础和重要动力。

　　我国文化消费滞后于经济社会发展，居民收入结构不断变化。一方面，我国文化消费增长迅速，但文化消费总量与潜在规模之间存在巨大缺口[①]。国家统计局抽样调查数据显示，我国城乡居民文化消费占总消费的比重偏低，2014 年人均文化和娱乐消费支出为 671 元，仅占总消费支出的 4.6%，低于发达国家 10%~12% 的一般水平[②]。因此，如何扩大居民文化消费，成为现实而紧迫的研究课题。另一方面，我国城乡居民收入快速增长，收入结构

---

　　① 《中国文化消费指数首次发布》，http://www.ccdy.cn/zhuanti/2013zt/wenhuachina/redian/201311/t20131115_803627.htm，2013-11-15。

　　② 《2014 年我国人均文化消费增 16.4%》，http://news.xinhuanet.com/politics/2015/12/10/c_128515065.htm，2015-12-10。

迅速变化。城镇居民人均可支配收入从 2002 年的 7 702.8 元增加到 2012 年的 24 564.7 元，工资性收入比重降低，经营性收入比重上升。同期，农村居民人均纯收入从 2 475.6 元增加到 7 916.6 元，工资性收入比重上升，经营性收入比重降低。随着城镇化和市场化的深入，城镇居民收入更多地受市场力量支配，农民获得越来越多的进城务工机会和增收渠道，城乡居民收入结构将继续变化。

在这种条件下，扩大居民文化消费，有必要探究城乡居民不同类别收入对文化消费增长的影响。提高什么性质或来源的收入最有利于文化消费增长？不同性质或来源的收入对城镇和农村居民文化消费的影响是否相同？

一、我国收入结构的演变

1. 收入性质结构

按照收入性质可以将收入划分为持久性收入（persistent income）和暂时性收入（temporary income），这种划分最早源于 Friedman（1957）的持久收入假说。暂时性收入是指非连续的、带有偶然性的收入，持久性收入是指可以预期到的、长期的收入。分离持久性收入与暂时性收入的方法一般有两种，一种是自估计方法，另一种是弗里德曼提出的长期收入平均值法。这两种方法均以分离持久性收入为标准，暂时性收入为当期收入与持久性收入之差。

在自估计方法中，持久性收入是当期收入及前期收入的加权值，估计方法见式（3-1）~式（3-3）。

$$\mathrm{pers}_t = \sum_{i=0}^{\infty} \left(w_i \times \mathrm{inco}_{t-i} \right) \tag{3-1}$$

$$1 = \sum_{i=0}^{\infty} w_i \tag{3-2}$$

$$\mathrm{temp}_t = \mathrm{inco}_t - \mathrm{pers}_t \tag{3-3}$$

其中，inco_t 为当期收入；inco_{t-i} 为前 i 期收入；pers_t 为当期持久性收入；temp_t 为当期暂时性收入；w_i 为单调递减的权重，表示距离当期越远的收入对当期消费的影响越小。根据各期收入序列，估计式（3-1）中参数 w_i 的值，即可估算出各期持久性收入，进而求出各期暂时性收入。

在长期收入平均值法中，持久性收入是个人或家庭可以预期到的长期收入，这里的长期一般至少为三年。这种方法的计算公式见式（3-4）和式（3-5），其中，n 为预期到的期数。

$$\text{pers}_t = \sum_{i=0}^{i=n} \text{inco}_{t-i}/(n+1) \qquad （3-4）$$

$$\text{temp}_t = \text{inco}_t - \text{pers}_t \qquad （3-5）$$

这两种分离方法具有相通的思想，即通过过去的实际收入估算持久性收入，区别在于前期收入在预测当期持久性收入中的权重大小，自估计方法中各期收入的权重不同，长期收入平均值法中各期的权重相同。参考已有文献（李锐和项海容，2004），这两种方法的计算结果差异不大，因此，我们采用长期收入平均值法计算持久性收入与暂时性收入，并设定预期到的期数为3期，即式（3-4）中 $n=2$。

统计并分离 2002~2012 年城镇居民总收入[①]和农村居民纯收入，数据来源于《中国住户调查年鉴》。城乡居民持久性收入比重与暂时性收入比重如图 3-1 所示。2002~2012 年，城镇居民持久性收入占总收入的 88.7%左右，暂时性收入占总收入的 11.3% 左右，二者比例保持相对稳定。同期，农村居民持久性收入比重从 95.5%下降到 87.6%，暂时性收入比重从 4.5%上升到 12.4%，收入波动性增强。

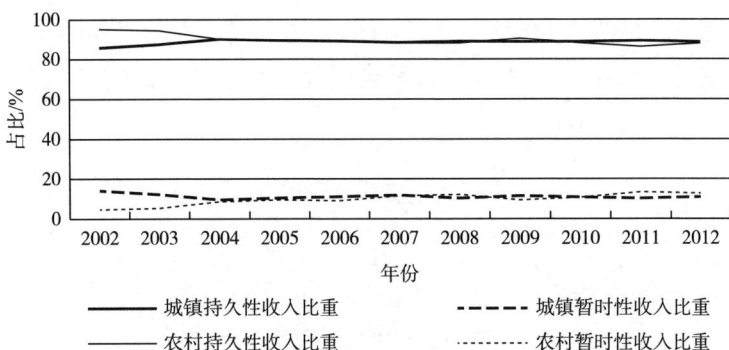

图 3-1　城乡居民持久性收入比重与暂时性收入比重

---

① 由于下文中使用的工资性收入、经营性收入、财产性收入与转移性收入之和为城镇居民总收入，因此，为保持与下文数据的一致性，这里使用城镇居民总收入，而非城镇居民可支配收入。

2.收入来源结构

按照收入来源可以将收入划分为工资性收入、经营性收入、财产性收入与转移性收入四类。这与国家统计局进行的城乡住户调查统计口径相一致，因此，可以直接获得这四类收入的数据。城乡居民四类收入占总收入的比重见图 3-2 和图 3-3。2002~2012 年，城镇居民工资性收入比重从 70.0%下降到 65.0%，经营性收入比重从 4.1%上升到 8.7%，财产性收入比重从 1.1%上升到 2.2%，转移性收入比重相对稳定，维持在 23.8%左右，收入结构变化的显著特点是工资性收入比重下降和经营性收入比重上升。同期，农村居民工资性收入比重从 33.9%上升到 43.5%，经营性收入比重从 60.0%下降到 44.6%，财产性收入比重从 2.0%上升到 3.1%，转移性收入比重从 4.0%上升到 8.7%，收入结构变化的显著特点是经营性收入比重下降与工资性收入比重上升。

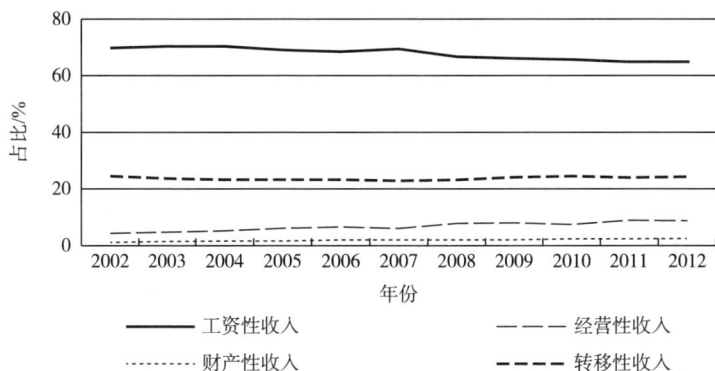

图 3-2　城镇居民不同来源收入占总收入的比重

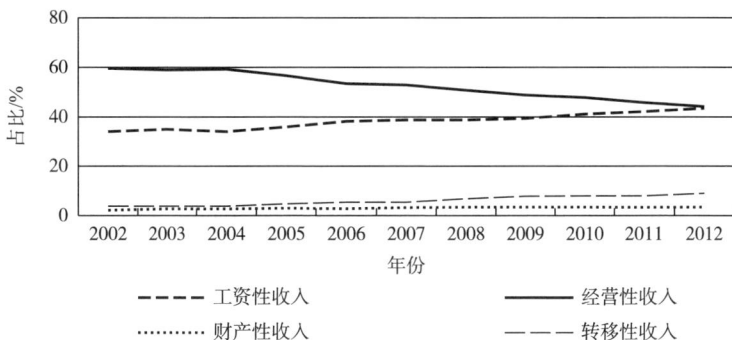

图 3-3　农村居民不同来源收入占总收入的比重

二、收入结构演变与文化消费增长：理论探讨

1. 收入水平对文化消费的影响

收入是影响消费最基础性的因素，这在经典消费函数理论、预防性储蓄理论、流动性约束理论中得到充分体现，无论这种收入是绝对收入、相对收入、当期收入还是持久性收入。Keynes（1936）提出的绝对收入假说中，将可支配收入作为影响消费最主要的因素。Duesenberry（1949）认为除可支配收入外，消费行为还受"棘轮效应"和"示范效应"影响，由此提出相对收入假说。Modigliani 和 Brumberg（1954）提出的生命周期假说认为，人们会通过平滑一生的消费，实现效用最大化，因此，消费不仅取决于当期收入，还取决于消费者一生的总收入。Friedman（1957）提出的持久收入假说则认为，决定消费的不是当期收入，而是持久性收入。Deaton（1989）认为由于收入的流动性约束，当期收入对消费的影响大于持久性收入假说或生命周期假说的预言。预防性储蓄理论认为人们厌恶未来消费下降，会为预防不确定性导致的消费下降而进行储蓄（Leland，1978）。同时，流动性约束也是引致预防性储蓄的原因之一（Zeldes，1989a）。

由此可见收入对消费的重要影响，但不同性质或来源的收入对消费的影响并不相同。Thaler（1985）提出的心理账户理论是对收入结构与消费之间关系的最好注解。该理论认为，人们会根据收入的性质或来源、收入与支出的对应关系等划分出多个心理账户，按照每个账户的预算及支配规则进行消费决策，且不同心理账户之间具有非替代性特征。这种非替代性表现为对收入来源账户的划分及对支出类别账户的划分（李爱梅和凌文辁，2004）。我国消费者内隐的心理账户系统相对稳定，包括三个收入账户、四个开支账户和两个存储账户（李爱梅等，2007）。在收入来源方面，我国农民将工资性收入、经营性收入、财产性收入和转移性收入归类为不同的心理账户，消费差异依赖于收入结构差异（周建等，2013）。在收入性质方面，相对于暂时性收入，农村居民消费对持久性收入更敏感（李锐和项海容，2004）。

作为一种消费需求，文化消费具有一般意义上的消费特征，除文化产业、文化供给、社会保障水平等对文化消费的影响外（Richards，1996；

Urrutiaguer，2002；邹晓东，2007；王亚南，2010b），收入依然是影响文化消费最基础性的因素（Brito and Barros，2005；Diniz and Machado，2011；韩海燕，2012b；郭俊华，2013）。区别于一般性的消费，文化消费又具有其自身的消费行为特征。尹世杰（1994a）认为文化消费具有物质性与精神性的统一。文化消费主体与客体之间有较强的互动作用，表现出明显的外部效应（张为付等，2014）。文化消费具有非必需性，即居民只有在基本的、必需的消费需求得到较好满足之后，文化消费需要的迫切性才得以显现（毛中根和孙豪，2016）。文化消费增长增加了消费的服务化特性，有助于改善居民消费结构（赵迪和张宗庆，2016）。对不同收入组农民文化消费的研究发现，只有达到一定收入后，收入才对文化消费有显著影响，即文化消费具有一定的收入门槛（葛继红，2012）。徐和清和张桂香（2013）研究了城镇居民文化娱乐服务消费对不同来源收入的需求收入弹性及区域差异。

我国城乡居民收入结构均存在较大差异，城乡居民不同类别的收入对文化消费的影响可能不同。扩大居民文化消费，除了收入水平外，还需要区分不同类别的收入对文化消费影响的差异，针对性地改善居民收入结构。

2. 收入性质结构对文化消费的影响

分析不同性质的收入对居民文化消费的影响，既要区分收入性质，又要考虑文化消费特征。按照持久性收入假说，理性的消费者依据持久性收入决定自己的消费，而非暂时性收入。因此，持久性收入可能对居民文化消费产生显著影响。

城镇居民与农村居民的收入水平和消费结构存在差异，进而使城乡居民文化消费对暂时性收入的反应出现差异。城镇居民收入水平相对较高，暂时性收入在总收入中的比重较为稳定，且所占比例较小。随着住房、医疗等刚性支出增加，城镇居民消费越来越理性，更可能将一次性获得的收入进行预防性储蓄，或将其划入进行刚性消费的心理账户。因此，城镇居民暂时性收入对文化消费的影响可能不显著。农村居民文化消费水平较低，迫切需要增加文化消费。随着暂时性收入占总收入的比重逐渐提高，当农村居民获得一笔额外收入时，更可能将其划入进行文化消费的心理预算账户，进而显著影响文化消费。

我国城乡、区域经济发展不平衡，居民收入和消费水平差异较大，因此，不同性质的收入对文化消费的影响可能存在城乡差异和区域差异。综上，提出以下假设：

假设 3-1：城镇居民持久性收入对文化消费的影响显著，暂时性收入对文化消费的影响不显著。

假设 3-2：农村居民持久性收入和暂时性收入对文化消费都有显著影响。

假设 3-3：城乡居民不同性质的收入对文化消费的影响存在城乡差异和区域差异。

3. 收入来源结构对文化消费的影响

人们可能将不同来源的收入划分为不同的心理账户，使不同来源的收入对文化消费的影响产生差异。城镇居民工资性收入是总收入的主体部分，占总收入的比重接近 70%，可能对文化消费产生显著影响。转移性收入主要包括养老金、离退休金、失业救济金、赔偿、住房公积金等，占总收入的比重超过 20%，是城镇居民收入的另一主要来源。城镇居民更容易将转移性收入划为用于保障基本生活或刚性支出的心理账户，进行生活必需性消费，因此，对非必需性文化消费的影响可能不显著。财产性收入和经营性收入占城镇居民总收入的比重较低，且经营性收入具有较高的不确定性（魏世勇和沈利生，2014），因此，二者对文化消费的影响可能不显著。

农村居民进城务工数量增多，越来越多的农民参与市场经济活动，导致工资性收入比重逐渐提高，以农业生产为主的经营性收入比重逐渐降低。农村居民工资性收入和经营性收入是总收入的主体部分，二者约占总收入的 90%。因此，工资性收入和经营性收入可能对文化消费产生显著影响。财产性收入是指家庭拥有的动产（银行存款、有价证券等）、不动产（房屋、土地等）所获得的收入。农村居民财产性收入比重较低，但财产性收入的获取过程相对轻松，农村居民倾向将财产性收入划为进行文化娱乐消费的心理账户，进而，对文化消费产生显著影响。2006 年国家全面取消农业税，同时增加了对农民的财政补贴，使农村居民转移性收入比重上升。具有生产者和消费者双重身份的农村居民（张秋惠和刘金星，2010），更倾向于将免缴纳的农业税和增加的种粮补贴用于农业生产。因此，虽然转移性收入比重上升，但对农村居民文化消费的影响可能不显著。

另外，我国城乡、区域差异较大，可能引起居民不同来源的收入对文化消费的影响效果存在城乡差异和区域差异。综上，提出以下假设：

假设 3-4：城镇居民工资性收入对文化消费有显著影响，经营性收入、财产性收入和转移性收入对文化消费的影响不显著。

假设 3-5：农村居民工资性收入、经营性收入和财产性收入对文化消费有显著影响，转移性收入对文化消费的影响不显著。

假设 3-6：城乡居民不同来源的收入对文化消费的影响存在城乡差异和区域差异。

三、收入结构演变与文化消费增长：计量检验

1. 模型设定

识别不同性质的收入对文化消费的影响效果，有助于有针对性地提高居民收入，促进文化消费增长。为研究不同类别收入对文化消费增长的影响，检验上文提出的 6 个假设，设计如下计量模型：

$$\text{cult}_{it} = \beta_0 + \beta_1 \text{pers}_{it} + \beta_2 \text{temp}_{it} + u_i + \varepsilon_{it} \qquad (3\text{-}6)$$

$$\text{cult}_{it} = \beta_0 + \beta_1 \text{sala}_{it} + \beta_2 \text{busi}_{it} + \beta_3 \text{prop}_{it} + \beta_4 \text{tran}_{it} + u_i + \varepsilon_{it} \qquad (3\text{-}7)$$

其中，cult_{it} 表示 i 省 t 年的人均文化消费；pers_{it}、temp_{it}、sala_{it}、busi_{it}、prop_{it}、tran_{it} 分别表示 i 省 t 年的持久性收入、暂时性收入、工资性收入、经营性收入、财产性收入、转移性收入；β 为待估计参数；u_i 为个体效应；ε_{it} 为随机误差项。式（3-6）用于检验城乡居民不同性质的收入对文化消费的影响，式（3-7）用于检验不同来源的收入对文化消费的影响。

2. 数据说明及描述

以 2002~2012 年[①]我国 30 个省（自治区、直辖市）城乡居民家庭收支面板数据为研究对象，不包含香港、澳门、台湾数据，因西藏部分数据缺失，为获得平齐数据，剔除西藏样本，共得到 330 个城镇样本和 330 个农村样本。数据来源于历年《中国统计年鉴》和《中国住户调查年鉴》。所有

---

① 国家统计局自 2013 年起开展了城乡一体化住户收支与生活状况调查，调查数据不再区分城镇与农村。根据需要，本节选取了 2002~2012 年独立开展的城乡住户抽样调查数据。

数据依据居民消费价格指数和居民消费价格分类指数进行剔除价格因素处理，换算为以 2002 年为基期的数据。被解释变量为居民文化消费，分别对应"城镇居民家庭人均文教娱乐服务消费支出"和"农村居民家庭平均每人文教娱乐消费支出"；解释变量包括从"城镇居民人均总收入"和"农村居民家庭人均纯收入"分解得到的持久性收入和暂时性收入，以及城乡居民工资性收入、经营性收入、财产性收入和转移性收入。各变量的描述性统计结果见表 3-1。

表 3-1　各变量的描述性统计结果

变量	城镇					农村				
	样本量/个	均值/元	标准差	最小值/元	最大值/元	样本量/个	均值/元	标准差	最小值/元	最大值/元
cult	330	1 249.0	623.8	479.6	4 136.6	330	337.7	216.7	102.1	1 220.5
pers	330	11 820.9	5 041.3	5 529.1	32 881.9	330	3 848.0	2 064.0	1 425.3	12 993.7
temp	330	1 080.0	456.0	185.9	2 622.2	330	337.8	228.8	15.4	1 231.3
sala	330	8 611.1	3 612.8	3 954.1	24 536.4	330	1 780.1	1 645.7	134.0	9 052.7
busi	330	897.5	602.4	113.4	3 592.9	330	1 945.5	679.8	503.0	4 182.5
prop	330	259.1	245.8	23.4	1 382.4	330	152.0	204.4	0.4	1 398.5
tran	330	3 133.3	1 429.4	1 212.1	8 957.5	330	308.2	367.0	25.3	3 187.6

3.不同类型的收入对文化消费的影响

表 3-2 显示了城镇和农村居民不同类型的收入对文化消费影响的估计结果，所有回归均为普通最小二乘（ordinary least squares，OLS）的稳健估计结果。根据 Hausman 检验结果，将模型区分为个体固定效应模型和个体随机效应模型。表 3-2 同时显示了不同区域的回归结果。

表 3-2　城镇和农村居民不同类型的收入对文化消费影响的估计结果

变量	城镇居民文化消费				农村居民文化消费			
	全国（模型 1）	东部（模型 2）	中部（模型 3）	西部（模型 4）	全国（模型 5）	东部（模型 6）	中部（模型 7）	西部（模型 8）
pers	0.093*** (32.75)	0.103*** (25.07)	0.077*** (14.21)	0.070*** (12.44)	0.060*** (10.59)	0.057*** (6.66)	0.082*** (4.98)	0.047*** (4.55)
temp	0.024 (0.72)	−0.012 (−0.23)	0.160*** (2.65)	0.110** (2.08)	0.084** (2.25)	0.134** (2.23)	−0.060 (−0.63)	0.088 (1.50)

续表

变量	城镇居民文化消费				农村居民文化消费			
	全国（模型 1）	东部（模型 2）	中部（模型 3）	西部（模型 4）	全国（模型 5）	东部（模型 6）	中部（模型 7）	西部（模型 8）
常数项	118.690*** （4.27）	106.559* （1.83）	101.291*** （2.73）	234.031*** （5.73）	78.499*** （6.33）	118.523*** （4.38）	38.895 （1.16）	73.004*** （2.96）
N	330	121	88	121	330	121	88	121
R^2	0.881	0.917	0.898	0.788	0.725	0.744	0.686	0.723
F 或 Wald	1 103.74***	596.99***	342.47***	200.64***	391.81***	157.14***	175.43***	286.57***
Hausman 检验	137.77***	20.31***	16.26***	297.49***	28.76***	83.01***	0.03	0.26
模型选择	固定	固定	固定	固定	固定	固定	随机	随机

***表示 $p<0.01$，**表示 $p<0.05$，*表示 $p<0.1$

注：括号内为 t 统计量

由模型 1 可知，城镇居民持久性收入对文化消费的影响显著，边际消费倾向为 0.093，暂时性收入对文化消费的影响不显著。由模型 5 可知，农村居民持久性收入和暂时性收入对文化消费均有显著影响，边际消费倾向分别为 0.060 和 0.084。虽然暂时性收入占农村居民收入的比重不高，但文化消费对暂时性收入的边际消费倾向却高于持久性收入，这可能与农村居民将非连续的、偶然获得的收入划为进行文化消费的心理账户有关。这些收入并非农村居民用于基本生活消费的预期收入，从而将之用于娱乐性文化消费。模型 1 和模型 5 的比较表明，城乡居民不同性质的收入对文化消费的影响存在城乡差异。

模型 2~模型 4 显示，不同区域的城镇居民文化消费均对持久性收入反应敏感，且东部地区的边际消费倾向高于中、西部，中部又高于西部；东部地区城镇居民文化消费对暂时性收入的反应不敏感，中、西部居民反应敏感。模型 6~模型 8 显示，不同区域的农村居民文化消费均对持久性收入反应敏感；东部地区农村居民文化消费对暂时性收入反应敏感，中、西部居民反应不敏感。综上，假设 3-1~假设 3-3 成立。

4. 不同来源的收入对居民文化消费的影响

表 3-3 显示了城镇和农村居民不同来源的收入对文化消费影响的估计结果，同时显示了不同区域的估计结果，所有回归均为 OLS 的稳健估计结果。

由模型 9 可知，城镇居民工资性收入对文化消费的影响显著，边际消费倾向为 0.145；经营性收入、财产性收入和转移性收入对文化消费的影响不显著。模型 13 显示，农村居民工资性收入、经营性收入和财产性收入对文化消费的影响均显著，边际消费倾向分别为 0.043、0.083 和 0.269；转移性收入对文化消费的影响不显著。农村居民财产性收入的边际文化消费倾向较高，这与张秋惠和刘金星（2010）认为农村居民财产性收入具有暂时性收入特征、对生活消费拉动效应明显的研究结论一致。城乡居民不同来源收入对文化消费影响的差异，与不同来源收入占总收入的比重有关，表现为城镇居民工资性收入的边际消费倾向高于农村；也与居民对收入的心理账户划分有关，重点表现为城乡居民财产性收入对文化消费的影响差异。

表 3-3　城镇和农村居民不同来源的收入对文化消费影响的估计结果

变量	城镇居民文化消费				农村居民文化消费			
	全国（模型 9）	东部（模型 10）	中部（模型 11）	西部（模型 12）	全国（模型 13）	东部（模型 14）	中部（模型 15）	西部（模型 16）
sala	0.145***	0.142***	0.138***	0.129***	0.043***	0.083***	−0.030	0.052***
	−18.75	−10.92	−7.99	−7.61	（4.47）	（4.83）	（−1.65）	（3.82）
busi	0.001	0.119**	0.051	−0.101	0.083***	0.061***	0.049**	0.034*
	−0.05	−2.28	−0.92	（−1.46）	（8.78）	（3.05）	（2.26）	（1.94）
prop	0.019	−0.086	0.346**	−0.060	0.269***	0.126	0.217	0.225*
	−0.25	（−0.68）	−1.99	（−0.53）	（4.35）	（1.12）	（1.60）	（1.71）
tran	0.009	−0.008	−0.035	0.036	0.014	−0.006	0.373***	0.067*
	−0.52	（−0.26）	（−0.95）	−0.94	（0.60）	（−0.16）	（5.41）	（1.66）
常数项	−31.004	16.704	23.674	75.697	54.324***	73.651	123.958***	84.459***
	（−0.84）	−0.29	−0.45	−1.05	（3.74）	（1.58）	（4.67）	（2.84）
N	330	121	88	121	330	121	88	121
R^2	0.891	0.923	0.914	0.808	0.736	0.746	0.815	0.727
F 或 Wald	2 713.32***	319.39***	809.23***	465.44***	21.71***	343.63***	83.44***	292.63***
Hausman 检验	7.20	11.04**	6.49	0.70	29.30***	7.67	8.75*	0.13
模型选择	随机	固定	随机	随机	固定	随机	固定	随机

***表示 $p<0.01$，**表示 $p<0.05$，*表示 $p<0.1$

注：括号内为 t 统计量

不同区域居民对不同来源收入的心理账户划分差异，可能导致不同来源收入对文化消费的影响存在区域差异。模型 10~模型 12 显示，东、中、西部城镇居民工资性收入对文化消费影响显著，东部城镇居民文化消费对经营性收入敏感，中部城镇居民文化消费对财产性收入敏感，其他估计结果均不显著。模型 14~模型 16 显示，东部农村居民文化消费对工资性收入和经营性收入敏感，中部农村居民对经营性收入和转移性收入敏感，西部农村居民对四种来源的收入都敏感。综上，假设 3-4~假设 3-6 成立。

5. 收入倍增、收入结构调整与文化消费增长

本小节基于收入倍增目标和收入结构对文化消费的影响，预测我国 2020 年文化消费的增长情况。国民收入倍增计划的具体内容指：按不变价格计算，到 2020 年实现 GDP 和城乡居民人均收入比 2010 年翻一番。因此，本小节的所有数据均以 2010 年为基期。

根据 2002~2012 年居民收入结构的变动性质，表 3-4 第 4 行和第 7 行给出了居民收入结构的一个简单预测。由于收入性质结构变动较小，因此，分别以城乡居民 2012 年的收入性质结构作为 2020 年的收入性质结构。由于收入来源结构变化较大，因此，分别以城乡居民 2004~2012 年的收入比重变化作为 2013~2020 年的收入比重变化，计算出 2020 年的收入来源结构。以此为基础计算出 2020 年城乡居民文化消费。在选择居民收入结构调整时，在收入性质结构方面，选择城镇居民持久性收入比重提高，农村居民暂时性收入提高；在收入来源结构方面，选择城镇居民工资性收入比重提高，农村居民财产性收入比重提高。这样的收入结构变动与国家对居民收入结构的政策导向相符。在计算居民文化消费时，隐含三个假设：第一，2020 年实现了收入倍增目标；第二，不考虑消费结构升级、社会保障完善等引起的消费行为变化；第三，收入结构对文化消费的影响保持不变，居民边际文化消费倾向保持不变。

表 3-4　收入结构变动与文化消费预测

居民	年份	收入/元	收入性质结构/%		cult/元	percult/%	收入来源结构/%				cult/元	percult/%
			pers	temp			sala	busi	prop	tran		
城镇	2010	21 033.4	89.2	10.8	1 627.6	7.7	65.8	7.5	2.1	24.6	1 627.6	7.7
	2020	42 066.8	88.8	11.2	3 356.8	8.0	59.4	12.5	3.1	25.0	3 244.0	7.7

续表

居民	年份	收入/元	收入性质结构/%		cult/元	percult/%	收入来源结构/%				cult/元	percult/%
			pers	temp			sala	busi	prop	tran		
调整	2020	42 066.8	89.8	10.2	3 395.9	8.1	60.4	12.5	3.1	24.0	3 305.0	7.9
农村	2010	5 919.0	89.2	10.8	366.7	6.2	41.1	47.9	3.4	7.7	366.7	6.2
	2020	11 838.0	87.6	12.4	741.7	6.3	53.1	29.8	3.7	13.4	653.6	5.5
调整	2020	11 838.0	86.6	13.4	744.5	6.3	53.1	29.8	4.7	12.4	685.4	5.8

注："调整"是指收入结构在预测基础上的调整；"percult"是指文化消费占居民收入的比重

表 3-4 显示的是在其他条件不变的条件下，仅由收入倍增和收入结构变动带来的文化消费增长情况。在收入性质结构方面，2010~2020 年城镇居民文化消费占收入的比重提高 0.3 个百分点。如果在这一时期通过政策作用使持久性收入比重提高 1 个百分点，则文化消费占比将额外提高 0.1 个百分点。同期，农村居民文化消费占比提高 0.1 个百分点。由于农村居民持久性收入和暂时性收入对文化消费均有显著影响，只是边际消费倾向有差异，因此，提高暂时性收入比重对文化消费占比的影响不明显。在收入来源结构方面，2010~2020 年城镇居民文化消费占比没有提高。如果在这一时期工资性收入比重提高 1 个百分点，则文化消费比重将额外提高 0.2 个百分点。同期，农村居民文化消费占比降低 0.7 个百分点。如果财产性收入比重提高 1 个百分点，文化消费比重将额外少降低 0.3 个百分点。农村居民文化消费占比之所以降低，与文化消费发展阶段有关（毛中根和孙豪，2016）。

四、政策含义

城乡居民不同类别收入对文化消费增长的影响效果不同。得出以下结论：第一，在收入性质方面，城镇居民文化消费对持久性收入反应敏感，对暂时性收入反应不敏感；农村居民文化消费对持久性收入和暂时性收入均反应敏感。第二，在收入来源方面，城镇居民文化消费只对工资性收入反应敏感，农村居民文化消费对工资性收入、经营性收入和财产性收入均反应敏感。第三，收入结构对居民文化消费增长的影响存在城乡差异和区域差异。

本节的研究结论对于扩大居民文化消费具有借鉴意义。对收入结构影响居民文化消费增长的差异分析表明，居民文化消费行为、居民对不同类别收入的心理账户划分和区域经济发展水平是引起其差异的可能原因。根据文化消费对不同类别收入的边际消费倾向及敏感程度，增加居民收入和扩大居民文化消费，需要考虑收入结构影响文化消费增长的差异，提高政策措施的针对性。

具体而言：第一，对于城镇居民，应重点增加居民工资性收入占总收入的比重，增强居民收入稳定性。第二，对于农村居民，应优化农民工就业环境，增加居民增收渠道，提高获取暂时性收入的可能；健全农村土地流转交易市场，加快土地流转，增加居民财产性收入。第三，扩大居民文化消费需要区别不同区域或群体的收入水平和消费能力，重视居民的心理账户划分及文化消费行为，有针对性地改善居民收入结构。

第二节 社保制度改革与文化消费增长

内需不足特别是文化消费不足是我国经济持续健康发展的重要障碍。根据发达国家经验，以人均 GDP 测算，我国文化消费规模应该在 4 万亿元以上，这与 1 万多亿元的实际消费水平显然存在较大差距（王佳元，2011；陈晨，2014）。文化消费具有反经济周期的特征，经济增长缓慢期反而是文化消费快速发展的机遇期（张晓明等，2010）。在经济增速放缓条件下，推动文化消费发展显得尤为必要和可行。

与西方发达国家相比，我国社会经济正在经历巨大变革，而社会保障制度建设却十分滞后，所以居民普遍具有强烈的储蓄动机，消费能力明显不足（王亚南，2010b；汪丁丁，2011；凌晨和张安全，2012）。预防性储蓄理论认为，如果未来支出具有不确定性，为了实现效用最大化，居民就会压缩当期消费而增加储蓄（Leland，1978；Zeldes，1989b）。那么，近年来我国实施的多次社会保障制度改革，理应能够大幅度降低居民的不确定性预期和预防性储蓄水平，因此预期可以提升居民消费。特别是，随着我国步入中高收入国家行列，此类改革应该能够推动收入弹性较大的文化消费实现大幅增长（王亚南，2010b；王颖，2013）。如图 3-4 所示，我国城镇居民文化消费与储蓄水平的反向变化，也为这种理论预期提供了直观的经验证据[①]。

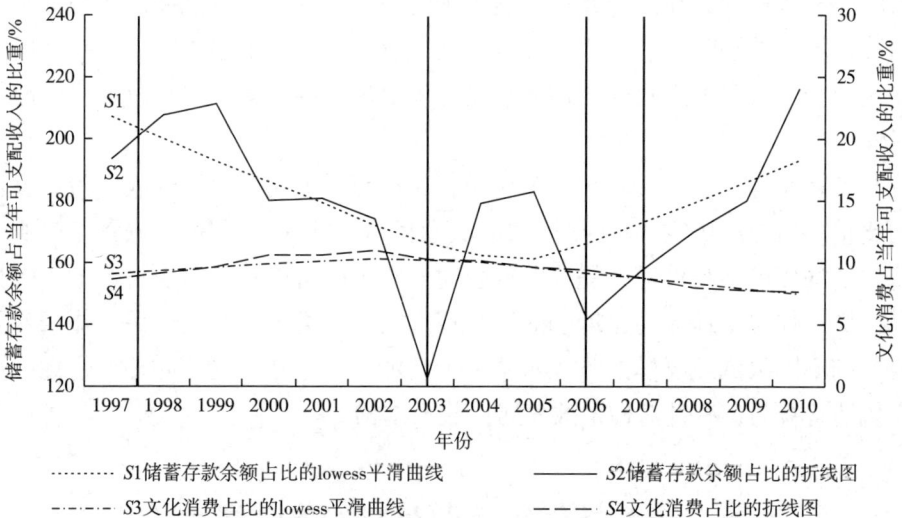

图 3-4　我国城镇居民的文化消费与储蓄变化

受限于数据资料的可得性，此处采用人均娱乐教育文化服务消费支出来反映文化消费，
使用储蓄存款余额占当年可支配收入的比例来反映居民储蓄水平

资料来源：历年《中国统计年鉴》

　　有研究表明，在我国居民储蓄中，未来医疗支出所产生的预防性储蓄动机占据重要影响（甘犁等，2010）。所以，相对于其他社会保障制度改革，2007 年实施的城镇居民医疗保险制度改革，应该能够获得更为显著的文化消费效应，正受到越来越多学者的重视（王亚南，2010b；王俊杰，2012）。不过，我们认为，一方面，文化消费是一种个性消费，它是以物质消费为基础

----

　　① 进入 21 世纪以来，我国社会保障制度建设取得了巨大突破。继 1998 年进行城镇职工基本医疗保险制度改革以后，2003 年我国又扩大了城镇居民基本养老保险的实施范围，2006 年颁布了《国务院关于保险业改革发展的若干意见》，2007 年实施了城镇居民医疗保险制度改革。在图 3-4 中，城镇居民基本养老保险制度改革和《国务院关于保险业改革发展的若干意见》的推行，都导致了城镇居民储蓄水平的巨大波动。相对于这种巨大波动，2007 年城镇居民医疗保险制度改革使曲线 S2 的上升趋势明显放缓。由此可判断，与其他社会保障制度建设相似，城镇居民医疗保险制度改革也显著影响了居民的储蓄行为。社会保障制度改革主要是指城镇居民医疗保险制度改革。

的精神消费方式（王颖，2013；聂正彦和苗红川，2014），具有明显的层次特征；另一方面，2007 年城镇居民医疗保险制度改革的政策目标是建立覆盖全体城镇居民的医疗保障体系，所以其参保过程必然存在逆向选择问题，参保主体多为低收入、不健康居民。因此，根据消费的层次特征，受限于收入水平和健康状况，居民在参保以后将偏好于增加医疗消费和食品消费等日常消费，而非文化消费。由此，可以断定，这次改革的文化消费效应很小，很难达到理论预期。

为了验证这种有悖于传统理论的机理分析，本节基于城镇居民医疗保险制度改革的具体实践，将使用准实验方法检验参保过程的逆向选择问题以及消费的层次特征，由此来论证此次改革的文化消费效应，以期为文化消费研究提供更为丰富的经验证据。

一、社保制度改革与文化消费增长：理论探讨

1. 社保制度改革对居民消费的影响

长期以来，为了实现经济的快速增长，我国采取了高投入、高污染和外贸依赖型经济发展方式，国内消费特别是文化消费的发展相对滞后。一般认为，收入水平、教育程度和社会保障制度是决定消费的重要因素（葛继红，2012；马玉琪和扈瑞鹏，2015），所以增加居民收入、提高居民受教育程度以及完善社会保障制度，都可以促进消费增长。但是，增加居民收入会受到经济发展速度的限制，而居民受教育程度也很难在短期内迅速提高。那么，相对而言，社会保障制度建设不仅可以改善人民的生活质量，而且按照预防性储蓄理论，还具有明显的消费效应，正逐渐受到经济学者的重视。

根据已有研究，无论是发达国家还是发展中国家，社会保障制度建设都可以降低未来支出的不确定性，确实能够减少预防性储蓄。不过，由于筹资方式不同，各种社会保障制度的消费效应并不完全一致。例如，失业保险、养老保险和工伤保险制度与消费的关系就比较复杂，这些制度在降低未来不确定性支出的同时，也会对当期消费产生挤出效应。与之相反，由于采用现收现付的筹资方式，医疗保险制度建设没有明显的挤出效应，其正向消费效应较为显著（邹红等，2013），已成为消费经济学研究的重要内容。

很多国外学者实证分析了不确定性预期与消费的关系，基本验证了医疗保险制度建设对降低储蓄进而对增加消费的积极作用。例如，Kotlikoff（1986）和 Atella 等（2006）分别以美国和意大利为研究对象，分析了未来医疗支出与预防性储蓄之间的关系，结果都表明前者对后者具有显著的正向影响进而能够明显抑制当期消费。同样，Kong 等（2008）使用 1993~1998 年韩国家庭面板数据，也证明了不确定性医疗支出对提高储蓄进而抑制消费的突出作用。因此，当居民能够获得医疗保险时，显然会增加当期消费而减少储蓄（Gruber and Yelowitz，1999）。不过，如果医疗保险并不足以应对医疗支出风险，那么居民仍然会选择增加储蓄而减少消费（Gormley et al.，2010）。另外，由于收入水平的差异，不同家庭对医疗保险制度改革的反应也有差别，中等收入家庭的反应较大而最低和最高收入家庭的反应则较小（Maynard and Qiu，2009）。

在我国，基于医疗保险制度改革的具体实践，很多学者也检验了不确定性预期、储蓄与消费的关系。他们认为，医疗保险制度改革能够降低居民对未来生活的不确定性预期，所以具有显著的消费效应（丁继红等，2013；聂荣和沈大娟，2016）。可是，受到收入水平和消费层次特征的影响，这种消费效应不一定体现为文化消费增长（葛继红，2012；田虹和王汉瑛，2016）。例如，马双等（2010）研究了 2003 年新型农村合作医疗（简称新农合）保险改革对居民消费的影响，结果显示此次改革只是提高了农村居民的人均食品消费。同样，甘犁等（2010）使用相同数据和方法的研究也表明，此次改革的消费效应主要表现为食品消费增长，教育等文化消费并没有发生明显变化。不过，虽然此次改革不具有显著的文化消费效应，却使那些当年没有医疗支出的家庭也发生了消费增长，这就说明医疗保险制度改革确实是通过降低预防性储蓄而增加居民消费，所以预防性储蓄理论能够在某种程度上得到事实验证（白重恩等，2012）。

2. 社保制度改革对文化消费的影响

关于医疗保险制度改革的消费效应，国内外文献集中分析了总消费、医疗消费以及食品消费等日常消费的变化，较少涉及文化消费研究。这是因为：第一，文化消费的内涵十分丰富，包括文化娱乐、教育、体育等多项内容，其衡量指标至今尚未统一（欧翠珍，2010）。第二，由于长期没能得到应有的重视，文化消费研究仍然缺少必要的统计资料。大部分社会经济调查，如 CHIP（Chinese household income project survey，即中国家庭收入调查）、CHNS（China health and nutrition survey，即中国健康与营养调查）、CHARLS（China health and retirement longitudinal study，即中国健康与养老追踪调查）、CFPS（China family panel studies，即中国家庭追踪调查）和 CHFS（China household finance survey，即中国家庭金融调查）等，都没有针对文化消费收集专门的数据资料。第三，文化消费是满足高层次精神需求的消费方式，现有研究普遍缺乏对消费层次的讨论，自然不能考察这种特殊消费的变化。这三方面因素共同限制了我国文化消费实证研究，导致现有研究仍然普遍使用社会学范式展开理论探讨，很少进行经验论证。这种研究难以产生有实践指导意义的成果，严重束缚了我国文化消费的快速发展（郑鈜，2013）。

根据预防性储蓄理论，2007 年城镇居民医疗保险制度改革预期可以大幅增加文化消费。但是，受限于此次改革的目标以及居民消费的层次特征，理论预期的文化消费增长很难实现。为了检验这种判断，本节将首先分析此次改革作用于文化消费的内在机理，其次使用准实验方法［DID（difference-in-difference，即双重差分）和 DDPSM（difference in difference and propensity score matching，即双重差分结合倾向评分匹配）分析］对比研究参保家庭与非参保家庭的消费行为差别，以期为内在机理分析及其所决定的文化消费效应提供经验证据的支持。

首先，按照《国务院关于开展城镇居民基本医疗保险试点的指导意见》，此次改革主要是面对具有城镇户籍的没有工作的老年居民、低保户、重度残疾人、学生、儿童及其他城镇非从业人员，目标是建立覆盖全体城镇居民的医疗保障体系，以提高城镇医疗保障水平。这次改革采取了个人缴费与政府补助相结合的筹资方式，特别是针对中、西部地区以及低保户、丧失劳动能力的重度残疾人和低收入家庭，国家提供了高额甚至是全额的财政补助，以实现医疗保障体系的全覆盖。显然，这种筹资方式能够保证低收入者获取更多帮助，有利于他们参加医疗保险，但也使参保过程出现了逆向选择问题，使参保主体集中于低收入、不健康居民。那么，受限于收入水平和健康状况，他们在参保以后往往会增加医疗消费而非文化消费。由此可得：

假设 3-7：在城镇居民医疗保险制度改革中，参保过程存在逆向选择问题，参保主体多为低收入、不健康居民，他们在参保以后将大幅增加医疗消费。

其次，文化消费属于发展型和享受型消费，是一种高层次消费方式。很多研究表明，随着收入的增加，食品消费等日常消费的占比会下降，而文化消费将呈现快速上涨趋势（欧翠珍，2010；王颖，2013）。不过，文化消费具有层次特征，只有收入达到一定水平以后，收入增加才会带来文化消费的快速增长（葛继红，2012）。因此，在这次改革中，如果参保过程存在逆向选择问题，参保主体多为低收入居民，那么即使他们身体健康而不必扩大医疗消费支出，受限于收入水平，其文化消费增长也会很小。由此可得：

假设 3-8：如果参保主体多为低收入居民，那么根据消费的层次特征，即使他们在参保以后不扩大医疗消费支出，也将偏好于增加食品消费等日常消费而非文化消费。

最后，按照上述分析，如果此次改革是针对高收入健康居民，那么参保过程就不存在逆向选择问题，而消费的层次特征对文化消费的制约作用也将消失。这时，居民在参保以后会把预防性储蓄转化为非医疗消费，特别是收入弹性更大的文化消费，此次改革的文化消费效应才可以得到充分体现。由此可得：

假设 3-9：消除参保过程的逆向选择问题以及消费的层次特征的影响，在高收入健康居民中，此次改革的文化消费效应可以得到充分体现。

二、社保制度改革与文化消费增长：方法与数据

基于 2007 年城镇居民医疗保险制度改革的具体实践，使用 CFPS 数据构建文化消费的衡量指标，从而按照收入水平分组考察城镇居民的消费行为变化，试图回答以下问题：第一，在城镇居民医疗保险制度改革中，参保过程是否存在逆向选择问题？第二，不同收入家庭的消费变化是否存在层次差别？第三，如何消除参保过程的逆向选择问题以及消费的层次特征所产生的影响是什么？文化消费效应的具体表现是什么，具有哪些政策寓意？

1.经验分析方法

DID 分析首先是将样本分为两组：一组是实验组，即受到政策影响的样本，另一组是控制组，即不受政策影响的样本。假设两组样本在政策实施以外不存在任何其他差异，那么它们在政策实施前后的变化差别就反映了政策实施的实际效果。为了增加实验组与控制组的可比性，在 DID 分析的基础上，把 DID 与 PSM（propensity score matching，即倾向评分匹配）结合起来，使用 DDPSM 方法重新进行相关估计，以验证 DID 分析的可靠性。DDPSM 分析可以利用 DID 分析的优势，并通过 PSM 来有效控制实验组与控制组在可观测特征上的差别（Wagstaff and Pradhan，2005；马双等，2010）。这样，能够为每一个参保家庭寻找参保概率相近的控制组家庭进行配对分析，可以有效减少由参保的非随机性所造成的估计偏误，从而获得更加接近于自然实验的估计结果[①]。

参照已有研究，居民的消费和储蓄决策都是基于家庭做出的，并且文化消费在家庭内部也普遍具有不可分割性，所以这里主要是以 CFPS 中的家庭样本作为研究对象，将 2007 年未参保而 2008 年参保的家庭作为实验组，而将 2007 年与 2008 年均未参保的家庭作为控制组。全体城镇居民和城镇家庭样本的参保情况，如表 3-5 所示。可见，2007~2008 年，在所有城镇居民和城镇家庭样本中，参保比例有了大幅度提升，这就为本节提供了良好的实践基础。

表 3-5　全体城镇居民和城镇家庭样本的参保情况

项目	样本数	2007 年		2008 年	
		参保数	参保比例/%	参保数	参保比例/%
居民	3 179 人	204 人	6.42	614 人	19.31
家庭	1 079 家	162 家	15.01	374 家	34.66

资料来源：CFPS。2008 年和 2009 年 CFPS 整理和发布了北京、上海和广东三个地区的入户调查数据，这是关于 2007 年和 2008 年城镇居民和城镇家庭的微观数据资料

因为消费的影响因素很多，而且其中一些因素还可以影响居民的参保

---

① 估计倾向得分（即城镇家庭的参保概率）使用了 logit 模型，样本配对使用了常见的 Kernel 匹配方法，其中匹配函数为高斯（Gaussian）函数，区间间隔（bandwidth）为 0.06。

决策，所以在 DID 和 DDPSM 的估计方程中加入了很多控制变量，包括家庭特征变量（如人均收入、人均健康状况、人口结构和家庭成员关注医保改革的情况等）（葛继红，2012；马玉琪和扈瑞鹏，2015）、家庭户主特征变量（如年龄、性别、受教育程度、婚姻状况）以及对政府的信任程度（欧翠珍，2010；李惠芬和付启元，2013）[①]，具体内容如表 3-6 所示。估计方程为

$$Y_{ijt} = \alpha + \beta \cdot D_{ij} + \gamma \cdot \mathrm{DT}_t + \theta \cdot D_{ij} \cdot \mathrm{DT}_t + \varphi \cdot X_{ijt} + \vartheta \cdot \varPsi_{ijt} + \zeta \cdot Z_{ij} + u_{ijt}$$

（3-8）

其中，Y_{ijt} 表示 j 组家庭 i 在 t 年的人均消费，包括文化、食品和医疗消费；D_{ij} 为参保情况的虚拟变量，如果在家庭 i 的成员中有一人参加了城镇居民医疗保险，该家庭即为实验组样本，D_{ij} 取值为 1，否则即为控制组样本，D_{ij} 取值为 0；DT_t 为时间虚拟变量，2007 年的样本为 0，2008 年的样本为 1；$D_{ij} \cdot \mathrm{DT}_t$ 为时间和参保情况的交叉项，其估计系数就是此次改革对消费的影响；X_{ijt} 表示 j 组家庭 i 在 t 时期的户主特征变量，即户主的年龄、性别、受教育程度、婚姻状况和对政府的信任程度；$\varPsi_{ijt}$ 表示 j 组家庭 i 在 t 时期的家庭特征变量，即家庭人均收入、人均健康状况等；$j=1, 2, 3, \cdots, 7$，表示不同收入水平的家庭组；$t=0$ 或者 1，表示 2007 年和 2008 年；u_{ijt} 为随机扰动项。另外，式（3-8）中还加入了各区（县）虚拟变量 Z_{ij}，以控制地区因素的影响。

表 3-6　城镇家庭样本的户主与家庭特征

变量		全体样本均值	2007 年均值		2008 年均值	
			实验组	控制组	实验组	控制组
家庭人均消费	文化消费	1.012（1.890）	0.786（1.451）	0.956（1.816）	1.115（1.795）	1.097（2.069）
	食品消费	4.467（3.810）	3.657（3.236）	3.933（3.500）	5.004（3.929）	5.067（4.091）
	医疗消费	1.318（2.604）	0.992（1.883）	1.211（2.670）	1.364（2.586）	1.505（2.735）

---

① DID 分析可以剔除一些影响因素的作用，如不随时间变化以及在实验组与控制组之间具有共同影响的因素，所以能够部分消除内生性问题，在一定程度上避免研究样本的选择性偏差。选择控制变量，一方面是因为它们能够影响消费，如户主的性别、受教育程度和婚姻状况等；另一方面，也因为一些家庭特征和户主特征会造成参保过程的逆向选择问题，产生实验组与控制组的选择性偏差，如户主对政府的信任程度、人均健康状况等。

续表

变量		全体样本均值	2007年均值		2008年均值	
			实验组	控制组	实验组	控制组
户主特征变量	年龄/岁	55.804（13.646）	56.602（13.441）	54.995（13.695）	57.576（13.431）	55.988（13.672）
	受教育程度/年	8.715（4.456）	8.291（4.545）	8.643（4.250）	8.695（4.779）	9.895（4.555）
	性别（男性=1；女性=0）	0.664（0.472）	0.635（0.482）	0.670（0.470）	0.635（0.482）	0.670（0.470）
	婚姻状况（在婚=1；其他=0）	0.857（0.349）	0.827（0.378）	0.874（0.331）	0.814（0.389）	0.858（0.342）
	对政府的信任程度（信任=1；不信任=0）	0.714（0.451）	0.609（0.489）	0.719（0.449）	0.695（0.461）	0.740（0.438）
家庭特征变量	人均收入	14.449（14.164）	11.509（17.713）	12.109（12.738）	15.211（12.999）	17.320（14.290）
	少儿占比	0.106（0.160）	0.151（0.173）	0.102（0.161）	0.135（0.172）	0.091（0.149）
	老年人占比	0.286（0.397）	0.233（0.345）	0.281（0.387）	0.273（0.375）	0.308（0.412）
	参加职工医疗人数占比	0.198（0.310）	0.125（0.230）	0.100（0.192）	0.305（0.385）	0.150（0.218）
	参加免费医疗人数占比	0.056（0.172）	0.060（0.164）	0.059（0.136）	0.057（0.195）	0.036（0.133）
	参加新农合人数占比	0.344（0.399）	0.370（0.410）	0.311（0.360）	0.348（0.406）	0.252（0.351）
	人均健康状况	2.079（0.959）	2.440（1.012）	2.101（1.057）	1.829（0.772）	1.603（0.784）
	关注医保改革的情况	1.756（1.035）	2.198（0.739）	2.193（0.840）	1.503（1.124）	1.272（1.017）
观测值		1 542	151	620	151	620

注：括号内为 t 统计量

2. 数据来源说明

这里所使用的数据全部来自 CFPS，并将居民观测值汇总为家庭观测值。首先，选出 2007 年和 2008 年均已接受调查的城镇家庭[①]；其次，删除

---

① 城镇居民医疗保险只适用于城镇户籍居民。只要有一名家庭成员归属城镇户籍，就认定该家庭为城镇家庭。

2007 年已经参加城镇居民医疗保险的样本；最后，剔除信息缺失样本，得到了包含 771 户家庭样本的平衡面板数据。另外，为了消除特异值对估计结果的不利影响，在实证分析中，还对人均消费和人均收入进行了 2%的缩尾处理。

如前文所述，文化消费的衡量指标并不统一，至今也没有关于文化消费的专门统计资料。这里是选择 CFPS 数据中教育文化、娱乐休闲支出作为文化消费的衡量指标[①]。因为这些支出涵盖了文化消费中弹性较大的部分，所以这种指标设定更容易呈现城镇居民医疗保险制度改革的文化消费效应。在此，文化消费与其他两项消费（即食品消费和医疗消费），以及人均收入等，都使用了当期实际价格水平来衡量。

在家庭户主特征变量中，采用受教育年限来测度受教育程度，核算方法是：小学以下为 0 年，小学为 6 年，初中为 9 年，高中、职业高中、中专、技校为 12 年，大专、高职为 15 年，大学本科为 16 年，研究生为 19 年，博士生为 22 年。性别、婚姻状况和对政府的信任程度，均采用虚拟变量。其中，"男性"和"在婚"赋值为 1，"女性"和"其他"赋值为 0；衡量户主对政府的信任程度，是根据户主对市（县）政府工作的评价，将"有很大成绩"和"有一定成绩"赋值为 1，而"没有多大成绩"和"没有成绩"赋值为 0。

在家庭特征变量中，为了消除家庭规模的影响，使用家庭人口对收入水平、健康状况和参加其他医疗保险的情况等指标进行了调整。其中，人均收入是指工资、奖金、补贴等与工作有关的收入总和；少儿是指年龄在 14 岁以下的家庭成员；老年人是指年龄在 60 岁以上的家庭成员；参加其他医保的情况，是指参加职工医疗、免费医疗和新农合的家庭成员数；人均健康状况，是将居民健康自我评价结果进行了赋值：健康=1，一般健康=2，比较不健康=3，不健康=4，非常不健康=5；关注医保改革的情况，是指家庭成员对医疗卫生类新闻的关注程度，赋值标准：从不关注=1，很少关注=2，有时关注=3，经常关注=4，此处是采用家庭成员的最高关注程度代表整个家庭的关

---

① 文化消费是指居民对文化产品和服务的支出，主要包括教育、文化、娱乐和体育四项消费。考虑到 CFPS 数据只包括了城镇居民的教育文化、娱乐休闲支出，所以将这两项支出设定为城镇居民文化消费的核心内容。

注度，具体内容如表3-6所示。

在表3-6中，与控制组相比，实验组家庭的人均收入、人均健康状况、人口结构以及户主的年龄、受教育程度、对政府的信任程度等都有明显不同。这说明，居民参加医疗保险确实发生了逆向选择问题，即更多的低收入、不健康、高龄居民参加了医疗保险。那么，实验组与控制组存在明显的选择性偏差，DID分析就会低估医疗保险制度改革的文化消费效应（白重恩等，2012）。为了消除这种估计偏误，一方面，将城镇家庭样本按健康状况进行分组，分别选择在2007年和2008年较为健康的家庭（关于健康状况的人均自我评价值<2）和较不健康的家庭（关于健康状况的人均自我评价值≥2），独立进行准实验分析；另一方面，在式（3-8）中，还引入了城镇家庭人均收入、人均健康状况以及户主的受教育程度等家庭和户主特征作为控制变量。

3. 消费效应的描述性统计分析

按照预防性储蓄理论，城镇居民医疗保险制度改革预期会产生显著的文化消费效应，但是根据机理分析，此次改革的文化消费效应很小，很难达到理论预期。为了验证有悖于传统理论的机理分析，不考虑城镇家庭样本的户主和家庭特征，在此先对参保与非参保家庭的文化、食品和医疗消费进行简单的差分研究。

1）逆向选择问题

首先，对全体城镇家庭样本的分析如表3-7所示，参保家庭的各项消费都有所增长。这说明，此次改革确实降低了预防性储蓄水平，普遍提高了城镇居民的当期消费。不过，一方面，弹性较大的文化消费并没有发生大幅增长，人均文化消费只相对增加了207元，这与人均食品消费增长存在较大差距；另一方面，与非参保家庭相比，参保家庭还增加了78元的人均医疗消费。这验证了假设3-7，说明参保过程发生了逆向选择问题，即参保主体多为低收入、不健康居民，他们在参保以后倾向于增加医疗和食品消费，由此文化消费受到了抑制[①]。

---

① 作为一种契约行为，居民参保以后也有可能发生道德风险问题，从而导致医疗消费增长。不过，因为此次改革中医保基金的支出门槛较高，主要是解决居民的住院和门诊大病医疗支出，所以可认为，相对于逆向选择问题，道德风险问题会受到极大限制，并不严重。

表 3-7　全体城镇家庭样本与不健康城镇家庭样本的消费行为分析

研究样本	分项消费	实验组或控制组	2007 年均值	2008 年均值	一次差分	二次差分	观测值
全体城镇家庭样本	文化消费	1	0.786 (1.451)	1.115 (1.795)	0.329	0.207	1 542
		2	0.975 (1.838)	1.097 (2.069)	0.122		
	食品消费	1	3.690 (3.207)	5.004 (3.929)	1.314	0.405	1 542
		2	4.158 (3.497)	5.067 (4.091)	0.909		
	医疗消费	1	0.992 (1.883)	1.364 (2.586)	0.372	0.078	1 542
		2	1.211 (2.670)	1.505 (2.735)	0.294		
不健康城镇家庭样本	文化消费	1	0.712 (1.621)	0.642 (1.108)	−0.070	−0.142	896
		2	0.898 (1.621)	0.970 (2.042)	0.072		
	食品消费	1	4.599 (3.423)	6.580 (4.563)	1.981	0.295	896
		2	4.354 (3.642)	6.040 (4.419)	1.686		
	医疗消费	1	1.710 (2.550)	2.374 (3.407)	0.664	0.287	896
		2	1.696 (3.120)	2.073 (3.277)	0.377		

注：全体城镇家庭样本是指本节所使用的全部 771 户城镇家庭；不健康城镇家庭样本是指关于健康状况的人均自我评价值≥2 的城镇家庭。第 4、5 列是城镇家庭消费的平均值，括号内的数值是标准差。一次差分 D_i=2008 年消费均值–2007 年消费均值，二次差分 DD=D_1–D_2；i=1 或者 2，分别表示实验组和控制组

其次，在全体城镇家庭样本中，无论是 2007 年还是 2008 年，控制组家庭的三项消费都大于实验组。这也验证了假设 3-7，说明逆向选择问题使参保家庭的收入和消费水平普遍偏低，实验组和控制组样本存在明显的选择性偏差。

最后，如前文所述，将全体城镇家庭样本分为两组，即健康城镇家庭（关于健康状况的人均自我评价值<2）和不健康城镇家庭（关于健康状况的人均自我评价值≥2）。对不健康城镇家庭样本的分析如表 3-7 所示，与未参保家庭相比，不健康城镇家庭在参保以后大幅增加了食品和医疗消费。这对他们的文化消费甚至产生了挤出效应，导致其人均文化消费相对减少了 142

元[1]。与之相比，在表 3-8 的全体健康城镇家庭样本中，参保家庭的文化消费相对增加了 426 元，食品消费增加了 627 元，而医疗消费增长仅为 47 元。那么，结合表 3-7 中全体城镇家庭样本中参保家庭的人均文化消费和食品消费变化（即 207 元和 405 元），同时考虑到健康与不健康城镇家庭的划分标准，可以断定，在参保家庭中不健康的城镇家庭占比肯定偏高。这也可以证明假设 3-7，说明参保过程存在逆向选择问题[2]。

表 3-8　健康城镇家庭样本的消费行为分析

研究样本	分项消费	实验组或控制组	2007 年均值	2008 年均值	一次差分	二次差分	观测值
全体样本	文化消费	1	0.842（1.316）	1.472（2.112）	0.630	0.426	646
		2	1.099（1.778）	1.303（2.099）	0.204		
	食品消费	1	2.944（2.910）	3.814（2.869）	0.870	0.627	646
		2	3.252（3.148）	3.495（2.876）	0.243		
	医疗消费	1	0.473（0.836）	0.600（1.302）	0.127	0.047	646
		2	0.507（1.323）	0.587（0.929）	0.080		
高收入组	文化消费	1	0.952（1.519）	2.102（2.406）	1.150	0.913	342
		2	1.260（1.831）	1.497（2.250）	0.237		
	食品消费	1	3.452（2.649）	4.463（1.857）	1.011	0.768	342
		2	3.990（3.620）	4.233（3.347）	0.243		
	医疗消费	1	0.602（1.056）	0.676（1.539）	0.074	0.037	342
		2	0.670（1.737）	0.707（1.077）	0.037		

① 按照 CFPS 的调查问卷设置，在医疗消费中，直接支付的医疗支出并不包括已经报销和预计可以报销的费用。所以，此处医疗消费的大幅增长，有可能会挤出其他消费支出。

② 因为 CFPS 数据的医疗消费没有区分直接的医疗支出和医疗保健支出，此处医疗消费增长有可能是源于医疗保健支出的变化，所以没有依据医疗消费变化来判断逆向选择问题。

续表

研究样本	分项消费	实验组或控制组	2007年均值	2008年均值	一次差分	二次差分	观测值
低收入组	文化消费	1	0.736 (1.095)	0.871 (1.596)	0.135	-0.028	304
		2	0.907 (1.701)	1.070 (1.887)	0.163		
	食品消费	1	2.460 (3.090)	3.195 (3.490)	0.735	0.493	304
		2	2.371 (2.177)	2.613 (1.845)	0.242		
	医疗消费	1	0.303 (0.472)	0.528 (1.039)	0.225	0.075	304
		2	0.295 (0.407)	0.445 (0.693)	0.150		

注：健康城镇家庭样本是指关于健康状况的人均自我评价值<2 的城镇家庭。高收入健康城镇家庭样本的选择标准是 2007 年人均收入大于 6 000 元。括号内的数值是标准差

总之，从整体上看，城镇居民医疗保险制度改革产生了明显的消费效应，带动了文化、食品和医疗消费的全面增长，这基本符合预防性储蓄理论分析。但是，由于参保过程存在逆向选择问题，参保家庭倾向于增加医疗和食品消费，此次改革的文化消费效应受到了明显抑制。

2）消费的层次特征

为了消除参保过程的逆向选择问题，以单独考察消费的层次特征及其对文化消费的影响，按照人均收入水平，又将健康的城镇家庭样本分为两组，即高收入组和低收入组，如表 3-8 所示。

首先，对全体健康城镇家庭样本的分析表明，与非参保家庭相比，参保家庭基本没有增加人均医疗消费①，相反大幅增加了人均文化消费和食品消费，分别增加了 426 元和 627 元。显然，对于健康的城镇家庭来说，城镇居民医疗保险制度改革的消费效应主要体现为文化消费和食品消费增长，其医疗消费基本没有变化。由此，可以确定，健康的城镇家庭在参保过程中没有发生逆向选择问题。

---

① 因为医疗消费的统计口径包括医疗保健支出，所以家庭参保引致的预防性储蓄减少，有可能会转化为医疗保健消费，从而也表现为医疗消费增长。这显然不能被解释为发生了参保过程的逆向选择问题。因此，此处增加的 47 元医疗消费，有可能主要是医疗保健支出，真正的医疗支出会很小。

其次，在高收入健康城镇家庭中，参保家庭的人均医疗消费增长更少，仅为 37 元，而人均文化消费增长很多，人均食品消费次之，分别为 913 元和 768 元。这表明，高收入健康城镇家庭更偏好于追求高层次的文化消费，文化消费的层次特征十分明显。

最后，在低收入健康城镇家庭中，参保家庭的人均医疗消费增长依然很少，同样可以说明健康的城镇家庭参保不存在逆向选择问题。但是，一方面，相对于非参保家庭，此时参保家庭基本没有增加人均文化消费，其至还小幅减少了 28 元；另一方面，参保家庭相对增加了食品消费，人均增幅达到 493 元。由此，对比高收入健康城镇家庭的消费行为变化，这就验证了假设 3-8，说明受限于消费的层次特征，低收入居民在参保以后即使不增加医疗消费，也偏好于增加食品消费等日常消费而非文化消费。

综上所述，城镇居民医疗保险制度改革减少了预防性储蓄，从而刺激了当期消费。但是，参保过程存在逆向选择问题，居民消费又具有层次特征，所以此次改革的文化消费效应受到很大抑制。不过，居民消费的影响因素很多，而居民之间又存在众多特征差异，所以这种机理分析最终还需要更为精确的经验证据。

三、社保制度改革与文化消费增长：计量检验

考虑到城镇居民的家庭和户主特征会对文化消费产生重要影响，同时参保过程又存在逆向选择问题，而居民消费还具有层次特征，所以为了考察城镇居民医疗保险制度改革的文化消费效应，使用 DID 和 DDPSM 方法分组研究城镇家庭在参保前后的消费行为变化。

1. 对逆向选择问题的检验

与表 3-7 中全体城镇家庭样本的差分结果相似，在表 3-9 中，估计结果 1、2 和 3 显示，从整体上看，城镇居民医疗保险制度改革对文化消费产生了正向影响（$\theta_{DID1}=0.264>0$），而食品和医疗消费也发生了相对增长（$\theta_{DID2}=0.554>0$，$\theta_{DID3}=0.051>0$）。这在 DDPSM 分析中得到了验证，即 $\theta_{DDPSM1}=0.187>0$，

$\theta_{DDPSM2}=0.456>0$，$\theta_{DDPSM3}=0.131>0$[①]。因此，可以断定，这次改革确实降低了预防性储蓄水平，提高了居民的当期消费。不过，此处医疗消费的增长也说明，参保过程存在逆向选择问题。

表 3-9　文化消费效应的准实验分析

θ 值	全体城镇家庭样本			不健康的城镇家庭样本		
	1	2	3	4	5	6
	文化消费	食品消费	医疗消费	文化消费	食品消费	医疗消费
θ_{DIDi}	0.264 （1.30）	0.554 （1.52）	0.051 （0.18）	−0.152 （−0.58）	0.522 （0.89）	0.305 （0.57）
θ_{DDPSMi}	0.187 （1.03）	0.456 （1.23）	0.131 （0.53）	−0.230 （−1.06）	0.277 （0.52）	0.071 （0.17）
观测值	1 542	1 542	1 542	896	896	896

θ 值	健康的城镇家庭样本					
	高收入组			低收入组		
	7	8	9	10	11	12
	文化消费	食品消费	医疗消费	文化消费	食品消费	医疗消费
θ_{DIDi}	1.192*** （2.65）	0.755 （1.23）	0.030 （0.16）	−0.252 （−0.73）	0.074 （0.15）	0.110 （0.55）
θ_{DDPSMi}	0.909* （1.89）	0.744 （0.83）	0.153 （0.83）	0.205 （0.58）	0.544 （0.87）	0.098 （0.58）
观测值	342	342	342	304	304	304

***表示 $p<0.01$，**表示 $p<0.05$，*表示 $p<0.1$

注：括号内为稳健标准误下的 t 值。在 θ_{DIDi} 和 θ_{DDPSMi} 中，$i=1$，2，3，…，12，分别表示 DID 和 DDPSM 的估计结果。全体城镇家庭样本是指所使用的全部 771 户城镇家庭；不健康的城镇家庭样本是指关于健康状况的人均自我评价值≥2 的城镇家庭；健康的城镇家庭样本是指关于健康状况的人均自我评价值<2 的城镇家庭。为了简化分析，本表没有列出其他控制变量的估计值

在估计结果 4、7 和 10 中，健康和不健康城镇家庭在参保以后的文化消

---

① 在表 3-9~表 3-12 中，DID、DDPSM 和 IV（instrumental variable，工具变量法）的估计结果并不完全一致。这主要是因为三种方法都有各自的优势和缺陷。虽然三种方法都可以在一定程度上解决内生性问题，但是 DID 方法假设实验组和控制组在政策实施以外不存在任何其他差别，DDPSM 方法假设估计方程中没有遗漏变量，而工具变量法在选择 IV 时也存在诸多困难。因此，采用三种方法进行相互校验，可以增强研究结论的可靠性，避免对文化消费效应的判断偏误。事实上，三种方法的估计结果在绝对数值上的差别并不影响三种方法在定性结论上的一致性。

费增长相差很大（$\theta_{DID4}=-0.152$，$\theta_{DDPSM4}=-0.230$；$\theta_{DID7}=1.192$，$\theta_{DDPSM7}=0.909$；$\theta_{DID10}=-0.252$，$\theta_{DDPSM10}=0.205$）。那么，结合健康与不健康城镇家庭的划分标准以及全体城镇家庭样本的文化消费和医疗消费变化（$\theta_{DID1}=0.264$，$\theta_{DDPSM1}=0.187$；$\theta_{DID3}=0.051$，$\theta_{DDPSM3}=0.131$），可以断定，不健康城镇家庭具有更高的参保比例，参保过程存在逆向选择问题。同样，根据四组回归结果中食品消费的变化，也基本可以得到相似的判断。这两方面因素都验证了假设 3-7。

2. 消费的层次特征及其对文化消费的影响

如表 3-9 所示，高收入健康城镇家庭在参保以后显著增加了文化消费（$\theta_{DID7}=1.192$，$\theta_{DDPSM7}=0.909$，$t_{DID7}=2.65$，$t_{DDPSM7}=1.89$），这远远大于其医疗和食品消费增长，也明显高于全体城镇家庭样本、低收入健康城镇家庭样本和不健康城镇家庭样本中参保家庭的文化消费增长（$\theta_{DID7}=1.192>\theta_{DID1}=0.264>\theta_{DID4}=-0.152>\theta_{DID10}=-0.252$，$\theta_{DDPSM7}=0.909>\theta_{DDPSM10}=0.205>\theta_{DDPSM1}=0.187>\theta_{DDPSM4}=-0.230$）。这就验证了假设 3-8，说明居民消费具有明显的层次特征，只有达到一定收入水平以后，居民的预防性储蓄才能更多转变为弹性较大的文化消费，由此城镇居民医疗保险制度改革才具有较为显著的文化消费效应。为了进一步检验这一判断，并考察此次改革中文化消费效应的具体表现，将健康的城镇家庭样本按人均收入水平重新分为 7 组，再次评估了其在参保以后的文化消费变化，估计结果如表 3-10 所示。

表 3-10　对健康城镇家庭分组样本的文化消费效应进行准实验分析

分组	1	2	3	4	5	6	7
	≤6 000元	>6 000元	>7 000元	>8 000元	>9 000元	>10 000元	>11 000元
θ_{DIDi}	−0.252 （−0.73）	1.192*** （2.65）	1.147** （2.34）	1.140** （2.21）	1.157** （2.18）	1.402*** （2.69）	1.524** （2.51）
θ_{DDPSMi}	0.205 （0.58）	0.909* （1.70）	0.750* （1.71）	0.617 （1.20）	0.696 （1.26）	0.885 （1.53）	0.195 （0.29）
样本总数/个	304	342	300	272	242	230	200

***表示 $p<0.01$，**表示 $p<0.05$，*表示 $p<0.1$

注：所有括号内的值都为稳健标准误差下的 t 值。在 θ_{DIDi} 和 θ_{DDPSMi} 中，$i=1$，2，3，…，7，表示估计结果。为了简化分析，本表没有列出其他控制变量的估计值

在表 3-10 中，低收入健康城镇家庭（人均收入≤6 000 元）的文化消费没有发生确定性增长（$\theta_{DID1}=-0.252<0$，$\theta_{DDPSM1}=0.205>0$），而且很不显著（$t_{DID1}=-0.73$，$t_{DDPSM1}=0.58$）。相反，在 DID 和 DDPSM 的估计结果 2、3、4、5、6 和 7 中，高收入健康城镇家庭在参保以后普遍大幅增加了文化消费，并且基本都较为显著。这就验证了假设 3-9，说明此次改革只有在高收入健康城镇家庭中才能取得较为显著的文化消费效应。

3. 稳健性检验

如前文所述，作为准实验方法，DID 和 DDPSM 分析都可以部分解决内生性问题，能够剔除不随时间变化的选择性偏差。不过，DID 分析要求实验组与控制组必须具有可比性，即除了是否参加城镇居民医疗保险以外，两组城镇家庭样本不应该存在其他任何差别。基于 DID 分析的优势，DDPSM 分析通过倾向分值匹配，可以增强实验组和控制组样本的可比性，但是它假设估计方程中不存在其他遗漏变量，又限制了结论的有效性。针对上述两种方法的研究缺陷，使用工具变量法，再次对此次改革的文化消费效应进行面板数据分析，估计方程为

$$Y_{ijt} = \alpha + \beta \cdot D_{ijt} + \gamma \cdot X_{ijt} + \varphi \cdot \Psi_{ijt} + \varepsilon_{ij} + V_t + u_{ijt} \qquad (3-9)$$

其中，Y_{ijt} 表示 j 组城镇家庭 i 在 t 年的人均消费，包括文化、食品和医疗消费；D_{ijt} 表示 j 组城镇家庭 i 在 t 年的参保情况，参加城镇居民医疗保险为 1，没有参加为 0；X_{ijt} 表示 j 组城镇家庭 i 随时间变化的户主特征变量；Ψ_{ijt} 表示 j 组城镇家庭 i 随时间变化的家庭特征变量；ε_{ij} 表示家庭固定效应；V_t 表示时间固定效应；$j=1$，2，3，…，7，表示按人均收入水平划分的不同家庭样本组；$t=0$ 或者 1，表示 2007 年和 2008 年；u_{ijt} 为随机扰动项。那么，估计系数 β 就反映了此次改革的文化消费效应。

与准实验方法相似，工具变量法也是解决内生性问题的一种常用方法。在式（3-9）中，一方面，尽管已经尽可能多地纳入相关的控制变量，但仍有可能存在遗漏变量问题；另一方面，居民参保和居民消费有可能会受到第三方因素的共同影响，如低收入居民更愿意参保，而其消费水平也较低，并且他们在参保以后偏好于增加食品等日常消费而非文化消费。所以，为了解决由此可能产生的内生性问题，借鉴邹红等（2013）以及白重恩等（2012）的

研究，这里使用城镇家庭参保的广度和深度，作为家庭参保的 IV。其中，家庭参保的广度是指区（县）层面符合条件家庭的参保比例；家庭参保的深度是指区（县）层面参保家庭的平均缴费比例，其衡量指标是参保家庭的医疗保险缴费额与家庭收入的比例。两者基本都通过了针对 IV 的检验，包括不可识别、过度识别和弱 IV 检验。由此，使用面板固定效应的 IV，实证分析此次改革的文化消费效应，估计结果如表 3-11 和表 3-12 所示。

表 3-11　文化消费效应的 IV 估计

样本组	全体城镇家庭样本			高收入健康城镇家庭样本			低收入健康城镇家庭样本		
消费类别	1	2	3	7	8	9	10	11	12
	文化消费	食品消费	医疗消费	文化消费	食品消费	医疗消费	文化消费	食品消费	医疗消费
IV_i	0.649（1.47）	0.506（0.79）	0.450（0.67）	1.741**（2.66）	1.099（0.60）	0.438（1.10）	0.094（0.15）	0.469（0.55）	0.268（0.84）
观测值	1 542	1 542	1 542	342	342	342	304	304	304

***表示 $p<0.01$，**表示 $p<0.05$，*表示 $p<0.1$

注：括号内的值为稳健标准误差下的 t 值。$i=1，2，3，\cdots，12$，分别表示 IV 的不同估计结果。全体城镇家庭样本是指所使用的全部 771 户城镇家庭；健康的城镇家庭样本是指关于健康状况的人均自我评价值<2 的城镇家庭。为了简化分析，本表没有列出其他控制变量的估计值以及针对 IV 的检验结果。另外，因为 IV 没有通过相关检验，所以此处没有使用工具变量法对不健康城镇家庭样本进行分析

表 3-12　对健康城镇家庭分组样本的文化消费效应进行 IV 估计

分组	1	2	3	4	5	6	7
	≤6 000 元	>6 000 元	>7 000 元	>8 000 元	>9 000 元	>10 000 元	>11 000 元
IV_i	0.094（0.15）	1.741**（2.66）	1.552*（1.94）	2.093**（2.16）	2.201**（2.37）	2.315**（2.46）	2.561**（2.44）
样本总数	304	342	300	272	242	230	200

***表示 $p<0.01$，**表示 $p<0.05$，*表示 $p<0.1$

注：所有括号内的值为稳健标准误差下的 t 值。$i=1，2，3，\cdots，7$，表示估计结果。为了简化分析，本表没有列出其他控制变量的估计值以及针对 IV 的检验结果

如前文所述，虽然与 DID 和 DDPSM 分析的结果并不完全一致，但是 IV 估计结果与它们的绝对值差别并不影响三种方法在定性结论上的一致性。特别是，在表 3-12 中，IV 估计结果显示，高收入健康城镇家庭在参保以后显著增加了文化消费，这完全符合 DID 分析结论，再次验证了关于城镇居民

医疗保险制度改革的文化消费效应分析。

四、政策含义

按照预防性储蓄理论，2007 年城镇居民医疗保险制度改革可以减少居民的预防性储蓄，那么在我国业已步入中高收入国家行列的背景下，收入弹性较大的文化消费预期能够获得大幅增长。但是，与这种理论预期不同，我们认为，此次改革的目标是建立覆盖全体城镇居民的医疗保障体系，参保对象是没有工作的老年居民、低保户、重度残疾人、学生、儿童及其他城镇非从业人员，所以参保过程必然存在逆向选择问题，即参保主体多为不健康、低收入居民。那么，受限于收入水平和健康状况，他们在参保以后会大幅增加医疗消费和食品消费等日常消费，而非文化消费。这就抑制了此次改革的文化消费效应，理论预期的文化消费增长将很难实现。

为了验证这种有悖于传统理论的机理分析，使用 CFPS 数据对城镇参保家庭与非参保家庭的消费行为进行了统计和计量检验。结果显示，与非参保家庭相比，参保家庭的三项消费都有所增长。这说明，此次改革确实降低了预防性储蓄水平，有效刺激了当期消费。不过，针对健康与不健康城镇家庭样本的分析表明，参保过程存在逆向选择问题，同时针对不同收入健康城镇家庭的消费行为分析也基本验证了消费的层次特征。那么，这就证明，此次改革的文化消费效应不可能达到理论预期，只能在高收入健康城镇家庭中得以体现。

总之，城镇居民医疗保险制度改革具有显著的消费效应，但是这种消费效应并不表现为文化消费的大幅增长，文化消费增长只能在高收入健康家庭中得以体现。因此，第一，加强城镇居民医疗保险制度建设，仍然不失为扩大内需的有效途径；第二，为了提高城乡居民的医疗保障水平，我国扩大医疗保险基金的支付范围，同时积极推进城镇居民医疗保险与新农合的一体化，都不可能产生较大的文化消费增长；第三，随着居民健康水平的提高以及经济发展和收入分配制度改革所带来的居民收入增长，此类改革的文化消费效应终将逐步得以实现。

需要指出的是，这里只分析了城镇居民医疗保险制度改革对预防性储蓄，进而对文化消费的影响。如图 3-4 所示，伴随此次改革，城镇居民的储蓄水平仍在快速上升，要认识这一现象的成因及其对文化消费的影响，还需要更为深入的研究。

第三节 家庭特征变迁与文化消费增长

文化消费是居民消费的重要内容，是消费者在满足基本物质消费需求之后必然衍生的精神消费需求。随着收入及生活水平的逐步提高，20 世纪 50 年代末 60 年代初欧美国家出现相对富裕的家庭。他们不仅有能力消费电视、汽车等大宗耐用消费品，而且出国旅游度假也成为他们常见的生活方式。从这个时期开始，国外学者就从家庭特征考察文化消费。与欧美国家相比，我国学者对文化消费的研究要晚得多，直到 1985 年，理论界才首次提出"文化消费"的概念。然而，20 世纪 90 年代以来，随着我国经济的快速发展，居民用于文化消费的支出不断增加，自那时起文化消费就成为国内消费经济学研究领域的一个重要研究课题。

一、家庭特征变迁与文化消费增长：理论背景

在文化消费影响因素研究方面，国内外学者从不同视角进行了广泛的探讨。国外研究方面，研究人员主要从文化产品属性、消费者特征、文化产品价格、市场供需等角度进行了研究（资树荣，2013）。Richards（1996）对旅游消费扩大与居民文化水平提高、收入增长以及文化产业发展之间的关系进行了系统研究。结果表明，它们之间存在显著的正相关关系。Dewenter 和 Westermann（2005）利用 1950~2002 年的统计数据，采用 OLS、2SLS（two-stage least squares，即两阶段最小二乘法）、SURE（seemingly unrelated regression estimation，即似不相关回归）等计量分析方法研究了德国电影消费需求的影响因素。他们引入计量模型的变量包括电影票房、影院座位数、票价和消费者收入等。研究发现德国电影消费需求的价格和收入弹性均较高。然而，尽管 Brito 和 Barros（2005）的研究提供了与 Richards（1996）及 Dewenter 和 Westermann（2005）类似的经验证据，他们却认为文化消费需求的收入弹性很低，即消费者收入增加只能在很小程度上促进文化消费需求扩大。Diniz 和 Machado（2011）的实证研究得出的结论是，收入对不同文化产品消费需

求的影响程度是不同的——消费者收入增加会对艺术品消费需求产生强烈的推动作用，但对观看戏剧或参观博物馆等耗时较长的文化产品和服务的消费需求则没有显著影响。Katz-Gerro（1999）的研究显示，当代美国文化消费偏好主要受到性别、种族、年龄和教育程度等因素的影响。Cheng（2006）通过构建一个包含文化消费环境、文化产品属性和文化资本等变量在内的消费者效用函数来分析在供给和需求作用下文化产品市场的均衡条件及其比较静态变化。Bourgeon-Renault 等（2006）则不仅考虑了消费者特征，还考虑了文化产品的符号价值、美学价值和享乐价值对居民文化消费的影响。在此基础上，他们认为文化消费的影响因素可以从个人和集体两个维度加以考察。个人维度上消费者主要关注文化产品的符号价值和享乐价值及其创造感官和精神享受的能力；集体维度上消费者主要关注文化产品对自身聚会和分享需求的价值。Chan 和 Goldthorpe（2007c）指出社会阶层和文化消费关系的复杂性，这种复杂性由收入、受教育程度和社会地位的联合效应决定。

国内研究方面，邹晓东和苏永军（2000）利用上海市 1993~1998 年的时间序列数据，实证研究了居民的收入水平、受教育程度以及文化产品供给等因素对文化消费的影响。研究结果表明，上述各因素对居民文化消费均具有显著促进作用。李康化（2009）从政府规制的视角研究了居民文化消费的影响因素。他认为，文化产品老化与运行模式单一、流通配送效率低下、危机管理缺失及风险意识淡薄等严重阻碍了我国居民文化消费需求扩大。戎素云和闫鞣（2013）以河北省居民为研究对象，得出影响该省文化消费的因素主要包括文化机构数量、农村基尼系数、金融体制、社会保障水平以及社会文化消费环境等。韩海燕（2012a）在我国城镇居民文化消费现状研究的基础上，得出城镇居民文化消费的影响因素主要有宏观经济发展水平、居民收入水平以及消费主体特征等。朱伟（2012）基于问卷调查数据分析了影响大学生文化消费的因素，研究得出大学生文化消费的主要影响因素包括个人特征、家庭经济状况和户主受教育程度、文化消费环境以及消费观念。陈海波等（2012）的研究得出，江苏镇江居民文化消费的影响因素有个人兴趣、学历、年龄、文化产品（服务）的种类、文化消费设施及场所的远近等。

梳理国内外研究文化消费影响因素的相关文献可知，与国外较为广泛和深入的研究相比，国内学者的研究存在以下不足：第一，实证研究关注变量的选取，缺乏对居民文化消费影响因素作用机理的深入分析。第二，实证研究以全国或省市级宏观数据为主，因此无法识别出各关注变量对居民文化消费扩大的确切影响程度，也无法控制家庭微观层面的异质性（张大永和曹红，2012）。少数研究人员使用了微观数据进行实证研究，但微观数据要么样本量较小，要么涉及的地域范围狭窄，不具有广泛的代表性。第三，我国各地区经济发展水平存在较大差距，不同群体间居民收入水平差异也较为明显，因此，地区间及群体间居民文化消费所处的阶段也不完全相同。然而，已有研究没有深入分析不同地域、年龄和收入群体文化消费影响因素的差异。

基于上述研究不足，从消费者家庭特征的视角选择文化消费的影响因素并分析其作用机理，利用我国首个家庭金融大型微观调查数据实证研究我国不同地域、不同收入群体和不同年龄消费者的文化消费影响因素。

二、家庭特征变迁与文化消费增长：方法与数据

1. 数据来源

数据来自 CHFS。CHFS 由中国家庭金融调查与研究中心设计和实施，主要收集我国城乡居民家庭包括财富、收入、消费、人口特征等在内的微观层面的相关信息。2011 年，中国家庭金融调查与研究中心完成了首次全国性的入户调查，随机抽取了分布于我国 25 个省（自治区、直辖市）、80 个县（区、市）、320 个村（居）委会的 8 438 个家庭进行访问，获得了我国首个关于家庭金融的微观调查数据，填补了此领域的数据空缺（甘犁等，2013）。该数据拥有我国家庭层面详细的财富、收入和消费等信息，对从微观层面研究我国文化消费影响因素具有重要价值。

2. 变量选取

文化消费作为居民消费的重要组成，一方面会受到影响居民消费的传统因素的制约，另一方面也与文化消费自身的特性密切相关。综合已有相关理论和实践，从消费者特征的视角分析，影响居民文化消费的变量主要包括以下几个方面：

（1）收入。收入是居民文化消费的来源和基础，无论是凯恩斯的绝对收入消费函数理论、杜森贝利的相对收入消费函数理论、弗里德曼的持久收入消费函数理论，还是莫迪利安尼的生命周期消费函数理论，均强调了收入对消费的基础性作用。一般来讲，随着收入的增加，居民用于文化消费的支出将随之上升。

（2）财富。除了收入之外，近些年的研究表明，家庭财富也是影响居民消费的重要经济因素。财富波动能够影响家庭的经营性收入或财产性收入，进而促进家庭消费支出的增减。国内外大量经验研究均证实，无论是金融财富还是非金融财富，它们的边际消费倾向都显著为正，即它们均能对家庭消费需求扩大产生积极的推动作用（黄静和屠梅曾，2009；张大永和曹红，2012）。因此，家庭财富增长可以提高居民的文化消费水平。

（3）受教育水平。受教育水平决定了居民的文化素养，是影响居民文学、艺术、教育培训等文化产品及服务消费意愿的主要因素之一。与普通有形商品的消费过程不同，众多文化产品和服务的价值只有在"消费主体与消费客体之间的共鸣共振中"才能获得（邹晓东和苏永军，2000）。一般来说，文化素养较高的消费者能够获得更好的文化消费体验，因而文化消费的意愿更为强烈。此外，受教育水平越高的消费者对自身生活质量的要求也会增加，文化消费恰恰是体现个人生活品位和社会地位的重要内容（陈海波等，2012）。

（4）赡养率。赡养率是指家庭中小于 16 岁及大于 64 岁的人口与家庭总人口的比例[①]。根据生命周期假说（life cycle hypothesis，LCH），人们会在工作年龄期间进行净储蓄，非工作年龄期间进行净消费（Modigliani and Brumberg，1954）。因此，家庭非工作年龄人口越多，消费率越高。严忠（2000）在无限期界模型及代际交叠模型的基础上构造了一个扩展的无限期界模型。通过理论分析同样得出，家庭的最优人均消费与赡养率成反比，家庭总消费却随着赡养率的上升而上升。然而，国内研究人员的有些研究表明，我国居民的消费路径与生命周期假说并不相符。例如，袁志刚和宋铮（2000）构建了一个叠代模型用于分析我国近些年消费率下降的问题，研究

---

① 赡养率一般被定义为家庭中小于 16 岁及大于 64 岁的人口与劳动年龄人口的比例。但 CHFS 中某些家庭没有劳动年龄人口，从而导致赡养率无穷大。为了在实证研究的样本中保留这部分家庭，本书采用"家庭总人口"替换"劳动年龄人口"。两种定义方法在本质上是一致的，在研究结论上不会有实质性差异。

发现，人口老龄化导致了我国居民不断上升的储蓄倾向。李文星等（2008）的研究表明，我国儿童抚养系数对居民消费具有负面影响，老年抚养系数的影响却并不显著。毛中根等（2013）的实证研究则得出老年抚养比与居民消费成反比、少儿抚养比却与居民消费成正比的结论。

（5）年龄。文化消费需求属于居民较高层次的精神消费需求范畴，它通常与消费者的价值观、审美观密切相关。不同年龄层次的消费者由于经历、阅历等存在显著差别，他们的价值观和审美观也会相差很大，文化消费的内容、层次及其重要程度也将大相径庭。例如，Sintas 和 Álvarez（2002）从微观经济学和社会学观点出发对西班牙 15 000 名消费者的户外文化消费进行了分析。结果表明，消费者的年龄对文化产品选择具有重要影响：随着年龄的增加，消费者更倾向于消费传统文化产品，年轻消费者则更钟情于与现代及时尚相关的文化产品。

（6）家庭规模。家庭规模是指家庭拥有的人口总数，是影响居民家庭文化消费需求的一个重要因素。从营销学的角度来分析，家庭规模大意味着文化产品和服务的潜在目标顾客多；当家庭拥有购买力时，家庭的潜在消费需求就能更多地转化为现实消费需求，促进家庭文化消费水平提升。从现实来看，鉴于我国已基本解决了人们的温饱问题，当家庭拥有较多人口时，在其他因素不变的条件下，家庭用于教育、体育、旅游和科技等文化产品和服务方面的开支必然增加。

3. 模型设定

为了从整体上实证检验我国居民文化消费影响因素的有效性，基于上述分析，首先建立模型（3-10）。其中，变量 CC、Y、W、EDUY、AGE、DEP、FS 分别表示家庭的文化消费水平、总收入、总财富、户主受教育程度、户主年龄、家庭赡养率和家庭规模，向量 $\boldsymbol{X}_{ij}$ 表示家庭人口统计特征等控制变量，具体包括婚姻状况、性别、民族、政治面貌、户口类型（是否为本地户口及是否为农村户口）以及所属地区等。

$$\ln \text{CC}_j = \beta_0 + \beta_1 \ln Y_j + \beta_2 \ln W_j + \beta_3 \text{EDUY}_j + \beta_4 \ln \text{AGE}_j + \beta_5 \text{DEP}_j$$
$$+ \beta_6 \text{FS}_j + \sum \beta_{7i} \boldsymbol{X}_{ij} + \varepsilon_j$$

$$(3\text{-}10)$$

在模型（3-10）整体检验的基础上，为了分析不同地区居民文化消费影响因素的差异，这里将研究样本按地区分为东部家庭、中部家庭和西部家庭三组；为了分析城乡居民文化消费影响因素的差异，将研究样本分为城镇居民家庭和农村居民家庭两组；为了分析不同收入群体间文化消费影响因素的差异，将研究样本按家庭收入分为富裕家庭、中等收入家庭和低收入家庭三组；为了分析不同年龄消费者文化消费影响因素的差异，将研究样本按户主年龄分为年轻家庭、中年家庭和老年家庭三组，并建立变系数计量模型（3-11）：

$$\ln CC_{ij} = \beta_0 + \beta_{i1} \ln Y_{ij} + \beta_{i2} \ln W_{ij} + \beta_{i3} EDUY_{ij} + \beta_{i4} \ln AGE_{ij} + \beta_{i5} DEP_{ij}$$
$$+ \beta_{i6} FS_{ij} + \sum \beta_{7ik} X_{ijk} + \varepsilon_{ij}$$

（3-11）

其中，$i=1$，2，3 分别代表东部、中部和西部地区；$i=4$，5 分别代表城镇居民家庭和农村居民家庭；$i=6$，7，8 分别代表富裕家庭、中等收入家庭和低收入家庭；$i=9$，10，11 分别代表年轻家庭、中年家庭和老年家庭。变量 CC、Y、W、EDUY、AGE、DEP、FS 及向量 X_{ij} 的含义与模型（3-10）中相同。

为了分析文化消费影响因素在不同受教育程度的人群中是否具有显著差异，建立模型（3-12）：

$$\ln CC_j = \beta_0 + \beta_1 \ln Y_j + \beta_2 \ln W_j + \sum \beta_{3i} edu_{ij} + \beta_4 \ln AGE_j + \beta_5 \ln DEP_j$$
$$+ \beta_6 FS_j + \sum \beta_{7i} X_{ij} + \varepsilon_j$$

（3-12）

其中，edu_{ij} 表示户主受教育水平的虚拟变量。以大学本科作为参照对象，$i=1$，2，3，4，5，6，7，8 分别表示户主的文化程度为没上过学、小学、初中、高中、中专/职高、大专/高职、硕士研究生和博士研究生。变量 CC、Y、W、AGE、DEP、FS 及向量 X_{ij} 的含义与模型（3-10）中相同。

三、家庭特征变迁与文化消费增长：计量检验

1. 描述性统计分析

在数据处理过程中，删除了一些数据缺失严重及存在错误数据的样本，并且把户主年龄控制在 18 周岁以上，以避免异质性消费问题，得到有效样本 5 636 个。表 3-13 列出了关键变量的描述性统计。

表 3-13　关键变量的描述性统计

变量名称	样本数/个	最大值	最小值	均值	中位数	标准差
Y	5 556	2.771×10^6	629.9	61 475	26 950	164 704
W	5 636	5.110×10^8	5 720	6.715×10^6	280 600	4.160×10^7
CC	5 633	390 000	96	7 981	3 000	21 322
FS	5 636	14	1	3.689	3	1.531
DEP	5 636	1	0	0.269	0.250	0.266
AGE	5 636	92	18	46.36	44	13.91
EDUY	5 636	22	0	9.490	9	4.321

2. 总体回归分析

根据模型 1 的设定，首先以所有有效样本作为研究对象进行回归分析，结果如表 3-14 所示。从模型 1 的回归结果来看，收入、财富、家庭规模和户主受教育程度对居民文化消费具有显著正面影响。其中，收入和财富对家庭文化消费的影响系数分别为 0.162 和 0.116，从而表明在其他因素不变的条件下，收入和财富每增加 1%，平均来讲，家庭文化消费将增加 0.162% 和 0.116%。户主受教育程度增加虽然可以促进家庭文化消费，但作用非常有限，影响系数仅为 0.051 4，远低于收入和财富的影响程度。

表 3-14　不同模型的回归分析结果（一）

自变量	模型 1	模型 2			模型 3		自变量	模型 4
	全国	东部	中部	西部	农村	城镇		全国
$\ln Y$	0.162***	0.154***	0.178***	0.135***	0.213***	0.123***	$\ln Y$	0.149***
	（6.064）	（3.886）	（5.754）	（2.820）	（6.334）	（3.220）		（5.994）
$\ln W$	0.116***	0.157***	0.037*	0.065	0.060**	0.149***	$\ln W$	0.115***
	（5.909）	（5.514）	（1.722）	（1.552）	（2.443）	（5.532）		（5.990）
DEP	−0.658***	−0.458**	−1.129***	−0.491*	−0.863***	−0.509***	DEP	−0.677***
	（−5.727）	（−2.560）	（−6.535）	（−1.903）	（−5.759）	（−3.032）		（−5.813）
FS	0.123***	0.146***	0.125***	0.151***	0.128***	0.131***	FS	0.128***
	（5.780）	（4.070）	（4.444）	（3.543）	（5.322）	（3.534）		（5.924）
$\ln$AGE	−0.433***	−0.404**	−0.673***	−0.245	−0.445***	−0.387**	$\ln$AGE	−0.428***
	（−3.696）	（−2.312）	（−3.435）	（−0.970）	（−2.842）	（−2.289）		（−3.664）

续表

自变量	模型 1	模型 2			模型 3		自变量	模型 4
	全国	东部	中部	西部	农村	城镇		全国
EDUY	0.051 4***	0.069 8***	0.027 4**	0.039 1**	0.032 3***	0.065 8***	edu1	−1.029***
	（5.138）	（4.245）	（2.201）	（2.029）	（2.646）	（4.381）		（−5.280）
控制变量 / 户口	0.129	0.265*	−0.571***	0.305	0.073	0.112	控制变量 / edu2	−0.778***
	（1.125）	（1.934）	（−3.014）	（1.485）	（0.440）	（0.833）		（−5.511）
婚姻状况	0.021 5	0.011 1	−0.058 3	0.248 0	0.003 3	0.069 2	edu3	−0.737***
	（0.260）	（0.091）	（−0.472）	（1.343）	（0.022）	（0.679）		（−5.729）
民族	0.266**	0.148	0.499***	0.189	0.295**	0.189	edu4	−0.598***
	（2.250）	（0.705）	（3.241）	（0.917）	（2.139）	（0.983）		（−4.601）
政治面貌	−0.102	−0.093	−0.166	−0.091	−0.235**	−0.012	edu5	−0.663***
	（−1.273）	（−0.786）	（−1.356）	（−0.546）	（−2.032）	（−0.112）		（−4.897）
农村地区	−0.119*	−0.048	−0.234**	−0.106			edu6	−0.253**
	（−1.762）	（−0.479）	（−2.075）	（−0.602）				（−1.983）
农业户口	−0.020 5	0.020 4	−0.070 8	−0.101 0	−0.097 1	0.036 7	edu7	0.145
	（−0.262）	（0.181）	（−0.590）	（−0.483）	（−0.743）	（0.362）		（0.741）
性别	0.120**	0.217***	0.004	−0.045	0.066	0.137*	edu8	0.242
	（2.271）	（2.734）	（0.052）	（−0.366）	（0.819）	（1.961）		（0.873）
常数项	5.799***	4.785***	7.979***	6.427***	6.506***	5.265***	常数项	6.966***
	（9.500）	（5.346）	（8.177）	（4.929）	（7.634）	（6.218）		（12.690）
N	5 554	2 635	2 065	854	1 947	3 607	N	5 554
调整的 R^2	0.272	0.299	0.202	0.189	0.229	0.251	调整的 R^2	0.275

　***表示 $p<0.01$，**表示 $p<0.05$，*表示 $p<0.1$

　注：①括号内为 t 统计量。②东部地区省（直辖市）包括北京、天津、河北、辽宁、上海、江苏、浙江、山东和广东；中部地区省份包括山西、吉林、黑龙江、安徽、江西、河南、湖北和湖南；西部地区省（自治区、直辖市）包括广西、重庆、四川、贵州、云南、陕西、甘肃和青海。③户口虚拟变量以户主为本地户籍作为参照，婚姻状况虚拟变量以户主已婚作为参照，民族虚拟变量以户主为汉族作为参照，政治面貌虚拟变量以户主为中国共产党党员作为参照，性别虚拟变量以户主为男性作为参照。④因篇幅所限，控制地区因素的省级虚拟变量在回归结果中没有报告，需要者可以向笔者索取。⑤因篇幅所限，模型 4 控制变量的回归系数没有报告出来，需要者可以向笔者索取。⑥所有回归模型的因变量均为 lnCC

模型 1 的回归结果还表明，赡养率及户主年龄对家庭文化消费具有显著负面影响。当收入、财富、家庭规模等因素既定时，赡养率高的家庭拥有较少的劳动人口，家庭收入具有更大的不确定性；为抵御风险，家庭在提高储蓄率的同时，先要确保基本生活消费的支出，处于较高需求层次的文化消费则居于次要地位。因此，基于我国正处于经济和社会的转型期，家庭面临的不确定性增多，赡养率与文化消费负相关符合我国的现实。另外，年龄对家庭文化消费的影响显著为负表明，随着年龄的增长，我国崇俭黜奢的传统消费文化对居民文化消费的影响越来越明显；相对而言，年轻家庭受到欧美国家超前消费文化的影响更为深远。

从各关注变量的影响程度来看，虽然赡养率、家庭规模、户主年龄及户主受教育程度对家庭文化消费具有显著影响，但与收入和财富相比，它们的影响程度均较小。因此，从全国范围来看，影响居民文化消费最主要的因素是家庭收入和财富。

从模型 1 各控制变量回归系数的估计值及其显著性上可以发现，农村居民家庭的文化消费水平显著低于城镇居民家庭；户主为女性的家庭，其文化消费支出显著高于户主为男性的家庭；少数民族家庭文化消费水平显著高于汉族家庭。然而，户主的婚姻状况、户主的户口类型，以及户主的政治面貌对家庭的文化消费均没有显著影响。

3. 不同群体的回归分析

表 3-14 中模型 2 的回归结果表明，从地域来看，东部地区居民的家庭收入和财富变动对文化消费的影响基本相同，中、西部地区居民的家庭收入增加对文化消费的促进作用则明显高于家庭财富。造成这一差异的原因可能与东部居民家庭的财富远高于中、西部地区有关。据统计，东部地区家庭户均资产高达 197 万元，中、西部地区则分别仅为 28 万元和 23.9 万元（甘犁等，2013）。因此，中、西部居民家庭还处于财富积累阶段，即使家庭财富增加，促进家庭文化消费水平提高的幅度也非常有限——财富每增加 1%，中部居民家庭文化消费支出平均仅增长 0.037%，远低于东部居民家庭的0.157%；西部居民家庭文化消费支出与家庭财富间的关系则并不显著。从横向比较来看，收入增加对居民文化消费的拉动作用基本相同。家庭收入每增

加 1%，东部、中部和西部地区居民家庭文化消费支出平均分别增长 0.154%、0.178%和 0.135%。作为影响文化消费的主要因素，收入变动对文化消费的影响并没有显著地域差异。

表 3-14 中模型 3 分析了城乡居民家庭文化消费影响因素的差异。回归结果表明，影响农村居民家庭文化消费的主要因素包括收入、财富、赡养率、家庭规模、户主年龄和户主受教育程度。其中收入是最主要的影响因素，其影响程度远高于财富；关于这一点，与陆立新（2009a）的实证研究结论一致。影响城镇居民家庭文化消费的因素与农村居民家庭相同，其中财富的影响程度高于收入，但差距较小。对比两组回归结果可以发现，农村居民家庭收入增长对文化消费的促进作用高于城镇居民家庭，前者的弹性系数为 0.213，后者的弹性系数仅为 0.123；家庭财富增长对文化消费的促进作用则正好相反，城镇居民家庭高于农村居民家庭，弹性系数分别为 0.149 和 0.060。从影响程度来看，城镇居民家庭文化消费最主要的影响因素包括财富和收入，农村居民家庭文化消费最主要的影响因素却只有收入。财富对农村居民家庭文化消费影响程度不大与他们的财富数量偏低有关。2011 年我国农村居民家庭户均财富为 358 477 元，城镇居民家庭户均财富则高达 2 476 008 元（甘犁等，2013）。

模型 1 的研究经验表明，就全国范围的家庭来讲，户主受教育程度增加能够促进家庭文化消费需求扩大。然而，表 3-14 中模型 4 的回归结果显示，户主文化程度提高对文化消费的促进作用在不同群体间存在明显差异。与户主文化程度为大学本科相比，当户主受教育程度为没上过学、小学、初中、高中和大专/高职时，文化消费水平明显偏低，但他们之间的差距不断缩小；当户主受教育程度为硕士研究生和博士研究生时，文化消费水平却没有显著差异。这一结果表明，以户主受教育程度为大学本科作为分界线，低学历消费者的文化消费水平随着受教育程度的增加而增加，高学历消费者的文化消费水平和受教育程度之间则不存在显著的正相关关系。该实证研究结果与我国文化消费实际状况相符。由于我国居民文化消费整体上尚处于较低层次，尽管近些年来居民文化消费需求不断扩大，但它在整个居民消费中所占比重仍然有待提高（欧翠珍，2010），并且我国文化产品供求之间存在结构性失衡，能够满足大学本科以上高学历人员个性化需求的高层次文化产品供给不足的同时，某些低层次文化消费产品却供给过剩。因此，从产品供给的角度分析，受教育程度较低的家庭的文化消费需求容易得到满足，而高学历人员的文化消费需求存在市场空缺。

为分析不同收入群体间文化消费影响因素的差异，设定模型 5，得到的回归结果如表 3-15 所示。该回归结果表明，无论是高收入家庭，还是中等收入家庭和低收入家庭，家庭收入增长对文化消费的促进作用均显著高于家庭财富。此外，通过对比回归结果可以发现，高收入家庭的收入和财富增长对家庭文化消费的促进作用均显著高于中低收入家庭：收入每增加 1%，高收入家庭用于文化消费的开支平均将增加 0.257%，中低收入家庭则分别增加 0.195%和 0.221%；财富每增加 1%，高收入家庭用于文化消费的开支平均将增加 0.135%，中低收入家庭则分别增加 0.107%和 0.074%。这表明，高收入家庭在满足了基本物质生活需求之后，更加重视提高包括文化消费在内的精神层面的消费需求。

表 3-15 不同模型的回归分析结果（二）

自变量	模型 5			模型 6		
	低收入	中等收入	高收入	年轻	中年	老年
$\ln Y$	0.221***	0.195**	0.257***	0.110**	0.141***	0.255***
	（3.775）	（2.014）	（3.290）	（2.544）	（3.599）	（6.393）
$\ln W$	0.074**	0.107***	0.135***	0.136***	0.103***	0.088***
	（2.045）	（3.329）	（4.356）	（5.653）	（3.498）	（2.704）
DEP	−0.404*	−0.815***	−0.407	0.942**	−1.498***	−0.233
	（−1.861）	（−5.396）	（−1.514）	（2.448）	（−6.378）	（−1.189）
FS	0.135***	0.147***	0.082	0.013	0.194***	0.167***
	（4.015）	（4.652）	（1.601）	（0.308）	（3.844）	（6.687）
lnAGE	−0.644***	−0.373**	−0.300	−0.127	−0.278	−0.806
	（−2.633）	（−2.363）	（−1.238）	（−0.287）	（−0.510）	（−1.506）
EDUY	0.051 2***	0.049 0***	0.054 9***	0.061 9***	0.085 6***	0.013 5
	（2.880）	（3.215）	（3.063）	（3.444）	（5.839）	（0.852）

续表

自变量		模型 5			模型 6		
		低收入	中等收入	高收入	年轻	中年	老年
控制变量	户口	0.084	0.335**	−0.166	0.378***	0.175	−0.322
		（0.308）	（2.041）	（−0.878）	（2.745）	（0.896）	（−1.229）
	婚姻状况	−0.030	−0.029	0.172	0.434***	−0.153	0.210
		（−0.183）	（−0.242）	（1.061）	（2.709）	（−0.899）	（1.456）
	民族	0.480**	0.193	0.252	0.560***	0.488***	−0.227
		（2.360）	（1.149）	（0.954）	（2.805）	（2.913）	（−1.074）
	政治面貌	−0.247	−0.082	−0.046	−0.230	−0.174	−0.072
		（−1.217）	（−0.715）	（−0.358）	（−1.542）	（−1.528）	（−0.562）
	农村地区	−0.383**	−0.090	−0.002	−0.230*	−0.045	−0.216*
		（−2.457）	（−1.051）	（−0.011）	（−1.690）	（−0.479）	（−1.721）
	农业户口	−0.066 1	−0.049 0	0.076 8	−0.140	−0.120	0.235
		（−0.307）	（−0.527）	（0.448）	（−0.991）	（−1.088）	（1.617）
	性别	0.020	0.115*	0.271**	0.083	0.161**	0.009
		（0.164）	（1.709）	（2.364）	（0.858）	（2.135）	（0.096）
常数项		8.046***	5.025***	4.021***	4.822***	5.593***	6.666***
		（6.151）	（4.574）	（2.945）	（2.805）	（2.587）	（2.911）
N		1 127	3 379	1 048	1 194	2 393	1 967
调整的 R^2		0.246	0.159	0.246	0.321	0.293	0.197

***表示 $p<0.01$，**表示 $p<0.05$，*表示 $p<0.1$

注：括号内为 t 统计量。模型 5 中低收入组为样本中家庭总收入最低的 20%家庭，高收入组为样本中家庭总收入最高的 20%家庭，其余为中等收入家庭；模型 6 中户主年龄小于等于 35 岁的家庭为年轻家庭组，大于 35 岁而小于等于 50 岁的家庭为中年家庭组，其余为老年家庭组

表 3-15 中模型 6 是不同年龄组家庭文化消费影响因素的实证分析结果。该回归结果表明，收入增长对老年家庭的文化消费具有最大的促进作用，两者之间的弹性系数高达 0.255；年轻家庭及中年家庭的弹性系数则分别为 0.110 及 0.141。家庭财富增长对文化消费的影响正好与收入相反，年轻家庭的财富增

长对文化消费扩大具有最强的促进作用，中年家庭次之，老年家庭最弱。随着年龄的增长，老年家庭将会面临未来预期收入减少的问题，因此，如果其家庭收入出乎意料地增长，那么他们用于包括文化消费在内的家庭消费会大幅提升；与之对应，家庭收入减少会使老年家庭较大程度地压缩文化消费。

四、政策含义

研究表明，收入、财富、家庭规模、户主受教育程度、户主年龄和赡养率对家庭文化消费均具有显著影响。其中收入、财富、家庭规模、户主受教育程度对家庭文化消费起到促进作用，户主年龄和赡养率对家庭文化消费起到抑制作用。从各影响因素的重要程度来看，收入和财富是两个最重要的影响因素。从地域来看，东部地区居民的家庭收入和财富变动对文化消费的影响程度基本相同，中、西部地区居民的家庭收入增加对文化消费的促进作用则明显高于家庭财富。从横向比较来看，收入增加对居民文化消费的拉动作用基本相同。这表明，作为影响家庭文化消费的主要因素，收入变动对文化消费的影响并没有显著地域差异。从城乡来看，农村居民家庭收入增长对文化消费的促进作用高于城镇居民家庭，家庭财富增长对文化消费的促进作用则正好相反，城镇居民家庭高于农村居民家庭。从学历群体来看，低学历消费者的文化消费水平随着受教育程度的提高而提高，高学历消费者的文化消费水平和受教育程度之间则不存在显著的正相关关系。从收入群体来看，无论是高收入家庭，还是中等收入家庭和低收入家庭，收入增长对文化消费的促进作用均显著高于财富；然而高收入家庭的收入和财富增长对家庭文化消费的促进作用均显著高于中低收入家庭。从年龄群体来看，收入增长对老年家庭的文化消费具有最大的促进作用，财富增长则对年轻家庭的文化消费具有最大的促进作用。

基于上述研究结论，得出的政策含义包括以下几个方面：第一，收入和财富是影响我国家庭文化消费最主要的两个因素，因此，扩大家庭文化消费需求的首要手段是加快经济发展，促进居民收入增长和家庭财富增加；第二，文化产品供给在关注大众文化消费的同时，应重点关注高学历人群个性化的文化消费需求；第三，基于文化消费各影响因素的影响程度在地域、城乡及不同收入群体间存在显著差异，因此，扩大我国居民文化消费规模的重点应落在东部地区、城镇居民家庭及高收入群体。

第四节　文化产业集聚与文化消费增长

随着居民生活水平的提高，文化消费正逐渐成为居民消费新的增长点，扩大居民文化消费对于扩大内需意义重大。文化产业作为文化产品及服务的生产部门，为文化消费提供物质基础。发达国家的文化产业发展普遍采用产业集聚的空间组织形式，如洛杉矶影视娱乐产业集群、纽约媒体设计娱乐产业集群、米兰时尚文艺产业集群、东京动漫产业集群等。随着文化产业发展，我国文化企业的空间集聚现象日益显现。截至 2014 年，我国已经建成10 个国家级文化产业示范园区、10 个国家级文化产业试验园区和 339 个国家文化产业示范基地，各省份也相应涌现出大量各具特色的文化产业集群，如以北京为中心的首都文化产业集群、以上海为中心的长江三角洲文化产业集群、以广州为中心的珠江三角洲文化产业集群等。

通过考察各区域文化产业集群的发展现状可以发现，文化产业集聚较为明显的地区其城镇居民的文化消费水平更高，这意味着文化产业集聚与城镇居民文化消费水平的提高之间可能存在关联。如果文化产业集聚程度的升高能够促进居民文化消费水平的提高，则无疑为扩大居民文化消费提供了一条新的路径。因此，有必要系统研究文化产业集聚与城镇居民文化消费之间的关系。

一、文化产业集聚与文化消费增长：理论探讨

国外学者对文化产业集聚的研究主要从集聚的经济效应、动力因素、地域分布特征等方面展开。Molotch（1996）发现文化创意产业的集聚能够为创意和知识密集型企业提供独自分布经营时不能产生的创意环境，而这种集聚带来的创新效应能够有效促进文化创意企业的创新。Scott（1997）认为地理位置的特殊性是文化创意产业集聚的动力因素之一，文化创意产业往往集聚在社会经济发展水平高、文化理念开放的国际化都市，如纽约、伦敦、东京、巴黎等。Markusen 和 King（2003）发现文化产业除了集聚在新建文化产

业基础设施区域之内，还会集聚在拥有废弃厂区或者闲置仓库的区域。Pratt（2004）认为学术研究机构、教育培训机构、专业化服务机构等辅助机构能够为文化企业的发展提供更好的配套辅助服务，所以在一定程度上促进了文化产业的集聚。Janssen 和 Peterson（2005）对伦敦和纽约的文化产业集聚区的区位选择进行了分析，发现城市边缘地段拥有更低租金和更大空间吸引了艺术家的集聚，而这种集聚给边缘地区带来了新的活力，并逐渐发展壮大，形成文化创意产业集聚区。国内学者对文化产业集聚的定义或内涵基本是从文化产业集聚形成文化产业集群的角度来表述的。刘保昌（2008）将文化产业集群定义为文化及相关产业中各自独立的文化企业以及相关辅助机构，在空间地理位置上相互靠近并达到集聚状态，以达到分工协作等目的的文化产业组织。毛磊等（2013）认为文化产业集群是指文化创意及相关企业在地理位置上相互靠近，形成能够在信息共享、资源共享、交易渠道共享等多方面合作的企业集群。

关于文化产业集聚的现状，雷宏振等（2012）发现我国文化产业集聚现象已经显现，但存在较大的区域差异，集聚程度较高的省份多集中于东部沿海地区；蒋萍（2015）的研究得出类似结论，并且发现，文化产业集聚的特征在较长时间段内基本没有变化，产业集聚度较高的地区由于前期的积累集聚程度继续上升，集聚区域不断扩大；张蔷（2013）详细测算了江浙沪集聚区、珠江三角洲集聚区等六大文化产业集聚区的产业集聚程度。关于文化产业集聚产生的经济效应，华正伟（2011）认为文化产业集聚形成的文化产业集群能够带来规模经济、成本节约、区位品牌化、创新连锁化、互补和竞合效应等空间经济效应；李杏和章孺（2013）总结出文化产业集聚具有经济效应、创新效应、政策效应和文化效应等。

国内对文化消费与文化产业集聚的关系研究主要从以下两个方面展开：一是将文化消费需求作为文化产业集聚的一个动力因素来展开研究。例如，袁海（2010）对推动文化产业集聚的经济地理因素和产业政策因素的研究，黄永兴和徐鹏（2011）基于新经济地理学理论框架的研究，杨英法（2013）对文化产业集群与文化消费市场之间如何形成有利互动关系的研究。二是从文化产业与文化消费相互作用的角度展开研究。例如，王婧（2008）认为人均文化娱乐消费、文化基础设施建设和文化机构数量对促进文化产业的发展有显著作用；王家庭和张容（2010）的分区域分析表明，中部地区文化产业发展受文化消费水平影响较大；吴石磊（2014）的研究表明，文化产业发展能够通过文化产品供给效应、产业融合及关联效应有效促进居民消费总量的增加。

上述既有研究存在两个不足之处：第一，在对我国文化产业集聚现状进行描述时，学者们大多采用单一指标进行度量，缺乏对指标描述效果的评价，即对指标选择的合理性重视不足。第二，较少有学者系统阐述文化产业集聚带来的经济效应，更少有学者研究文化产业集聚的经济效应对文化消费的影响机制。

针对上述不足，需要深入探讨文化产业集聚对文化消费的影响机制。本节从外部规模经济效应、竞争优势效应、低成本效应、创新效应和共生效应等多种经济效应入手，对不同效应如何通过不同途径作用于文化消费的主体、客体和环境进行了详细分析。

1. 文化产业集聚的经济效应

（1）文化产业集聚的外部规模经济效应。外部规模经济主要是指在空间地理位置上独立生产经营的中小企业在规模上没有能力形成内部规模经济效应，因此这些企业通过向某一共同区域集聚以追求规模经济，即能够使集聚区内各个企业的生产成本在学习经验曲线中达到最低的位置。马歇尔认为产业集聚所带来的规模经济效应主要包括劳动市场共享、投入共享和技术溢出等效应。所谓劳动市场共享是指产业集聚过程中同类型企业的集聚造成对具有专业化技能的劳动力的巨大需求，为劳动力就业提供统一集中的市场。投入共享主要是指，由于文化产业的集聚，辅助性相关产业为了能够更好地为文化产业提供产品或服务也会自发集聚，并且会逐渐使产品或服务变得更加专业化，从而推动文化及相关产业的发展。技术溢出是指由于地理位置的临近，新想法、新知识和新技术能够更加快速地在企业间流通应用。

（2）文化产业集聚的竞争优势效应。在规模报酬递增并且不完全竞争的假设下，克鲁格曼在 D-S 模型（Dixit-Stiglitz model，即迪克西特–斯蒂格利茨模型）的基础上，结合区位理论中对运输成本的研究成果构建了"中心–外围"模型，从而推导出产业集聚将带来更大的规模经济、更低的运输成本和更便利的生产要素流动等竞争优势。波特从竞争优势的视角对产业集聚展开研究，提出竞争优势的四个基本要素，即要素条件、相关产业、企业战略及需求状况，然后在此基础上加入机会和政府两个附加要素，构建了著名的"钻石模型"。结合经典竞争优势理论的分析，文化产业集聚将在三个方面影响文化企业的竞争优势。其一，文化产业集聚有利于上下游配套产业链的形成，继而提高企业的竞争力。其二，文化产业集聚能够更好地做到信息的交流与扩散，促进技术升级。其三，文化产业集聚能够使企业在集聚区内感受到来自其他企业的竞争压力，继而有动力不断通过各种途径促进企业的发展，且集聚也容易产生新的需求，催生新产品、新服务甚至新企业的出现。

（3）文化产业集聚的低成本效应。韦伯的工业区位理论认为工业区位受区域性因素和聚集性因素的影响。区域性因素是通过影响人力成本和运输成本来影响工业区位的选择，行业首先会受运输成本的影响来选择区位，只有当企业运输成本的花费比劳动力成本的减少带来的利益小时，企业才会选择改变区位。在加入规模经济对企业的影响后，他发现不仅单个企业存在规模经济，多个企业在空间地理位置上发生集聚时同样可以为整体带来规模经济，可以给集聚区的每个企业节约更多的成本。而相较于区域性因素，聚集性因素往往能够通过企业聚集，带来采购和出售规模的扩大，从而节省更多的成本。文化产业集聚能够减少企业的生产成本。华正伟（2011）从文化产业集聚能够降低谈判成本、减少运输成本、节约资源搜寻成本的角度对低成本效应进行了论述。产业集群中的企业基于空间地理位置的临近，能够带来运输成本和信息沟通成本的节约，并且文化产业集聚区内企业将形成稳定的协作关系，有利于在降低交易双方谈判成本的同时又约束交易双方的机会主义行为。最重要的是，文化创意产业的核心要素是人力资源，文化产业的集聚将吸引大量的文化创意人才，能够使文化企业花费较低的搜寻成本获得较高质量的人才要素。

（4）文化产业集聚的创新效应。文化产业集聚能够从以下几个方面促进创新的发生。第一，空间距离上的集聚有利于技能、知识的学习和积累，专业化的技能和知识能够通过集聚产生累积和极化效应，特别是为隐性知识的传递和共享提供了条件。作为以创意为核心的文化产业，隐性知识在文化产业的创新过程中起着至关重要的作用。罗尧成和赵蓓超（2016）在对我国文化创意产业集聚的发展现状进行综述时指出隐性知识溢出是文化产业集群发展的重要特征。第二，文化产业集聚区内企业的长期接触，会形成稳定的、相互信任的关系网络，使最新的市场动向、最前沿的技术变革等信息能够通过此关系网络进行快速有效的交流和传播，而这些信息往往对创新的发展是至关重要的，能够有效形成市场拉动型创新和技术驱动型创新。第三，文化产业集聚区内各类企业的大量集聚能够使企业较为便利地获得创新所需要的基本要素，这有效地降低了创新所需的成本，而且可以有效提高创新成功的概率。因此产业集聚能够从知识的集聚、信息的集聚、要素的集聚等多方面激发文化企业持续创新。

（5）文化产业集聚的共生效应。文化产业集聚区别于传统产业集聚形成标准化生产、工业化流程的产业园区，它在具有生产性的同时还兼具消费性，文化产业园区往往集生产性和消费性于一身，即所谓生产和消费的"共生效应"。文化产业集聚为文化创意产品及服务的供给提供了集中的场所，吸引来大量的文化消费者，而文化消费者的集聚会形成更大的市场需求，又反过来吸引更多的文化创意生产者的集聚，两者形成良性的循环累积效应。以北京宋庄原创艺术集聚区为例，起初由于闲置农院的租金廉价，吸引了部分艺术家，艺术家的集聚吸引了大量慕名前来的消费者，而消费者的集聚又吸引了更多的艺术家和文化企业的集聚，两者不断相互促进，目前北京宋庄原创艺术集聚区已经作为著名的艺术生产基地对我国甚至世界的艺术创造产生重大的影响。

2. 文化消费的影响因素

任何消费活动都必须具备消费主体、客体和环境三个基本要素（尹世杰，2011），本节将从消费活动三要素的角度，对影响居民文化消费的因素进行分析。

（1）从消费主体角度探讨文化消费影响因素。从消费主体的角度出发，能够对消费行为产生影响的因素主要有消费者资源、态度和消费动机等。国内学者主要从消费者资源的角度对影响居民文化消费的因素进行研究，消费者资源主要包括经济资源、时间、知识等。经济资源主要是指消费者的收入及财产；时间即闲暇时间；知识是储存于消费者头脑中的与履行消费者功能相关的信息。

（2）从消费客体角度探讨文化消费影响因素。消费客体主要是指消费的对象，即消费产品及服务。消费产品及服务的价格、品类、产地、生产者等一系列属性都会影响到消费者的消费行为。首先，价格无疑是影响消费行为的一个非常重要而且敏感的因素。文化消费相较于物质消费而言具有较高的价格需求弹性，对于满足了物质消费需求的居民来说，文化消费价格的变动在较大程度上影响着他们的文化消费支出，文化消费价格的下降能够扩大居民在文化消费上的支出。其次，文化产品供给的增加对文化消费的扩大有着显著的促进作用。文化产品及服务以满足人们精神文化需求为目的，其核心价值是创意，文化产品供给能够引导文化消费需求，促进文化消费。

（3）从消费环境角度探讨文化消费影响因素。消费环境是指影响消费者心理和行为的各种因素，具有外在性和客观性的特点，主要包括自然环境和社会环境。此处探讨的消费环境主要是指社会环境，又可以分为经济社会环境、法律制度环境及文化环境。经济社会环境是指在消费过程中面临的经济和社会发展现状、发展前景等因素，良好的经济社会环境能够为消费者提供文化消费的能力和文化消费的场所。法律制度环境主要是指消费者在消费时所面对的政治制度、国家方针政策等各种法律法规以及其他制度，健全的法律制度环境能够为文化消费提供有力的保障。文化环境则是消费者在消费过程中面临的历史传统、共同价值准则、道德规范、风俗习惯、生活观念等制约因素，不同的文化环境为居民的文化消费带来差异性，丰富了文化消费方式。

3. 文化产业集聚对文化消费的影响机制

区别于其他产业的集聚，文化产业的集聚集生产性和消费性于一身，并由于集聚的目的不同而各有侧重。例如，上海的张江文化产业园侧重生产性，而北京 798 艺术区则更加侧重消费性。但文化产业集聚无论侧重生产性还是消费性，都可以通过传统产业集聚所具有的外部规模经济效应、竞争优势效应、低成本效应及创新效应直接或间接地对集聚区周边居民的文化消费产生影响（正向影响），甚至可以通过形成文化消费市场，创造文化消费需求与文化产业集聚的共生效应。

（1）文化产业集聚对文化消费主体的影响。首先，文化产业集聚可以促进文化消费主体就业，通过提高文化消费主体的收入水平扩大文化消费。文化产业集聚主要通过以下两个方面影响文化消费主体的收入水平。第一，文化产业集聚的外部规模经济效应使文化企业在形成集聚区后会对文化创意及相关专业的劳动力需求产生较大的缺口，可以提供更多的就业岗位。这种较大的需求缺口也会带来劳动力市场的供需不均衡，从而提高劳动力的工资水平，提高居民收入水平。同时，文化产业是一个产业关联度较高的产业，它有强大的前后关联效用，文化产业在集聚的同时也需要其他产业的支持，带动其他关联产业的劳动力就业。第二，文化产业的集聚能够使各关联企业通过分工实现专业化生产，能够带来劳动生产率的提高，而劳动生产率的提高能够为劳动者带来工资水平的上涨，提高文化消费主体的收入水平。

其次，文化产业集聚可以通过提高文化消费主体的文化消费层次，从而扩大文化消费。产业集聚的外部规模经济效应含有劳动力共享效应，能够在产业集聚的过程中带来具有专业化技能的劳动力的大规模集聚。而文化产业的集聚则带来了大规模文化创意工作者的集聚，这是一个受教育水平相对较高、对文化的理解相对深刻、文化消费层次相对较高级的群体，他们的集聚能够提高集聚区的文化消费水平。

（2）文化产业集聚对文化消费客体的影响。首先，文化产业集聚可以减少文化产品和服务的生产成本，进而使价格降低、消费量扩大。第一，文化产品和服务生产企业的集聚为提供中间产品及服务的企业带来集中的、大规模的中间产品需求，大量的需求就会形成较强的议价能力，能够降低文化产品及服务的生产成本。第二，文化产业作为消费性服务业，它在集聚的过程中也为文化消费需求提供了集中供给市场，能够减少文化产品和服务生产企业寻找目标客户的成本。第三，文化产业集聚的竞争优势效应为文化产品和服务的成本下降提供了另一条途径。一方面，集聚区内的企业可以通过使用公共基础设施、公共服务机构、公共供应商、公共销售渠道等多种资源来减少运营成本。另一方面，文化产品和服务生产企业的集聚达到一定程度后，能够获得政府在产业、人才、税收等方面的更多支持，从而降低生产成本。

其次，文化产业集聚可以促进文化消费客体创新，通过优化文化消费客体的供给促进文化消费的扩大。文化产业集聚的创新效应能使企业充分吸收其他企业的创新思想和方法，突破自身创新能力的局限。一方面，企业在空间上的临近有利于知识和技术的集聚，相比于单独布局的企业，这些要素的集聚能够减少企业创新所需成本，提升企业创新概率。另一方面，相比于传统产业，文化产业最珍贵的资源是人力资源，人力资源的素质会直接影响到文化产品和服务的质量，而文化产业的集聚为文化产品和服务的生产者提供了相互交流的平台，通过自由的交流互动，能够激发更多创意，对优化文化产品和服务的供给具有重要意义。

（3）文化产业集聚对文化消费环境的影响。文化产业集聚通过创造文化消费市场、营造文化消费环境来推动文化消费增长。文化产业集聚区区别于传统产业集聚区的显著标志是，它在具有生产性的同时还兼具消费性，即文化生产场所与文化消费场所之间存在共生效应。以北京 798 艺术区为例，起初的 798 艺术区只是因空间宽敞、租金低廉而被艺术家租来作为生活或者展示作品的地方，而随着文化产业特别是艺术产业的集聚，目前 798 艺术区已经成为集艺术创作、影视娱乐、设计策划、旅游休闲等多种功能为一体的文化产业集聚区。它不仅为艺术家、文化创意工作者提供了创作、生产的场所，也为文化消费者提供了休闲放松、旅游购物的消费场所。并且 798 艺术区在创造了文化消费市场的同时，也以其浓郁的艺术氛围和独特的生活理念潜移默化地对消费者的生活观念甚至价值观念产生影响，为消费者创造出适宜的文化消费环境。因此，文化产业集聚独具的生产和消费的共生效应能够创造文化消费市场、营造文化消费环境，从而推动居民文化消费的增长。文化产业集聚对文化消费的影响机制见图 3-5。

二、文化产业集聚与文化消费增长：方法与数据

1. 产业集聚的度量

产业集聚度是指产业在空间分布状态中的集聚程度，表征产业集聚度的传统指标包括行业集中度（concentration ratio，CR）指数、区位熵（location quotient，LQ）指数、空间基尼系数（space Gini coefficient，Gi）、赫芬达尔-赫希曼指数（Herfindahl-Hirschman index，HHI），以及在此基础上演化出来的地

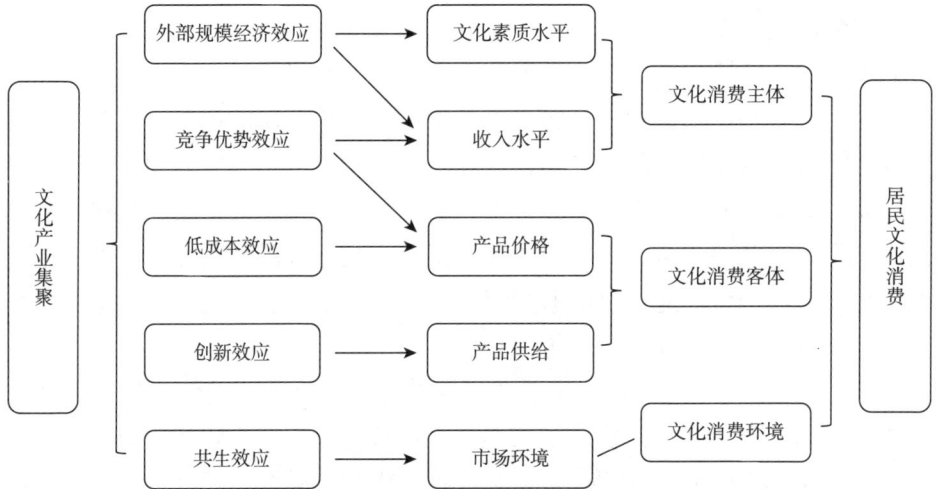

图 3-5　文化产业集聚对文化消费的影响机制

理集中度 Ellison-Glaeser 指数及 Moran's I 指数等。其中，CR 和 LQ 是目前国内学者用于表征文化产业集中度的常用指标，但在这里并不适用，分析如下：CR 指标中的行业规模排名数是主观确定的，导致不同学者的研究结果难以统一比较，而且行业集中度指标只能反映本行业排名前 n 个地区的集聚程度，无法反映这 n 个地区之间的差异，因此根据需要，CR 并非合理的选项；LQ 的问题在于，影响一个地区 LQ 指数大小的因素除了该地区被研究的产业产值外，还有该地区的总产值，因此可能出现这样一种指标失真的情况——某地区 LQ 指数较高并非由于产业集聚度高，而是由于该地区总产值过小。对于所要描述的不同地区文化产业集聚度来说，这种指标失真的情况应当坚决避免，因此 LQ 也不应采用。

基于上述原因，此处构建一个综合"指标"来表征文化产业集聚度。

1）静态集聚度指标的构建

静态集聚度指标中静态是指该指标仅表示某个地区的某产业在某一时点上的产业集中度，其计算方法如下：

$$JR_{ijt} = q_{ijt} \bigg/ \sum_{j=1}^{m} q_{ijt} \qquad (3-13)$$

其中，JR_{ijt} 表示在 t 时点上地区 j 的产业 i 的产值在所有地区的产业 i 的产值中所占的比重，即静态的产业集聚度；m 表示一个范围内地区的数量；q_{ijt} 表示在 t 时点上地区 j 的产业 i 的产值，代表地区 j 的产业 i 的绝对规模。JR_{ijt} 反映了地区 j 的产业 i 在所有地区的产业 i 中的相对规模。

2）动态集聚度指标的构建

静态集聚度指标只考虑了某地区某一时点上某产业的相对规模，并没有涉及集聚的过程，而动态集聚度指标则涵盖了时间发展的动态指标，计算方式如下：

$$\mathrm{DR}_{ijt} = r_{ijt}/r_{it} \qquad (3\text{-}14)$$

其中，

$$r_{ijt} = \sqrt[t]{q_{ijt}/q_{ij0}} - 1$$

$$r_{it} = \sqrt[t]{\sum_{j=1}^{m} q_{ijt} \Big/ \sum_{j=1}^{m} q_{ij0}} - 1$$

其中，r_{ijt} 表示地区 j 的产业 i 在时间 t 内的平均发展速度；r_{it} 表示所有地区产业 i 在时间 t 内的平均发展速度；DR_{ijt} 则表示地区 j 的产业 i 相对于所有地区发展速度的快慢。若 $\mathrm{DR}_{ijt} \geqslant 1$，则表明地区 j 的产业 i 的发展速度较所有地区快。若 $1 > \mathrm{DR}_{ijt} > 0$，则表明地区 j 的产业 i 的增长速度处于所有地区增长速度的均值以下，但仍呈现增长的趋势。若 $\mathrm{DR}_{ijt} \leqslant 0$，则需要考察 r_{ijt} 和 r_{it} 的值，若 $r_{ijt} \leqslant 0$，则表明地区 j 的产业 i 在时间 t 内呈现下降的趋势，而整个区域该产业呈现增长趋势；若 $r_{it} \leqslant 0$，则说明产业 i 在整个区域呈现下降趋势，而地区 j 却逆势上涨，呈现增长趋势。

3）综合指标的构建

上述静态集聚度指标体现了某产业的规模在某地区相对于所有地区的大小，而动态集聚度指标则体现了该产业在该地区的发展速度相对于所有地区的快慢。这里借鉴 HHI 构建时对企业市场总份额占比按其市场份额赋权的处理方式（这是具有实际意义的，因为大的企业需要被赋予大的权重），用静态集聚度指标（某地区该产业占总市场份额的比重）对动态集聚度指标进行赋权处理，即对静态集聚度指标与动态集聚度指标作相乘处理，进而构造出产业集聚度综合指标。它能够从规模和速度两个方面综合体现产业集聚度。综合指标的表达式如下：

$$WR_{ijt} = JR_{ijt} \times DR_{ijt} \qquad (3\text{-}15)$$

WR_{ijt} 表示地区 j 的产业 i 在时间 t 内产业集聚的综合指标,它等于静态集聚度指标 JR_{ijt} 和动态集聚度指标 DR_{ijt} 的乘积。当 WR_{ijt} 为正值时,某地区某产业的 WR_{ijt} 越大,说明该地区该产业集聚度越高;当 WR_{ijt} 为负值时,说明该地区该产业的 DR_{ijt} 为负值,则说明该地区该产业呈现萎缩状态。

2. 数据来源和变量说明

采用 2003~2014 年我国 31 个省(自治区、直辖市,不包括港澳台地区)的省级面板数据。数据来源于《中国统计年鉴》和 Wind 资讯宏观数据库,来自后者的数据经过了二次整理计算。利用这些数据,结合产业集聚度量指标对 2014 年各省份文化产业集聚度进行测算的结果见表 3-16。

表 3-16　2014 年我国各省份文化产业集聚度综合指标

地区	JR	DR	WR	地区	JR	DR	WR
北京	16.30	1.45	23.64	安徽	2.22	0.61	1.35
江苏	7.64	1.80	13.75	山西	2.15	0.61	1.31
广东	9.58	1.34	12.84	吉林	2.08	0.51	1.06
上海	6.32	1.83	11.57	内蒙古	1.77	0.60	1.06
浙江	4.91	1.38	6.78	天津	1.23	0.69	0.85
四川	4.68	1.24	5.80	贵州	1.09	0.77	0.84
山东	5.00	1.11	5.55	广西	1.62	0.47	0.76
辽宁	3.78	0.82	3.10	新疆	1.19	0.48	0.57
陕西	3.09	0.94	2.90	黑龙江	2.67	0.19	0.51
湖北	3.36	0.75	2.52	云南	1.78	0.28	0.50
河北	2.87	0.62	1.78	海南	0.58	0.62	0.36
江西	2.11	0.82	1.73	青海	0.37	0.47	0.17
河南	3.56	0.48	1.71	甘肃	1.09	0.14	0.15
福建	2.31	0.73	1.69	西藏	0.24	0.57	0.14
重庆	1.51	1.05	1.59	宁夏	0.35	0.29	0.10
湖南	2.43	0.61	1.48				

注:采用文化产业就业人员数作为测算文化产业集聚度综合指标的基础

被解释变量为城镇居民人均文化消费水平，用"城镇居民人均消费支出"中"教育、文化娱乐支出"占人均消费支出的比重表示。解释变量包括文化产业集聚度综合指标、城镇居民收入水平、文化产品及服务的价格。其中，城镇居民收入水平用"城镇居民人均可支配收入"表示，文化产品及服务的价格用"娱乐教育文化用品及服务价格指数"表示。

3. 模型设定

构建面板模型如下：

$$\ln \mathrm{CP}_{it} = \alpha_i + \beta_1 \ln W_{it} + \beta_2 \ln I_{it} + \beta_3 \ln P_{it} + \mu_{it} \qquad （3\text{-}16）$$

其中，CP 代表城镇居民文化消费支出占比；W 代表文化产业集聚度；I 代表人均收入水平；P 代表各地区文教娱乐用品及服务的价格水平；$i=1$，2，…，N，表示不同省份；$t=1$，2，…，T，表示不同年份；α 为常数项；μ 为随机扰动项。式（3-16）中对变量进行对数处理是为了提高数据的平稳性，降低异方差程度。

同时分别对东北、东部、中部、西部建立相同的面板数据模型，用以分析不同区域文化产业集聚度对各区域城镇居民文化消费支出占比的影响。

三、文化产业集聚与文化消费增长：计量检验

根据前文关于文化产业集聚对文化消费影响的理论机制分析，文化产业集聚所具有的外部规模经济效应、竞争优势效应、低成本效应、创新效应以及共生效应，能够影响居民收入、居民文化素质水平、文化产品及服务的供给和价格、文化消费环境等因素，进而对居民文化消费水平产生正向影响。但这种正向影响毕竟是一种理论推论，还需要实证分析加以验证。下文将利用 2003~2014 年的省级面板数据构建相关模型进行验证。

（1）模型估计。在面板数据模型的选择上，F 检验结果支持变截距的个体固定效应模型形式，Hausman 检验结果支持个体固定效应模型形式。具体检验结果如下：

F 检验的原假设 H_0 是适用混合效应模型，由表 3-17 可以看出，$p=0.000\,0<0.01$，在 1% 的显著水平下拒绝原假设，因此选择个体固定效应模型。

表 3-17 全国城镇居民面板数据 F 检验

效应检验	统计值	自由度	p 值
F 检验	25.618 452	（29，198）	0.000 0
卡方检验	361.596 856	29	0.000 0

注：数据结果由 EViews 8.0 计量软件处理得到

Hausman 检验的原假设 H_0 为适用随机效应模型，由表 3-18 可以看出，$p=0.000\ 0<0.01$，在 1%的显著水平下拒绝原假设，因此我们将建立个体固定效应模型。对于分区域的数据按以上步骤做相同的处理，根据数据结果分别对其建立个体固定效应模型进行回归分析。

表 3-18 全国城镇居民面板数据 Hausman 检验

检验结果概要	卡方统计值	卡方自由度	p 值
随机效应	28.322 606	4	0.000 0

注：数据结果由 EViews 8.0 计量软件处理得到

（2）估计结果。使用 EViews 8.0 软件针对全国文化产业集聚度对文化消费水平的影响建立个体固定效应模型，进行回归分析，结果如下：

根据表 3-19 的估计结果，在全国层面上，文化产业集聚对文化消费支出占比存在显著的正向作用，验证了前文的理论推论。文化产业集聚度每提高 1%，我国城镇居民的文化消费支出占比将增加 0.019%。收入水平对文化消费支出占比表现出显著的负向影响，居民收入每增加 1%，文化消费支出占比将下降 0.168%。

表 3-19 全国城镇居民面板数据回归结果

变量	系数	标准差	t 值	p 值
ln$W$	0.018 762	0.008 465	2.216 537	0.027 6
ln$I$	−0.167 872	0.022 059	−7.610 129	0.000 0
ln$P$	0.586 820	0.376 024	1.560 589	0.119 9

注：数据结果由 EViews 8.0 计量软件处理得到

对东部地区、东北地区、中部地区和西部地区分别建立个体固定效应模型，估计结果如表 3-20~表 3-23 所示。

表 3-20　东部地区城镇居民面板数据回归结果

变量	系数	标准差	t 值	p 值
ln$W$	0.035 825	0.010 890	3.289 709	0.001 4
ln$I$	−0.164 572	0.025 896	−6.355 164	0.000 0
ln$P$	−0.601 809	0.407 357	−1.477 349	0.142 8

注：数据结果由 EViews 8.0 计量软件处理得到

表 3-21　东北地区城镇居民面板数据回归结果

变量	系数	标准差	t 值	p 值
ln$W$	0.007 450	0.020 825	0.357 758	0.724 1
ln$I$	−0.278 323	0.071 743	−3.879 457	0.000 9
ln$P$	5.968 489	2.098 573	2.844 070	0.009 7

注：数据结果由 EViews 8.0 计量软件处理得到

表 3-22　中部地区城镇居民面板数据回归结果

变量	系数	标准差	t 值	p 值
ln$W$	0.006 617	0.014 694	0.450 313	0.654 9
ln$I$	−0.100 299	0.043 473	−2.307 148	0.026 2
ln$P$	1.869 046	0.957 993	1.951 001	0.057 9

注：数据结果由 EViews 8.0 计量软件处理得到

表 3-23　西部地区城镇居民面板数据回归结果

变量	系数	标准差	t 值	p 值
ln$W$	0.039 074	0.017 612	2.218 573	0.029 1
ln$I$	−0.124 497	0.048 447	−2.569 727	0.011 9
ln$P$	1.787 018	0.800 392	2.232 678	0.028 1

注：数据结果由 EViews 8.0 计量软件处理得到

东部地区和西部地区的实证研究结果同样表明，文化产业集聚对文化消费支出占比存在显著的正向作用，但在东北地区和中部地区这一效应并不显著，原因可能在于目前东北和中部地区的文化产业集聚水平较低，文化产业集聚带来的经济效应较弱。

四、政策含义

通过构造合理的文化产业集聚综合指标来表征文化产业集聚程度，测算出各省份的文化产业集聚度。基于产业集聚理论，分析了文化产业集聚对城镇居民文化消费施加影响的作用机理：文化产业集聚带来的外部规模经济效应、竞争优势效应、低成本效应、创新效应和共生效应，通过不同途径对文化消费的主体、客体和消费环境产生了影响。并基于2003~2014年省级面板数据进行了实证分析。研究表明，文化产业集聚对城镇居民文化消费产生了显著的正向作用；人均收入对文化消费支出占比起负向作用。其政策含义有：

第一，积极引导文化产业集聚。要积极引导文化企业及相关辅助企业集聚，在集聚过程中积极推动文化企业、政府、学术科研机构的人才交流与合作，促进文化产业人力资源的集聚，促进文化产业劳动生产率的提升；引导中介服务机构等辅助机构集聚，为文化企业提供更加专业化的产品及服务，达到投入共享的目的。通过集聚人才、投入共享等手段，着重强化文化产业集聚的外部规模经济效应，促进文化消费水平的提升。

第二，充分发挥政府服务职能。政府应根据地区经济发展状况、区域文化特点、居民消费水平等条件，在人才、投资、税收等方面给予文化产业集群更多政策支持，提升文化产业集聚的竞争优势效应，引导文化产业集聚协调、持续、健康发展。并对文化产品及服务、文化内容和文化市场做好监督管理，为文化产业的发展提供良好的市场环境及社会环境，引导居民进行健康、优质的文化消费。

第三，大力鼓励文化产业融合创新。要鼓励文化企业将科技创新成果融入文化产品及服务的开发当中，充分利用先进科技将具有潜力的文化资源转化成具有市场吸引力、市场影响力的文化产品及文化服务。同时，推动科技产业与传统文化产业的融合，将技术与内容创意有效结合，发挥联动效应，形成比较优势。

第四，合理利用资源禀赋，打造特色文化产业集群。文化产品和服务的独特性或异质性是其形成竞争力的必备条件，因此各地应结合自身文化资源的独特性、地方传统的异质性形成具有产业壁垒、低成本优势的得天独厚的特色文化产业集群，为居民文化消费提供多样、有效、低成本的产品和服务。

第　四　章

文化消费质量的内容及提升思路

　　在国际形势复杂多变、政治多极化日趋明显、经济全球化不断加强、国家综合国力竞争异常激烈的今天，一国综合国力的强大，不能只是经济、物质的丰裕，文化建设的重要成果——文化软实力，也是衡量国家综合实力的重要方面。经济建设是根本，文化建设是灵魂。文化建设是中国特色社会主义事业"五位一体"总体布局的重要组成部分，在推进社会主义现代化进程中扮演着重要角色。从党的十七届六中全会第一次提出建设"社会主义文化强国"的伟大战略到党的十八大报告中提出"扎实推进社会主义文化强国建设"，说明我国对建设文化强国的必要性、紧迫性的高度重视。2013 年 12月，在中共中央政治局第十二次集体学习时，习近平总书记指出，提高国家文化软实力，关系"两个一百年"奋斗目标和中华民族伟大复兴中国梦的实现。要弘扬社会主义先进文化，深化文化体制改革，推动社会主义文化大发展大繁荣，增强全民族文化创造活力，推动文化事业全面繁荣、文化产业快速发展，不断丰富人民精神世界、增强人民精神力量，不断增强文化整体实力和竞争力，朝着建设社会主义文化强国的目标不断前进。

　　在中国经济发展步入新常态背景下，消费对经济的拉动作用意义重大，作为文化建设不可或缺的重要环节，文化消费也日益成为学术界和政府相关部门关注的热点问题。文化消费往往与经济发展、物质生活、物质消费紧密联系，需要以一定的经济基础为保障。然而，仅仅关注文化消费支出或与之密切关联的文化产业产值增加，虽有利于文化建设，却容易造成"重数量、轻质量""重扩张、轻发展"的错误导向。文化建设由重视扩大文化消费数量向重视文化消费质量的转变，是人民文化需求层次不断提高的必然结果。中国特色社会主义进入新时代，人民群众的文化消费日益活跃，并呈现向高品质、个性化、多样化发展的趋势。必须切实推进文化消费升级，用文化消费质量的提升来推动文化建设。我们要看到，提高文化消费质量有利于大力推动经济发展调结构、转方式，有利于不断提高人的综合素质，有利于全面促进社会文明与社会进步。因此，在更为深远的层面上，提高文化消费质量意义重大。

第一节　文化消费质量的内涵与描述性评价

一、研究述评

（一）消费质量

国外学者对消费质量的研究主要包含在生活质量和生活质量测度的研究中。在有关生活质量的定义与内涵研究中，多位学者给出了不同的定义。例如，约翰·肯尼思·加尔布雷思在其《富裕社会》（2009 年）一书中提到生活质量是指人们在生活便利、舒适程度以及精神上得到享受或乐趣，这强调的是生活质量的主观性；美国经济学家 Rostow（1971）在《政治和增长阶段》中认为生活质量的概念应该包括自然和社会两方面，自然方面是指居民生活环境的美好和净化，社会方面是指社会教育、卫生保健、交通、生活服务、社会风尚乃至社会治安等条件的改善，这是强调生活质量的客观性。除此以外，加尔布雷思从新制度经济学的角度提出，如果将经济价值和文化价值综合起来用一个指标来考虑，那么这个指标就是生活质量。有关生活质量测度的研究中有代表性的研究有密歇根大学的古瑞、威若夫和费尔德对美国民众的精神健康和幸福感进行的调查研究。此外，Campbell 等（1976）提出美国生活整体的满意度及其他 13 个生活具体方面的满意程度。在具体的指标设计上，代表性指数包括荷兰维黑文的快乐生命期待指数、美国卡尔弗特·亨德森的生活质量指数以及新西兰政府的生活质量指标。

近年来，国内文化消费研究逐渐增多，研究梳理相关文献发现，现有关于文化消费质量的研究内容往往包含于消费质量相关文献之中，而现有对消费质量的探讨大多从定性的角度加以解读。主要原因在于消费质量本身是一个界限相对模糊的概念，既难以明确表述，更难以通过数量的方法加以度量。何昀（2003）认为消费质量是指社会提供国民消费生活的充分程度和国民对于消费需求的满足程度，是消费过程中消费主体（消费者）、消费客体（消费资料）和消费环境三者结合所产生的质的规定性。消费质量的提高包括消费三要素的质的提高，即消费主体、消费客体、消费环境质量的提高。消费主体质量的提高涵盖消费需求、消费方式、消费者行为、消费者权益保护及消费者教育等方面的提高；消费客体质量的提高涉及消费结构、消费水平及消费市场等方面的提高。此外，很多时候，不是人们没有文化消费的意愿，而是消费环境限制了人们文化消费潜能的释放。因此，消费环境质量的提高也十分重要。尹世杰和蔡德容（2000）在《消费经济学原理》中详细阐述了自然环境、人工环境对消费质量的影响。李瑢（2010）认为，我国农村消费环境亟待提高，要逐步提高农村自然环境、市场环境，出台和施行恰当的政策措施，重视对农民消费知识的宣传，积极提升农村消费质量。史寒君（2008）从农村居民的角度研究消费质量，构建了我国农村居民消费质量评价体系，并提出了提高我国农村居民消费质量的途径。孙立强（2000）则尝试建立一套全面反映小康社会我国居民消费质量的指标体系。在具体构建消费质量指标体系的方法和对居民消费质量进行评价方面，张隽（2013）从消费水平、消费结构及消费方式入手，运用逐步回归分析法、扩展线性支出系统模型来构建消费质量指标体系。戴林送（2008）则运用因子分析法和聚类分析法对我国城镇居民消费质量进行分析评价。

（二）文化消费质量

《消费经济学大辞典》给出了文化消费质量的简单定义，即居民进行一定的文化消费后获得的消费效果（或收益的高低）；是从质的方面反映文化消费状况的重要指标。此外，一些学者对文化消费质量也有一些初步研究。从文化消费结构上来说，张沁（2004）认为，我国享受型文化消费超前发展，提高文化消费质量应该增加发展型文化消费在文化消费中的比重。邱玥（2012）认为，我国居民消费快速增长主要是在旅游观光、休闲娱乐及奢侈炫耀等表层精神消费上面，提高文化消费质量还要提升阅读、欣赏、创意等深层次文化消费。张剑锋（2008）从"雅文化"和"俗文化"的角度分析了我国文化消费质量存在的问题，认为应该通过倡导文化高雅化提高文化消费质量。从文化消费价格上讲，史晓菲（2007）认为，文化产品和服务的价格过高成为影响文化消费质量提高的重要因素，政府应该进行"文化扶贫"工作，关注低收入者文化消费。从文化产业发展、消费者素质方面来说，杨晓光（2006a）认为，消费者的经济能力、受教育程度和文化修养、市场发育程度与规范化程度以及文化产业的发展程度是影响文化消费质量的主要因素。公共基础设施建设和公共服务供给程度也影响着文化消费质量，而这些研究都只是文化消费质量的一些方面，并不能体现文化消费质量的全部内涵。

（三）简要述评

首先，国外关于消费质量的研究主要集中在生活质量及其测度中，在生活质量测度方面，很多学者创建了不同的指标体系，为进一步创建生活质量指数、生活幸福满意度指数提供了借鉴和参考。国内关于消费质量的研究，早期主要是从定性的角度研究，随着一系列消费质量指标体系的建立，消费质量的研究也逐渐由定性转向定量研究，研究成果更加多样化。

其次，关于文化消费质量的研究比较零散，诸多学者都是从各自的角度开展研究，没有形成系统而全面的研究范畴。因此，亟须深挖文化消费质量的内涵，探索文化消费质量的影响因素，构建一个统一而全面的文化消费质量指标体系，寻求提升我国文化消费质量的有效途径。

二、文化消费质量的内涵

与文化消费水平和文化消费结构不同，文化消费质量内涵丰富，准确界定文化消费质量的内涵比较困难。基于对生活质量、消费质量研究成果的借鉴并向相关专家咨询，经过反复讨论，提出人均文化消费水平、文化消费占总消费支出的比重、文化消费与收入的匹配度、文化消费的内部结构、文化消费的差异以及文化消费的成本与消费效果等刻画文化消费质量内涵的六个维度。

（一）人均文化消费水平

人均文化消费水平是文化消费质量的基础。虽然文化消费数量上的增长并不意味着文化消费质量的提高，但如果没有数量基础，就很难保证一定的质量。所以，提高文化消费质量，首要的目标就是要提高人均文化消费水平。统计上，城镇居民家庭人均文教娱乐现金消费支出和农村居民家庭人均文教娱乐消费支出是衡量人均文化消费水平的直接指标。因此，在绝对水平的意义上，以这两项指标作为反映居民文化消费质量的一个维度，分别命名为 C_1、C_2，这两项指标越高，文化消费质量越高。

（二）文化消费占总消费支出的比重

文化消费占总消费支出的比重是反映居民文化消费水平的重要指标。很多情况下，虽然居民文化消费支出在数量上是增长的，但由于整体消费也增加，文化消费占总消费支出的比重其实是下降的，说明人们更愿意在其他方面消费。我国该项指标数值偏低，且多年来呈下降趋势，提高居民文化消费在总消费支出中的比重（也称恩格尔系数Ⅱ）是提高我国文化消费质量的重要途径。因此，在相对水平的意义上，以城镇居民家庭人均文教娱乐现金消费支出占其人均现金消费支出的比重和农村居民家庭人均文教娱乐消费支出占其人均消费支出的比重这两项指标作为反映居民文化消费质量的一个维度，分别命名为 C_3、C_4。同样，这两项指标越高，文化消费质量越高。

（三）文化消费与收入的匹配度

人均文化消费水平是衡量文化消费质量的基础，但人均文化消费水平还需要与个体收入水平相匹配。高质量的文化消费要求具有合理性、适度性，文化消费过高于或过低于相应收入水平下的数量都不利于文化消费质量的提高。一方面，居民的收入水平对文化消费有直接影响，收入越高，文化消费支出越高；收入越低，文化消费支出相应越低。另一方面，由于文化消费品（包括服务）在一定程度上属于奢侈性消费品，它的消费数量变化相对于消费者收入水平变化表现出较高弹性，当收入变化一定比例时，文化消费变动比例一般应高于收入变动比例。因此，考虑到人均文化消费水平与人均收入密切相关，且人均文化消费的变动与人均收入变动也紧密联系，将人均文化消费与人均收入两项指标结合起来，即以城镇居民家庭人均文教娱乐现金消费支出占其人均可支配收入的比重和农村居民家庭人均文教娱乐消费支出占其人均纯收入的比重这两项指标（分别命名为 C_5、C_6），来衡量文化消费与收入的匹配度，作为反映文化消费质量的一个维度。另外需要注意的是，相较于发达国家，我国长期以来文化消费处于较低水平，尤其人均文化消费占人均收入的比重还较小，因此，将人均文化消费占人均收入的比重作为高质量文化消费的标准更为恰当。所以，C_5、C_6 两项指标越高，文化消费质量越高。

（四）文化消费的内部结构

文化消费有其内部结构，即文化消费内部各类文化消费支出的比例关系与构成状况。文化消费的内部结构一般可以分为基础型文化消费、享受型文化消费、发展型文化消费。一方面，文化消费结构应多元化，不能过于单一；另一方面，要提高享受型和发展型文化消费的比重，这在一定程度上反映了较高的文化消费质量，如教育消费、旅游消费、艺术表演消费、图书消费、电影消费和网络消费等。考虑到评价数据的可得性，将全国教育总经费、国内旅游人均消费、艺术表演团体国内演出观众人次、图书馆总流通人次、博物馆参观人次、电视人口覆盖率、广播人口覆盖率、图书印数、全国电影票房收入和互联网上网人数作为反映文化消费内部结构的具体指标，分别命名为 C_7~C_{16}，以之作为反映文化消费质量的一个维度。这几项指标越高，文化消费质量越高。

（五）文化消费的差异

我国城乡二元经济结构以及东、中、西部经济发展的不平衡，造成文化消费的城乡差距和区域差距。此外，受制于体制、市场状况等，不同行业、不同群体之间的收入差距较大，也导致文化消费差距进一步扩大。统计数据显示，近几年我国东部省份人均文化消费支出明显高于西部省份人均文化消费支出。虽然各地文化消费水平存在差异是不可避免的，但较大的文化消费差距会从整体上降低全国居民文化消费质量。因此，将城镇居民家庭人均文教娱乐消费差异和农村居民家庭人均文教娱乐消费差异这两项指标作为测度文化消费质量的一个维度就显得尤为重要。

相关文献往往用变异系数来表示区域性差异。变异系数是指样本标准差和样本均值之比，它是一个相对量，当不同样本的均值与方差或标准差不同时，经常通过构建变异系数进行比较。公式为

$$C = \frac{S}{\bar{X}} \times 100\% \qquad (4\text{-}1)$$

其中，C 为变异系数；S 为标准差；$\bar{X}$ 为样本均值。根据式（4-1）即可计算出全国各省（自治区、直辖市）的城镇居民家庭人均文教娱乐消费差异和农村居民家庭人均文教娱乐消费差异，用变异系数来表示，分别命名为 C_{17}、C_{18}。变异系数越小，文化消费质量越高。

（六）文化消费的成本与消费效果

文化消费具有同其他消费相类似的特点，即支付成本后追求需要的满足程度，较低的成本和较高的回报是文化消费质量高的重要体现。当文化产业发展良好，市场能有效地为消费者提供物美价廉的文化产品（包括服务）时，文化消费质量就会较高。与其他行业比较，虽然居民娱乐教育文化用品及服务消费价格处于较低水平，但如果结合居民收入水平、生活水平来看，文化产品及服务的价格仍然显得较高，降低文化消费产品及服务价格的空间还很大。在对地区文化消费的价格进行测度和比较时，考虑到各地经济发展情况不一样，名义文化消费价格不能完全反映一地文化消费成本的高低，须考虑当地居民总体消费价格因素。因此，用娱乐教育文化用品及服务价格指数与居民消费价格指数之比来衡量文化消费的成本与消费效果，以之作为反映文化消费质量的一个维度，命名为 C_{19}。该项指标越低，文化消费质量越高。

三、文化消费质量的描述性评价指标体系

对文化消费质量的评价，根据生活质量、消费质量评价的通常做法，基本的思路有三个：基于客观条件进行描述性评价、基于主观感受进行满意度评价以及结合客观与主观进行综合评价。这里依据第一种思路，即基于上文对文化消费质量内涵的刻画，构建一套描述性评价指标体系。

在构建文化消费质量描述性评价指标体系时，主要采用层次分析法得到各项指标的权重。按照层次分析法对各个维度、具体指标评价打分，根据各个维度、指标与文化消费质量之间的函数关系，最终计算出文化消费质量状况的总分。

（一）层次分析结构的构造

根据对文化消费质量的内涵刻画，在构建层次分析结构时，我们将文化消费质量描述性评价指标体系分为目标层 A、准则层 $B=\{B_1, B_2, B_3, B_4, B_5\}$ 和方案层 $C=\{C_1, C_2, \cdots, C_{19}\}$。其中，设目标层 A 为文化消费质量指数；准则层 B 为文化消费水平、文化消费与收入的匹配度、文化消费的内部结构、文化消费的差异以及文化消费的成本与消费效果五项指标，分别设为 B_1、B_2、B_3、B_4、B_5；方案层 C 为上述准则层对应的 19 项具体统计指标，详见表 4-1。

表 4-1　文化消费质量的描述性评价指标体系

目标层（A）	准则层（B）	方案层（C）
文化消费质量指数（A）	文化消费水平（B_1）（包括人均文化消费水平、文化消费占总消费支出的比重）	城镇居民家庭人均文教娱乐现金消费支出（C_1）
		农村居民家庭人均文教娱乐消费支出（C_2）
		城镇居民家庭人均文教娱乐现金消费支出占其人均现金消费支出的比重（C_3）
		农村居民家庭人均文教娱乐消费支出占其人均消费支出的比重（C_4）
	文化消费与收入的匹配度（B_2）	城镇居民家庭人均文教娱乐现金消费支出占其人均可支配收入的比重（C_5）
		农村居民家庭人均文教娱乐消费支出占其人均纯收入的比重（C_6）
	文化消费的内部结构（B_3）	全国教育总经费（C_7）

续表

目标层（A）	准则层（B）	方案层（C）
文化消费质量指数（A）	文化消费的内部结构（B₃）	国内旅游人均消费（C₈）
		艺术表演团体国内演出观众人次（C₉）
		图书馆总流通人次（C₁₀）
		博物馆参观人次（C₁₁）
		电视人口覆盖率（C₁₂）
		广播人口覆盖率（C₁₃）
		图书印数（C₁₄）
		全国电影票房收入（C₁₅）
		互联网上网人数（C₁₆）
	文化消费的差异（B₄）	城镇居民家庭人均文教娱乐消费差异（C₁₇）
		农村居民家庭人均文教娱乐消费差异（C₁₈）
	文化消费的成本与消费效果（B₅）	娱乐教育文化用品及服务价格指数与居民消费价格指数之比，上年=100（C₁₉）

（二）判断矩阵的构造

原始的判断矩阵是通过确定各项指标的相对重要性取值标度，对指标进行两两比较，将主观打分值作为判断矩阵的元素。设 B 层中因素 B_k（$k=1$，2，…，5）与 C 层中的 C_i（$i=1$，2，…，19）有关联，则每个 C_i 在 B_k 中均占有一个权重 $W_i=W(C_i)$，因素 C_i、C_j（i，$j=1$，2，…，19）权重之比是 W_i/W_j，这样就构成一个判断矩阵。根据 Satty 比例九标度法及对以上五个准则层的重要性判断，分别构造出效用层次结构中准则层对目标层、方案层对准则层的比较判断矩阵。Satty 比例九标度体系详见表 4-2。

表 4-2　Satty 比例九标度体系

标度 a_{ij}	比较的含义
1	第 i 个因素与第 j 个因素一样重要
3	第 i 个因素比第 j 个因素稍微重要
5	第 i 个因素比第 j 个因素明显重要
7	第 i 个因素比第 j 个因素强烈重要

标度 a_{ij}	比较的含义
9	第 i 个因素比第 j 个因素极端重要
2，4，6，8	i 与 j 的比较介于上述各等级程度之间
上述各数的倒数	i 与 j 的比较判断标度为 a_{ij}，则 j 与 i 的比较判断标度为 $a_{ji} = 1/a_{ij}$

利用 Satty 比例九标度体系，构建准则层对目标层的判断矩阵 **A-B**，主观设定各个指标的重要度均值，得判断矩阵 **A-B**，见表 4-3。

表 4-3 判断矩阵 **A-B**

A	B_1	B_2	B_3	B_4	B_5
B_1	1	5	3	5	5
B_2	1/5	1	1/3	1	1/2
B_3	1/3	3	1	3	3
B_4	1/5	1	1/3	1	1/2
B_5	1/5	2	1/3	2	1

记为 $A=\begin{bmatrix} 1 & 5 & 3 & 5 & 5 \\ 1/5 & 1 & 1/3 & 1 & 1/2 \\ 1/3 & 3 & 1 & 3 & 3 \\ 1/5 & 1 & 1/3 & 1 & 1/2 \\ 1/5 & 2 & 1/3 & 2 & 1 \end{bmatrix}$。

同理可得判断矩阵 $B_1\text{-}C$ 为：$\begin{bmatrix} 1 & 1 & 3 & 3 \\ 1 & 1 & 3 & 3 \\ 1/3 & 1/3 & 1 & 1 \\ 1/3 & 1/3 & 1 & 1 \end{bmatrix}$。

判断矩阵 $B_2\text{-}C$ 为：$\begin{bmatrix} 1 & 1 \\ 1 & 1 \end{bmatrix}$。

判断矩阵 $\boldsymbol{B_3}\text{-}\boldsymbol{C}$ 为：

$$\begin{bmatrix} 1 & 3 & 5 & 5 & 5 & 5 & 5 & 5 & 5 & 3 \\ 1/3 & 1 & 2 & 2 & 2 & 3 & 3 & 3 & 2 & 1 \\ 1/5 & 1/2 & 1 & 1 & 1 & 2 & 2 & 2 & 1 & 1/2 \\ 1/5 & 1/2 & 1 & 1 & 1 & 2 & 2 & 2 & 1 & 1/2 \\ 1/5 & 1/2 & 1 & 1 & 1 & 2 & 2 & 2 & 1 & 1/2 \\ 1/5 & 1/3 & 1/2 & 1/2 & 1/2 & 1 & 1 & 1 & 1/2 & 1/3 \\ 1/5 & 1/3 & 1/2 & 1/2 & 1/2 & 1 & 1 & 1 & 1/2 & 1/3 \\ 1/5 & 1/3 & 1/2 & 1/2 & 1/2 & 1 & 1 & 1 & 1/2 & 1/3 \\ 1/5 & 1/2 & 1 & 1 & 1 & 2 & 2 & 2 & 1 & 1/2 \\ 1/3 & 1 & 2 & 2 & 2 & 3 & 3 & 3 & 2 & 1 \end{bmatrix}。$$

判断矩阵 $\boldsymbol{B_4}\text{-}\boldsymbol{C}$ 为：$\begin{bmatrix} 1 & 1 \\ 1 & 1 \end{bmatrix}$。

判断矩阵 $\boldsymbol{B_5}\text{-}\boldsymbol{C}$ 为：$[1]$。

（三）计算判断矩阵的特征向量

在判断矩阵已知的情况下，计算 i 层上 n 个因素的权重向量，即计算判断矩阵的最大特征值和特征向量。以矩阵 $\boldsymbol{A}\text{-}\boldsymbol{B}$ 为例。

计算判断矩阵每一行元素的乘积 $M_i(i=1,2,3,4,5)$：$M_1=1\times5\times3\times5\times5=375$，$M_2=(1/5)\times1\times(1/3)\times1\times(1/2)=1/30$，$M_3=(1/3)\times3\times1\times3\times3=9$，$M_4=(1/5)\times1\times(1/3)\times1\times(1/2)=1/30$，$M_5=(1/5)\times2\times(1/3)\times2\times1=4/15$。

计算 M_i 的 n 次方根 $\overline{W_i}$：$\overline{W_1}=\sqrt[5]{375}=3.272$，$\overline{W_2}=\sqrt[5]{1/30}=0.506$，$\overline{W_3}=\sqrt[5]{9}=1.552$，$\overline{W_4}=\sqrt[5]{1/30}=0.506$，$\overline{W_5}=\sqrt[5]{4/15}=0.768$。

对向量正规化（归一化处理），由 $W_i=\overline{W_i}/\sum\limits_{j=1}^{n}\overline{W_j}$ 可计算得：$W_1=0.495$，$W_2=0.077$，$W_3=0.235$，$W_4=0.077$，$W_5=0.116$。

则 $\boldsymbol{W}=[0.495,0.077,0.235,0.077,0.116]^{\text{T}}$ 即为所求的矩阵 $\boldsymbol{A}\text{-}\boldsymbol{B}$ 的特征向量。同理，可得判断矩阵 $\boldsymbol{B_1}\text{-}\boldsymbol{C}$ 的特征向量 $\boldsymbol{W_1}=[0.375,0.375,0.125,0.125]^{\text{T}}$；判断矩阵 $\boldsymbol{B_2}\text{-}\boldsymbol{C}$ 的特征向量 $\boldsymbol{W_2}=[0.5,0.5]^{\text{T}}$；判断矩阵 $\boldsymbol{B_3}\text{-}\boldsymbol{C}$ 的特征向量 $\boldsymbol{W_3}=[0.312,0.133,0.074,0.074,0.074,0.042,0.042,0.042,0.074,0.133]^{\text{T}}$；判断矩阵 $\boldsymbol{B_4}\text{-}\boldsymbol{C}$ 的特征向量 $\boldsymbol{W_4}=[0.5,0.5]^{\text{T}}$；判断矩阵 $\boldsymbol{B_5}\text{-}\boldsymbol{C}$ 的特征向量 $\boldsymbol{W_5}=[1]^{\text{T}}$。

（四）计算判断矩阵的最大特征根

计算判断矩阵的最大特征根 $\lambda_{\max}$，公式为

$$\lambda_{\max} = \sum_{i=1}^{n} \frac{(AW)_i}{nW_i} \qquad （4-2）$$

其中，$(AW)_i$ 表示向量 AW 的第 i 个元素，经过计算得：$\lambda_{\max} = 5.116$。

用同样的方法依次可以计算得到其余判断矩阵的特征向量和最大特征根，分别为：$(\lambda_1)_{\max} = 5.116$；$(\lambda_2)_{\max} = 2.000$；$(\lambda_3)_{\max} = 10.099$；$(\lambda_4)_{\max} = 2.000$；$(\lambda_5)_{\max} = 1$。

（五）一致性指标的计算

在构造判断矩阵时，由于客观事物的复杂性和主观判断能力的局限性，为防止在各元素重要性的判断过程中出现矛盾，需要对判断矩阵进行一致性检验，以检查所构造的判断矩阵及由此导出的权重向量的合理性。一般是利用一致性比率指标 CR 进行检验，公式为 $CR = CI / RI$。其中，$CI = (\lambda_{\max} - n)(n-1)$ 为一致性指标，RI 为平均随机一致性指标，通过大量实验来确定。部分平均随机一致性指标 RI 的数值表详见表 4-4。

表 4-4　部分平均随机一致性指标 RI 的数值表

矩阵阶数	1	2	4	5	7	10
RI	0.00	0.00	0.90	1.12	1.32	1.49

当 CR<0.1 时，认为矩阵的不一致程度是可以接受的；否则，认为不一致性太严重，需要重新构造判断矩阵或进行必要的调整。

经过计算，上述五个判断矩阵的权重向量及一致性检验结果如下：

$$CI = \frac{5.116 - 5}{5 - 1} = 0.029，\quad CR = \frac{CI}{RI} = \frac{0.029}{1.12} = 0.026 < 0.1，即认为判断矩阵$$

A-B 一致性较强。

此外，判断矩阵 B_2-C、B_4-C 是二阶的，B_5-C 是一阶的，我们一般认为其总具有一致性（一阶、二阶判断矩阵总是具有一致性，不需要检验，往往阶数越多越可能不具有一致性）。同理，可以得到判断矩阵 B_1-C 和 B_3-C 一

致性也较强，满足要求。

（六）各因素权重计算结果

我们可以得出指标体系中所有指标的权重，详见表 4-5 中括号内数值。

表 4-5 文化消费质量的描述性评价指标体系各指标权重

目标层（A）	准则层（B）	方案层（C）
文化消费质量指数（A=1.000）	文化消费水平（B_1=0.495）	城镇居民家庭人均文教娱乐现金消费支出（C_1=0.186）
		农村居民家庭人均文教娱乐消费支出（C_2=0.186）
		城镇居民家庭人均文教娱乐现金消费支出占其人均现金消费支出的比重（C_3=0.062）
		农村居民家庭人均文教娱乐消费支出占其人均消费支出的比重（C_4=0.062）
	文化消费与收入的匹配度（B_2=0.077）	城镇居民家庭人均文教娱乐现金消费支出占其人均可支配收入的比重（C_5=0.039）
		农村居民家庭人均文教娱乐消费支出占其人均纯收入的比重（C_6=0.039）
	文化消费的内部结构（B_3=0.235）	全国教育总经费（C_7=0.073）
		国内旅游人均消费（C_8=0.031）
		艺术表演团体国内演出观众人次（C_9=0.017）
		图书馆总流通人次（C_{10}=0.017）
		博物馆参观人次（C_{11}=0.017）
		电视人口覆盖率（C_{12}=0.010）
		广播人口覆盖率（C_{13}=0.010）
		图书印数（C_{14}=0.010）
		全国电影票房收入（C_{15}=0.017）
		互联网上网人数（C_{16}=0.031）
	文化消费的差异（B_4=0.077）	城镇居民家庭人均文教娱乐消费差异（C_{17}=0.039）
		农村居民家庭人均文教娱乐消费差异（C_{18}=0.039）
	文化消费的成本与消费效果（B_5=0.116）	娱乐教育文化用品及服务价格指数与居民消费价格指数之比，上年=100（C_{19}=0.116）

四、文化消费质量测度

（一）数据无量纲化

根据《中国统计年鉴》提供的 2001~2015 年相关数据，整理得出各项指标的真实值。由于数据单位不同，差异大，将数据进行无量纲化整理，即对原始数据进行标准化处理，将指标的原始数据用数学变换的方法消除各指标量纲影响。极差化法、Z 分数法以及中心化法是几种常用的数据无量纲化方法，本节采用极差化法。设有 m 个样本，n 个指标，则指标矩阵为

$$X=\left(x_{ij}\right)_{m\times n}, i=1,2,\cdots,m; j=1,2,\cdots,n$$

其中，x_{ij} 表示第 i 个样本的第 j 项指标的实际值。$M_j=\max x_{ij}$，$m_j=\min x_{ij}$ 分别为第 j 项指标的最大值和最小值；y_{ij} 为无量纲化处理后的指标值。

对于正向指标，指标值越大越好，令 $y_{ij}=\dfrac{x_{ij}-m_j}{M_j-m_j}$，如城镇居民家庭人均教育文化娱乐服务消费；对于逆向指标，指标值越小越好，令 $y_{ij}=\dfrac{M_j-x_{ij}}{M_j-m_j}$，如城镇居民家庭人均教育文化娱乐服务消费差异。

通过极差化法转化后所得的数据都在[0，1]之间，而且标准化后数据的相对数性质都很明显，便于处理，所得数据详见表 4-6。

（二）计算各年居民文化消费质量指数总分

给出文化消费质量指数评价模型 $A=Y\times W$，其中，$A=\left(a_1,a_2,\cdots,a_{15}\right)^{\mathrm{T}}$ 为 2001~2015 年全国居民文化消费质量指数评价结果向量，$W=\left(w_1,w_2,\cdots,w_{19}\right)^{\mathrm{T}}$ 为 19 个评价指标的权向量，$Y=\left(y_{ij}\right)_{15\times 19}$ 为 2001~2015 年全国居民文化消费质量指数各项指标的无量纲化数据矩阵，如表 4-6 所示。通过 Mathematica 9.0 计算可得：$A=(0.141,0.319,0.309,0.335,0.337,0.367,0.401,0.378,0.354,0.425,$ $0.494,0.524,0.643,0.729,0.819)^{\mathrm{T}}$。

表 4-6 2001~2015 年我国国民文化消费质量的描述性评价指标数据无量纲化表

年份	C_1	C_2	C_3	C_4	C_5	C_6	C_7	C_8	C_9	C_{10}	C_{11}	C_{12}	C_{13}	C_{14}	C_{15}	C_{16}	C_{17}	C_{18}	C_{19}
2015	1.000	1.000	0.097	0.647	0.049	0.829	1.000	1.000	1.000	1.000	1.000	1.000	1.000	1.000	1.000	1.000	0.985	1.000	0.485
2014	0.858	0.859	0.000	0.591	0.000	0.744	0.894	0.962	0.916	0.846	0.912	0.963	0.966	0.797	0.666	0.939	1.000	0.949	0.494
2013	0.767	0.724	0.006	0.554	0.020	0.688	0.817	0.888	0.900	0.747	0.801	0.924	0.928	0.852	0.484	0.892	0.861	0.284	0.554
2012	0.794	0.326	0.346	0.000	0.198	0.000	0.732	0.807	0.772	0.595	0.698	0.876	0.872	0.764	0.375	0.810	0.704	0.208	0.654
2011	0.686	0.262	0.351	0.011	0.248	0.016	0.611	0.727	0.628	0.456	0.568	0.789	0.796	0.586	0.283	0.732	0.657	0.190	0.877
2010	0.554	0.224	0.320	0.181	0.254	0.165	0.474	0.439	0.871	0.316	0.479	0.749	0.735	0.371	0.215	0.647	0.579	0.080	0.701
2009	0.462	0.190	0.302	0.215	0.268	0.284	0.377	0.303	0.753	0.299	0.369	0.664	0.646	0.316	0.123	0.535	0.522	0.015	0.485
2008	0.395	0.157	0.319	0.229	0.275	0.284	0.313	0.250	0.429	0.194	0.308	0.603	0.579	0.325	0.080	0.404	0.490	0.064	1.000
2007	0.378	0.146	0.606	0.423	0.517	0.509	0.238	0.188	0.651	0.140	0.270	0.523	0.478	0.000	0.056	0.269	0.527	0.063	0.942
2006	0.303	0.145	0.733	0.707	0.654	0.834	0.164	0.111	0.130	0.117	0.081	0.447	0.404	0.051	0.040	0.158	0.432	0.087	0.648
2005	0.241	0.132	0.729	0.877	0.707	1.000	0.120	0.088	0.003	0.067	0.078	0.353	0.301	0.074	0.027	0.118	0.401	0.075	0.451
2004	0.203	0.071	0.862	0.827	0.825	0.813	0.083	0.069	0.000	0.035	0.049	0.242	0.215	0.052	0.014	0.092	0.344	0.000	0.693
2003	0.144	0.055	0.855	1.000	0.840	0.974	0.050	0.000	0.008	0.018	0.000	0.172	0.152	0.160	0.003	0.070	0.342	0.123	0.475
2002	0.125	0.023	1.000	0.856	1.000	0.831	0.027	0.100	0.127	0.031	0.025	0.092	0.080	0.245	0.001	0.039	0.372	0.077	0.632
2001	0.000	0.000	0.536	0.768	0.614	0.728	0.000	0.117	0.152	0.000	0.024	0.000	0.000	0.008	0.000	0.000	0.000	0.039	0.000

所以，2001~2015 年我国居民文化消费质量指数评价结果详见表 4-7。

表 4-7　2001~2015 年我国居民文化消费质量指数评价结果

年份	文化消费质量指数	年份	文化消费质量指数	年份	文化消费质量指数
2001	0.141	2006	0.367	2011	0.494
2002	0.319	2007	0.401	2012	0.524
2003	0.309	2008	0.378	2013	0.643
2004	0.335	2009	0.354	2014	0.729
2005	0.337	2010	0.425	2015	0.819

2001~2015 年我国居民文化消费质量指数柱状图如图 4-1 所示。

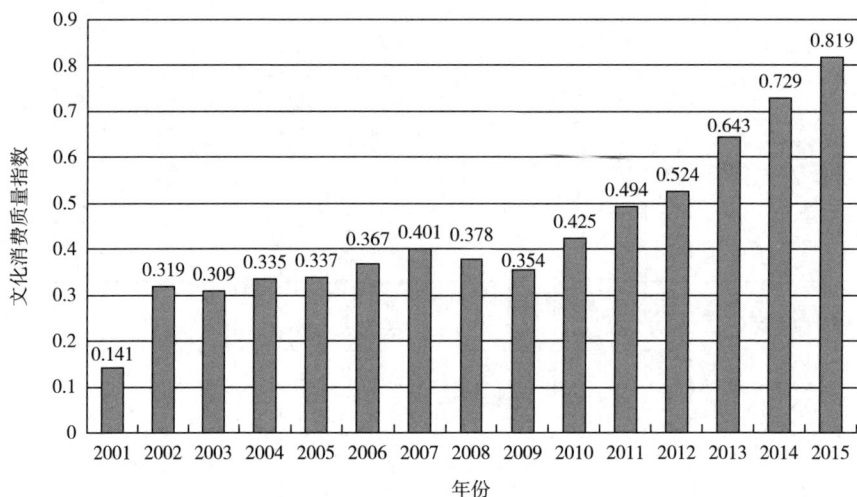

图 4-1　2001~2015 年我国居民文化消费质量指数柱状图

五、结果分析

我国文化消费质量指数呈增长态势。由图 4-1 可以看出，2001~2015 年我国居民文化消费质量指数的总趋势是上升的，说明随着经济发展、收入增长和消费升级等，居民文化消费质量诉求日益强烈、文化消费需要满足程度日益提高。因为 20 世纪末，我国人民生活总体上达到小康水平，不全面、低标准和不平衡的小康水平决定了当时全国居民文化消费需求还相对不足，所以 2001 年居民文化消费质量指数较低，只有 0.141，应属正常现象。随着全面建设小康社会的推进，我国居民文化消费质量指数迅速提升，2015 年达到 0.819。

　　我国居民文化消费质量指数在个别年份有所波动。由图 4-1 也可发现，我国居民文化消费质量指数在 2008~2009 年有一个明显的下降，2010 年企稳并恢复上升。这是因为 2008 年爆发了全球性金融危机，我国也受到了金融危机的巨大冲击。一般来讲，消费者的收入水平越高，文化消费质量也就越高，两者呈一定的正相关性。但人们的收入只有在达到满足基本物质需求的水平之后，才可能在基本文化消费基础上进一步加大对文化消费的支出。不论城镇居民还是农村居民，在收入水平还不够高的情况下，由于文化消费的需求弹性较大，当面对金融危机带来的收入下滑或者收入增速放缓时，有时甚至只是一种预期，许多人最先削减的便是文教娱乐方面的消费支出，相应地导致文化消费质量下降。由统计数据可知，城镇居民家庭人均文教娱乐现金消费支出占其人均可支配收入的比重和农村居民家庭人均文教娱乐消费支出占其人均纯收入的比重，在 2008 年分别下降了 10% 和 11%。城镇居民家庭人均文教娱乐现金消费支出占其人均现金消费支出的比重和农村居民家庭人均文教娱乐消费支出占其人均消费支出的比重，在 2008 年都下降了 9%，且在 2009 年之后仍在较低水平徘徊。因此，通过采取针对性措施，排除各种不利因素的干扰，确保居民收入、消费持续稳定增长，才能充分释放我国文化消费市场潜力，不断提高居民文化消费质量。

　　文化产品的价格影响文化消费质量。衡量文化产品价格的指标是娱乐教育文化用品及服务价格指数与居民消费价格指数之比（上年=100），指标一定程度的下降，显然有利于扩大消费，有利于居民文化消费质量的整体性提高。我们发现，娱乐教育文化用品及服务价格指数与居民消费价格指数之比（上年=100）在 2011~2015 年出现了下降趋势，说明该阶段我国文化消费市场供给和需求状况发生了变化，产业结构调整初见成效，促进了居民文化消费质量的稳步提升。

第二节　分区域居民文化消费质量指数的测度及比较分析

我国幅员辽阔，各地区经济发展水平不平衡，且表现出不同的发展特点。根据经济发展情况，一般将我国分为东部、中部、西部和东北四大区域。各地区居民文化消费质量也存在较大差异。为了更加准确地探究我国地区居民文化消费质量，并印证已构建的居民文化消费质量描述性评价指标体系的有效性，本节从东部、中部、西部和东北四大区域分别选取一个具有代表性的省（自治区、直辖市），即北京市、湖北省、新疆维吾尔自治区和吉林省。根据《北京统计年鉴》、《湖北统计年鉴》、《新疆统计年鉴》和《吉林统计年鉴》2001~2015 年数据，参照上文的文化消费质量描述性评价指标体系，计算出北京市、湖北省、新疆维吾尔自治区和吉林省 2001~2015 年文化消费质量指数，并作比较分析。

一、东部地区居民文化消费质量指数的测度

根据《北京统计年鉴》2001~2015 年数据，参照前文建立的文化消费质量的描述性评价指标体系，计算出北京市 2001~2015 年文化消费质量指数。考虑到数据的可得性，对具体指标稍作调整。第一，由于《北京统计年鉴》中未包含 2001~2015 年教育总经费的全部数据，用北京市普通高校在校生人数来代替教育总经费这一具体指标。第二，由于《北京统计年鉴》中未包含 2001~2015 年艺术表演团体国内演出观众人次的数据，用北京市群众艺术馆、文化馆组织文艺活动次数来代替艺术表演团体国内演出观众人次的数据。第三，由于《北京统计年鉴》中未包含北京市图书馆总流通人次这项数据，用北京市公共图书馆文献外借人次来代替图书馆总流通人次。

（一）数据无量纲化

根据《北京统计年鉴》提供的 2001~2015 年相关数据，整理得出各项指标的真实值。由于数据单位不同，差异大，将数据进行无量纲化处理，详见表 4-8。

表4-8 2001~2015年北京市居民文化消费质量的描述性评价指标数据无量纲化表

年份	C_1	C_2	C_3	C_4	C_5	C_6	C_7^*	C_8	C_9^*	C_{10}^*	C_{11}	C_{12}	C_{13}	C_{14}	C_{15}	C_{16}	C_{17}	C_{18}	C_{19}
2015	1.000	0.764	0.000	0.000	0.025	0.021	0.995	1.000	0.261	0.662	1.000	1.000	1.000	1.000	1.000	1.000	0.989	1.000	0.671
2014	0.840	0.704	0.093	0.034	0.000	0.000	1.000	0.933	0.116	0.526	0.888	1.000	1.000	0.970	0.677	0.972	1.000	0.948	0.525
2013	0.984	1.000	0.626	0.282	0.212	0.268	0.979	0.843	1.000	0.167	0.843	1.000	1.000	1.000	0.541	0.898	0.876	0.145	0.581
2012	0.872	0.774	0.657	0.268	0.381	0.230	0.950	0.814	0.688	0.132	0.908	1.000	1.000	0.901	0.500	0.839	0.683	0.228	0.670
2011	0.723	0.586	0.608	0.198	0.369	0.203	0.937	0.705	0.537	0.202	0.647	1.000	1.000	0.905	0.390	0.717	0.759	0.259	0.933
2010	0.567	0.518	0.535	0.235	0.359	0.255	0.934	0.684	0.592	0.675	0.819	0.980	0.917	0.828	0.351	0.631	0.766	0.226	0.782
2009	0.472	0.531	0.577	0.355	0.352	0.379	0.931	0.639	0.560	0.807	0.786	0.980	0.917	0.801	0.323	0.538	0.719	0.100	0.667
2008	0.367	0.433	0.523	0.467	0.311	0.409	0.925	0.672	0.403	0.715	0.644	0.980	0.833	0.783	0.196	0.355	0.834	0.107	1.000
2007	0.367	0.416	0.684	0.598	0.481	0.538	0.895	0.526	0.994	0.842	0.708	0.980	0.833	0.642	0.199	0.152	0.740	0.086	0.793
2006	0.418	0.383	0.896	0.727	0.728	0.639	0.843	0.395	0.130	1.000	0.669	0.980	1.000	0.543	0.099	0.122	0.028	0.130	0.739
2005	0.291	0.324	0.828	0.784	0.699	0.690	0.772	0.291	0.637	0.846	0.646	0.980	1.000	0.534	0.026	0.102	0.263	0.168	0.716
2004	0.264	0.256	0.953	0.868	0.861	0.724	0.629	0.189	0.003	0.518	0.254	0.000	1.000	0.410	0.028	0.099	0.128	0.000	0.586
2003	0.206	0.190	1.000	1.000	0.948	0.927	0.466	0.005	0.070	0.206	0.010	0.800	0.250	0.205	0.000	0.000	0.000	0.038	0.723
2002	0.146	0.106	0.990	0.968	1.000	1.000	0.229	0.002	0.000	0.219	0.036	0.640	0.000	0.079	0.045	0.009	0.233	0.017	0.707
2001	0.000	0.000	0.754	0.923	0.693	0.896	0.000	0.000	0.002	0.000	0.000	0.820	0.250	0.000	0.046	0.048	0.074	0.106	0.000

注：C_3^*为北京市普通高校在校生人数；C_7^*为北京市群众艺术馆、文化馆组织文艺活动次数；C_9^*为北京市公共图书馆文献外借人次；C_{10}^*为北京市公共图书馆文献外借人次

（二）计算北京市历年居民文化消费质量指数总分

给出文化消费质量指数评价模型 $A = Y \times W$，其中，$A = (a_1, a_2, \cdots, a_{15})^{\mathrm{T}}$ 为 2001~2015 年北京市居民文化消费质量指数评价结果向量，$W = (w_1, w_2, \cdots, w_{19})^{\mathrm{T}}$ 为 19 个评价指标的权向量，$Y = (y_{ij})_{15 \times 19}$ 为 2001~2015 年北京市居民文化消费质量指数各项指标的无量纲化数据矩阵，如表 4-8 所示。通过 Mathematica 9.0 计算可得：$A = (0.186, 0.367, 0.408, 0.427, 0.499, 0.530, 0.547, 0.550, 0.556, 0.581, 0.635, 0.688, 0.750, 0.631, 0.700)^{\mathrm{T}}$。

2001~2015 年北京市居民文化消费质量指数评价结果详见表 4-9。

表 4-9　2001~2015 年北京市居民文化消费质量指数评价结果

年份	文化消费质量指数	年份	文化消费质量指数	年份	文化消费质量指数
2001	0.186	2006	0.530	2011	0.635
2002	0.367	2007	0.547	2012	0.688
2003	0.408	2008	0.550	2013	0.750
2004	0.427	2009	0.556	2014	0.631
2005	0.499	2010	0.581	2015	0.700

2001~2015 年北京市居民文化消费质量指数柱状图，如图 4-2 所示。

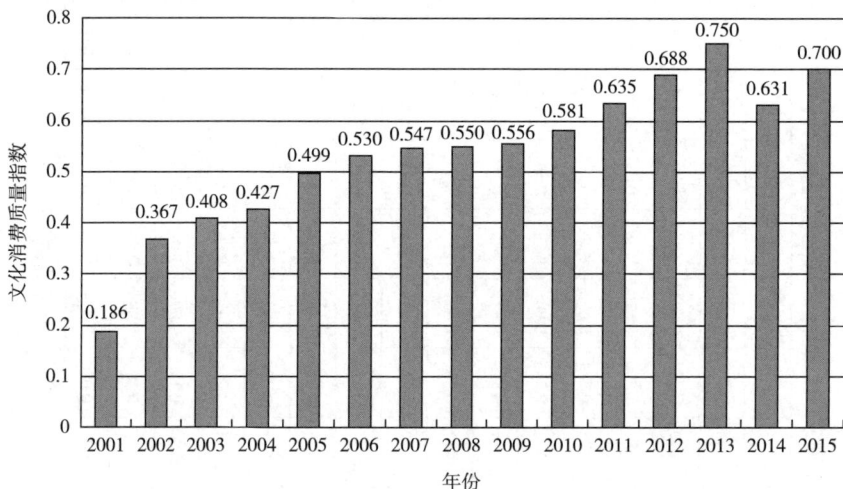

图 4-2　2001~2015 年北京市居民文化消费质量指数柱状图

（三）北京市居民文化消费质量指数结果分析

北京市居民文化消费质量指数总体上呈稳定增长态势。根据图 4-2，从历年北京市居民文化消费质量指数总分的角度来看，2001~2015 年北京市居民文化消费质量指数总分总体上呈上升趋势，从 2001 年的 0.186 增长到 2015 年的 0.700，地区文化消费质量的提升显而易见。从具体年份来看，2001 年北京市居民文化消费质量指数较低，只有 0.186，说明当时北京市居民文化消费不论在"量"还是"质"上都处于较低水平。从 2002 年开始，北京市居民文化消费质量的提升进入快车道。2002 年该指数较 2001 年增长 97%，此后该指数基本都维持了较稳定的增速，说明北京市居民文化消费质量提升是一个稳定而渐进的过程，符合社会经济发展的客观规律，也与北京市居民文化消费实际情况相符。

该指标体系中多项指标持续增长。具体来看，权重最大、最能直观反映居民文化消费质量的城镇居民家庭人均文教娱乐现金消费支出这一指标，从 2001 年开始一直稳步上升，2015 年达最大值，为 4 027 元，是 2001 年该项指标的 2.8 倍，这说明居民文化消费需求日益增大。从文化消费的内部结构来看，2001~2015 年反映居民文化消费内部结构的多项指标都稳步上升，如国内旅游人均消费、博物馆参观人次、广播人口覆盖率、电视人口覆盖率、全国电影票房收入及互联网上网人数等指标都在逐年增长，且在 2015 年达到最大值。这说明日益丰富且高层次的文化消费内部结构是居民文化消费质量提升的有力保障。

北京市居民文化消费质量指数在个别年份有所波动。从图 4-2 中可以发现，虽然北京市居民文化消费质量指数总体上升，但 2014 年有较为明显的下降，原因有二。第一，从 2013 年开始，统计年鉴相关统计指标的统计口径发生变化。例如，在计算城镇和农村居民人均可支配收入和消费时新增了自有住房折算租金，因此从 2013 年开始，城镇居民家庭人均文教娱乐现金消费支出占其人均现金消费支出的比重和城镇居民家庭人均文教娱乐现金消费支出占其人均可支配收入的比重这两项指标下降，这与城镇居民家庭人均现金消费支出和人均可支配收入的增加有一定关系。第二，随着我国经济发展步入新常态，从高速增长转变为中高速增长，经济结构优化升级过程中必不可少要经历阵痛期。2014 年，北京市城镇居民家庭人均现金消费支出和农村居民家庭人均文教娱乐消费支出分别下降了 9.3%和 17.5%，这说明北京市居民文化消费在新常态时期也面临转型升级的挑战。可喜的是，2015 年北京市文化消费质量指数又企稳回升，城镇居民家庭人均现金消费支出和农村居民家庭人均文教娱乐消费支出分别增长 11.5%和 4.2%。此外，北京市城镇居民家庭人均文教娱乐消费差异和农村家庭人均文教娱乐消费差异两项指标下降，则说明北京市居民文化消费差异正日益缩小，体现了高质量文化消费的发展趋势。2015 年，衡量北京市文化产品价格的娱乐教育文化用品及服务价格指数与居民消费价格指数之比这项指标也出现下降，这显然有利于扩大北京市居民文化消费，有利于文化消费质量整体提高。

该评价指标体系中多项指标保持稳定，如普通高校在校生人数、电视人口覆盖率、广播人口覆盖率、公共图书馆文献外借人次及图书印数等指标。这说明居民在教育、广电、图书馆和出版等领域的文化消费已经发展得较为成熟，是高质量文化消费的重要保障。

二、中部地区居民文化消费质量指数的测度

根据《湖北统计年鉴》2001~2015 年数据，参照前文建立的文化消费质量的描述性评价指标体系，尝试计算出湖北省 2001~2015 年文化消费质量指数。考虑到数据可得性，将文化消费质量的描述性评价指标体系中个别指标稍作调整。第一，《湖北统计年鉴》中未包含 2001~2015 年教育总经费的数据，因此用湖北省普通高校在校生人数来代替教育总经费这一具体指标。第二，为了与北京市群众艺术馆、文化馆组织文艺活动次数这一指标保持一致，用湖北省群众文化活动、艺术活动次数来代替艺术表演团体国内演出观众人次的数据。第三，为了与北京市公共图书馆文献外借人次这一指标保持一致，用湖北省公共图书馆文献外借人次来代替图书馆总流通人次。第四，由于《湖北统计年鉴》中未包含 2001~2015 年湖北省电影票房收入，用湖北省电影年人均观看次数来代替电影票房年收入，其中 2001~2011 年数据由《湖北统计年鉴》中直接给出，2012~2015 年数据由《湖北统计年鉴》中湖北省城市电影观众人数除以城镇人口数计算得出。

表 4-10　2001~2015 年湖北省居民文化消费质量的描述性评价指标数据无量纲化表

年份	C_1	C_2	C_3	C_4	C_5	C_6	C_7^*	C_8	C_9^*	C_{10}^*	C_{11}	C_{12}	C_{13}	C_{14}	C_{15}^*	C_{16}	C_{17}	C_{18}	C_{19}
2015	0.062	1.000	0.000	0.998	0.000	1.000	0.987	1.000	0.978	0.929	1.000	1.000	1.000	0.600	0.820	1.000	1.000	1.000	0.544
2014	0.000	0.890	0.012	1.000	0.012	0.976	0.998	0.830	1.000	0.878	0.990	0.979	0.959	0.644	0.554	0.947	0.857	0.911	0.550
2013	1.000	0.280	0.325	0.050	0.237	0.106	1.000	0.731	0.916	0.720	0.892	0.960	0.936	0.599	0.427	0.876	0.779	0.973	0.610
2012	0.945	0.214	0.380	0.029	0.275	0.063	0.963	0.646	0.843	0.564	0.840	0.946	0.917	0.585	0.320	0.805	0.786	0.695	0.670
2011	0.860	0.148	0.415	0.000	0.326	0.000	0.916	0.527	0.327	0.332	0.597	0.824	0.794	0.590	0.959	0.716	0.729	0.410	0.840
2010	0.751	0.120	0.504	0.049	0.380	0.047	0.871	0.398	0.375	0.955	0.714	0.795	0.775	0.660	0.971	0.546	0.654	0.333	0.693
2009	0.582	0.103	0.537	0.108	0.401	0.114	0.822	0.299	0.355	0.276	0.470	0.649	0.617	0.414	0.925	0.381	0.634	0.350	0.575
2008	0.542	0.083	0.542	0.091	0.449	0.105	0.756	0.187	0.324	0.269	0.384	0.607	0.479	0.000	1.000	0.246	0.572	0.327	1.000
2007	0.497	0.081	0.619	0.221	0.535	0.235	0.734	0.153	0.304	0.187	0.069	0.525	0.365	0.309	0.647	0.178	0.572	0.381	0.931
2006	0.473	0.067	0.781	0.311	0.661	0.325	0.660	0.177	0.273	0.246	0.054	0.478	0.360	0.347	0.552	0.151	0.478	0.202	0.665
2005	0.451	0.046	0.891	0.316	0.757	0.311	0.578	0.119	0.051	0.173	0.023	0.466	0.291	1.000	0.593	0.137	0.383	0.000	0.491
2004	0.421	0.037	1.000	0.434	0.836	0.330	0.453	0.068	0.069	0.086	0.008	0.442	0.222	0.417	0.303	0.118	0.326	0.315	0.597
2003	0.118	0.028	0.914	0.497	0.751	0.408	0.277	0.092	0.000	0.164	0.000	0.367	0.216	0.726	0.191	0.028	0.416	0.312	0.392
2002	0.105	0.001	0.692	0.655	0.822	0.261	0.136	0.068	0.058	1.000	0.011	0.242	0.071	0.853	0.000	0.026	0.383	0.136	0.403
2001	0.111	0.000	0.822	0.453	1.000	0.292	0.000	0.000	0.032	0.009	0.009	0.000	0.000	0.798	0.237	0.000	0.000	0.357	0.000

注: C_7^*为湖北省普通高校在校生人数; C_9^*为湖北省群众文化活动、艺术活动次数; C_{10}^*为湖北省公共图书馆文献外借人次; C_{15}^*为湖北省电影年人均观看次数

（一）数据无量纲化

由于数据单位不同，差异大，这里同样将数据进行无量纲化处理，所得数据详见表 4-10。

（二）计算湖北省历年居民文化消费质量指数总分

给出文化消费质量指数评价模型 $A = Y \times W$，其中，$A = \left(a_1, a_2, \cdots, a_{15}\right)^{\mathrm{T}}$ 为 2001~2015 年湖北省居民文化消费质量指数评价结果向量，$W = \left(w_1, w_2, \cdots, w_{19}\right)^{\mathrm{T}}$ 为 19 个评价指标的权向量，$Y = \left(y_{ij}\right)_{15 \times 19}$ 为 2001~2015 年湖北省居民文化消费质量指数各项指标的无量纲化数据矩阵，如表 4-10 所示。通过 Mathematica 9.0 计算可得：$A = (0.177, 0.255, 0.277, 0.371, 0.363, 0.400, 0.431, 0.441, 0.425, 0.499, 0.533, 0.573, 0.612, 0.612, 0.663)^{\mathrm{T}}$。

2001~2015 年湖北省居民文化消费质量指数评价结果，详见表 4-11。

表 4-11　2001~2015 年湖北省居民文化消费质量指数评价结果

年份	文化消费质量指数	年份	文化消费质量指数	年份	文化消费质量指数
2001	0.177	2006	0.400	2011	0.533
2002	0.255	2007	0.431	2012	0.573
2003	0.277	2008	0.441	2013	0.612
2004	0.371	2009	0.425	2014	0.612
2005	0.363	2010	0.499	2015	0.663

2001~2015 年湖北省居民文化消费质量指数柱状图，如图 4-3 所示。

（三）湖北省居民文化消费质量指数结果分析

湖北省居民文化消费质量指数总体上稳定增长。从图 4-3 中可以看出，2001~2015 年，湖北省居民文化消费质量指数从 2001 年的 0.177 稳步增长到 2015 年的 0.663，增长了 275%。尤其值得肯定的是，增长速度较为平稳，波动较小。2014 年，虽然地区经济增速放缓，湖北省居民文化消费质量指数也保持稳定，未出现下跌。这显示了湖北省文化消费市场的巨大潜力，也说明当地政府政策对地区文化消费质量提升的引导积极有效。

从各项具体指标来看，主要反映出三个现象。第一，城乡文化消费差距正

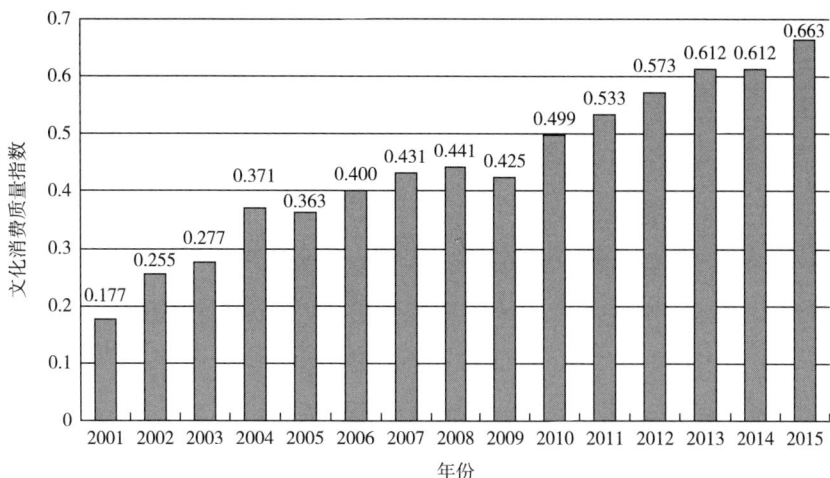

图 4-3 2001~2015 年湖北省居民文化消费质量指数柱状图

在缩小。2014 年农村居民家庭人均文教娱乐消费支出上升明显，达 1 010 元，大幅增加了 148%，这说明湖北省农村人口文化消费需求迎来井喷式发展，虽然其人均文教娱乐消费支出水平还较低，仅相当于当年城镇居民家庭人均文教娱乐现金消费支出的 53%，但两者差距正在缩小，说明人均文教娱乐消费支出城乡差距正在缩小，城乡一体化进程加快。城镇居民家庭人均文教娱乐现金消费支出占其人均现金消费支出的比重呈现下降趋势，而农村居民家庭人均文教娱乐消费支出占其人均消费支出的比重则在 2013~2014 年呈现出迅猛上升态势，这也印证了城乡居民家庭人均文化消费水平差距正在缩小。第二，反映文化消费内部结构的多项指标呈现出良好增长态势。例如，群众文化活动、艺术活动次数，公共图书馆文献外借人次，博物馆参观人次，电视人口覆盖率，广播人口覆盖率，图书印数，电影年人均观看次数以及互联网上网人数等指标多呈现稳定、健康发展态势。第三，娱乐教育文化用品及服务价格指数与居民消费价格指数之比从 2002 年开始保持稳定，说明文化消费产品及服务价格因素变化不大，为湖北省居民文化消费质量提升提供良好的价格基础。

2014 年湖北省城镇居民家庭人均文教娱乐现金消费支出下降明显。文化消费质量指数及其具体统计指标数据也反映出该省文化消费质量提升过程中有些问题值得引起注意。由统计数据可知，2001~2015 年湖北省城镇居民家庭人均文教娱乐现金消费支出在 2013 年达到最大值 3 161 元，2014 年又降为最小值 1 894 元，说明随着我国经济发展整体步入新常态，城镇居民家庭人均文教娱乐现金消费支出受冲击较大，降幅明显。2014~2015 年，由于城镇居民家庭人均文教娱乐现金消费支出下降明显，引发城镇居民家庭人均文教娱乐现金消费支出占其人均现金消费支出的比重也随之下降。这两项指标是反映文化消费水平的重要指标，在文化消费质量的描述性评价指标中占有较大权重，积极寻求提升城镇居民家庭人均文教娱乐现金消费支出的路径就显得尤为重要。与此同时，反映文化消费与收入匹配度的城镇居民家庭人均文教娱乐现金消费支出占其人均可支配收入的比重也在 2014~2015 年下降明显。

三、西部地区居民文化消费质量指数的测度

根据《新疆统计年鉴》2001~2015 年数据，参照前文建立的文化消费质量的描述性评价指标体系，尝试计算出新疆维吾尔自治区 2001~2015 年文化消费质量指数。同样，考虑到数据可得性，我们将文化消费质量的描述性评价指标体系中个别指标稍作调整。第一，为了与北京市、湖北省文化消费质量的描述性评价指标保持一致，用新疆维吾尔自治区普通高校在校生人数来代替教育总经费这一具体指标。第二，由于《新疆统计年鉴》中未包含艺术表演团体国内演出观众人次这一指标，用新疆维吾尔自治区艺术事业从业人数来代替艺术表演团体国内演出观众人次这一具体指标。第三，由于《新疆统计年鉴》中未包含图书馆总流通人次这一指标，用新疆维吾尔自治区图书馆从业人数来代替图书馆总流通人次这一具体指标。第四，由于《新疆统计年鉴》中未给出博物馆参观人次这一组数据，用新疆维吾尔自治区博物馆从业人数来代替博物馆参观人次这一具体指标。第五，由于《新疆统计年鉴》中未包含 2001~2015 年新疆维吾尔自治区图书印数这一组数据，用新疆维吾尔自治区群众文化事业从业人数来代替图书印数这项指标。第六，由于《新疆统计年鉴》中未包含 2001~2015 年新疆维吾尔自治区电影票房收入，用新疆维吾尔自治区文化市场经营单位从业人数来代替电影票房收入这项指标。

（一）数据无量纲化

由于数据单位不同，差异大，同样将数据进行无量纲化处理，详见表 4-12。

表 4-12 2001~2015 年新疆维吾尔自治区居民文化消费质量的描述性评价指标数据无量纲化表

年份	C_1	C_2	C_3	C_4	C_5	C_6	C_7^*	C_8	C_9^*	C_{10}^*	C_{11}^*	C_{12}	C_{13}	C_{14}^*	C_{15}^*	C_{16}	C_{17}	C_{18}	C_{19}
2015	1.000	1.000	0.458	0.109	0.214	0.087	1.000	1.000	0.876	1.000	0.953	1.000	1.000	1.000	0.432	1.000	0.765	0.800	0.000
2014	0.754	0.940	0.291	0.000	0.108	0.000	0.929	0.565	1.000	0.891	1.000	0.984	0.977	0.740	0.375	0.959	0.586	1.000	0.252
2013	0.657	0.349	0.402	0.073	0.220	0.071	0.871	0.534	0.878	0.910	0.967	0.822	0.827	0.674	0.911	0.840	0.293	0.538	0.384
2012	0.443	0.300	0.186	0.023	0.036	0.003	0.819	0.402	0.721	0.935	0.703	0.768	0.764	0.537	0.621	0.767	0.124	0.526	0.496
2011	0.335	0.240	0.229	0.055	0.053	0.024	0.766	0.478	0.821	0.493	0.544	0.714	0.681	0.496	0.694	0.710	0.064	0.491	0.620
2010	0.261	0.128	0.304	0.165	0.091	0.067	0.723	0.140	0.678	0.478	0.446	0.712	0.681	0.391	0.867	0.543	0.104	0.000	0.420
2009	0.155	0.106	0.000	0.147	0.000	0.075	0.674	0.043	0.623	0.313	0.302	0.630	0.587	0.399	0.900	0.535	0.000	0.001	0.140
2008	0.126	0.126	0.006	0.201	0.026	0.118	0.617	0.112	0.298	0.299	0.299	0.417	0.426	0.252	0.927	0.298	0.043	0.312	1.000
2007	0.183	0.121	0.314	0.440	0.356	0.301	0.546	0.119	0.283	0.443	0.177	0.417	0.424	0.297	0.928	0.110	0.237	0.340	0.695
2006	0.131	0.104	0.394	0.512	0.468	0.366	0.460	0.107	0.391	0.542	0.123	0.398	0.345	0.188	1.000	0.083	0.254	0.215	0.228
2005	0.078	0.108	0.641	0.436	0.475	0.362	0.371	0.100	0.000	0.343	0.116	0.362	0.283	0.152	0.844	0.077	0.239	0.320	0.306
2004	0.145	0.045	0.855	0.713	0.871	0.639	0.274	0.085	0.085	0.134	0.118	0.262	0.300	0.113	0.639	0.075	0.589	0.206	0.551
2003	0.122	0.019	0.774	0.766	0.865	0.670	0.195	0.000	0.001	0.015	0.000	0.259	0.287	0.000	0.155	0.010	0.714	0.065	0.428
2002	0.172	0.006	1.000	1.000	1.000	1.000	0.117	0.074	0.116	0.015	0.016	0.118	0.064	0.054	0.063	0.008	1.000	0.167	0.064
2001	0.000	0.000	0.492	0.593	0.512	0.609	0.000	0.058	0.084	0.040	0.066	0.000	0.000	0.059	0.000	0.000	0.827	0.283	0.334

注：C_7^*为新疆维吾尔自治区博物馆从业人数；C_9^*为新疆维吾尔自治区群众文化事业从业人数；C_{10}^*为新疆维吾尔自治区艺术事业从业人数；C_{11}^*为新疆维吾尔自治区图书馆从业人数；C_{14}^*为新疆维吾尔自治区市场经营单位从业人数；C_{15}^*为新疆维吾尔自治区文化市场经营单位从业人数

（二）计算新疆维吾尔自治区历年居民文化消费质量指数总分

给出文化消费质量指数评价模型 $A = Y \times W$，其中，$A = (a_1, a_2, \cdots, a_{15})^{\mathrm{T}}$ 为 2001~2015 年新疆维吾尔自治区居民文化消费质量指数评价结果向量，$W = (w_1, w_2, \cdots, w_{19})^{\mathrm{T}}$ 为 19 个评价指标的权向量，$Y = (y_{ij})_{15 \times 19}$ 为 2001~2015 年新疆维吾尔自治区居民文化消费质量指数各项指标的无量纲化数据矩阵，如表 4-12 所示。通过 Mathematica 9.0 计算可得：$A = (0.199, 0.305, 0.284, 0.335, 0.254, 0.261, 0.322, 0.295, 0.196, 0.294, 0.376, 0.403, 0.500, 0.626, 0.700)^{\mathrm{T}}$。

2001~2015 年新疆维吾尔自治区居民文化消费质量指数评价结果，详见表 4-13。

表 4-13　2001~2015 年新疆维吾尔自治区居民文化消费质量指数评价结果

年份	文化消费质量指数	年份	文化消费质量指数	年份	文化消费质量指数
2001	0.199	2006	0.261	2011	0.376
2002	0.305	2007	0.322	2012	0.403
2003	0.284	2008	0.295	2013	0.500
2004	0.335	2009	0.196	2014	0.626
2005	0.254	2010	0.294	2015	0.700

2001~2015 年新疆维吾尔自治区居民文化消费质量指数柱状图，如图 4-4 所示。

（三）新疆维吾尔自治区居民文化消费质量指数结果分析

2001~2015 年新疆维吾尔自治区居民文化消费质量指数波动较大，期初水平低，后期增速快。从图 4-4 中可以发现，新疆维吾尔自治区居民文化消费质量指数在 2001~2009 年波动剧烈，并在 2009 年达到较低值 0.196，而后快速增长直到 2015 年达到 0.700。除此以外，2001~2015 年新疆维吾尔自治区居民文化消费质量指数还有以下几个特点。

第一，新疆维吾尔自治区居民文化消费质量指数整体水平较低。2004~2011 年，居民文化消费质量指数始终在 0.4 以下，不仅远低于北京市、湖北省，也低于全国同期平均水平。首先，这主要是因为以城镇居民家庭人均文教

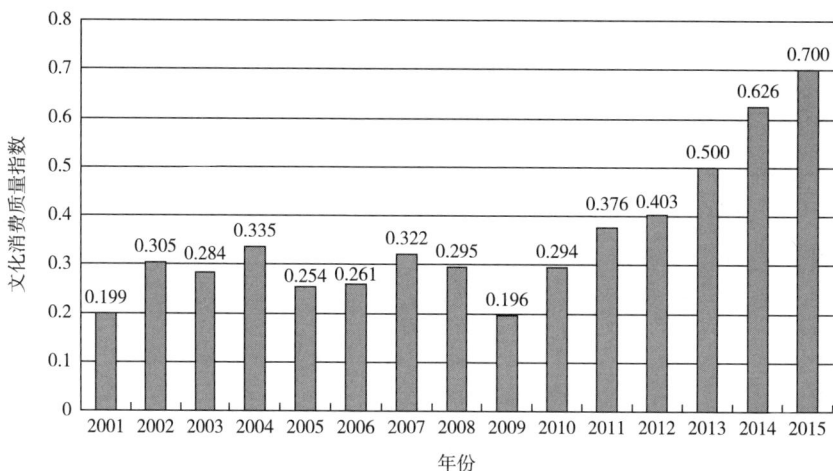

图 4-4　2001~2015 年新疆维吾尔自治区居民文化消费质量指数柱状图

娱乐现金消费支出为代表的几个重要指标数值偏低，从而拉低了总分值。这说明新疆维吾尔自治区居民文化消费数量这个基本条件还处于较低水平，因此很难有较高文化消费质量。其次，新疆维吾尔自治区普通高校在校生人数、广播人口覆盖率、电视人口覆盖率以及互联网上网人数等反映文化消费结构的多项具体指标数值也偏低，说明地区居民文化消费的方式较为单一，结构发展不平衡，这是西部地区居民文化消费质量指数长期偏低的原因。

第二，2001~2009 年，新疆维吾尔自治区居民文化消费质量出现了较长时间的低水平波动。这主要源于两方面因素：一方面，反映文化消费水平的城镇居民家庭人均文教娱乐现金消费支出占其人均现金消费支出的比重和农村居民家庭人均文教娱乐消费支出占其人均消费支出的比重这两项指标 2002~2008 年一路走低；另一方面，反映文化消费与收入匹配度的城镇居民家庭人均文教娱乐现金消费支出占其人均可支配收入的比重和农村居民家庭人均文教娱乐消费支出占其人均纯收入的比重这两项指标也一路下行到 2008 年的低位，分别为 7.1% 和 2.3%。由此看来，居民文化消费质量指数在 2009 年达到低位不单单是受 2008 年国际金融危机短期冲击影响，更是长期以来受地区自身文化消费水平较低、文化消费结构单一以及文化消费与收入不匹配等多种因素共同影响。

第三，2010~2015 年，新疆维吾尔自治区居民文化消费质量指数呈快速上涨态势。2009 年以后，新疆维吾尔自治区居民文化消费质量指数触底反弹，呈现跨越式增长。这主要是因为城镇居民家庭人均文教娱乐现金消费支出及农村居民家庭人均文教娱乐消费支出这两项指标的带动作用，分别从 2009 年的 855 元和 158 元，涨到 2015 年的 2 105 元和 632 元，6 年间分别增长了 146% 和 300%。可见，由于其文化消费质量发展整体水平较低，文化消费质量提升主要靠的是城乡文化消费水平的直接拉动。此外，普通高校在校生人数、国内旅游人均消费、艺术事业从业人数、博物馆从业人数、图书馆从业人数、群众文化事业从业人数、广播人口覆盖率、电视人口覆盖率及互联网上网人数等指标都迅猛增长，显示了新疆维吾尔自治区居民文化消费质量提升的多方动力与强劲后劲。

四、东北地区居民文化消费质量指数的测度

根据《吉林统计年鉴》2001~2015 年数据，参照前文建立的文化消费质量的描述性评价指标体系，尝试计算出吉林省 2001~2015 年文化消费质量指数。同样，考虑到数据可得性，将文化消费质量的描述性评价指标体系中个别指标稍作调整。第一，为了与北京市、湖北省和新疆维吾尔自治区文化消费质量的描述性评价指标保持一致，用吉林省普通高校在校生人数来代替地区教育总经费这一具体指标。第二，由于《吉林统计年鉴》中未包含艺术表演团体国内演出观众人次这一指标，用吉林省群众文化事业文化活动次数来代替艺术表演团体国内演出观众人次这一具体指标。第三，由于《吉林统计年鉴》中未涵盖2001~2015 年图书馆总流通人次这一指标，用吉林省图书馆总借阅人次来代替图书馆总流通人次指标。第四，由于《吉林统计年鉴》中未包含 2001~2015 年吉林省电影票房收入，且为了与北京市、湖北省及新疆维吾尔自治区相关统计指标保持一致，用吉林省电影年人均观看次数来代替电影票房收入这项指标，其中电影年人均观看次数由观众人数除以城镇人口数计算得到。

（一）数据无量纲化

由于数据单位不同，差异大，将数据进行无量纲化处理，所得数据详见表 4-14。

表 4-14　2001~2015 年吉林省居民文化消费质量的描述性评价指标数据无量纲化表

年份	C_1	C_2	C_3	C_4	C_5	C_6	C_7^*	C_8	C_9^*	C_{10}^*	C_{11}	C_{12}	C_{13}	C_{14}	C_{15}^*	C_{16}	C_{17}	C_{18}	C_{19}
2015	1.000	1.000	0.437	0.884	0.412	1.000	1.000	1.000	1.000	0.346	0.989	1.000	1.000	0.815	0.283	1.000	0.923	0.707	0.337
2014	0.889	0.920	0.389	1.000	0.365	0.948	0.965	0.906	0.942	0.279	1.000	0.987	0.994	0.883	0.293	0.944	1.000	0.551	0.206
2013	0.862	0.548	0.330	0.262	0.414	0.293	0.920	0.854	0.742	0.708	0.744	0.980	0.985	1.000	0.275	0.880	0.642	0.000	0.248
2012	0.682	0.458	0.197	0.228	0.242	0.257	0.870	0.764	0.610	1.000	0.891	0.964	0.974	0.543	0.236	0.768	0.484	0.162	0.360
2011	0.576	0.298	0.232	0.000	0.280	0.000	0.832	0.687	0.339	0.843	0.762	0.947	0.968	0.475	0.223	0.723	0.419	0.709	0.777
2010	0.438	0.296	0.237	0.402	0.225	0.318	0.787	0.616	0.312	0.636	0.504	0.911	0.951	0.358	0.927	0.656	0.294	0.484	0.560
2009	0.306	0.213	0.000	0.259	0.000	0.282	0.755	0.557	0.332	0.611	0.637	0.868	0.890	0.352	1.000	0.532	0.000	0.830	0.277
2008	0.333	0.176	0.323	0.255	0.310	0.222	0.690	0.501	0.223	0.352	0.189	0.782	0.262	0.019	0.152	0.367	0.402	0.882	0.815
2007	0.287	0.174	0.465	0.456	0.460	0.533	0.608	0.452	0.421	0.137	0.486	0.752	0.703	0.056	0.130	0.298	0.232	0.816	1.000
2006	0.222	0.182	0.576	0.720	0.543	0.905	0.524	0.386	0.000	0.097	0.030	0.719	0.698	0.031	0.014	0.168	0.185	0.751	0.221
2005	0.167	0.091	0.546	0.516	0.574	0.508	0.457	0.340	0.085	0.640	0.025	0.650	0.436	0.000	0.000	0.113	0.137	0.804	0.000
2004	0.164	0.066	0.866	0.625	0.861	0.482	0.348	0.268	0.073	0.043	0.021	0.508	0.378	0.123	0.200	0.095	0.317	1.000	0.698
2003	0.131	0.049	0.989	0.668	1.000	0.703	0.245	0.191	0.309	0.182	0.002	0.337	0.262	0.136	0.038	0.069	0.425	0.953	0.422
2002	0.078	0.007	1.000	0.446	0.960	0.486	0.113	0.075	0.375	0.099	0.000	0.109	0.145	0.130	0.205	0.046	0.127	0.757	0.019
2001	0.000	0.000	0.559	0.391	0.783	0.514	0.000	0.000	0.468	0.000	0.003	0.000	0.000	0.031	0.258	0.000	0.300	0.877	0.167

注：C_3^* 为吉林省普通高校在校生人数；C_9^* 为吉林省群众文化事业文化活动次数；C_{10}^* 为吉林省图书馆信息总借阅人次；C_{15}^* 为吉林省电影年人均观看次数

（二）计算吉林省历年居民文化消费质量指数总分

给出文化消费质量指数评价模型 $A = Y \times W$，其中，$A = (a_1, a_2, \cdots, a_{15})^{\mathrm{T}}$ 为 2001~2015 年吉林省居民文化消费质量指数评价结果向量，$W = (w_1, w_2, \cdots, w_{19})^{\mathrm{T}}$ 为 19 个评价指标的权向量，$Y = (y_{ij})_{15 \times 19}$ 为 2001~2015 年吉林省居民文化消费质量指数各项指标的无量纲化数据矩阵，如表 4-14 所示。通过 Mathematica 9.0 计算可得：$A = (0.179, 0.221, 0.343, 0.373, 0.264, 0.349, 0.438, 0.398, 0.339, 0.450, 0.485, 0.505, 0.575, 0.758, 0.821)^{\mathrm{T}}$。

2001~2015 年吉林省居民文化消费质量指数评价结果，详见表 4-15。

表 4-15　2001~2015 年吉林省居民文化消费质量指数评价结果

年份	文化消费质量指数	年份	文化消费质量指数	年份	文化消费质量指数
2001	0.179	2006	0.349	2011	0.485
2002	0.221	2007	0.438	2012	0.505
2003	0.343	2008	0.398	2013	0.575
2004	0.373	2009	0.339	2014	0.758
2005	0.264	2010	0.450	2015	0.821

2001~2015 年吉林省居民文化消费质量指数柱状图，如图 4-5 所示。

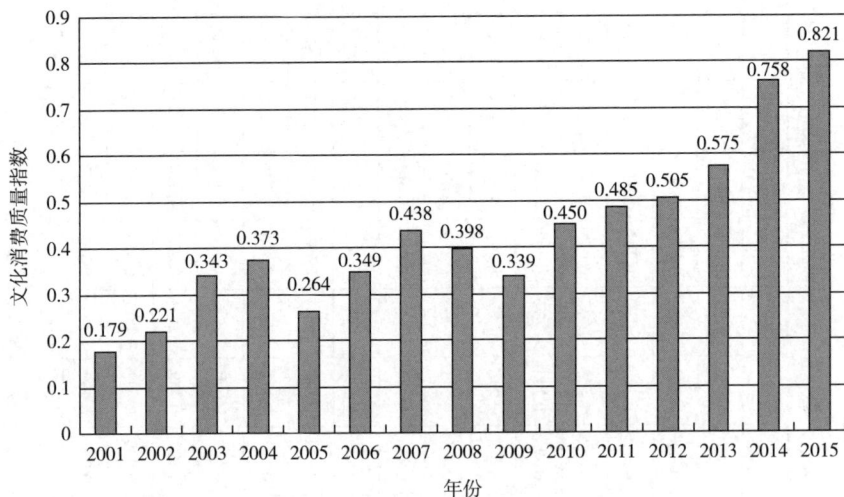

图 4-5　2001~2015 年吉林省居民文化消费质量指数柱状图

（三）吉林省居民文化消费质量指数结果分析

2001~2015 年吉林省居民文化消费质量指数期初水平低，期中出现两次回落，后期增速快。从图 4-5 中可以发现，2001~2015 年吉林省居民文化消费质量指数整体上呈上涨趋势，但 2014 年前整体水平不高，增速也较缓慢，且在 2005 年和 2008~2009 年有两次明显回落，而从 2014 年开始该指数增长较快，达到较高的文化消费质量。通过历年吉林省居民文化消费质量指数及其具体指标，这里着重分析 2005 年、2008~2009 年的两次指数回落和 2014~2015 年的指数高速增长过程。

2005 年吉林省居民文化消费质量指数出现第一次回落。结果显示，2001~2003 年居民文化消费质量指数都较低，但增速较快，2003 年为 0.343，较 2001 年增长了 92%。2005 年，吉林省居民文化消费质量指数发生明显下降，回落到 0.264。这主要是由于城镇居民家庭人均文教娱乐现金消费支出占其人均现金消费支出的比重、农村居民家庭人均文教娱乐消费支出占其人均消费支出的比重、城镇居民家庭人均文教娱乐现金消费支出占其人均可支配收入的比重和农村居民家庭人均文教娱乐消费支出占其人均纯收入的比重这四项指标在 2004~2005 年均出现下滑。此外，反映文化产品价格的娱乐教育文化用品及服务价格指数与居民消费价格指数之比这项指标在 2005 年的上涨，是造成居民文化消费质量指数下降的主要原因。2006~2007 年，随着上述指标触底反弹，吉林省居民文化消费质量指数又企稳回升。

2008~2009 年，吉林省居民文化消费质量指数出现第二次回落。受国际金融危机的影响，居民文化消费质量指数在 2008 年再次下跌。从具体指标来看，该次指数下跌仍旧主要体现在城镇居民家庭人均文教娱乐现金消费支出占其人均现金消费支出的比重、农村居民家庭人均文教娱乐消费支出占其人均消费支出的比重、城镇居民家庭人均文教娱乐现金消费支出占其人均可支配收入的比重以及农村居民家庭人均文教娱乐消费支出占其人均纯收入的比重这四项指标上。由此可见，文化消费支出在城镇居民家庭人均可支配收入、农村居民家庭人均纯收入以及人均消费支出中的比重过低，是影响吉林省 2005 年以及 2008~2009 年文化消费质量回落的主要因素。2010~2013 年，文化消费质量指数保持稳定增长，各项指标都持续提升，年增速维持在

4%~13%范围内。

2014~2015 年，吉林省文化消费质量指数实现跨越式增长。2014 年，吉林省文化消费质量指数较 2013 年增长 32%。从具体指标可以看出，这主要是由于农村居民家庭人均文教娱乐消费支出大幅增长。2014 年农村居民家庭人均文教娱乐消费支出为 1 042 元，较 2013 年增长 51%，提升了农村居民家庭人均文教娱乐消费支出占其人均消费支出的比重和农村居民家庭人均文教娱乐消费支出占其人均纯收入的比重这两个指标。可见，2014~2015 年吉林省农村居民文化消费质量水平发展之所以上台阶，关键是农村居民文化消费的拉动。更为可喜的是，虽然在绝对数上农村居民家庭人均文教娱乐消费支出还是低于城镇居民家庭人均文教娱乐现金消费支出，但在农村居民家庭人均文教娱乐消费支出占其人均消费支出的比重和农村居民家庭人均文教娱乐消费支出占其人均纯收入的比重，这两项衡量文教娱乐消费支出占总消费支出和收入的比重的指标上，2014 年均实现对城镇居民相关指标的反超，这也为提升地区整体文化消费质量水平提供了新的思路。

五、不同地区间居民文化消费质量的差异及比较

通过分别计算 2001~2015 年北京市、湖北省、新疆维吾尔自治区以及吉林省四个省（自治区、直辖市）的居民文化消费质量指数，并比较其结果，可以总结出以这四个省份为代表的我国东部发达地区、中部崛起地区、西部大开发地区和东北老工业基地地区文化消费质量的特点和差异。为了更清晰地表示出四个地区居民文化消费质量指数的特点和差异，描绘出全国、北京市、湖北省、新疆维吾尔自治区以及吉林省居民文化消费质量指数折线图，如图 4-6 所示。

（一）我国东部地区居民文化消费质量整体水平最高

从图 4-6 中可以看出，2001~2013 年北京市居民文化消费质量指数都高于全国平均水平，2013 年最高，达到 0.75。相较于中部、西部和东北地区，不论是反映居民文化消费水平的城乡居民家庭人均文教娱乐消费，还是反映文化消费内部结构的各项具体指标都呈现更加快速、稳定增长态势。此外，与其他地区相比，2014 年北京市居民文化消费质量水平有所下降，这主要是

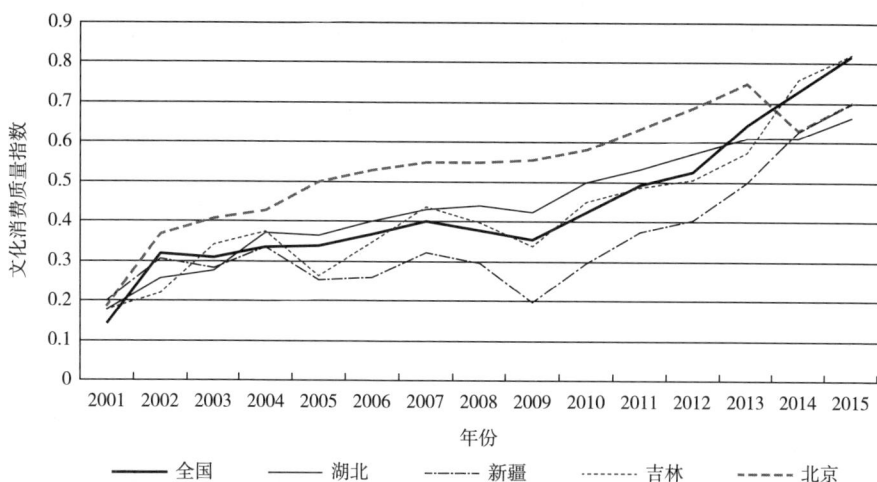

图 4-6　2001~2015 年全国、北京、湖北、新疆及吉林居民文化消费质量指数折线图

因为统计口径变化和经济发展方式转型。随着我国经济发展步入新常态，文化消费水平随着经济增速一起调整，增速放缓。与此同时，文化消费内部结构转型、升级，以前占主要份额的传统文化消费方式渐渐淡出，新型文化消费方式萌芽和发展也是 2014 年北京市居民文化消费质量水平有所下降的原因。可见，东部地区在经济发展转型期，居民文化消费结构改变会在短期内对居民文化消费质量指数产生一定影响，但只要采取合理措施，地区居民文化消费质量很快可以恢复上升趋势。

（二）我国中部地区居民文化消费质量整体水平较高，增速稳定

从图 4-6 中可以看出，湖北省居民文化消费质量整体水平稍落后于东部地区，又略高于全国整体水平。由于中部地区庞大的人口规模、巨大的消费市场和可观的消费潜力尚未充分释放，即便面对 2008 年金融危机的冲击，中部地区居民文化消费增长也十分稳定，波动较小，受金融危机影响小。随着经济发展，尤其是做好了东部沿海地区产业承接转移，中部地区城乡文化消费差距逐渐缩小，文化消费内部结构日益丰富。可见，我国中部地区居民文化消费质量提升潜力巨大，尤其是广大农村居民文化消费质量提升对整个中部地区文化消费质量的提升起着至关重要的作用。

（三）我国西部地区居民文化消费质量整体水平最低，波动最大

从图 4-6 中可以看出，一方面，新疆维吾尔自治区居民文化消费质量指数远低于中、东部地区，2012 年前都在 0.4 以下；另一方面，地区文化消费质量指数波动大，这与东部地区在个别年份下降和中部地区长期保持稳定增长有明显区别。从具体指标来看，新疆维吾尔自治区城镇居民家庭人均文教娱乐现金消费支出远低于中、东部地区，直到 2015 年新疆维吾尔自治区城镇居民家庭人均文教娱乐现金消费支出才超过 2 000 元，而湖北省在 2001 年就已经超过 2 000 元。这说明西部地区文化消费水平比较低，发展严重滞后于发达地区。此外，新疆维吾尔自治区文化消费结构单一，在普通高校在校生人数、广播人口覆盖率、电视人口覆盖率以及互联网上网人数等多项基础指标上与东、中部地区还有较大差距。而且受地区自身文化消费水平较低、文化消费结构单一以及文化消费与收入不匹配等多种原因共同影响。虽然西部地区文化消费质量基础薄弱，波动大，尤其受 2008 年全球性金融危机影响较大，抵御外部金融危机冲击能力弱，但近年来地区文化消费质量指数提升很快，2015 年新疆维吾尔自治区文化消费质量指数为 0.7，是 2009 年的三倍多，同期增速远高于东、中部地区。毫无疑问，西部地区文化消费质量提升后劲十足，在我国经济发展步入新常态背景下，只要各方继续在提升城乡文化消费水平、丰富文化消费结构等方面下大力气，西部地区赶超居民文化消费质量较高的中、东部地区并非不可能。

（四）我国东北地区文化消费质量整体水平与全国整体水平相当

东北地区文化消费质量指数与全国平均水平接近，但波动较大。从图 4-6 中可以看出，2005 年、2008~2009 年吉林省文化消费质量指数出现两次回落，受金融危机和全国经济发展换挡影响大。与东部地区不同的是，吉林省文化消费质量指数增速明显加快，随着振兴东北老工业基地深入推进，文化消费市场解开束缚，释放活力，自 2014 年开始文化消费质量指数迅猛提升。从具体指标来看，吉林省农村文化消费质量提升显著。2014 年地区农村居民家庭人均文教娱乐消费支出为 1 042 元，较 2013 年增长 51%，而地区农村居民家庭人均文教娱乐消费支出占其人均消费支出的比重和农村居民家庭人均文教

娱乐消费支出占其人均纯收入的比重等多项反映吉林省农村文化消费水平和文化消费与收入匹配度的指标也提升迅速。可见，随着体制改革深入进行，东北地区城乡文化消费水平差距日益缩小，追赶势头强烈。

第三节　提升我国文化消费质量的基本思路

研究表明，提高我国居民文化消费质量要有全局性、系统性的思路。从整体上考虑，应重点从需求方、供给方、监管方和协调方四个角度整体布局。消费者是文化消费的需求方；文化企业是文化产品和服务的供给方；政府既能提供公共文化服务，又能通过调控政策引导文化生产和消费，还能通过法律法规加强对不合理文化消费的监管；文化市场则是配置文化资源、衔接文化产品和服务供求的基础性、决定性平台。这四者共同发挥作用，完成文化消费的全过程。因此，应着重从消费者（需求方）、文化企业（供给方）、政府（供给方、引导方、监管方）和文化市场（协调方）四个角度来探究提升文化消费质量。此外，还要考虑我国幅员辽阔，人口、资源、经济基础等因素差异导致地区发展水平不平衡，地区文化消费质量差异明显。只有全盘考虑各方因素，才能从整体上有效提升我国文化消费质量。

一、保障和丰富文化消费供给

保障和丰富文化消费供给是提升我国文化消费质量的重要措施。我国文化产品及服务的供给与发达国家差距明显，但潜力巨大。

（一）丰富文化企业产品及服务供给有利于提升文化消费质量

市场经济条件下，文化企业在文化产品及服务的供给侧中扮演了重要角色。根据前文分析，北京、湖北等东、中部省市之所以文化消费质量指数增长稳定、波动小，其中一个关键原因是企业注重产业结构调整，淘汰落后产品及服务，积极开拓新产品、新领域，地区文化消费产品及服务结构良好，主要表现在以下几个方面。首先，文化企业数量众多、种类丰富，能够满足不同社会阶层、不同文化背景、不同收入水平的消费者需求。其次，文化企业生产灵活多变，在市场中往往能感知最新的文化产品及服务消费需求，并马上投入生产，因此，从这个意义上来说，较发达的东、中部地区的文化企业成了社会文化消费的风向标。此外，东、中部地区文化企业具有相对先进的企业文化与价值目标，往往能带动地区经济的发展，产生巨大经济效益，助推地区消费市场，尤其是文化消费市场的持续发展，抵御外部经济环境的冲击。

在我国很多地方，文化企业面临的困境也不少。第一，文化企业业务涉及范围广，传统产业涵盖电视、广播、出版及演出等诸多方面，但新型产业，如互联网、旅游、新媒体等产业还有待进一步发展。第二，在地区差异上，西部落后地区、农村地区的文化产品及服务的供给还远远落后于东部地区，很多文化企业的触角还未触及这些潜力巨大的市场。第三，文化企业产品同质化严重，很大一部分产品及服务质量低下，尤其缺乏高档次的产品。第四，部分文化企业唯利是图，其产品及服务缺乏精神内涵，不能反映时代先进文化的发展方向，影响我国文化消费质量的提高。因此，从供给侧对文化企业进行全面升级，意义重大。

要大力丰富文化企业产品及服务结构。第一，要提供丰富、精细的文化产品及服务。随着产品市场细分，文化企业要找准定位，结合自身优势，提供针对特定社会群体的文化产品及相关文化服务，避免因产品同质化而利润低下。第二，要积极鼓励文化企业创新发展。文化消费具有鲜明的时代特性，传统的文化消费产品及服务形式往往不能满足现有消费者对文化消费的需求，因此，要鼓励文化企业大胆创新，涉足互联网、旅游、新媒体等新兴文化产业，提供更多符合潮流的文化产品及服务。第三，文化企业要善于开发农村市场和欠发达地区。针对农村和欠发达地区需求特点，设计针对当地消费者的产品及服务，深挖农村文化消费市场。第四，文化企业要正确把握产品及服务的精神内涵。文化企业在逐利的同时要坚持社会主义核心价值观，拒绝提供"三俗"文化产品及服务，着重提高消费者精神文明。

（二）政府提供文化产品及服务有利于提升文化消费质量

除了文化企业，政府也是文化产品及服务的重要供给方。根据分析，公共文化服务基础设施是文化消费质量评价指标体系中的重要指标，具体包括文化馆、图书馆及博物馆等，这些场馆都是保障居民文化消费的重要设施，主要靠政府投资建设。更重要的是，文化馆、图书馆及博物馆往往都是高雅艺术表演、展览或具有历史价值物件展示的场馆，是集教育意义、历史价值和艺术欣赏功能于一体的场所，也是高质量文化消费的重要设施。此外，政府主导建设的公共服务基础设施与文化企业主导的商业文化活动可以相互补充、相辅相成。不仅能满足各个阶层的文化消费需求，还能发挥"1+1>2"的文化消费功效。既让公共服务基础设施得到充分利用，又使充满创造力的文化企业活动策划付诸实现，丰富文化消费供给。

政府在提供文化产品及服务的过程中要找准定位。政府在保障和丰富文化消费供给时要特别注重自身角色定位，要与文化企业的作用区别开来。文化企业是以市场为导向，进行文化消费产品及服务的生产；政府则要更多地从全局来考虑，注重各种文化消费产品及服务供给平衡，要考虑社会各阶层文化消费需求的差异。同时，政府还要保障文化产品及服务的多样性。特别是保证一些暂时不受大众欢迎却又有文化价值的文化产品及服务的继续存在和发展，如很多正在消亡的非物质文化遗产等。政府还要保障从事特定文化消费产品及服务生产的弱势从业者获得恰当的补助和良好的工作条件，使其体面地生活和工作，更使其得到应有的社会地位。

二、保障和拉动文化消费需求

保障和拉动文化消费需求是提升我国文化消费质量的前提。这主要涉及两个方面，即收入和消费者素质。只有双管齐下，才能既保证对高质量文化消费追求的动力，又保证进行高质量的文化消费的财力。

（一）提高收入有利于提升文化消费质量

提高人均收入对提升文化消费质量意义重大。从文化消费质量的内涵刻画和文化消费质量指标体系的建立来看，收入是影响文化消费质量的关键因素。根据前文分析，中、西部地区文化消费质量指数之所以偏低，一个重要原因是城镇家庭人均文教娱乐现金消费支出和农村家庭人均文教娱乐消费支出这两项指标偏低。提升人均文教娱乐消费支出的最主要办法就是提高人均收入。而提升收入主要包括提升城乡居民人均收入水平和缩小地区居民收入差距两个方面。一方面，文化消费作为"奢侈性"消费品，只有在收入水平达到一定程度时才可能产生巨大需求。根据世界银行数据，2013 年我国人均国民总收入仅为 6 710 美元，排在世界第 89 位，世界人均国民收入达 10 720 美元，差距较大；与世界发达国家相比，仅为美国的 12%、挪威的 6%。收入是消费的保障，收入较低，文化消费自然低。另一方面，根据国家统计局公布的数据，2015 年，我国城镇家庭人均可支配收入为 31 195 元，农村居民家庭纯收入为 11 422 元，较 2014 年分别增长 8.2% 和 8.9%，城乡差距较大，未来提升空间广阔，文化消费提升潜力更大。此外，从各省（自治区、直辖市）的人均收入情况来看，2001~2015 年各地人均收入差距正逐步缩小，代表城镇居民家庭人均可支配收入差异的变异系数由 2001 年的 0.82 降为 2013 年的 0.28，而代表农村家庭人均纯收入差异的变异系数由 2001 年的 0.67 降为 2013 年的 0.26，说明我国地区收入差异正在减小，这对未来我国居民收入拉动文化消费质量提高将产生越来越大的作用。

实现收入稳定增长，首先要完善相关社会保障机制。例如，优化养老保险制度、医疗保险制度、助学贷款及补助机制等，解除人们对收入和消费波动的顾虑，使人们形成稳定的收入预期，放开手脚进行文化消费。其次，要进一步缩小城乡收入差距。政府要改革相关户籍制度、土地政策，加大城镇和农村之间人口的双向流动，带动农村地区经济发展，减轻农民税负，切实增加农村家庭人均纯收入。此外，要加快解决我国东部、中部、西部及东北地区经济发展不平衡、收入水平差距大的问题。要继续深化西部大开发、振兴东北老工业基地等国家战略和"一带一路"倡议，尤其是对于中、西部特别贫困的地区，积极开展精准扶贫，发动当地群众自力更生，从根本上解决贫困现状，提高居民收入。

（二）提高消费者素质有利于提升文化消费质量

提高消费者素质对提升我国文化消费质量意义重大。高质量的文化消费往往以较高的消费者素质为基础。根据前文计算结果，北京、湖北等东、中部地区省市文化消费质量指数高，其中一个重要原因就是普通高校在校生人数等指标远高于西部地区。而普通高校在校生人数是反映地区消费者素质的一个重要指标。一般来说，接受高等教育的人越多，该地区消费者素质越高。消费者素质越高，相关具体指标，如艺术表演团体国内演出观众人次（群众艺术馆、文化馆组织文艺活动次数/群众文化活动、艺术活动次数/艺术事业从业人数/群众文化事业文化活动次数）、图书馆总流通人次（公共图书馆文献外借人次/图书馆从业人数/图书馆总借阅人次）、博物馆参观人次（博物馆从业人数）及图书印数（群众文化事业从业人数）等诸多高层次的文化消费指标越高。现实中，具备一定文化层次、艺术欣赏能力的人群是高质量文化消费的主要人群。所以，要想持续提高文化消费质量，就要格外注重对消费者素质的培养，这是高质量文化消费的有力保障。

提高消费者素质不是一件短时间内能够办成的事，也不是靠某一方面力量就能解决的问题。"十年树木，百年树人。"要注重青少年文化素养的培养。青少年是国家的未来，社会致力于打造青少年什么样的审美追求和价值取向，将来他们就会养成相应的品行和文化艺术追求。青少年时期是价值观、世界观、人生观形成的重要时期，在这一时期加强这方面的文化素养培养，更有利于青少年形成高质量的文化追求，为其今后一生追求高质量的文化消费打下坚实基础，从而在将来提升全社会的文化消费质量。

提高消费者素质不单单是某一方面的责任，它需要全社会通力合作。首先，政府要总体布局，加大投入。一要加大教育投入力度，尤其是要加紧相关艺术课程的改革，使其成为学生乐于学习的课程，真正培养学生的兴趣；二要加大针对社会各个阶层人群的宣传和教育，使不同年龄、不同教育背景、不同工作性质的人群都有自己高质量的文化艺术追求，全面提高社会整体的文化消费质量；三要加强公共图书馆、博物馆、艺术馆等公共服务设施的建设，多开展群众喜闻乐见的高质量文化活动，对于中部、西部及东北地区等公共服务设施建设较为落后的地区，尤其要重点扶持，持续投入，在潜移默化中影响和提高地区消费者素质。其次，企业要积极提供高层次的文化消费产品及服务。文化领域相关企业要主动摒弃低俗、媚俗、庸俗的演出和展览，争取多创作一些高质量的艺术作品，吸引消费者前来消费，在消费中提升观众文化品位，提高消费者素质。最后，消费者要努力提高自身文化消费品位。每个人都是文化消费市场中不可或缺的个体，都应主动提升自身文化素养，努力在学校、工作单位、公共场所及家庭中营造良好的文化消费氛围。只有政府、企业、消费者三者共同努力，才能实现全社会消费者素质的全面提升，形成高质量的文化消费需求。

三、正确引导和监管文化消费

政府对文化消费的正确引导、支持及监管是提高我国文化消费质量的重要保障。根据分析，消费者素质的提高、文化企业的生产都需要政府的正确引导、支持及监管。对消费者来说，政府的正确引导，有助于其养成高质量的文化需求品位和正确的消费价值观。这在一定程度上既能改善文化消费内部结构，使高层次的文化消费占比增加；又能使文化消费与居民收入更加匹配，避免产生相对于居民收入过高或者过低的文化消费。对文化企业来说，政府的引导、支持及监管有助于企业把握正确经营方向。在激烈的市场竞争环境下，文化企业为了凸显自身优秀文化产品及服务的价值，需要政府适度的引导和扶持，从而有能力坚守自己的文化价值，抵御不良、低俗文化需求的冲击，不随波逐流。无论是对消费者还是对企业，政府监管意义重大。它能从法律层面保障消费者有权利追求高质量的文化消费，也能督促企业必须遵守相关法律法规，提供高质量的文化产品及服务。

政府要加强对消费者、文化企业的引导、支持和监管。第一，要多方合作，积极引导。政府要通过学校教育、社会宣传，联合学校、家庭、社会等各个方面的力量，打造良好的文化消费氛围，使消费者逐渐形成正确的文化消费价值观，使文化企业承担更多文化消费质量提升的社会责任。特别需要注意的是，正确的文化消费价值观不是一朝一夕就能形成的，需要政府把文化消费质量的提升当作一项长期工程常抓不懈。第二，政府要加大对优秀文化企业的支持力度。政府可以通过减税、放宽贷款条件、减少行政审批程序、产学研合作等形式，为企业提供资金、人才的有力保障，减轻企业负担，降低优秀文化产品及服务的价格。第三，政府要使用好手中的监管权。对从事文化产业的企业合理监督，对那些从事违法文化产品及服务生产的企业要坚决予以惩处，对消费者正常的文化消费需求给予保护。

四、激活文化消费市场

激活文化消费市场对于提升我国文化消费质量意义重大。在文化消费市场上，消费者、企业、政府的关系紧密而又复杂，需要一个完善而又高效的文化消费市场来协调各方利益，实现资源优化配置，多方共赢。首先，良好的文化消费市场能有效降低文化产品及服务的价格，使消费者有更多财力提高文化消费的数量和质量。其次，良好的文化消费市场能倒逼企业积极创新，加强管理，提高生产效率。再次，良好的文化消费市场能产生巨大的经济效益，既满足消费者的消费需求，又带给企业丰厚的经济回报，还使政府获得充足的财政收入。最后，良好的文化消费市场还能弥补居民收入水平低和文化消费水平低的现状，在一定程度上解决收入差距过大和文化消费差异过大问题。

激活文化消费市场，关键是协调好消费者、政府和企业的关系。第一，打通制约文化消费市场健康发展的"关节"。通过减少中间流通环节、优化资源配置等方法来降低文化产品及服务的价格，使消费者获得实惠，增加需求。第二，政府要简政放权，积极为市场服务。政府要立足长远，要敢于放权，剔除企业生产过程中不必要的审批、等待环节，充分激发文化消费市场活力。政府还要充分发挥服务职能，如构建公共信息平台，提供具体和实时数据，使文化企业了解市场需求，合理生产和定价，避免过度竞争和滞销，赢得利润。第三，文化企业要积极创新。科技是第一生产力，文化企业也要加大研发投入力度。管理出效益，文化企业要敢于尝试新的商业模式和管理模式，充分激发员工动力。文化企业由于其产品及服务的特殊性，往往可以借助互联网等新兴技术，积极宣传，开拓市场，增加用户体验感受，扩宽销售渠道。第四，着重加强农村地区文化消费市场建设。既要突破限制农村文化消费发展的政策、制度、人力资源、资金等瓶颈，还要培养农民先进、正确、高层次的文化消费观念，更要加强互联网等先进设施及管理经验的引入，任重而道远。综上，只有理顺文化消费市场中政府、企业、消费者各方的职责和权限，才有可能真正激发市场活力，提升文化消费质量。

第　五　章

文化消费满意度量化体系与指数构建

第一节　文化消费满意度量化体系的理论分析

满意是一种主观心理感受，是当人的需求得到满足后的喜悦感，满意度是对人的需求被满足的相对程度的评价。满意度量化是经济评价领域一个比较热门的研究方向，其最初广泛运用于微观经济领域，是企业管理和消费者行为研究中不可或缺的一个重要内容。逐步地，满意度量化被广泛运用于区域宏观研究之中，作为区域发展质量和发展潜力的一个重要度量指标。增进人民福祉是经济发展的目的，有别于生产总值和居民收入等客观指标，居民满意度水平更能揭示经济发展的质量，因为满意度的提高不仅体现着经济发展成果的丰富，更体现着经济发展成果由人民共享，使全体人民在共建共享发展中有更多获得感与满足感。进一步，居民满意度的提高能增强发展动力，增进人民团结，提升发展潜力，充分体现着共享发展的内涵。而且，随着人民群众物质需求不断得到满足，人们对精神文化需求的层次不断提高。人民群众的文化消费日益活跃，并向高品质、多样化和个性化发展（蔡武，2010）。这就要求，要更加全面地把握人民群众的文化消费需求满意度来加快文化建设。目前，针对文化消费满意度已形成一些成果，主要涉及消费者满意度、文化消费的指标体系分析以及文化消费的满意度调查等。

一、研究述评

1.消费者满意度研究

消费者满意度是对产品或服务的消费者满意程度的一种度量，已成为许多国家的一项宏观经济指标。它的基础理论最早源于美国密歇根大学商学院质量研究中心费耐尔博士提出的费耐尔逻辑模型，该模型把消费者满意度的数学运算方法与消费者购买商品或服务的心理感知相结合，该研究成果成为迄今最为成熟和被广泛运用的消费者满意指数理论。1989 年，瑞典较早从国家角度创建了消费者服务量化指标——SCSB（Swedish customer satisfaction barometer，即瑞典消费者满意度指数）。目前，除 SCSB 外，最有名也是经常被各类满意度研究所提及的还有美国的 ACSI（American customer satisfaction index，即美国消费者满意度指数）和德国的 DK（Deutsche kunden-barometer，即德国顾客满意度指数）。关于这三大满意度指数的基本构造在不少研究和书籍中都有较为充分的介绍，这里不予赘述。

在微观层面，Sit 等（2003）针对当前娱乐消费缺乏满意度的研究，提出一种结合自我满足与期望的概念模型。Cuadrado-Garcia 等（2010）分析了文化消费的满意度，尤其是与艺术展览有关的文化消费，结合展览的主要特点，制作满意度量表。K. M. Lee 和 S. S. Lee（2015）利用因子分析和多元回归分析对韩国首尔高中生教育消费满意度的影响因素进行研究，结果表明，学生的时间管理能力是影响其教育消费满意度的首要因素，学习成绩次之；学生的时间管理能力以及学习成绩提高，其教育消费满意度也随之提高。

在国内，1995 年，清华大学开始了中国消费者满意指数（China customer satisfaction index，CCSI）的研究。2000 年，中国标准化研究院向科学技术部申请了研究课题——"中国用户满意指数研究"，由中国标准化研究院和清华大学共同承担。2002 年，中国消费者满意指数开始推广应用。2005 年，由中国标准化研究院与清华大学合作组建的中国标准化研究院消费者满意度测评中心正式成立，该中心开发了具有国际先进水平并符合中国国情的中国消费者满意指数测量模型。由于研究目的、领域、对象不尽相同，中国消费者满意指数未能被广泛地应用于各项深入的有针对性的调查研究中。学者们根据不同的研究目的，构建合适的消费满意度指标再加以探讨。近年来，我国对消费满意度的研究尤其是实证研究越来越多。但多数研究的对象仅仅是顾客或用户，而以经济或组织实体为对象的研究较为鲜见。刘勇和黎婷（2006）以学习型企业的信息消费行为为研究对象，创建了实体满意度指数（entity satisfaction index，ESI）概念，并建立指标体系及指数模型，通过使用层次分析法及模糊综合评判法对学习型企业信息消费的满意度进行定量分析，为比较不同学习型企业的信息消费现状提供了标准。类似的研究还有邓胜利和况能富（2005）的企业信息消费满意度分析。

2. 文化消费的指标体系分析

指标体系分析法主要通过构建合理的指标体系，来综合分析现象的发展变化情况。我国学术界采用指标体系分析方式对文化消费进行研究的情况尚不多见。曹俊文（2002）研究了精神文化消费统计指标体系的设计，主要包括精神文化消费时间占用的统计、精神文化消费品和服务方面的统计及精神文化消费支出方面的统计。王亚南（2011a）提出"全国文化消费民生效应景气指数"评价体系，对各地文化建设和文化生产的发展成效进行可加验证的量化评价，具体检验文化消费民生需求增进的实际效应。结果表明，"十五"期间绝大部分省份景气指数明显提升，"十一五"以来大部分省份景气指数略有降低。宋琪等（2014）以我国 31 个省（自治区、直辖市，不包括港澳台地区）城镇居民的文化消费支出为研究对象，从文化消费水平、结构与增速三个方面入手，基于泰尔指数，对城镇居民文化消费的空间总差异进行测度，并基于东、中、西三大地带将三类指标的总差异分解为地带间差异和地带内差异。结果表明：我国城镇居民文化消费在水平、结构与增速等方面均存在较大差异，文化消费增速的空间差异最为显著；从三类指标总差异的分解结果来看，地带内差异是形成我国城镇居民文化消费空间差异的主要因素。

国外在文化消费的量化方面有很多案例，如 Chan 和 Goldthorpe（2007a）通过对调查数据的分析，利用潜在分类模型对音乐消费者进行分类，发现对音乐消费的影响，社会地位、教育水平的作用大于阶层级别。Katz-Gerro（2006）分析了当代美国文化消费的偏好问题，得出影响文化偏好消费的主要因素有种族、性别、教育程度和年龄。Richards（1996）研究了收入增长、文化水平提高和文化产业发展对文化旅游业的影响。Chan 和 Goldthorpe（2007c）指出社会阶层和文化消费关系的复杂性，这种复杂性由收入、受教育程度和社会地位的联合效应决定。Alderson 等（2007）通过对美国 2002 年全社会调查数据进行分析，使用多元逻辑回归方法，建立相关模型，证明文化消费的类型和社会地位而非社会阶层有直接的关系。

3. 直接涉及文化消费满意度的研究

这方面文献较少，主题比较分散。王晓兴和陈文江（1997）针对兰州市民文化消费次数、满意程度和评价，采用调查研究的方法，从消费心理、消费行为和文化消费三个层面做了分析。茹慧和曹兴兴（2010）采用问卷调查法对陕西关中地区城市和小城镇中共计 100 户家庭进行抽样调查，研究城市与小城镇居民家庭文化消费差异及其影响因素，调查结果说明城市、小城镇居民家庭在文化消费水平、消费结构和消费满意三个维度上都存在显著差异，造成这些差异的因素包括文化程度、闲暇时间、家庭收入、文化设施建设、文化消费便利程度等。解学芳（2011）研究居民对公共文化产品供给绩效的满意度、公共文化产品供给与居民文化消费空间分布、影响公共文化产品供给绩效的要素等问题，采用调查研究及非参数检验的方法得出：女性居民、低收入人群、高中及以下学历与离退休人员对公共文化产品供给的满意度显著高于男性居民、高收入人群、高学历层次人群及其他职业人员，进而影响公共文化产品总体的供给绩效。而在公共文化设施所打造的公共文化消费生态环境里，居民的选择存在明显差异性，影响供给绩效。陈海波等（2013a）研究了影响居民文化消费的相关因素，通过问卷调查方式得出结论：我国居民多集中于普通的文化消费活动，文化消费的总体满意度不高；多种因素在不同程度上影响居民的文化消费行为，其中兴趣爱好、经济收入、消费观念因素等占重要地位。

4. 文化消费满意度的调查

2013 年 11 月 9 日，在由中国人民大学和文化部文化产业司联合主办的"文化中国：中国文化产业指数发布会"上，中国人民大学文化产业研究院首次向社会发布了"中国文化消费指数（2013）"。其内容包括综合指数和五个分指数排名前十的省（自治区、直辖市）情况，五个分指数分别是文化消费环境分指数、文化意愿环境分指数、文化消费能力分指数、文化消费水平分指数、文化消费满意度分指数。应当指出，这次包含文化消费满意度分指数的中国文化产业指数调研分析，是我国首次对文化消费领域进行的一次大规模的定量调研分析活动，具有重要意义。其中，文化消费满意度分指数包括文化消费质量满意度和文化消费价格满意度两个层面。在这次大规模调研之前，我国各地几乎没有正式开展过关于文化消费的满意度调研活动。资料显示，广西壮族自治区南宁市、广东省深圳市和山东省泰安市的统计部门也做过一些与文化消费满意度相关的调查。2012 年，由宁波市文化广电新闻出版局委托宁波市远东零点市场调研咨询有限公司实施"2012 年宁波市文化消费场所满意度调查"项目，历时 45 天。调查采取中心点随机拦截访问法，获取有效样本量 400 份。被调查对象主要为在宁波市连续居住 1 年及以上且年满 18 周岁的市民。调查范围包括电影放映场所、文化用品经营场所、出版物经营场所、艺术表演场所、美术品经营场所、文化旅游场所、艺术培训场所、演艺娱乐场所和网络文化经营场所九类文化消费场所。因此，上述文化消费满意度的相关工作基本停留在调研活动的记载层面，我国关于文化消费满意度的相关理论研究几乎处于初步阶段。

二、文化消费满意度的基本含义

满意是一种主观心理感受，是当人的需求得到满足后的喜悦感。满意度是指人的需求被满足的相对程度，具体而言是消费者对消费活动满意程度的主观评价。文化消费满意度单从字面意思理解，包括消费者满意度与文化消费两个关键词。其中，消费者满意度是指消费者对产品或服务消费的满意程度的一种度量。按照消费者行为学的研究，消费者对购买的满意程度取决于最初的期望水平和相对于这些期望的实际感知水平（霍金斯和马瑟斯博，2014）。

进一步，文化消费是指为满足人们精神文化需要，采取不同的方式消耗文化产品和劳务的过程，它是社会文化生产过程的一个重要环节。按照生产与消费对应的原则，文化消费自然就是对文化产品及文化相关产品的消费。在此定义之下，针对文化消费的内容通常有狭义与广义两个层次的理解。

狭义层面，国家统计局颁布的《文化及相关产业分类（2012）》规定

"文化及相关产业是指为社会公众提供文化产品和文化相关产品的生产活动的集合"，修订的《文化及相关产业分类（2012）》"关于增加分类内容意见的处理"中指出，"对于虽有部分活动与文化有关但已形成自身完整体系的生产活动不予纳入"，所列项目包括体育、国民教育等。同时，旅游与文化的关联性、交叉性也愈发明显，旅游的内容通常依托于自然环境资源和社会人文两个层次，即使是自然景观的旅游，包含的文化元素也越来越多。也就是说，文化消费如果仅包括《文化及相关产业分类（2012）》中以文化为核心内容，为直接满足人们的精神需要而进行的创作、制造、传播、展示等文化产品和服务的生产活动，如新闻传播、互联网信息服务、休闲娱乐以及美术工艺品等，那么，这只是狭义层面的文化消费，且未纳入一些交叉的文化消费，如文化旅游、文化素质教育、体育休闲等。

从广义的层面，满足精神文化需要，文化消费还包括教育消费、休闲健身消费以及旅游消费。因此，所谓文化消费不仅是指对《文化及相关产业分类（2012）》中文化产品及相关文化产品的消费，也包括教育消费、休闲健身消费和旅游消费。文化消费满意度就是广义概念下，为满足精神文化需要，居民或者消费者在消耗文化产品和劳务过程中所产生的主观满意情况，满意度量化则是对这一主观满意情况的客观刻度。

三、文化消费满意度量化的复杂性

按照唯物主义哲学的基本观点，满意度属于意识的范畴，文化消费的对象或者说文化消费客体属于物质范畴。文化消费对象是第一性，文化消费满意度是第二性，文化消费对象决定着文化消费满意度。文化消费对象的特殊性，决定了文化消费满意度量化的复杂性，主要表现为以下三个方面。

（1）主观量化的局限性。从量化体系的研究看，量化体系大致被分为现状量化体系、潜力量化体系和竞争力量化体系三个方面。其中，现状量化体系是通过建立指标体系反映客观事物的基本情况，我们常见的按时间频率发布的消费者信心指数、民生指数和空气质量指数等属于这一量化体系，其构建指标体系的基本要求是力求客观反映现状。潜力量化体系则是通过构建指标体系反映客观事物能够实现怎样的发展，重点在于未来的潜力，其指标的构建力求全面覆盖影响潜力的因素。竞争力量化体系则是反映不同客观事物或群体在某一方面的相对能力，重点在于相互比较，如城市竞争力、区域竞争力、文化发展竞争力评价等量化体系，其指标的选择既要覆盖现状发展基础，又要充分囊括潜力因素。

基于这样的性质，三种量化体系在指标的设计与选择上就呈现出各自的特点：现状量化体系的指标选择，更要求贴近现实的现状指标，表明实现了怎样的发展；潜力量化体系侧重于反映事物相关的影响因素指标，表明能够怎样的发展；竞争力量化体系则是两者的有机契合，既要看发展的现状，也要考虑可能实现怎样的发展。文化消费满意度量化体系显然是一个现状量化体系，其目的在于客观准确地反映精神文化领域消费所获取的满足感大小。从现状量化体系的角度，其指标的选择要更多地考虑消费者的直观评价，较少地考虑与此相关的客观因素。

进一步，消费者满意度是消费者对产品或服务消费的满意程度的一种度量，其高低通常源于实际效用与心理预期的差异。单纯依靠主观满意度调查去比较不同国家、地区和人群的满意程度是值得商榷的，更不好通过主观消费满意度的高度去判断某一国家、地区的消费发展质量。其原因就在于满意度的高度是实际效用与心理预期的差异，不同国家、地区、人群以及不同时间的心理预期差异不同，简单地通过主观满意度调查进行跨区域、跨人群和跨时间维度的比较，其结果很可能并不公允，也不能很好地反映真实情况。在已进行的满意度调查中就多少反映出"满意度悖论"。所谓"满意度悖论"是从"幸福悖论"概念中引申出的思考，主要是为了解释满意度与物质发展水平的非同步性。在有关幸福观的经济学研究中发现更多的财富并非意味着更高的幸福感。例如，在消费水平和质量发展较好的地区，并未表现出相应的高消费满意度。又如，在民生满意度调查中，民生条件较好的地区，民生满意度反而不高。

文化消费满意度作为满意度量化的一个部分，具有明显的对立统一性，主观评价又容易陷入"满意度悖论"之中，难以有效真实地展示文化消费数量与质量的改善程度。一方面，客观决定主观，文化消费水平和质量的改善决定着文化消费需要的满足程度，影响着文化消费的满意度；另一方面，文化消费水平和质量又影响着居民的主观预期，在主观预期与实际改善的共同作用下影响消费者的主观判断。

（2）文化消费对象的模糊性。文化通常被认为是凝结于物质之中，又游离于物质之外的存在。由于这样的属性，文化消费存在较强的载体依赖性，是载体基础上的延伸与递进。相同的文化产品由于不同的载体，会带来差异巨大的体验感受，如相同的节目表演会因表演者的差异而导致消费者对产品质量和满意度的评价不同。更为重要的是文化的游离感让文化消费与其载体消费难以分离，使文化消费对象模糊与虚化。例如，"喝酒"与"品酒"是经常被举到的例子，喝酒本身只是一个对实物酒的消费，而品酒是在感悟酒中的文化与技艺，是文化消费。有时候，客观存在的文化，却以主观形式加以体现，如相同的文化内涵会经过不同人的主观意识去诠释，非物质文化遗产就是典型例子。多样的文化消费品，不同于标准和规模化生产的一般实物消费品，难以用统一的成本、标准和价值尺度去衡量。当消费者被询问到文化消费满意度时，很难有一个实体的印象去判断。

（3）满意度判断的个体随意性。文化消费满意度判断的个体随意性较强。文化产品及服务缺乏标准化的实物载体，没有如一般实物商品的标准化生产，让居民在评价其满意度时，也就缺少较为客观的标准，这类需求会更多地倾向个人偏好和目标，个人的主体感觉极大地影响着满意度的高低，导致文化消费满意度评价结果的随意性增强。而且，文化的地域性特点决定了文化消费的区域差异，在文化差异下的满意度个体随意性进一步增强。

四、文化消费满意度量化的基本原则

综合考虑文化消费满意度量化体系的特点与量化指标体系构建的一般性原则，认为文化消费满意度量化体系构造与应用至少应该包括以下五个原则：

（1）完备性。文化消费满意度是一个综合体系的满意度，它与文化消费的方方面面均有关系，加之文化消费又是一个较为宽广的概念，必须保证文化消费满意度量化体系是完备的，能够覆盖文化消费的方方面面，完备性是文化消费满意度科学量化的前提。

（2）精度性。精度性是指该量化体系对文化消费满意度反映的准确程度，也就是指标体系能否科学、准确地反映文化消费满意度的现状，强调指标体系本身设计的科学性与合理性。

（3）有效性。有效性则是指量化体系最终形成的结果对真实文化消费满意度的有效代表程度。它同精度性的区别是，指标体系的精度性是结果有效性的前提。同时，影响结果有效性的方面还有很多，包括抽样过程、样本问题、问题设置以及调查过程等诸多方面。

（4）简易性。文化消费满意度作为一个满意度调查，还要保障指标获取和调查过程的简易性与可操作性，过于复杂的指标体系既不容易采集数据，又有较高的采集成本。而且更可能影响被调查者的参与积极性，进而胡乱回答和敷衍了事，影响量化结果。

（5）可比较性。进行指标的比较分析是发现和剖析问题的重要途径，前文的分析已经指出不同国家、地区、人群以及不同时间的心理预期差异不同。简单通过主观满意度调查进行跨区域、跨人群和跨时间维度的比较，其结果很可能并不公允，也不能很好地反映真实情况。丰富量化指标体系的可比较性，是文化消费满意度研究的关键。

五、文化消费满意度量化的基本方法

针对以上分析，本节构建的文化消费满意度指标体系坚持以主观满意度评价为主，客观为辅，重点采取主客观结合的研究法：客观角度方面，构建反映文化消费状况的客观指标体系，收集各个方面的客观数据，基于客观数据建模和比较；主观角度方面，构建居民自身对文化消费状况的满意程度，基于大众对文化消费状况的积极评价及改进诉求，通过纵向和横向比较，反映文化建设方向。而且，满意度调查主观性指标的缺陷容易受被调查者主观因素（包括认知水平，甚至情绪和心境等）的影响，为此，适当补充部分客观性指标。

对主观满意度评价的各类指标均采用很不满意、不太满意、一般、比较满意、很满意的五维评价。对客观指标则根据其同一收入组别相对平均数值的差异程度进行量化，主要是基于满意度影响实际消费支出这一基本认识，满意度越高相对而言会有越高的支出。其中，介于平均水平的正负10%之间的量化为一般，高于平均水平10%的为比较满意，高于平均水平25%的为很满意。反之，低于平均水平10%的为不太满意，低于平均水平25%的为很不满意。当然，由于文化消费满意度体系构建的复杂性，该体系也有不足之处和不合理的地方。例如，加入客观指标的合理性是否充

分，为什么不在每一个二级指标中都加入客观指标等。正如 ACSI 体系构建时，其研究者指出一个量化体系真正的挑战在于认识到一个体系的不可靠性以及可能的错误。

第二节　文化消费满意度指数的初步构建及应用

一、文化消费满意度指数的初步构建

1. 指标体系及总体情况

运用内容层次法进行体系构建，也就是以文化消费包括的基本内容为依据从上至下进行一层一层的指标细化。首先将文化消费满意度划分为教育消费、旅游消费、健身休闲及文化娱乐四个方面，其次把四个方面的一级指标细化递进到子内容，成为二级指标。与中国人民大学发布的中国文化消费指数中将文化消费满意度划分为文化消费质量满意度与文化消费价格满意度两个方面有一定的区别，其采用的是整体消费结果感受评价，也就是将文化消费看成一个整体消费，其被消费后会主要产生质量和价格两个方面的满意度评价。在二级指标中，主要是补充教育消费与旅游消费两个方面的客观指标，没有补充文化娱乐与健身休闲的客观指标，详见表 5-1。原因在于在测试性调查时反馈，一般消费者很难对文化娱乐与健身休闲有数量记忆，尤其是文化娱乐与健身休闲有时候不用直接进行金钱花费，而对于时间量化很多消费者都没有概念，更增加了客观指标的难度。

表 5-1　文化消费满意度评价指标体系

目标层	一级指标	二级指标
文化消费满意度	教育消费	教育质量满意度
		教育支出（客观）
		继续教育满意度
	旅游消费	景点满意度
		出行满意度
		旅游花费（客观）

目标层	一级指标	二级指标
文化消费满意度	健身休闲	场所满意度
		设施满意度
	文化娱乐	文娱时间满意度
		文娱场所满意度
		文娱花费满意度

本节采用的数据是 2014 年进行的一次全国性调查的数据，调查范围为我国各省（自治区、直辖市）行政机构所在地即省会城市（香港特别行政区、澳门特别行政区、台湾省台北市除外），计 27 个省（自治区）的省会城市和 4 个直辖市（简称省会城市），即 31 个城市。调查对象为城市常住居民，凡在调查区域内连续居住半年以上的中国籍住户（外籍人士除外）即为该次调查的对象。

此次调查采用"随机抽样为主，配额抽样为辅"的方式进行抽样调查，调查整体的抽样方案为两阶段分层随机抽样：第一阶段采取分层抽样从目标城市中抽取若干个街道，第二阶段从街道中采用等距抽样抽取住户，每个抽样总体最低样本量不低于 385 个基本调查单位（户），总共抽取样本容量为11 000 户，实际获取有效调查样本 9 308 份。

通过五维满意度量化标准，将每个二级指标的得分实际量化到 50~100的区间（75 为中值水平），再将指标逐级加总平均（等权重），得到目标层的文化消费满意度。数据显示，我国省会城市文化消费满意度总指数平均值为75.0，等于中值水平。其中，教育消费满意度平均为 73.9，旅游消费满意度平均为 72.2，健身休闲满意度平均为 76.0，文化娱乐满意度平均为 77.7。

同时，在调查的 31 个城市中，等于或高于平均值的城市有 17 个，其中，东部地区 8 个（上海、南京、广州、海口、北京、杭州、南宁、福州），中部地区 3 个（南昌、武汉、合肥），西部地区 4 个（贵阳、昆明、银川、西宁），东北地区 2 个（哈尔滨、沈阳）；低于平均值的城市有 14 个，其中，东部地区 3 个（天津、济南、石家庄），中部地区 4 个（长沙、太原、呼和浩特、郑州），西部地区 6 个（兰州、拉萨、成都、重庆、乌鲁木齐、西安），东北地区 1 个（长春）。

总的来说，文化消费满意度呈现出以下特征：一是全国中心城市文化消费满意度总体水平不高，介于 72.0~77.5，最高的上海市也仅为 77.1，且近半数城市低于中值水平 75（图 5-1）；二是全国中心城市文化消费满意度总体差异不大，文化消费满意度最高的上海（77.1）与满意度最低的石家庄（72.6）相差 4.5。

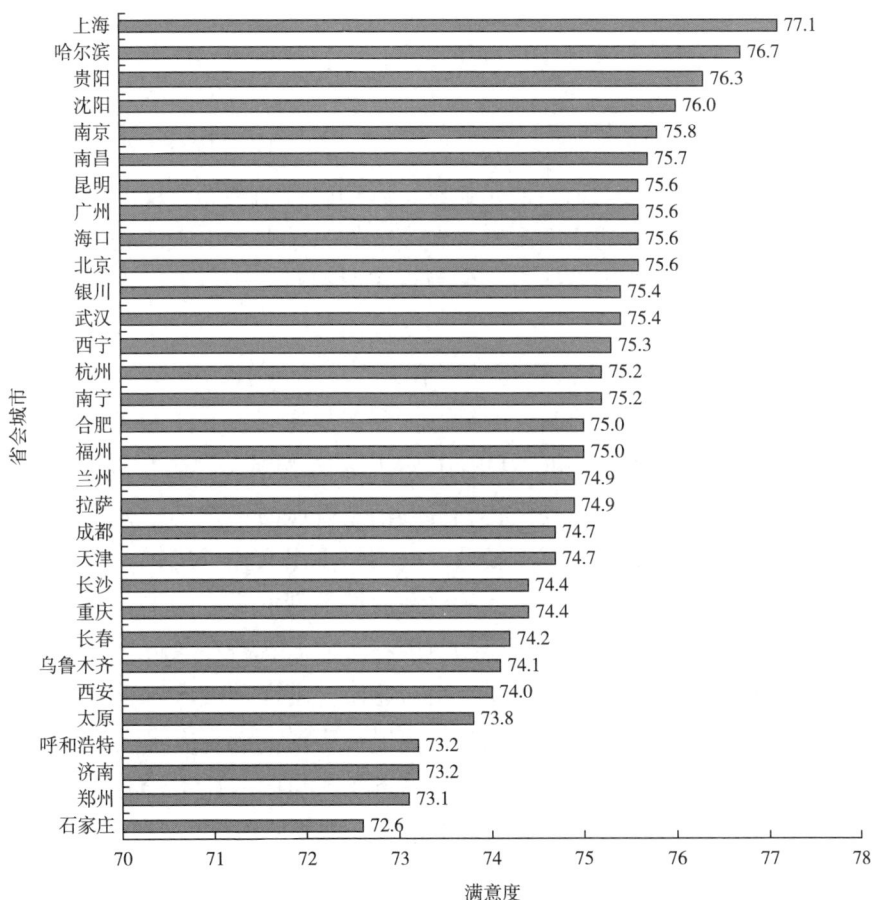

图 5-1　我国省会城市文化消费满意度情况

2. 一级指标

在教育消费满意度中，分年龄来看，青年人（16~29 岁）的教育消费满

意度最高，中年人（30~39 岁）的教育消费满意度最低。其中，老年人（60
岁以上）的教育消费满意度指数尤其值得关注。一方面，老年人的教育质量
满意度（78.33）相对其他年龄段要高。但另一方面，他们的继续教育满意度
（61.00）却很低。这就提醒我们，要进一步关注老年群体的继续教育问题，
加大老年大学、老年社区教育等公共服务，提高老年人的继续教育供给水平
与质量。分收入来看，教育消费满意度存在明显的梯度性，表现为收入越
高，教育消费满意度越高。具体来看，高收入群体与低收入群体的教育消费
满意度差别主要体现在教育支出满意度方面。以年收入 20 万元以上的高收
入群体和年收入 3 万元以下的低收入群体为例，两者在教育质量、教育支出
和继续教育方面的差异分别为 1.73、8.67 和 5.84。这与教育支出在低收入家
庭中所占比重较高不无关系。回访显示，影响教育消费满意度的主要问题还
是教育花费与教育资源的不匹配性，较高的教育消费支出未能获得相应的教
育资源。尤其是，相对不发达省份的教育资源相对偏少；人口大省的人均教
育资源不足。

在旅游消费满意度中，分年龄来看，老年人（70~79 岁）的满意度最
高，中年人（40~49 岁）的满意度最低。大多数老年人群体都对景点和出行
给予了相对较高的满意度评价，只有 12% 左右的老年人对景点和出行表达了
不满意。分文化程度来看，高文化程度的消费者旅游消费满意度较高，低文
化程度的消费者旅游消费满意度较低，基本呈现出文化程度越高，旅游消费
满意度越高的趋势。不同文化程度的居民旅游消费满意度的主要差别还在于
对旅游花费的满意程度方面。可能的原因在于旅游花费在各自收入中所占比
重的大小。对低文化程度的人来说，由于旅游花费所占收入比重较高，其更
为看重旅游花费的质量。分职业来看，离退休人员的满意度最高，进城务
工人员的满意度最低。除了旅游花费占进城务工人员收入比重较高外，进城务
工人员缺乏充足的时间进行旅游消费也是一个重要原因。

在健身休闲消费满意度中，分年龄来看，老年人（70~79 岁）的满意度
最高，中年人（30~39 岁）的满意度最低，这与老年人较多进行体育锻炼和
保健，中年人缺乏足够健身休闲活动相关。分职业来看，公务人员和离退休
人员的健身休闲满意度较高，企业、进城务工人员健身休闲满意度较低，这
可能也与是否有充足的体育锻炼和保健时间相关。

在文化娱乐消费满意度中，分文化程度来看，存在明显的梯度，表现为文化程度越低，文化娱乐消费的满意度越高。而且，这一明显的梯度差异还体现在文化娱乐消费时间、场所和花费三个方面。这表明，一方面低文化程度的消费者相对而言，有较为充裕的时间进行文化娱乐活动，对自身文化娱乐活动的时间大致满意。文化程度越高，越可能缺乏时间进行文化娱乐消费。另一方面，文化程度也很可能影响到居民文化娱乐需求的层次和要求。回访显示，文化程度越低，其文化娱乐就越单一和低层次化，越易被满足。

3. 人群特征

（1）年龄特征及差异。从年龄特征看，老年人对文化消费的满意程度普遍高于中青年人。其中，老年人的文化娱乐满意程度明显高于中青年人；其他满意度一级指标基本处于相对较高水平（图 5-2）。30~39 岁的居民对文化消费满意度的评价最低，各分项指标均低于平均值。这可能有两方面原因：一是老年人对文化消费，特别是对健身休闲和文化娱乐的期望值相对要低，对满意程度的评价相对较高；二是老年人有相对充裕的时间进行健身休闲和文化娱乐活动，调查显示缺少时间进行文化消费是满意度不高的重要原因。

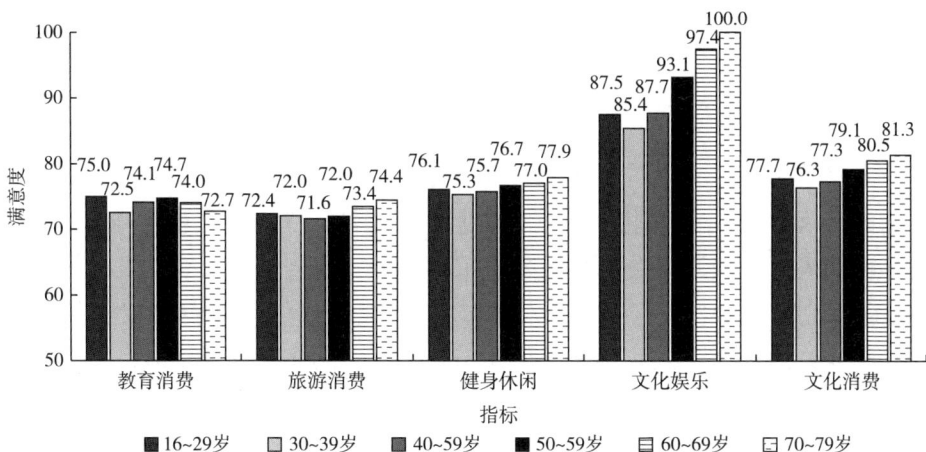

图 5-2　分年龄段的文化消费满意度指数

前文已经指出，文化消费满意度是广义层面的，包括教育消费、旅游消费、健身休闲以及文化娱乐

（2）性别特征及差异。从性别特征看，性别差异对文化消费满意度的影响并不明显。文化消费满意度指数在男女之间仅相差 0.1，差异最大的表现在旅游消费方面，相差 0.4。男性在健身休闲和文化娱乐方面的满意度高于女性，女性在旅游消费和教育消费方面的满意度高于男性（图 5-3）。进一步，综合所有三级指标看：男性与女性的满意度差别最明显的为景点的满意度，女性高于男性 1.01。这可能与女性情感丰富，具有文艺体验精神有关，不少男性消费者对景点多持"来过"思想。同时，男性则在文化娱乐时间方面高于女性 0.6，这表明现实中女性的文化娱乐时间相对男性偏少。除此两点，在文化消费涉及的其他方面，男性与女性基本无明显区别。

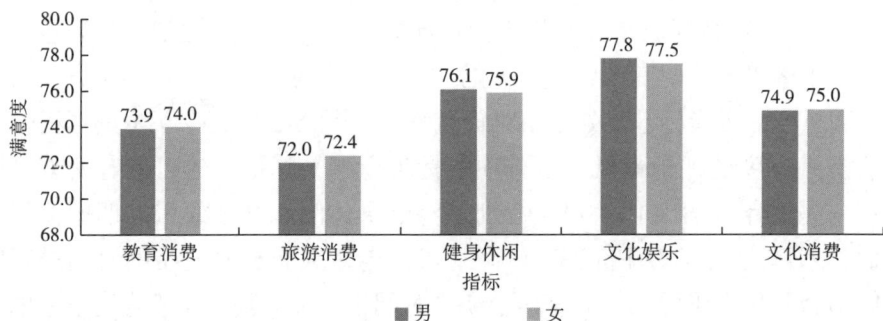

图 5-3　分性别的文化消费满意度指数

（3）收入特征及差异。从收入特征看，收入与文化消费满意度存在一定关系，但并不完全一致。数据显示，收入是影响居民文化消费满意度的重要因素：大体呈现出高收入人群的文化消费满意度高于低收入人群的趋势，即收入水平越高，文化消费满意度的值相对越高。但也存在例外，收入在 50 万~100 万元的人群对文化消费满意度的反映比较特别，其满意度普遍偏低，这种偏低表现在旅游消费、健身休闲和文化娱乐三个方面（图 5-4）。根据进一步的回访，这可能与该收入群体的事业压力较大有关，导致其能够用于旅游、健身休闲和文化娱乐的时间偏少，缺乏有效的体验，对不能进行相关活动存在诸多不满，满意度也就不高。

（4）文化程度特征及差异。从文化程度特征看，文化消费满意度呈现出两头高、中间低的态势。即低文化层次（小学及以下）和高文化层次（硕士研究生及以上）的文化消费满意度较高，中低文化层次（初中）和中高文

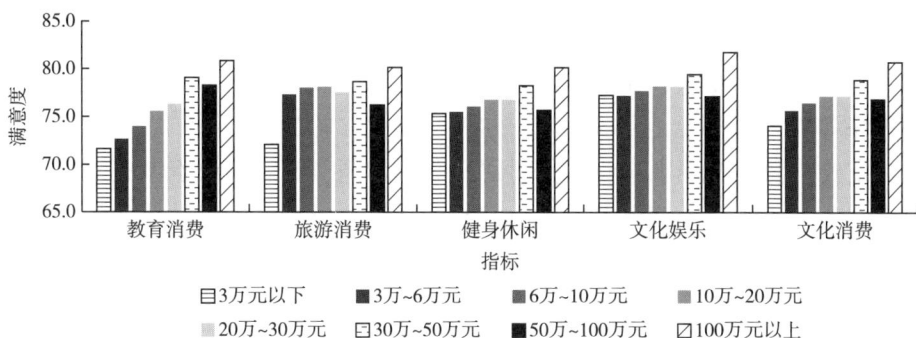

图 5-4 分收入等级的文化消费满意度指数

化层次（本科）的文化消费满意度次之，中间文化层次（高中/中专和大专）的文化消费满意度最低。造成这一态势的基本原因在于，旅游消费和文化娱乐两个指数在文化层次间存在明显的梯度差异，总体来说，文化程度越高，旅游消费的满意度越高；文化程度越低，文化娱乐的满意度越高（图 5-5）。至于为什么会在旅游消费和文化娱乐两个指数中存在明显的梯度差异，将在下文的二级指标分析中做进一步的分析。

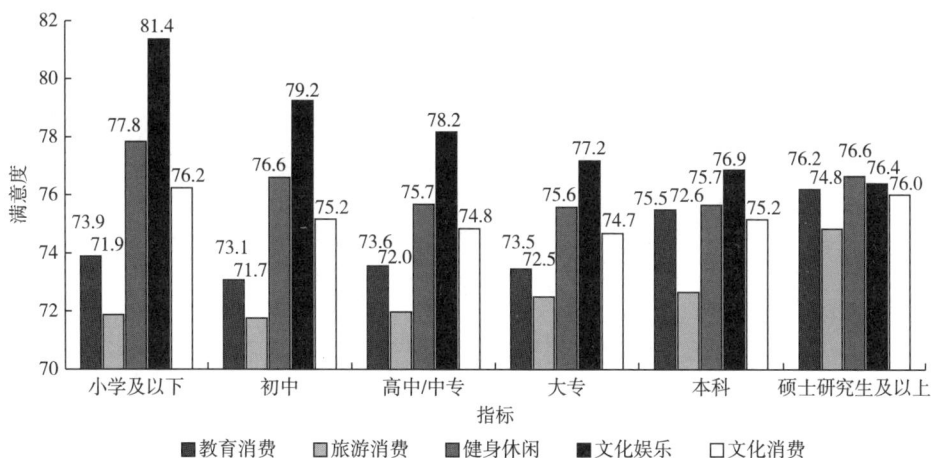

图 5-5 分文化程度的文化消费满意度指数

（5）职业特征及差异。从职业特征看，文化消费满意度存在明显的职业差异。文化消费满意度职业差异不仅反映为总指数值在职业间的大小差别方面，还表现为各分指标排序的相对一致性，即离退休人员除健身休闲略低于公务人员 0.1 外，在教育消费、旅游消费、文化娱乐三个指标上都高于其他四个职业；公务人员在教育消费、旅游消费、健身休闲上都高于企业员工和进城务工人员；企业员工在四个指标上基本都比较低（图 5-6）。究其原因，主要是职业特征影响收入与时间这两个对消费满意度起着至关重要影响的因素。一方面，虽然离退休人员的收入绝对数可能低于其他职业，但其可支配的收入数可能高于其他职业，而公务人员的平均收入也高于一般企业员工、自由职业者和进城务工人员，收入越高消费能力越强；另一方面，离退休人员和公务人员可用于文化消费的时间较企业员工和进城务工人员更加充裕和更具弹性，有更多时间更好地进行文化消费。

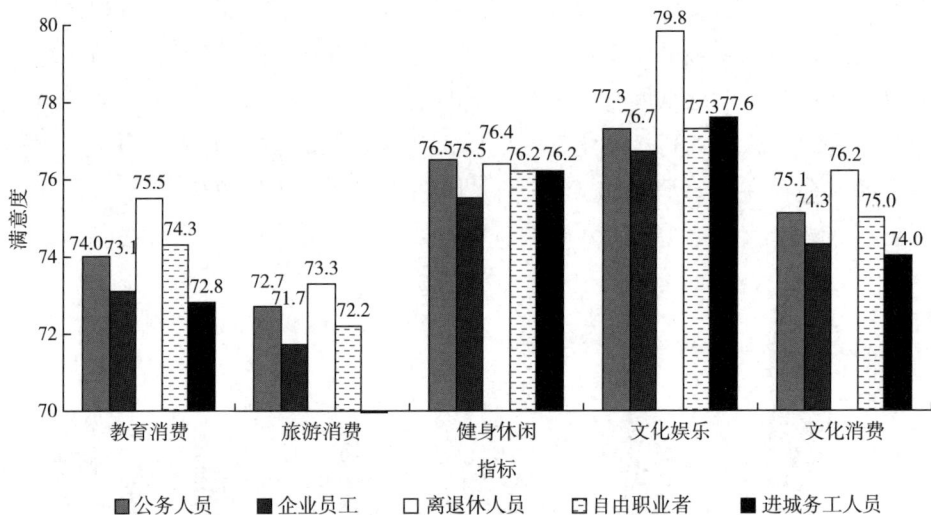

图 5-6　分职业的文化消费满意度指数

二、文化消费满意度指数差异性的实证分析

在上述平均化的描述性分析中，大致揭示了我国文化消费满意度的基本情况。本节进一步采取单因素方差分析，来佐证上述描述性研究，并更加准确地展示我国文化消费满意度情况。需要说明的是，在描述性统计数据中，计算采取的是逐一平均加总的方式，即每一个指标数值都是各自有效样本量的平均，也就是说每个指标的有效样本量不相同。而在单因素方差分析中，需要就单个个体的各类指标进行汇总，并记录其个体特征。因此，本节保持了各一级指标

下的有效样本数量的一致性，与描述性分析的不同数量有效样本不同。同时，还丰富组别划分，导致其均值数可能与上文的描述性分析有一定的数值偏差。

1.性别因素的文化消费满意度差异

单因素方差分析的结果显示，教育消费、旅游消费与文化娱乐消费的方差齐性检验 p 值均大于 0.05，这三个项目方差在 0.05 水平上没有显著性差异，方差具有齐性；健身休闲的方差齐性检验 p 值大于 0.01，在 0.01 水平上健身休闲方差具有齐性。那么，可以进行方差分析。方差分析的结果表明只有在旅游消费中，男女才存在明显的差异，其他三个项目不存在明显差异。这与前文的描述性分析基本一致，性别的最大差异表现在旅游消费满意度方面。文化消费满意度基于性别因素的方差分析见表 5-2。

表 5-2　文化消费满意度基于性别因素的分析

满意度项目	组别	样本量/个	均值	方差	方差齐性检验（p 值）	方差分析 F
教育消费	女	3 489	74.127 6	9.936 94	3.654（0.056）	2.603
	男	3 136	73.727 8	10.218 79		
旅游消费	女	4 633	72.588 4	12.855 84	0.476（0.490）	8.435[**]
	男	4 153	71.784 0	13.079 26		
健身休闲	女	4 360	75.97	11.07	4.724（0.030）	0.113
	男	3 971	76.05	11.35		
文化娱乐	女	4 095	77.535 6	8.807 35	0.959（0.327）	2.011
	男	3 784	77.821 1	9.055 77		

***表示 $p<0.01$，**表示 $p<0.05$，*表示 $p<0.1$
注：方差齐性是进行方差分析的前提，表中括号内数字为方差齐性检验的 p 值

2.收入因素的文化消费满意度差异

依照前文的方法，以收入作为因子，进行满意度分析，分别依据家庭年收入的多少划分为 8 个组别，组别情况见表 5-3。分析结果显示，除旅游消费外，其他三个满意度项目的方差齐性检验 p 值均大于 0.05，这三个项目方差在 0.05 水平上没有显著性差异，方差具有齐性，可进一步进行方差分析。方差分析显示，这三个项目均存在明显差异，也就是说不同收入群体间的文化消费满意度存在差异，收入是影响文化消费满意度的重要因素，这同描述性分析也基本一致。

表 5-3　文化消费满意度基于收入因素的分析

满意度项目	组别	样本量/个	均值	方差	方差齐性检验（p 值）	方差分析 F
教育消费	3 万元以下	1 123	73.194 9	10.413 32	1.526（0.153）	3.305***
	3 万~6 万元	1 937	73.585 7	10.078 92		
	6 万~10 万元	1 843	74.211 0	9.906 49		
	10 万~20 万元	1 203	74.312 5	9.947 85		
	20 万~30 万元	302	74.448 1	9.735 34		
	30 万~50 万元	131	75.922 4	9.907 96		
	50 万~100 万元	54	74.922 8	11.861 05		
	100 万元以上	16	79.687 5	10.192 02		
旅游消费	3 万元以下	1 412	69.241 3	14.926 43	19.191 4（0.000）	44.110***
	3 万~6 万元	2 505	70.649 5	13.334 74		
	6 万~10 万元	2 435	72.310 9	12.436 51		
	10 万~20 万元	1 644	74.474 1	11.018 72		
	20 万~30 万元	429	76.651 1	10.862 97		
	30 万~50 万元	219	78.386 6	10.828 35		
	50 万~100 万元	83	78.765 1	10.540 21		
	100 万元以上	29	82.112 1	8.759 87		
健身休闲	3 万元以下	1 331	75.35	11.432	1.421（0.192）	4.65***
	3 万~6 万元	2 338	75.47	10.965		
	6 万~10 万元	2 333	76.08	11.173		
	10 万~20 万元	1 569	76.72	11.209		
	20 万~30 万元	421	76.84	11.498		
	30 万~50 万元	210	78.39	10.938		
	50 万~100 万元	76	75.74	11.318		
	100 万元以上	29	80.17	12.729		
文化娱乐	3 万元以下	1 209	77.302 2	9.434 15	1.98（0.054）	4.256***
	3 万~6 万元	2 218	77.208 3	8.850 90		
	6 万~10 万元	2 216	77.772 5	8.797 34		
	10 万~20 万元	1 507	78.160 3	8.763 90		
	20 万~30 万元	402	77.943 6	8.557 27		
	30 万~50 万元	202	79.682 3	8.767 24		
	50 万~100 万元	75	77.222 2	9.863 30		
	100 万元以上	29	81.752 9	11.158 90		

***表示 $p<0.01$，**表示 $p<0.05$，*表示 $p<0.1$

注：方差齐性是进行方差分析的前提，表中括号内数字为方差齐性检验的 p 值

　　下文主要讨论方差非齐性的旅游消费满意度，本节采用假定方差非齐性的 Dunnett's T3 对旅游消费进行单独的多重比较（表 5-4），结果显示高低收入之间存在差异，而低收入（3 万元以下）与中低收入（3 万~6 万元）之间、最高收入（100 万元以上）与高收入（50 万~100 万元）之间差别不明显，即旅游消费满意度的差异存在一个数量界限，界限之间才存在明显差别。

表 5-4　基于收入分组的旅游消费非参多重比较

组别	3 万元以下	3 万~6 万元	6 万~10 万元	10 万~20 万元	20 万~30 万元	30 万~50 万元	50 万~100 万元	100 万元以上
3 万元以下	—	0.087	0	0	0	0	0	0
3 万~6 万元	0.087	—	0	0	0	0	0	0
6 万~10 万元	0	0	—	0	0	0	0	0
10 万~20 万元	0	0	0	—	0.007	0	0.014	0.002
20 万~30 万元	0	0	0	0.007	—	0.786	0.933	0.075
30 万~50 万元	0	0	0	0	0.786	—	1	0.650
50 万~100 万元	0	0	0	0.014	0.933	1	—	0.921
100 万元以上	0	0	0	0.002	0.075	0.650	0.921	—

注：因篇幅限制，仅给出了各组别之间的显著性的 p 值，大于给出的显著性水平则说明不存在明显差异

3. 文化程度因素的文化消费满意度差异

　　与上文的因子分析类似，将文化程度作为因子，将数据划分为 6 个组别进行单因素分析（表 5-5），数据显示，教育消费与文化娱乐的方差齐性检验 p 值均大于 0.05，在 0.05 的水平上方差具有齐性；健身休闲的方差齐性检验 p 值大于 0.01，在 0.01 的水平上方差具有齐性，可进一步进行方差分析，结果显示教育消费、健身休闲与文化娱乐在不同文化程度间存在明显差别，尤其是文化娱乐满意度还存在着明显的梯度性。进一步，由于旅游消费未通过齐性检验，也采取假定方差非齐性的 Dunnett's T3 对旅游消费进行单独的多重比较（表 5-6），结果显示相邻文化程度间差别小，而不同文化程度间存在一定差别，但并没有完全的规律性可寻，无法说明旅游消费满意度与文化程度之间的关系。

表 5-5　基于文化程度因子的文化消费满意度分析

满意度项目		样本量/个	均值	方差	方差齐性检验（p值）	方差分析 F
教育消费	小学及以下	423	75.487 6	9.924 09	1.249（0.283）	6.666***
	初中	1 312	74.364 8	10.108 43		
	高中/中专	1 805	74.170 1	10.243 45		
	大专	1 275	72.681 4	9.603 91		
	本科	1 575	73.931 2	10.137 82		
	研究生及以上	220	73.825 8	10.381 51		
旅游消费	小学及以下	616	69.500 9	17.770 04	72.332（0.000）	16.797***
	初中	1 741	70.918 4	15.238 72		
	高中/中专	2 366	71.849 5	12.896 04		
	大专	1 645	72.914 1	11.525 70		
	本科	2 100	73.494 1	10.181 11		
	研究生及以上	86	77.180 3	9.890 80		
健身休闲	小学及以下	569	77.90	11.591	2.580（0.024）	5.783***
	初中	1 613	76.58	11.353		
	高中/中专	2 219	75.61	11.221		
	大专	1 569	75.65	11.135		
	本科	2 048	75.62	10.983		
	研究生及以上	293	76.83	11.050		
文化娱乐	小学及以下	517	81.060 6	8.993 89	1.764（0.112）	30.345***
	初中	1 491	78.926 3	9.091 00		
	高中/中专	2 105	77.701 9	8.821 01		
	大专	1 500	76.695 8	8.727 59		
	本科	1 967	76.689 3	8.772 10		
	研究生及以上	284	76.701 9	8.660 47		

***表示 $p<0.01$，**表示 $p<0.05$，*表示 $p<0.1$

注：方差齐性是进行方差分析的前提，表中括号内数字为方差齐性检验的 p 值

表 5-6　基于文化程度分组的旅游消费非参多重比较

组别	小学及以下	初中	高中/中专	大专	本科	研究生及以上
小学及以下	—	0.703	0.032	0.000	0.000	0.000
初中	0.703	—	0.450	0.000	0.000	0.000
高中/中专	0.032	0.450	—	0.089	0.000	0.000
大专	0.000	0.000	0.089	—	0.819	0.003

续表

组别	小学及以下	初中	高中/中专	大专	本科	研究生及以上
本科	0.000	0.000	0.000	0.819	—	0.016
研究生及以上	0.000	0.000	0.000	0.003	0.016	—

注：因篇幅限制，仅给出了各组别之间的显著性的 p 值，大于给出的显著性水平则说明不存在明显差异

4. 年龄因素的文化消费满意度分析

下文将年龄因素作为因子，将数据划分为 6 个组别（表 5-7）进行单因素分析，数据显示，仅教育消费的方差齐性检验 p 值大于 0.01，在 0.01 的水平上勉强具有方差齐性，教育消费在不同年龄之间存在满意度差异，具体表现为 60~69 岁群体的最高，50~59 岁群体的最低，同前文的描述性分析相比，结论上有一定差异。进一步，再用非假定同方差的方法进行多重比较，结果显示（表 5-8~表 5-10），在旅游消费满意度中，主要是 60~69 岁这个群体与其他群体存在明显差别，其他群体之间差别并不明显，值得进一步关注与研究；在健身休闲中，未表现出明显的年龄差别；在文化娱乐中，则表现为相近年龄间的满意度差别小，年龄跨度大则满意度差别大，这与常识性认识基本一致。

表 5-7　基于年龄因子的文化消费满意度分析

满意度项目	组别	样本量/个	均值	方差	方差齐性检验（p 值）	方差分析 F
教育消费	16~29 岁	1 589	70.428 2	11.479 77	2.469（0.030）	2.867**
	30~39 岁	1 585	69.816 0	11.054 25		
	40~49 岁	1 443	69.577 3	11.719 48		
	50~59 岁	659	68.927 0	12.143 27		
	60~69 岁	86	72.698 6	11.593 03		
	70 岁以上	111	69.575 8	12.732 31		
旅游消费	16~29 岁	2 608	72.943 9	11.343 15	25.125（0.000）	10.534***
	30~39 岁	2 064	72.457 5	11.801 06		
	40~49 岁	1 894	71.157 8	13.584 71		
	50~59 岁	1 245	71.737 0	14.162 11		
	60~69 岁	178	77.130 2	9.429 05		
	70 岁以上	256	73.275 0	17.104 54		

续表

满意度项目	组别	样本量/个	均值	方差	方差齐性检验（p值）	方差分析F
健身休闲	16~29岁	2 470	75.99	10.919	10.221（0.000）	5.498***
	30~39岁	1 965	75.25	10.824		
	40~49岁	1 786	75.72	11.227		
	50~59岁	1 180	76.81	11.619		
	60~69岁	686	77.01	11.959		
	70岁以上	244	77.74	12.135		
文化娱乐	16~29岁	2 380	76.917 9	8.784 80	3.461（0.004）	53.751***
	30~39岁	1 848	76.135 2	8.535 09		
	40~49岁	1 691	77.409 8	8.846 89		
	50~59岁	1 116	79.471 0	8.756 36		
	60~69岁	632	81.147 8	9.141 61		
	70岁以上	212	81.820 0	9.387 48		

***表示 $p<0.01$，**表示 $p<0.05$，*表示 $p<0.1$

注：方差齐性是进行方差分析的前提，表中括号内数字为方差齐性检验的 p 值

表 5-8　基于年龄的旅游消费非方差齐性多重比较

组别	16~29岁	30~39岁	40~49岁	50~59岁	60~69岁	70岁以上
16~29岁	—	0.919	0.000	0.121	0.000	1.000
30~39岁	0.919	—	0.021	0.880	0.000	1.000
40~49岁	0.000	0.021	—	0.988	0.000	0.588
50~59岁	0.121	0.880	0.988	—	0.000	0.946
60~69岁	0.000	0.000	0.000	0.000	—	0.041
70岁以上	1.000	1.000	0.588	0.946	0.041	—

注：因篇幅限制，仅给出了各组别之间的显著性的 p 值，大于给出的显著性水平则说明不存在明显差异

表 5-9　基于年龄的健身休闲非方差齐性多重比较

组别	16~29岁	30~39岁	40~49岁	50~59岁	60~69岁	70岁以上
16~29岁	—	0.319	1	0.482	0.486	0.372
30~39岁	0.319	—	0.962	0.003	0.011	0.036
40~49岁	1	0.962	—	0.162	0.197	0.195
50~59岁	0.482	0.003	0.162	—	1	0.991

续表

组别	16~29 岁	30~39 岁	40~49 岁	50~59 岁	60~69 岁	70 岁以上
60~69 岁	0.486	0.011	0.197	1	—	
70 岁以上	0.372	0.036	0.195	0.991	1	—

注：因篇幅限制，仅给出了各组别之间的显著性的 p 值，大于给出的显著性水平则说明不存在明显差异

表 5-10　基于年龄的文化娱乐非方差齐性多重比较

组别	16~29 岁	30~39 岁	40~49 岁	50~59 岁	60~69 岁	70 岁以上
16~29 岁	—	0.051	0.711	0	0	0
30~39 岁	0.051	—	0	0	0	0
40~49 岁	0.711	0	—	0	0	0
50~59 岁	0	0	0	—	0.003	0.013
60~69 岁	0	0	0	0.003	—	0.999
70 岁以上	0	0	0	0.013	0.999	—

注：因篇幅限制，仅给出了各组别之间的显著性的 p 值，大于给出的显著性水平则说明不存在明显差异

5. 职业因素的文化消费满意度差异

采取同样的方法将职业作为因子，将职业划分为 7 个组别（表 5-11），结果显示教育消费与文化娱乐满意度在不同职业间存在差别，抛开其他职业这个不确定选项，离退休人员在教育消费和文化娱乐满意度中最高，这与前文的描述分析基本一致。

表 5-11　基于职业差异的文化消费满意度分析

满意度项目		样本量/个	均值	方差	方差齐性检验（ p 值）	方差分析 F
教育消费	其他	655	76.650 8	9.913 89	0.472（0.892）	12.494***
	公务人员	1 026	73.387 8	9.977 01		
	企业职工	2 453	73.132 4	9.897 66		
	离退休人员	804	74.593 2	10.418 05		
	个体经营	930	74.460 1	10.322 40		
	进城农民工	272	74.157 5	9.469 99		
	自由职业	485	73.307 6	9.912 89		
健身休闲	其他	1 106	75.67	11.002	5.345（0.000）	3.513***
	公务人员	1 250	76.44	11.105		
	企业职工	2 771	75.43	11.051		

续表

满意度项目		样本量/个	均值	方差	方差齐性检验（p值）	方差分析 F
健身休闲	离退休人员	1 005	77.07	12.022	5.345（0.000）	3.513***
	个体经营	1 132	76.35	10.820		
	进城农民工	325	76.31	10.891		
	自由职业	572	75.69	11.353		
旅游消费	其他	1 101	72.540 1	12.294 24	21.456（0.000）	11.909***
	公务人员	1 301	72.979 1	11.644 01		
	企业职工	2 928	71.775 4	11.782 55		
	离退休人员	1 064	73.296 5	15.384 69		
	个体经营	1 264	72.389 2	13.934 05		
	进城农民工	353	67.180 1	15.345 33		
	自由职业	635	71.404 2	13.926 43		
文化娱乐	其他	918	77.410 1	8.328 05	1.739（0.108）	1.574
	公务人员	1 212	77.507 9	9.177 55		
	企业职工	2 716	77.534 4	9.001 27		
	离退休人员	929	77.969 1	9.157 22		
	个体经营	1 097	77.932 2	9.048 46		
	进城农民工	311	77.871 9	8.421 72		
	自由职业	550	77.765 2	8.566 81		

***表示 $p<0.01$，**表示 $p<0.05$，*表示 $p<0.1$

注：方差齐性是进行方差分析的前提，表中括号内数字为方差齐性检验的 p 值

　　进一步，多重比较健身休闲与旅游消费（表 5-12 和表 5-13）满意度发现，健身休闲并不存在明显的职业差异，旅游消费满意度主要是进城农民工与其他职业有明显差别，这个问题需要高度关注，是否是进城农民工太缺乏时间去进行旅游消费？与前文描述性分析的差别在于，描述性分析归类时将个体经营者与进城农民工统一为进城务工者。

表 5-12　基于职业的健身休闲非方差齐性多重比较

职业	其他	公务人员	企业职工	离退休人员	个体经营	进城农民工	自由职业
其他	—	0.876	1	0.109	0.958	1	1
公务人员	0.876	—	0.156	0.990	1	1	0.988
企业职工	1	0.156	—	0.003	0.298	0.980	1
离退休人员	0.109	0.990	0.003		0.966	0.999	0.386

续表

职业	其他	公务人员	企业职工	离退休人员	个体经营	进城农民工	自由职业
个体经营	0.958	1	0.298	0.966	—	1	0.997
进城农民工	1	1	0.980	0.999	1		1
自由职业	1	0.988	1	0.386	0.997	1	—

注：因篇幅限制，仅给出了各组别之间的显著性的 p 值，大于给出的显著性水平则说明不存在明显差异

表 5-13　基于职业的旅游消费非方差齐性多重比较

职业	其他	公务人员	企业职工	离退休人员	个体经营	进城农民工	自由职业
其他	—	0.014	0.128	1	0.876	0	0.398
公务人员	0.014	—	0.971	0	0.165	0	1
企业职工	0.128	0.971	—	0.029	0.948	0	1
离退休人员	1	0	0.029	—	0.998	0	0.710
个体经营	0.876	0.165	0.948	0.998	—	0	0.983
进城农民工	0	0	0	0	0		0.057
自由职业	0.398	1	1	0.710	0.983	0.057	—

注：因篇幅限制，仅给出了各组别之间的显著性的 p 值，大于给出的显著性水平则说明不存在明显差异

第三节　文化消费满意度指数应用启示及完善思路

一、文化消费满意度指数应用的启示

（一）居民的精神文化生活满意度与经济发展水平并非完全一致

文化消费满意度的城市指数和排名显示，精神文化生活满意度与经济发展水平并非完全一致。虽然经济发展水平较高的上海的精神文化生活满意度处于第一位，但其他一线城市的排名并不高，而哈尔滨和贵阳等在全国经济发展水平并不突出的城市，排位反而居前。同时，高于文化消费满意度平均值的城市与低于文化消费满意度平均值的城市并无明显经济发展水平差异。其原因可能有：一是文化消费属于高层次的发展和享受型消费，经济发展水平要高于一定程度才会对其质量和数量的提升产生显著影响；二是满意度的高低与期望值密切相关，越是经济发达地区，其期望值可能越高，反而容易

造成满意度值偏低。

（二）收入与职业差距是影响居民精神文化生活满意度的重要因素，但非绝对原因

文化消费满意度指数在收入与职业间存在明显差异，表现为高收入人群的文化消费满意度指数大体高于低收入人群，而离退休人员和公务人员的文化消费满意度指数大体高于其他职业，尤其是企业职工，其文化消费满意度相对较低。具体来看，第一，收入水平越高，其文化消费满意度越高，并随家庭年收入层次递减而递减。家庭年收入 100 万元以上高收入群体满意度指数最高（80.7），家庭年收入 3 万元以下低收入群体满意度指数最低（74.1）。第二，文化消费满意度的职业差异不仅反映为职业间指数值差异，还表现在各分项指标排序的相对一致性方面。基本状况是：离退休人员的文化消费满意度指数（76.2）高于公务人员（75.1）、自由职业者（75.0）、企业员工（74.3）和进城务工人员（74.0）。离退休人员除健身休闲略低于公务员 0.1 外，在教育消费、旅游消费、文化娱乐三个指标上都高于在职人员；公务人员在教育消费、旅游消费、健身休闲上都高于企业员工和进城务工人员；企业员工均较低，其文化娱乐、健身休闲、教育消费、旅游消费的满意度分别为 76.7、75.5、73.1 和71.7，除教育消费和旅游消费满意度略高于进城务工人员外，其余均为各职业最低。

究其原因，一方面，职业差异导致收入差异；另一方面，职业差异还直接影响居民的闲暇时间长短和弹性，没有时间就没有消费的条件，满意度自然也不高。但也存在例外，家庭年收入 50 万~100 万元即中等收入群体，其旅游消费、健身休闲和文化娱乐等方面的满意度却并不高。

（三）老年人的文化消费满意度普遍高于中青年人，或与其社会角色相关

从年龄分组看，省会城市 70~79 岁和 60~69 岁的老年人的文化消费满意度分别为 81.3 和 80.5，远高于中青年群体的满意度（16~29 岁为 77.7；30~39岁为 76.3；40~49 岁为 77.3），其中，老年人与中青年在健身休闲和文化娱乐两项上的差别明显；老年人旅游消费满意度略高于中青年；在教育消费满意度上老年人与中青年差异不大。究其原因，除了与老年人较低的文化教育期望值相关外，主要是与不同年龄人群的社会家庭角色相关。调查反映，30~39 岁人群普遍扮演家庭顶梁柱角色，维持家庭运转与安排家庭支出，他们的生活工作压力最大，能够用于精神文化消费的时间偏少。而且，他们作为社会最主要的建设者，对社会各类现状的评价更趋于现实，不同于老年人评价时爱与过去做比较的习惯，也没有青年人及时行乐、超前消费的思想。同时，他们对教育分项的不满意主要是基于对子女所受教育质量、教育收费的不满意。此外，老年人对教育满意度过低的评价也与他们扮演照顾孙子辈的家庭角色相关（主要是对加重学生课业负担的应试教育的不满），他们对孙子孙女的教育消费满意度不高。

（四）教育与旅游是制约我国文化消费满意度提高的"短板"

无论是从各城市还是分人群特征看，教育与旅游消费的满意度得分均不高。省会城市文化消费满意度各分项指数值从高到低依次为：文化娱乐（77.7）、健身休闲（76.0）、教育消费（73.9）、旅游消费（72.2）。其中，教育消费与旅游消费的满意度远低于 75.0 的中值水平。教育消费分项指标中，居民对子女教育支出的满意度、家庭再教育的满意度和教育质量的满意度分别为 82.6、61.9 和 77.2，对家庭再教育的不满意导致了教育满意度不高。调查显示，43.8%的省会城市居民家庭年均子女教育费用支出在 15 000 元以上；44.3%的家庭年均再教育支出不足 2 000 元。旅游消费分项指标中，居民对旅游支出、旅游景点和旅游出行的满意程度分别为 59.5、78.7 和 78.3，对旅游支出满意度低导致旅游满意度偏低。

（五）受教育程度不同的人群文化消费满意度表现为"两头高、中间低"，或与其用于文化消费的体验时间相关

从文化层次看，低文化层次（小学及以下为 76.2）、高文化层次（硕士研究生及以上为 76.0）的居民文化消费满意度较高，中低（初中为 75.2）、中高（本科为 75.2）文化层次的居民文化消费满意度次之，中间（高中为 74.8、大专为 74.7）文化层次的居民文化消费满意度最低。从分项指数构成看，旅游和文化娱乐两个分项指数在文化层次间存在明显的梯度反差：文化程度越高，旅游消费满意度越高，文化娱乐满意度越低；反之，文化程度越低，旅游消费满

意度越低，文化娱乐满意度越高。通过进一步的回访和深入沟通，发现现阶段制约文化消费满意度的重要因素并不是没有文化消费能力，而是缺少文化消费条件，特别是时间条件。没有时间进行文化消费，没有时间更好地进行文化消费以及"打仗式"的文化消费是造成文化消费诸多不满的一个重要原因。不同文化程度的人在文化消费时间方面有差异，"两头的人"可用于文化消费的时间相对较多，"中间的人"可用于文化消费的时间相对较少。并且，文化层次越高的人，越倾向于在享受型消费上花更多时间；文化层次越低的人，越倾向于在基础型消费上花更多时间，文化娱乐活动较单一、层次低和易满足。但这一结论尚待进行更为细致深入的调查，在文化消费满意度调查中给予更多时间的考虑。因为从欧美国家的经验看，其对消费者对某项文化消费活动喜爱的评价，已经从单纯花费多少收入，更多地转向花费多少时间。

总之，文化消费满意度的高低既直接与区域经济发展水平和居民收入存在关系，也与居民的文化消费体验有关，个体特征（职业、年龄、文化程度）作用于文化消费体验，现阶段居民能够用于消费体验的时间以及时间的弹性需要关注。此外，性别差异在精神文化消费领域表现得并不明显，除旅游消费满意度有明显性别差异外，其他满意度均不具有明显差异。男女在旅游消费满意度方面的差异体现在对旅游景点的评价上，女性比男性高 0.9。

二、文化消费满意度指数的完善思路

通过构建文化消费满意度量化体系，我们初步完成了前文所述的成果。与此同时，在实施预调查和大规模调查应用后，也发现量化体系与指标构建尚有可改进的地方：第一，正确处理好完备性与操作性的矛盾。基于调查的满意度研究与客观数据的指标构建仍存在问题，即调查难度性的掌控。虽然，调查体系内指标越详细，越能够提高完备性要求，却失去了简易性。在操作层面主要问题表现在被访问者通常没有足够的时间与耐心完成如此复杂的问题体系，进而出现中途放弃、拒绝回答或胡乱作答等问题。第二，正确处理好个体对宽泛对象的选择模糊性。在调查中，我们进一步发现存在部分被调查者对文化消费这一宽泛对象的选择模糊性。以教育消费满意度为例，部分消费者认为教育消费过于宽泛。例如，他们对自己的继续教育满意度较高，但对子女的教育满意度偏低，那么他们该如何判断，到底对教育消费是否满意呢，有多高或多低的满意度水平？第三，进一步正确衡量区域预期对主观满意度的影响。在进行区域比较时，满意度的研究更希望揭示居民的实际满意度感知水平，这样的区域比较才更为可行，因此关注不同区域的预期差异是文化消费满意度研究需高度关注的问题，该次研究在调查中进一步证实了文化消费满意度与经济发展水平的非一致性。

针对以上问题，基本完善思路是：在具体指标设定上，一级指标仍是教育消费、健身休闲、旅游消费以及文化娱乐满意度四个方面。首先，在问卷设计上先向消费者询问一个关于教育消费、健身休闲、旅游消费以及文化娱乐满意度各方面的整体判断，这样有助于了解消费者的固有印象水平。进一步，再针对消费者仔细询问具体项目，这是一个相对深思熟虑的过程，有助于了解消费者经过心理活动处理后的主观满意度水平。相比经过更多心理活动处理的主观满意度水平，问卷调查前的预先整体判断含有更多的预期成分，因为按照预期理论，固有印象是消费者预期判断的重要因素，可考虑将其作为总体满意度指数的一个调节变量。其次，拓展二级指标的具体消费项目内容，由消费者选择经常参与和熟悉的项目排序，再具体针对这个项目进行满意度判断，由三级指标完成。最后，在适度控制调查时间的范围内，尽可能地实现指标的完备性，让具体项目满意度的调查更为具体化。

综上所述，这里提出一个相对完善的假定性文化消费满意度体系，并通过小规模的调查（有效样本 315 份），同时进行偏最小二乘法（partial least square，PLS）路径模型检验，确定以下相对完备的指标体系。此指标体系虽相对完善，但调查难度相对扩大，主要是为以后的文化消费满意度指标体系选择提供参考（表 5-14），可为以后的研究提供一个选择集进行挑选与完善。

表 5-14　相对完善的假定性文化消费满意度体系

目标层	一级指标	二级指标	三级指标
文化消费满意度	教育消费	可选择消费项目集	
		幼儿园教育消费满意度	托管水平；教师态度；收费的规范性；教学设施条件
		中小学教育消费满意度	师资水平；教师责任心与态度；教学设施条件；学校周边环境；家校互动；学习氛围
		大学教育消费满意度	教学设施条件；住宿条件；后勤服务；教学水平；人文环境；个人发展
		成人教育消费满意度	收费；师资力量；日常管理；教学质量

续表

目标层	一级指标	二级指标		三级指标
文化消费满意度	教育消费	可选择消费项目集	后续教育和培训消费满意度	培训水准；培训方式；培训条件；后勤服务
		教育消费满意度整体评价		
	健身休闲	可选择消费项目集	健身休闲用品满意度	品种类型；产品质量；售后服务；价格
			健身休闲服务满意度	教练的专业水平；教练的服务态度；课程安排；收费标准；
			参与型健身休闲满意度	场馆设施质量；便利程度；价格；专业水平
			竞技表演型健身休闲满意度	赛事表现；服务质量；硬件水平；门票价格；转（直）播水平
		健身休闲满意度整体评价		
	旅游消费	可选择消费项目集	旅游出行满意度	出行舒适度；出行方便性；出行价格
			旅游住宿满意度	住宿条件；住宿服务；住宿价格
			旅游餐饮满意度	餐饮卫生；餐饮服务；餐饮价格；餐饮口味
			旅游游览满意度	游览设施；游览服务；门票价格；游览体验
			旅游购物满意度	购物价格；购物质量；购物服务；是否自愿
			旅游娱乐满意度	娱乐项目；娱乐体验感；价格水平
			旅游综合服务满意度	旅行社；景区旅游管理；在线旅游平台；旅游金融服务
		旅游消费满意度整体评价		
	文化娱乐	可选择消费项目集	新闻出版发行品满意度	种类数量；内容信息与质量；包装形式；获取渠道；价格
			广播电视电影节目满意度	节目种类数量；节目内容形式；传播方式；节目观赏与思想；价格；硬件设施
			文化艺术服务满意度	表演水平；环境设施；门票价格；现场服务
			娱乐休闲服务满意度	硬件设施；服务水平；趣味性；价格；种类丰富性
			文化艺术工艺品满意度	品种样式；价格；文化品位；工艺水准
		文化娱乐满意度整体评价		

第四节　提升居民文化消费满意度的基本思路

在提高文化消费满意度的思路上，建议除了加快经济发展水平，提高居民收入外，还应该一方面加快落实与完善带薪休假制度，保障居民有充足的时间很好地进行文化消费，这有助于提高我国居民的文化消费满意度；另一方面，完善需求表达机制，实现菜单式文化惠民工程。采取抽样调查、逐层反映和网络留言等多种形式，将居民的需求反映给管理部门，实现政府"送文化"与居民"要文化"的有机结合。在此基础上，形成居民"文化需求菜单"，由其"按需点菜"，提高政策效果。并且，实现文化资源开发的区域联动和城乡整合，提高社会资本参与文化供给的经济效益，提升企业参与供给的动力。加快文化消费领域的供给侧改革，坚持文化消费的社会属性、经济属性和意识形态属性的有机统一，在教育消费、健身休闲、旅游消费和文化娱乐四个细分领域采取具体措施，为居民提供更多高质量的文化消费品。

一、坚持基础教育与教育培训双轮发展

充分认识教育对提高居民文化素质，增强国家竞争力的重要作用，坚持基础教育的公益属性，在此之外大力发展形式多样的教育培训服务，提升教育消费的水平、范围、质量和效益。

提高幼儿教育标准和强化服务水准。幼儿教育应该把保证幼儿健康成长作为教育的基线，建立健全全国幼儿教育服务标准，强化幼儿教学机构的前置许可和幼儿教师准入制度，开展幼儿教育场所监控全方位透明工作，实施幼儿教育一票否决机制，扩大机关幼儿园对社会的招生力度，鼓励知名公立幼儿教育机构结成帮扶协同进步体，全方位、多层次向学前儿童提供安心、放心和舒心的教育。

改善中小教育基础设施和校园环境。中小学教育应进一步营造舒适教学条件和校园环境，尤其是改善中、西部落后地区的教学硬件设施，优化校园内外学习环境条件，加强校园美化工作，科学设置校园绿带与隔音带，实施绿色美丽校园打造计划，提高中小学运动场所建设标准与质量，完善适合中小学生年龄和身体特点的运动设施。

优化教育资源均衡配置。实施教育资源均衡配置五年行动计划，推动优质教育资源向中西部地区、贫困地区、边远地区、城市薄弱区流动。加大薄弱学校和寄宿制学校的教育投入，提高区域教育津贴标准，试点教育人才的双向流动，加大普通学校教师培训力度，推进"名校+"战略，鼓励大学教育资源共建共享，推进数字教育资源免费开放进程。

增强教育培训领域活力。优化教育培训企业发展环境，实施更加便利的扶持政策，强化部门统筹联动，提升教育培训水平。优化教育培训产业布局，引导高端教育培训集聚，引导现代教育培训机构良好嵌套于城市空间。完善"双创"平台建设，鼓励实施创业创新人才培训计划，对"双创"人才培训给予补贴和扶持。

二、重视公益休闲健身与产业共同进步

充分领会休闲健身对提高国民素质，促进全民健康发展的重要意义，坚持休闲健身公共化与社会化双向发展，加快提升休闲健身领域的基础设施水平、服务水准与质量效益。

加强公共休闲健身设施建设并提高使用效率。公共休闲健身应走设计好、建设好、管理好、使用好、经营好的综合发展之路，多设计适合在社区、居民区活动的多功能、小型适用的健身休闲娱乐场所，采取国家、社区、个人多元投资模式，用经济手段、市场法规管理好、使用好体育场馆设施。同时，盘活存量资源，推动有条件的学校体育场馆设施在课后和节假日对本校学生和公众有序开放，运用商业运营模式推动城市体育场馆多层次开放利用。

降低休闲健身企业发展成本。规范休闲健身市场管理体制，精简休闲健身项目审批环节、手续和费用，完善相关中介机构服务，降低休闲健身企业运营成本；加大休闲健身企业发展相关税收优惠和金融创新，拓宽中小微休闲健身企业融资途径，降低企业融资成本；加快休闲健身企业对接平台建设，为各类休闲健身企业以及社会资本提供项目、资金和人才的对接平台，降低企业搜寻成本。

加强从业人员资格认证。加强休闲健身行业从业人员资格认证，细化各类休闲健身项目的教练专业认证标准，强化普通从业人员基本素质认证，定期举办休闲健身行业后续培训课程，提升休闲健身行业服务水平。

实施差别扶持政策。进一步放开市场化程度高的职业体育赛事，如篮球、足球、网球、排球等，鼓励企业办赛事，重点加大赛事经营公司的扶持力度；进一步发展马拉松、自行车、群众舞蹈等社会基础好的群众体育赛事活动，重点做好各类群众体育赛事的举办工作，鼓励大众参与，共建共享。

三、开启现代旅游业融合发展路径

充分把握现代旅游融合发展，实施"旅游+"发展战略，推进旅游要素由"吃、住、行、游、购、娱"向"商、养、学、闲、情、奇"转变，开启现代旅游发展路径。

丰富旅游业态和体验方式。实施"旅游+"发展战略，推动旅游产业与文化产业、体育产业和康养产业的深度融合，鼓励对既有旅游资源进行升级、改造与创新，充分考虑游客在旅游过程中对各种旅游资源所要求的多样化体验感知和需求。从产业融合视角，提升旅游产品类别的丰富性和生活相关性，丰富旅游业态与体验方式。

大力发展现代乡村旅游。实施"一村一品，一品一业，一业一精"差异化乡村发展路径，适度发展乔、灌、草、花、藤，打造处处是景、步步入画的全域"醉美乡村"景观；深耕农房功能多维升级，开展农民建房、风貌改造以及功能升级工程，既留住浓郁的乡愁，又将普通民居转化为乡奢度假、青年旅舍、养心客栈、文创部落等各具特色的民宿品牌。

整合旅游资源。整合各地农业、旅游、康养资源，打造区域大环线、各县小环线、专题养心线（养生、科教、赏花、美食、考察专用线）等多种类型，将传统的景点式旅游转化为商务、养生、研学、休闲和情感等专题式旅游，由"点—线"旅游方式转到"线—面"旅游方式。

四、丰富文化娱乐内容与品质

生产一批高水平的文艺精品。努力实现文化娱乐产品社会效益与经济效益的统一，鼓励相关企业在提供的文化产品中注重社会主义核心价值观和中国梦的传播，体现时代精神与民族精神。尤其是组织创作生产一批反映人民群众扶贫攻坚、致富奔小康、共筑中国梦的文化精品。

　　加强公共文化设施建设。可以从当地实际情况出发，结合当地经济发展水平、人文特征等，合理规划公共文化设施的种类、数量以及规模，力争形成场馆服务和数字服务相结合的公共文化设施网络，提高公共文化设置的质量和服务水平。特别是在新农村建设中，把物质满足与精神文化满足置于同等重要地位，同步规划农村公共文化设施以及运营方案，明确公共文化设施建设的意图，明晰管理人员安排和运营资金来源。成熟一批建设一批，确保建有所需，建有所用。

第　六　章

文化消费提升的国际比较及经验借鉴

文化消费是指为满足人们精神文化需要，采取不同的方式消耗文化产品和劳务的过程。消费需求升级规律表明，随着经济社会的发展和居民收入水平的提高，人们的消费逐渐由以物质消费为主转向以精神文化消费为主，由以生存型消费为主转向以享受型和发展型消费为主。中国经济步入新常态，2015 年和 2016 年，GDP 增长率降为 6.9%和 6.7%，扩大文化消费对中国经济增长具有积极拉动作用。

文化消费提升是指在文化消费总量增长的同时，文化消费质量提升和文化消费结构优化。文化消费全面提升对经济增长、社会进步、人的全面自由发展等方面具有重要意义，是全面协调推进"五位一体"整体布局的重要内容。发达国家和发展中国家的经济发展情况各不相同，文化消费发展经历有好的经验可供借鉴，也有不足之处引以为戒。对比各国文化消费发展状况，借鉴国际文化消费发展经验，对提升中国文化消费有重要作用。

第一节　文化消费发展的国际比较

一、文化消费总量的国际比较

经济合作与发展组织（Organization for Economic Co-operation and Development，OECD）[①]成员国和金砖五国[②]的 GDP 总量与人口总量分别占世界经济总量和世界总人口的绝大多数，在一定程度上能代表世界经济发展水平，其文化消费发展经验对中国文化消费提升有重要借鉴意义。

将 OECD 国家和金砖国家按照 GDP 从高到低排列，发现 OECD 国家的文化消费总量排序与 GDP 排序大致相同；金砖国家的文化消费总量比同等 GDP 水平的 OECD 国家低（图 6-1）。总体来看，各国文化消费总量呈现五个明显的梯度。美国是第一梯度，以 13 320.0 亿美元独占鳌头；中国和日本是第二梯度，分别为 3 679.88 亿美元和 3 773.87 亿美元，均超过 3 000 亿美元；德国、法国、英国是第三梯度，它们的文化消费总量均在 1 400 亿~1 900 亿美元；印度、巴西、意大利、加拿大、俄罗斯、澳大利亚、西班牙、韩国和墨西哥是第四梯度，它们的文化消费总量都在 513.41 亿~1 104.46 亿美元；其余国家是第五梯度，文化消费总量均不及 500 亿美元。

GDP 水平相当时，金砖国家的文化消费总量明显不及 OECD 国家。2014 年，中国 GDP 超过美国的 50%，但文化消费总量不到美国的 30%；中国 GDP 远超日本，但文化消费总量不及日本。印度和巴西的 GDP 均超过 2 万亿美元，虽在英国之后但超过意大利，然而印度和巴西的文化消费总量远低于英国和意大利，甚至低于韩国和墨西哥（两国 GDP 分别为 1.23 万亿美元和 1.18 万亿美元）。与同等 GDP 水平的 OECD 国家相比，俄罗斯的文化消费总量偏低。南非 GDP 为 3 876.77 亿美元，文化消费总量仅 132.76 亿美元，同样比同等 GDP 水平的 OECD 国家低。

二、人均文化消费的国际比较

将 OECD 国家和金砖国家按照人均 GDP 从高到低排列，发现人均文化消费下降趋势基本符合人均 GDP 下降趋势（图 6-2）。美国、日本、英国的人均文化消费分别为 4 172.50 美元、2 968.75 美元、2 830.30 美元，显著高于

---

① OECD 包含 35 个国家，分别为：澳大利亚、奥地利、比利时、加拿大、智利、捷克、丹麦、爱沙尼亚、芬兰、法国、德国、希腊、匈牙利、冰岛、爱尔兰、以色列、意大利、日本、韩国、拉脱维亚、卢森堡、墨西哥、荷兰、新西兰、挪威、波兰、葡萄牙、斯洛伐克、斯洛文尼亚、西班牙、瑞典、瑞士、土耳其、英国、美国。因为瑞士的文化消费数据缺失，所以本节 OECD 国家不含瑞士。

② 金砖五国包括中国、俄罗斯、巴西、印度、南非。

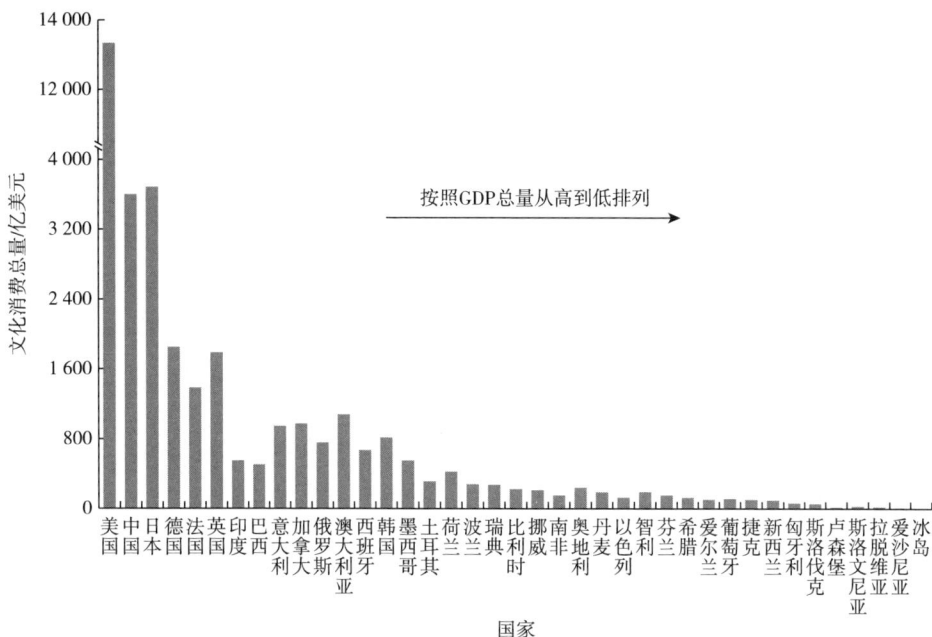

图 6-1　OECD 国家和金砖国家文化消费总量比较

OECD 国家的文化消费总量数据由本币根据汇率计算得出；文化消费数据来自 OECD 网站中 iLibrary 的 *National Accounts of OECD Countries*；汇率数据来自世界银行数据库。金砖国家的文化消费总量数据根据文化消费占消费的比重和居民总消费计算得出。其中巴西、南非、俄罗斯的文化消费占比数据来自《金砖国家统计年鉴 2015》；印度文化消费占比数据来自印度《国民账户统计 2017》；中国文化消费占比数据来自《中国统计年鉴 2015》。金砖国家居民总消费数据来自世界银行数据库。日本是 2013 年的数据，其他 OECD 国家是 2014 年的数据；巴西是 2009 年的数据，其他金砖国家是 2014 年的数据。总消费、文化消费和汇率数据均基于 2010 年价格

同等人均 GDP 水平的其他国家。金砖国家的人均 GDP 均较低，其人均文化消费也偏低。其中，俄罗斯的人均文化消费最高，也仅为 539.01 美元；巴西、南非和中国的人均文化消费均低于 300 美元；印度的人均文化消费不足 50 美元，仅为 43.61 美元。

三、文化消费占比的国际比较

人均文化消费水平是衡量居民文化消费质量的最重要因素，文化消费占总消费的比重和文化消费与收入的匹配度也是衡量文化消费质量的重要因素。文化消费占收入的比重与文化消费占 GDP 的比重高度正相关，这里用文化消费占总消费的比重和文化消费占 GDP 的比重衡量文化消费质量。

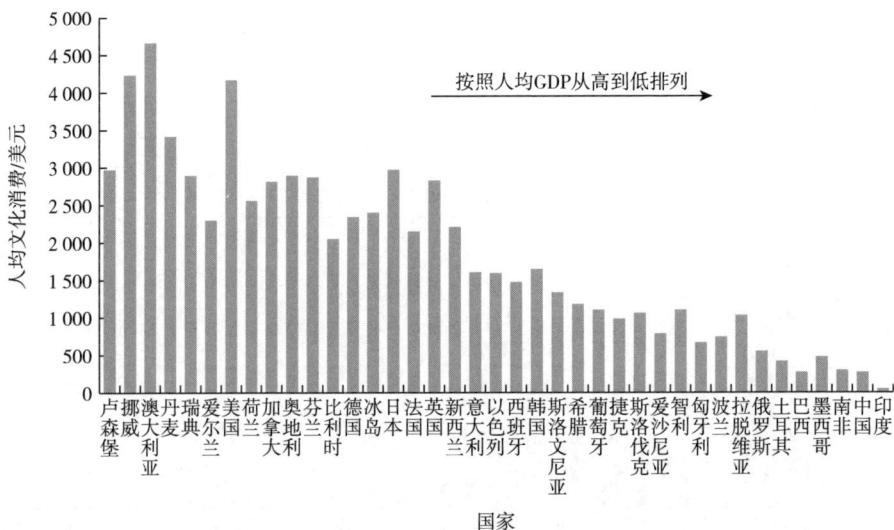

图 6-2　OECD 国家和金砖国家人均文化消费比较

各国人均文化消费由各国文化消费总量和人口数计算得出。OECD 国家的人口数据来自 OECD 统计网站；
金砖国家人口数据来自世界银行数据库。日本是 2013 年的数据，其他 OECD 国家是 2014 年的数据；
巴西是 2009 年的数据，其他金砖国家是 2014 年的数据。文化消费价格基于 2010 年

　　将 OECD 国家和金砖国家按照人均 GDP 从高到低排列，发现 OECD 国家文化消费占 GDP 的比重和文化消费占总消费的比重没有明显的上升或下降趋势；金砖国家的文化消费占比明显低于 OECD 国家（图 6-3）。其中，美国的文化消费占 GDP 的比重为 8.23%，居各国之首；日本、英国的文化消费占 GDP 的比重和文化消费占总消费的比重均高于同等人均 GDP 水平的其他国家。巴西、南非、印度文化消费占 GDP 的比重均不足 4%，文化消费占总消费的比重也都不到 6.5%；俄罗斯文化消费占比数据与同等人均 GDP 水平的 OECD 国家差距不大；中国文化消费占总消费的比重为 12.07%，超过大部分 OECD 国家，而文化消费占 GDP 的比重仅为 4.42%，低于大部分 OECD 国家。

　　综上所述，中国文化消费总量虽然排名世界第三；但是人均文化消费不仅低于所有的 OECD 国家，还低于同为金砖国家的俄罗斯和南非；文化消费占总消费的比重较高但文化消费占 GDP 的比重偏低。总的来说，中国文化消费质量有待提高。

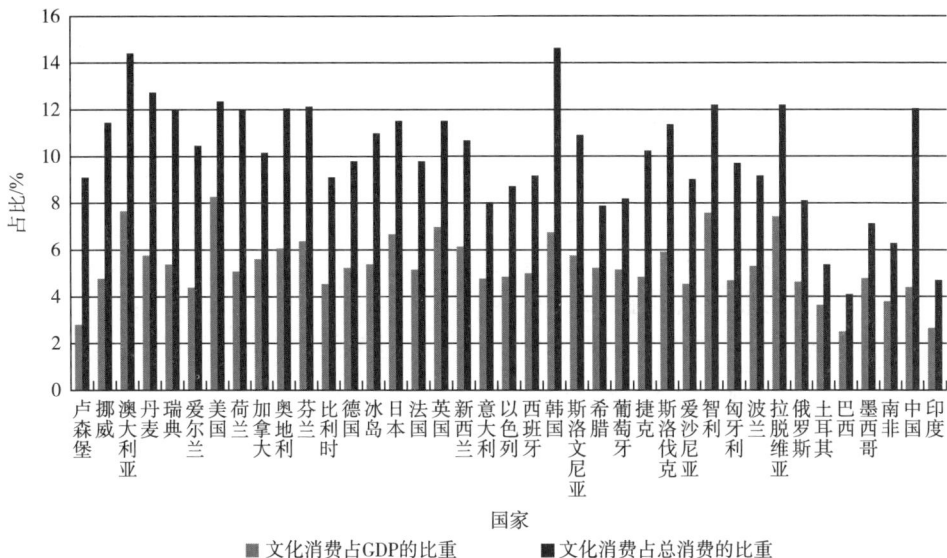

图 6-3　OECD 国家和金砖国家文化消费占比比较

文化消费占 GDP 的比重由各国文化消费总量和 GDP 数据计算得出。OECD 国家的 GDP 数据来自 OECD 统计网站；金砖国家的 GDP 数据来自世界银行数据库。OECD 国家文化消费占总消费的比重由各国文化消费总量和消费总量计算得出。巴西、南非、俄罗斯的文化消费占比数据来自《金砖国家统计年鉴 2015》；印度文化消费占比数据来自印度《国民账户统计 2017》；中国文化消费占比数据来自《中国统计年鉴 2015》。日本是 2013 年的数据，其他 OECD 国家是 2014 年的数据；巴西是 2009 年的数据，其他金砖国家是 2014 年的数据

美国 GDP 世界第一，人均文化消费名列前茅，文化消费占 GDP 的比重最高；日本和英国的 GDP 均在世界前列，两国文化消费总量、人均文化消费、文化消费占 GDP 的比重、文化消费占总消费的比重均高于同等 GDP 或人均 GDP 的其他国家；俄罗斯的文化消费总量、人均文化消费、文化消费占 GDP 的比重、文化消费占总消费的比重在金砖国家中排名靠前。美国、日本、英国和俄罗斯的文化消费发展经验对提升中国文化消费有重要的借鉴作用。

第二节　典型国家文化消费发展状况

一、美国文化消费发展

"文化产业"的概念在美国被称为"版权产业"，是以版权产业为核心

而提供精神产品和服务的产业。其包括以下几类：

（1）版权产业：图书出版业、影视业、图书业、音乐唱片业、广告业、软件业、信息及数据服务业；

（2）文化艺术业：表演艺术、艺术博物馆、艺术创作、演出娱乐等；

（3）非营利性产业：历史古迹和公园、图书馆、博物馆；

（4）体育业；

（5）旅游业（熊澄宇，2012）。

美国经济分析局把居民消费中文化消费相关的支出细分为九大类：①视频音频设备、电脑和相关服务；②体育休闲商品和服务；③会员俱乐部、体育中心、公园、剧院和博物馆；④杂志、报纸、书籍和文具；⑤博彩业；⑥宠物、宠物用品及相关服务；⑦摄影商品及服务；⑧旅游费；⑨教育。

（一）美国文化消费总量情况①

1929~2015 年，美国经历了大萧条、罗斯福新政、第二次世界大战、世界金融危机等重大历史事件，虽经历了几轮经济周期的波动，但经济增长趋势明显。美国 GDP 从 1 046 亿美元上升到 180 366 亿美元，增长了 171.4 倍，年均增长率为 6.17%。居民收入由 853 亿美元上涨到 154 585 亿美元，增长 180.2 倍，年均增长 6.23%。居民总消费从 774 亿美元增长为 122 837 亿美元（图 6-4），增长 157.7 倍，年均增长 6.07%。

同期，美国居民文化消费的增长趋势与 GDP 和居民总消费的增长趋势一致。美国居民文化消费由 51 亿美元上升到 13 753 亿美元，86 年增长了 268.7 倍，年均增长 6.72%。其中文化娱乐支出和教育支出分别由 45 亿美元和 6 亿美元上升到 10 870 亿美元和 2 883 亿美元，分别增长 240.6 倍和 479.5 倍，年均增长率分别为 6.59% 和 7.44%，增长速度均超过 GDP、居民收入和居民总消费的增长速度。1929~2015 年美国居民文化娱乐和教育支出如图 6-5 所示。

---

①　如无特殊说明，本章美国 1929~2015 年的 GDP、居民收入、居民总消费、文化消费数据均来自美国经济分析局。

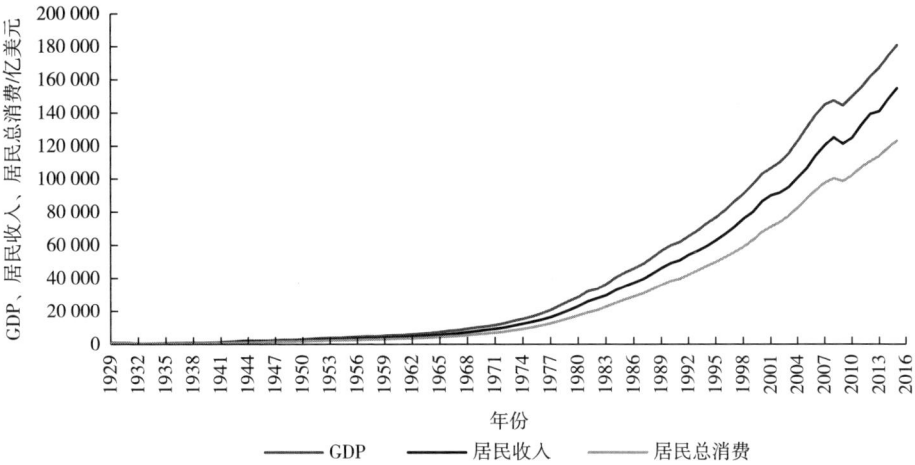

图 6-4　1929~2015 年美国 GDP 和居民收入与总消费

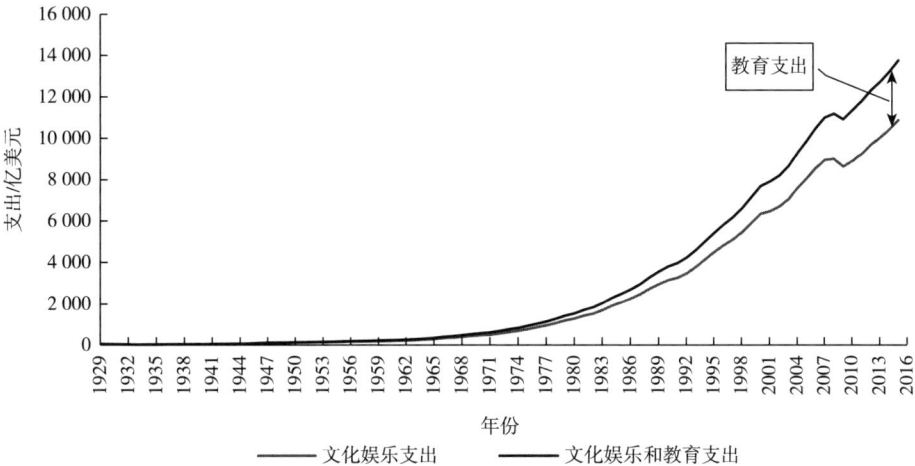

图 6-5　1929~2015 年美国居民文化娱乐和教育支出

（二）美国文化消费增长情况

20 世纪 20 年代"柯立芝繁荣"过后，美国经济在 1929 年进入大萧条，GDP 和居民收入迅速下降。1929~1933 年，美国 GDP 下降 45.32%，居民收入下降 44.67%，居民总消费下降 40.70%；居民文化娱乐支出降幅超过 GDP 和居民收入，达 48.89%。罗斯福政府执政后，先后出台第一次新政和第二次新政，经济回暖，居民文化娱乐和教育支出基本实现正增长。

珍珠港事件爆发后，美国卷入第二次世界大战，短暂的战争繁荣期间，美国 GDP 和居民收入均高速增长，1941~1943 年的 GDP 和居民收入增长率均超过 20%；然而居民总消费和文化娱乐支出增速远低于 GDP 和居民收入的增速，但也维持在 10% 左右。第二次世界大战结束，GDP 增长乏力，居民收入增长也较缓慢，然而居民总消费和文化消费均有突破式增长，其中 1946 年文化娱乐支出增长率高达 38.46%（表 6-1）。

表 6-1　1941~1946 年美国经济与消费增长率（单位：%）

年份	GDP 增长率	居民收入增长率	居民总消费增长率	文化娱乐支出增长率	教育支出增长率
1941	25.75	23.30	13.74	15.38	0.00
1942	28.28	29.42	9.74	8.89	16.67
1943	22.35	23.28	12.25	8.16	14.29
1944	10.59	8.64	8.71	9.43	12.50
1945	1.60	3.59	10.50	12.07	0.00
1946	−0.18	3.92	20.25	38.46	11.11

第二次世界大战后，美国经济变动较为平缓。1950~2008 年，GDP 和居民收入年增长率呈倒 U 形，居民总消费和文化娱乐支出的年增长率也呈现倒 U 形。20 世纪 50~70 年代，文化娱乐支出增长率由 3% 左右震荡上升到 12% 左右；20 世纪 70~80 年代，文化娱乐支出增长率略高于 GDP 和居民收入增长率，在 10% 上下浮动。1988~2008 年，文化娱乐支出增长率基本略高于 GDP 增长率和居民收入增长率，但增长率逐渐下降，由 10.69% 下降到 0.65%（图 6-6）。

世界金融危机爆发后，美国各项经济指标出现下滑。2008~2009 年，美国 GDP 和居民收入增长率分别为 −2.04% 和 −3.26%，居民总消费增长率为 −1.66%，而文化娱乐支出增长率暴跌至 −4.20%。2010 年以来，美国经济逐步复苏，GDP 保持 4% 左右的低速增长，文化娱乐支出增长率也稳定在 3%~5%。

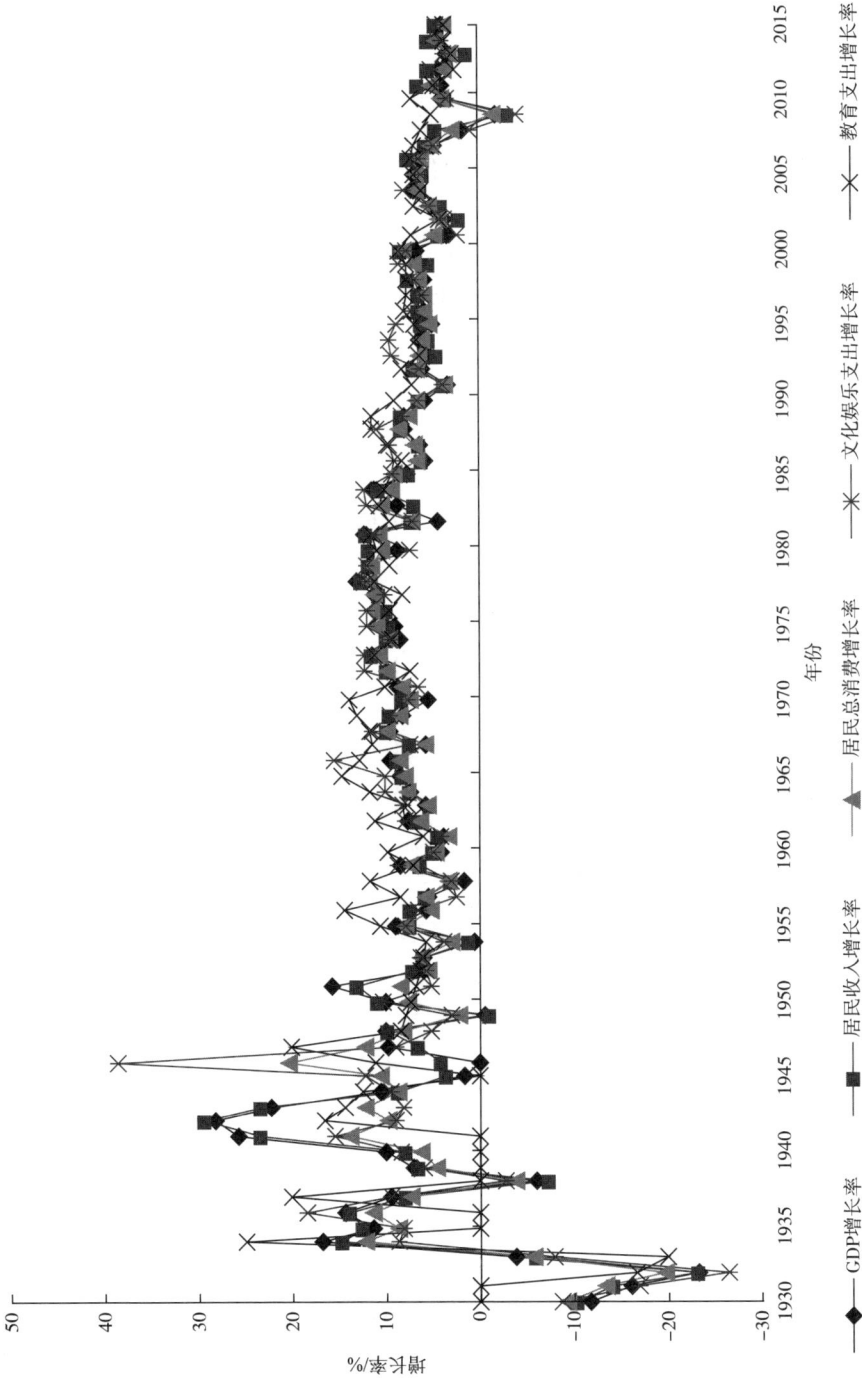

图6-6　1930~2015年美国GDP、居民总消费、居民收入、居民总消费、文化娱乐支出和教育支出增长率

在过去的 80 多年里，教育支出除了 1929~1933 年经济大萧条期间出现负增长，其他时间均为正增长。教育支出年增长率在第二次世界大战之前都比较低，增长速度震荡幅度较大，第二次世界大战后美国居民教育支出增长率较高。1955~1990 年，美国居民教育支出都保持 10%左右的高速增长。1955~1970 年，居民教育支出增长率明显高于 GDP、居民收入和总消费增长率。1990~2015 年，居民教育支出的增长速度从 9%左右降到 3%，在金融危机期间，居民总消费和文化娱乐支出负增长期间，居民教育支出仍然保持正增长，且有略微上涨迹象。

（三）美国文化消费占比情况

纵观美国历史发现，大萧条至第二次世界大战结束，美国文化消费占比经历了一段时间下滑；第二次世界大战结束后，美国文化消费占比不断上升（图 6-7）。1929~1945 年，美国文化消费占 GDP 的比重从 4.88%下降为3.24%，下降 1.64 个百分点；文化消费占收入的比重从 5.98%下降到 4.21%，下降 1.77 个百分点；文化消费占总消费的比重从 6.59%下降为 6.17%，下降0.42%，不足 1 个百分点。

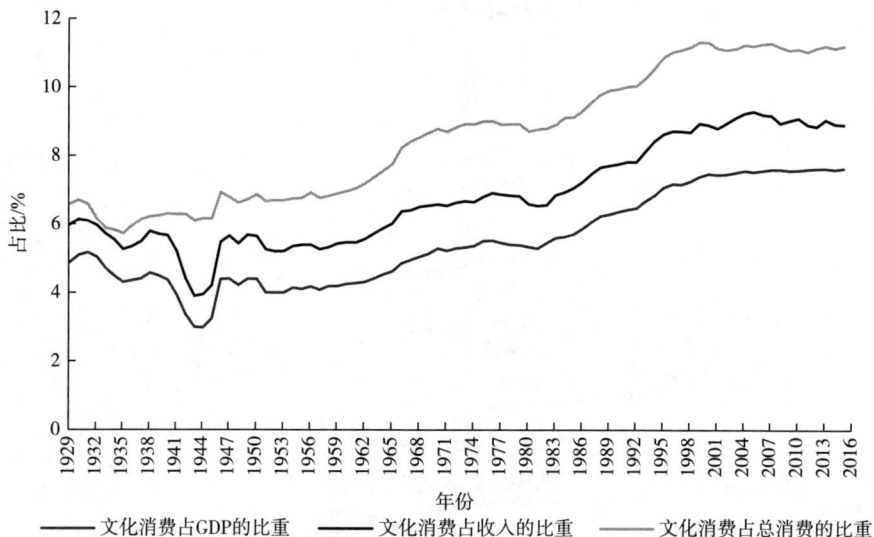

图 6-7　1929~2015 年美国文化消费占 GDP、收入、总消费的比重

第二次世界大战结束后，美国文化消费占比的变动经历了两个快速上涨期、一个慢速上涨期和两个震荡期。1947~1957 年，美国文化消费占比经历第一个震荡期，文化消费占 GDP 和收入的比重有轻微下降的趋势，但变动范围都在 1 个百分点内。文化消费占总消费的比重基本维持不变，在 6.8%附近波动。

1957~1968 年，文化消费占比经历了第一个快速增长，文化消费占 GDP、收入和总消费的比重分别由 4.09%、5.26%和 6.77%上升到 5.05%、6.51%和 8.54%，分别上升 0.96 个百分点、1.25 个百分点和 1.77 个百分点。

1968~1981 年，文化消费占比的增长速度放缓，进入慢速上涨期，文化消费占 GDP、收入和总消费的比重分别由 5.05%、6.51%和 8.54% 增加到 5.29%、6.54%和 8.77%，增长幅度均不超过 0.3 个百分点。

1981~2000 年，文化消费占比又经历了一个快速增长期，文化消费占 GDP、收入和总消费的比重分别由 5.29%、6.54%、8.77%上升到 7.47%、8.89%和 11.31%，分别上升了 2.18 个百分点、2.35 个百分点和 2.54 个百分点。

2000~2015 年文化消费占比经历第二个震荡期，且有略微下降趋势。文化消费占 GDP、收入和总消费的比重分别由 7.47%、8.89%和 11.31% 变为 7.63%、8.90%和 11.16%，变动范围不足 0.2 个百分点。

（四）美国文化消费结构情况

1960~2015 年，美国居民文化消费总额从 231 亿美元增长到 13 753 亿美元，增长 58.54 倍（表 6-2）。视频音频设备、电脑和相关服务支出由 41 亿美元增加到 3 067 亿美元，增长 73.80 倍，占文化消费总额的比重由 17.75% 上升到 22.30%。其中，信息处理设备费用由 1 亿美元上涨到 1 092 亿美元，上涨了 1 000 多倍，尤其在 1990~2010 年有了飞跃式增长。

体育休闲商品和服务消费也经历了较大增长，由 1960 年的 47 亿美元增长到 2015 年的 2 231 亿美元，增长 46.47 倍。但体育休闲商品和服务支出占文化消费总额的比重由 20.35%下降到 16.22%，下降 4.13 个百分点。

表6-2　1960~2015年美国居民文化消费

文化消费结构		1960年	1970年	1980年	1990年	2000年	2010年	2015年	1960~2015年增长倍数	1960~2015年占比增量/%
文化消费总额/亿美元		231	569	1 528	3 807	7 680	11 332	13 753	58.54	
视频音频设备、电脑和相关服务	总量/亿美元	41	105	259	811	1 812	2 764	3 067	73.80	
	占总额比重/%	17.75	18.45	16.95	21.30	23.59	24.39	22.30		4.55
视频音频设备/亿美元		28	80	193	437	799	995	1 077	37.46	
信息处理设备/亿美元		1	3	6	96	441	903	1 092	1 091.00	
视频音频和电脑相关服务/亿美元		12	22	60	278	572	866	898	73.83	
体育休闲商品和服务	总量/亿美元	47	121	336	742	1 460	1 742	2 231	46.47	
	占总额比重/%	20.35	21.27	21.99	19.49	19.01	15.37	16.22		−4.13
运动休闲器材/亿美元		8	35	98	166	349	356	517	63.63	
其他运动休闲商品/亿美元		38	84	232	554	1 068	1 342	1 661	42.71	
运动休闲器材维修/亿美元		1	2	6	21	42	44	53	52.00	
会员俱乐部、体育中心、公园、剧院和博物馆	总量/亿美元	38	76	201	497	919	1 418	1 823	46.97	
	占总额比重/%	16.45	13.36	13.15	13.05	11.97	12.51	13.26		−3.19
会员俱乐部和体育中心/亿美元		11	16	45	143	264	395	478	42.45	
娱乐公园、营地和相关娱乐服务/亿美元		9	25	85	192	311	388	549	60.00	
电影院/亿美元		10	16	26	51	86	118	140	13.00	
现场娱乐活动（不包括体育）/亿美元		3	5	15	45	104	263	334	110.33	

续表

文化消费结构		1960年	1970年	1980年	1990年	2000年	2010年	2015年	1960~2015年增长倍数	1960~2015年占比增量/%
观赏体育/亿美元		4	11	23	48	116	192	250	61.50	
博物馆和图书馆/亿美元		1	2	8	19	38	61	73	72.00	
杂志、报纸、书籍和文具	总量/亿美元	44	91	228	473	810	899	1 197	26.20	-10.35
	占总额比重/%	19.05	15.99	14.92	12.42	10.55	7.93	8.70		
博彩业	总量/亿美元	7	17	67	237	676	1 056	1 270	180.43	6.20
	占总额比重/%	3.03	2.99	4.38	6.23	8.80	9.32	9.23		
宠物、宠物用品及相关服务	总量/亿美元	8	27	84	188	397	759	990	122.75	3.74
	占总额比重/%	3.46	4.75	5.50	4.94	5.17	6.70	7.20		
摄影商品及服务	总量/亿美元	12	33	91	167	197	154	182	14.17	-3.87
	占总额比重/%	5.19	5.80	5.96	4.39	2.57	1.36	1.32		
旅游费	总量/亿美元	0	1	7	32	67	91	111		0.81
	占总额比重/%	0.00	0.18	0.46	0.84	0.87	0.80	0.81		
教育	总量/亿美元	34	99	254	660	1 343	2 449	2 883	83.79	6.24
	占总额比重/%	14.72	17.40	16.62	17.34	17.49	21.61	20.96		
教育类书籍/亿美元		3	7	17	53	90	94	106	34.33	
高等教育/亿美元		15	52	129	347	768	1 583	1 838	121.53	
托儿所、小学和中学/亿美元		10	24	67	148	241	353	422	41.20	
商业与职业学校/亿美元		6	15	42	111	243	420	518	85.33	

资料来源：美国经济分析局

会员俱乐部、体育中心、公园、剧院和博物馆相关支出由 1960 年的 38 亿美元上升到 2015 年的 1 823 亿美元，增长 46.97 倍，但相关支出占文化消费总额的比重由 16.45%下降到 13.26%，下降 3.19 个百分点。其中，电影院相关支出增长最慢，仅增长 13 倍；现场娱乐活动（不包括体育）和观赏体育相关支出分别由 3 亿美元和 4 亿美元增长到 334 亿美元和 250 亿美元，分别增长 110.33 倍和 61.5 倍；博物馆和图书馆相关费用也增长 72 倍。

杂志、报纸、书籍和文具支出由 1960 年的 44 亿美元增长到 2015 年的 1 197 亿美元，仅增长 26.20 倍，相比信息处理设备和教育支出等的增长速度而言，杂志、报纸、书籍和文具支出增长缓慢，相关支出占文化消费总额的比重由 19.05%下降到 8.70%，下降 10.35 个百分点。

博彩业相关支出在文化消费中的比重较小，但有所上升。1960~2015 年，博彩业支出由 7 亿美元增长到 1 270 亿美元，增长 180.43 倍，博彩业支出占文化消费总额的比重由 3.03%上升到 9.23%，上升 6.2 个百分点。宠物、宠物用品及相关服务的支出由 1960 年的 8 亿美元上升到 2015 年的 990 亿美元，增长 122.75 倍，相关支出占文化消费总额的比重由 3.46%上升到 7.20%，上升 3.74 个百分点。

摄影商品及服务的支出在文化消费总额中占比比较低，在 1960 年仅为 5.19%，到 2015 年更低，只占 1.32%，降低 3.87 个百分点。与此相反，美国居民的旅游费经历了从无到有，1960 年没有旅游费，2015 年达到 111 亿美元，旅游费占文化消费总额的比重上升到 0.81%。

教育支出从 1960~2015 年增加了 83.79 倍，由 34 亿美元增加到 2 883 亿美元，教育支出占文化消费总额的比重由 14.72%增加到 20.96%，增加 6.24 个百分点。其中，高等教育支出增长最迅速，由 15 亿美元增长到 1 838 亿美元，增长 121.53 倍。

二、英国文化消费发展

"文化产业"的概念在英国相当于英国创意产业特别小组提出的"创意产业"，即源自个人创意、技巧及才华，通过知识产权的开发和运用，具有创造财富和就业潜力的行业。英国的《创意产业发展报告 2001》将创意产业划分为 13 个行业，即广告、建筑、艺术和文物交易、工艺品、设计、时装设计、电影、互动休闲软件、音乐、表演艺术、出版、软件、电视广播。

英国"家庭消费支出"调查将文化消费大致分为七大类：①视听、图像和信息处理设备；②其他主要文化休闲耐用品；③其他休闲娱乐项目、园艺和宠物；④文化休闲娱乐服务；⑤报刊、书籍和文具；⑥旅行费用；⑦教育支出。

（一）英国文化消费总量情况[①]

1985 年以来，英国 GDP、居民可支配收入、总消费、文化娱乐支出和教育支出都呈上升趋势（图 6-8、图 6-9）。英国 GDP 从 4 121.2 亿英镑上涨到 18 727.1 亿英镑，上涨 3.54 倍；居民可支配收入从 2 661.96 亿英镑上升到12 466.42 亿英镑，上涨 3.68 倍；总消费从 2 461.73 亿英镑增加到 11 472.62亿英镑，增加 3.66 倍；而文化消费从 215.55 亿英镑上涨到 1 305.89 亿英镑，上涨 5.06 倍，其中文化娱乐支出从 199.61 亿英镑增加到 1 122.59 亿英镑，增加 4.62 倍，教育支出从 15.94 亿英镑上升到 183.30 亿英镑，上升 10.5 倍。

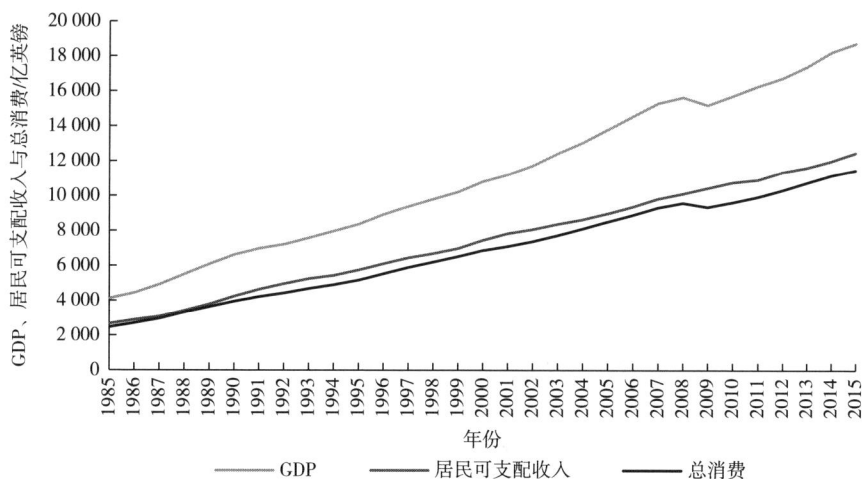

图 6-8　1985~2015 年英国 GDP、居民可支配收入与总消费

---

① 由于数据可得性，英国文化消费数据为 1985~2015 年的数据。如无特殊说明，英国 GDP、居民可支配收入、总消费与家庭文化消费的数据均来自英国国家统计局。

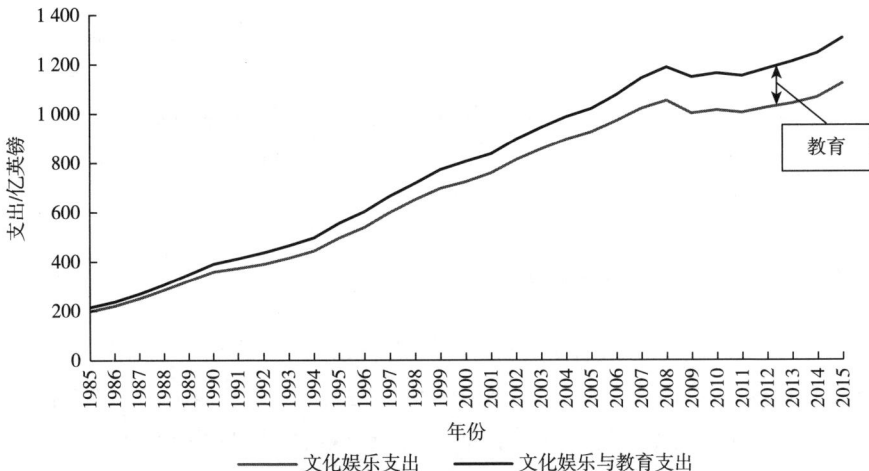

图 6-9　1985~2015 年英国居民文化娱乐与教育支出

（二）英国文化消费增长情况

1986~1990 年，英国 GDP、居民可支配收入和总消费均出现高速增长，文化消费增长速度甚至高达 12%。1993~1999 年，经济增速虽然放缓但仍维持在 4.17%~6.72%；居民可支配收入和总消费的增速也大致维持在 4%~7% 的范围震荡；文化消费的增长速度明显高于 GDP 和总消费的增长速度，一直维持在 5.5% 以上，一度达到 11.8%。

2000~2008 年，英国 GDP、居民可支配收入、总消费和文化消费都保持中高速增长。GDP 增长速度保持在 5% 左右；居民可支配收入增长率在 2.98%~6.76% 浮动；总消费的增长率介于 GDP 和居民可支配收入的增长率之间；文化消费增长率的波动幅度较大，在 3.31%~7.69% 震荡。2008 年金融危机后，英国 GDP 和总消费发生急剧下降，居民可支配收入受工资黏性影响并未大幅度下降，文化消费以高于 GDP 和总消费的速度下降。2010~2015 年，英国经济逐渐复苏，文化消费增长速度略慢于 GDP 和总消费增速（图 6-10）。

（三）英国文化消费占比情况

从 1985~2015 年文化消费占比来看，英国文化消费占比经历了一个上升

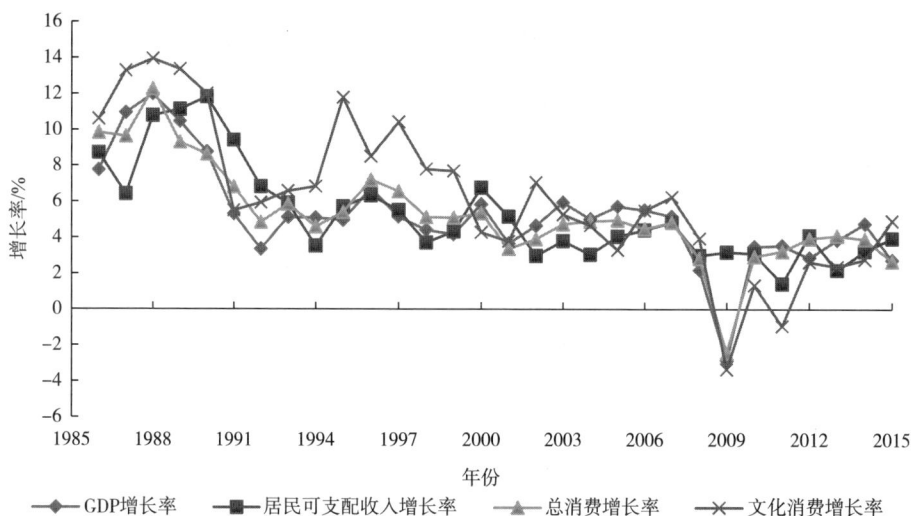

图 6-10　1986~2015 年英国 GDP、居民可支配收入、总消费和文化消费增长率

期、一个稳定期和一个下降期，详见图 6-11。1985~1999 年，文化消费占比有明显的上升，文化消费占 GDP 的比重从 5.23% 上升到 7.57%，上升 2.34 个百分点；文化消费占居民可支配收入的比重从 8.10% 增加到 11.08%，增加 2.98 个百分点；文化消费占总消费的比重由 8.76% 增长到 11.86%，增长 3.10 个百分点。

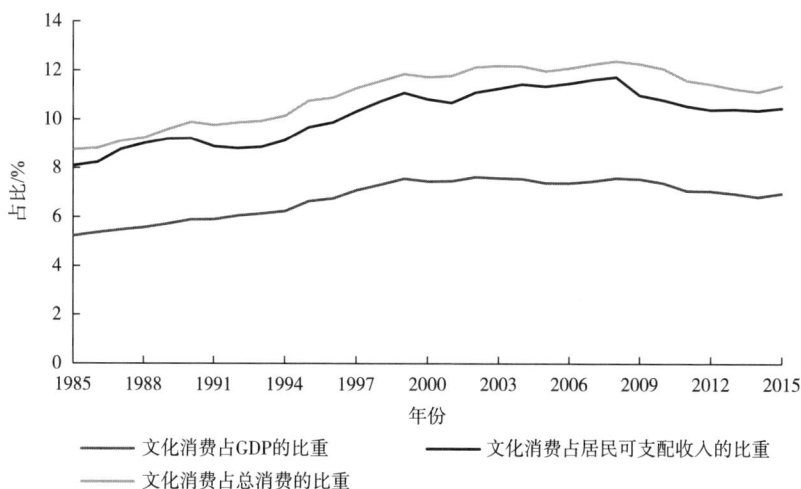

图 6-11　1985~2015 年英国文化消费占 GDP、居民可支配收入、总消费比重

2000~2008 年，文化消费占比基本保持稳定，文化消费占 GDP 的比重在 7.39%~7.64%的小范围内波动；文化消费占居民可支配收入的比重在 10.68%~11.74%的范围内震荡上升；文化消费占总消费的比重在 11.74%~12.39%浮动，波动范围小于 1 个百分点。

2009~2014 年，文化消费占比缓慢下降。文化消费占 GDP 的比重由 7.56%下降到 6.83%，下降 0.73 个百分点；文化消费占居民可支配收入的比重由 10.99%下降到 10.38%，下降 0.61 个百分点；文化消费占总消费的比重由 12.28%下降到 11.14%，降低 1.14 个百分点。2014~2015 年，英国文化消费占比略有回升。

（四）英国文化消费结构情况

1985~2015 年，英国家庭文化耐用品、半耐用品、非耐用品和服务消费都处于上升中，文化用品和服务消费水平见图 6-12。期间，文化非耐用品消费的增长速度最慢，从 48.58 亿英镑增加到 165.74 亿英镑，年均增长 4.18%；文化服务消费的增长比较平滑，从 69.14 亿英镑上升到 417.99 亿英镑，年均增长 6.18%；文化耐用品的消费增长速度略低于半耐用品消费，年均增长 6.29%，从 39.12 亿英镑上升到 244.07 亿英镑；文化半耐用品消费年均增长 6.64%，从 42.77 亿英镑上升为 294.44 亿英镑。

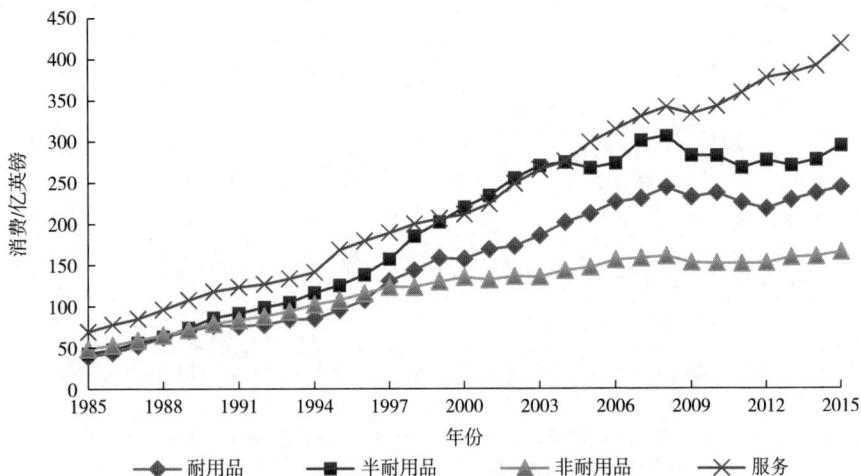

图 6-12　1985~2015 年英国家庭文化用品和服务消费水平

文化耐用品在文化消费中的占比较为稳定，一直维持在 20.87%左右；文化半耐用品支出占文化消费的比重从 1985 年的 21.43%上升到 2003 年的 31.53%，然后下降到 2011 年的 26.67%，接下来稳定在 26%左右；文化非耐用品支出占文化消费的比重一直缩小，从 1985 年的 24.34%下降到2015 年的 14.77%；文化服务支出占文化消费比重先降后升最终趋于稳定，1985 年文化服务支出占文化消费比重为 34.64%，2000 年降到 29.21%，2011 年又升至 35.76%，之后几乎稳定在 36%。1985~2015 年英国家庭文化用品和服务消费结构见图 6-13。

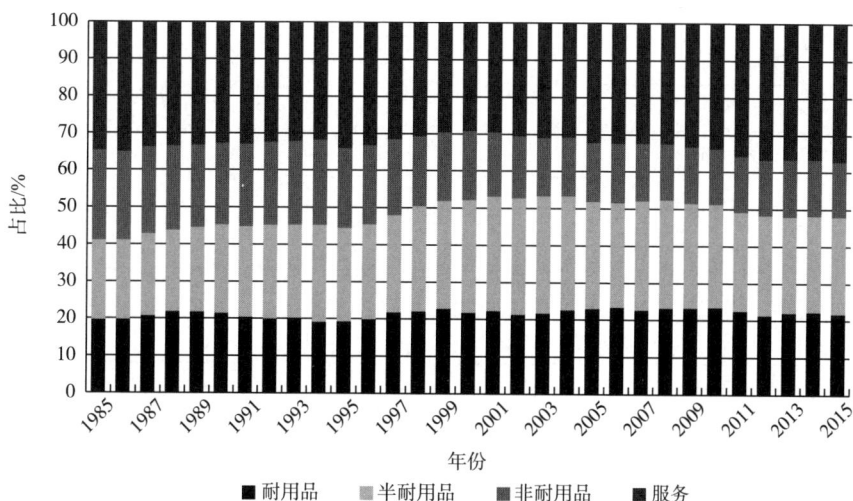

图 6-13　1985~2015 年英国家庭文化用品和服务消费结构

从英国家庭平均每周消费详细调查可以看出，英国家庭每周文化消费 75 英镑，超过每周食品和饮料支出（68.2 英镑）（表 6-3）。文化休闲娱乐服务和旅行费用分别为 20.2 英镑和 22.2 英镑，两者占文化消费总量的比重分别为 26.93% 和 29.60%，两者之和超过文化消费的一半。文化休闲娱乐服务中的体育休闲服务占比较高，其中的体育和社会俱乐部的费用与休闲课程费用占主要地位，均为 2.4 英镑。而旅行费用中，国外游费用为 20.8 英镑，是国内游费用（1.4 英镑）的 14.9 倍。

表 6-3　2016 年英国家庭平均每周文化消费情况

文化消费项目	支出费用/英镑	占文化消费总量的比重/%
食品和饮料支出	68.2	—
文化消费总量	75.0	—
视听、图像和信息处理设备	6.1	8.13
音频设备和 CD 机	1.0	1.33
电视、视频设备和电脑	4.5	6.00
摄影、电影、光学设备	0.6	0.80
其他主要文化休闲耐用品	2.3	3.07
主要户外休闲耐用品	1.7	2.27
乐器和主要室内休闲耐用品	0.3	0.40
休闲耐用品的维护和维修	0.3	0.40
其他休闲娱乐项目、园艺和宠物	11.9	15.87
游戏、玩具和兴趣爱好	2.7	3.60
计算机软件与游戏	0.8	1.07
运动和露营装备与野外娱乐项目	1.2	1.60
园艺用品、园林设备和植物等	2.6	3.47
宠物和宠物食品及服务	4.6	6.13
文化休闲娱乐服务	20.2	26.93
体育休闲服务	6.7	8.93
电影院、剧院和博物馆	2.5	3.33
博彩服务	2.6	3.47
其他文化服务	8.4	11.20
报刊、书籍和文具	5.3	7.07
书籍	1.2	1.60
文具用品	0.8	1.07
报纸	1.4	1.87
杂志和期刊	0.7	0.93
其他印刷品	1.2	1.60

文化消费项目	支出费用/英镑	占文化消费总量的比重/%
旅行费用	22.2	29.60
国内游	1.4	1.87
国外游	20.8	27.73
教育支出	7.0	9.33
学费	6.7	8.93
路费等其他教育支出	0.3	0.40

视听、图像和信息处理设备及其他主要文化休闲耐用品消费占文化消费的比重仅为 11.2%。其他休闲娱乐项目、园艺和宠物相关支出为 11.9 英镑，占文化消费总量的 15.87%。报刊、书籍和文具支出为 5.3 英镑，占文化消费总量的 7.07%，其中用于报纸的支出超过书籍支出，两者分别为 1.4 英镑和 1.2 英镑。教育支出为 7.0 英镑，其中绝大部分是学费开支（6.7 英镑）。

三、日本文化消费发展

"文化产业"的概念在日本相当于"内容产业"，是指通过一定介质将信息化的内容作为产品提供的产业，包括出版业、新闻产业、电影产业、广播电视产业、音乐产业、游戏产业、动画产业等（熊澄宇，2012）。

日本总务省统计局的《日本统计年鉴》和《日本的统计》将文化消费分为以下五大类：

（1）教育支出，包括学费、教科书和参考书、补习费用；

（2）文化娱乐耐用品；

（3）文化娱乐用品；

（4）书籍和其他印刷品；

（5）文化娱乐服务，包括住宿费用、旅行费用、学习费用、其他文化娱乐服务。

日本作为第二次世界大战的战败国，经过 1946~1955 年的战后恢复期，在 1956~1973 年进入高速发展时期，而后经过十几年的稳定增长时期。1985

年日本与美国在纽约签订《广场协议》后，不恰当的财政政策与金融政策和过剩投资，促使日本泡沫经济逐渐形成，20世纪90年代，经济泡沫破灭，日本步入"失去的二十年"（裴宏，2013）。

（一）日本文化消费总量情况[①]

1970年以来，日本经济经过一段时间的高速发展期，随后在经济泡沫破灭、金融危机、地震海啸波及等多种因素影响下，经历了一段时间的震荡期，随后进入复苏期。1970~1991年，日本GDP由73.34万亿日元增长到458.30万亿日元，上涨5.25倍，年均增长9.12%。同期，居民可支配收入由63.51万亿日元上升到392.98万亿日元，增长5.19倍，年均增长9.07%（图6-14）。

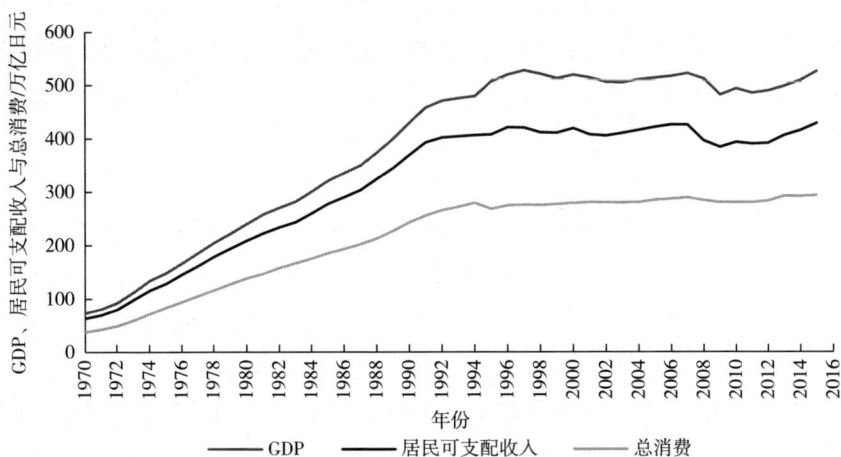

图6-14 1970~2015年日本GDP和居民可支配收入与总消费

GDP和居民可支配收入在1992~2011年进入震荡期。GDP和居民可支配收入在1992~2007年有小幅上涨，GDP由471.02万亿日元上涨到522.05万

---

① 如无特别说明，1970~1994年，日本GDP、居民可支配收入、居民消费、文化消费来自总务省统计局的《日本的长期统计系列——第三章国民经济计算》，以1990年为基期。1995~2015年，日本GDP、居民可支配收入、居民消费、文化消费来自内阁府《统计情报——调查结果》，以2011年为基期。1980~1993年，文化娱乐支出来自内阁府《统计情报——调查结果》，以2000年为基期。1994~2015年，文化娱乐支出来自内阁府《统计情报——调查结果》，以2011年为基期。

亿日元，年均增长 0.69%；居民可支配收入由 402.20 万亿日元增长到 425.94 万亿日元，年均增长 0.38%。2008 年金融危机爆发，GDP 和居民可支配收入双双下跌；2009~2010 年，日本经济稍有起色，随即又遭遇 2011 年特大地震及海啸，日本经济又受挫折；2012 年以来，日本经济缓慢恢复。经过几番震荡，2015 年日本 GDP 为 526.01 万亿日元，与金融危机前的水平接近。居民可支配收入受居民经济影响，与 GDP 变动趋势相近，2015 年居民可支配收入为 428.92 万亿日元，与 2007 年的水平相近。

日本居民总消费的变化相对平稳，1970~1991 年是快速增长期，居民总消费由 37.78 万亿日元上涨到 255.53 万亿日元，上涨 5.76 倍，年均增长 9.08%。1992~2015 年是超低速增长期，居民总消费由 265.70 万亿日元上涨到 293.63 万亿日元，年均增长率仅为 0.44%。

日本居民文化消费在经济快速增长的 20 世纪 70 年代和 80 年代也呈现高速增长，1970~1991 年，文化消费总额由 3.48 万亿日元上涨到 32.46 万亿日元，上涨 8.33 倍，年均增长率高达 11.22%，超过同期 GDP 和居民可支配收入的增长速度。经济泡沫破灭后，文化消费支出也处于徘徊阶段，1992~2007 年，文化消费总量由 34.10 万亿日元小幅上涨至 35.58 万亿日元，年均增长率仅为 0.28%。金融危机和地震发生后，文化消费由 2007 年的 35.58 万亿日元降至 2012 年的 28.64 万亿日元，降低 19.51%，年均增长率为 –4.25%。2013 年文化消费有小幅上扬，但 2014 年和 2015 年的上涨趋势不再（图 6-15）。

（二）日本文化消费增长情况

日本经济在政府财政和金融等方面的刺激下，于 1971 年走出"尼克松冲击"；田中内阁上台后实行宽松的财政政策，日本经济增长加速。1973 年，日本 GDP、居民可支配收入和总消费的增长率分别为 21.76%、23.17% 和 20.85%。第一次石油危机爆发，对日本经济造成较大冲击（冯昭奎，2015）。GDP、居民可支配收入和总消费的增长率在 1975 年分别降到 10.49%、10.63% 和 16.45%（图 6-16）。

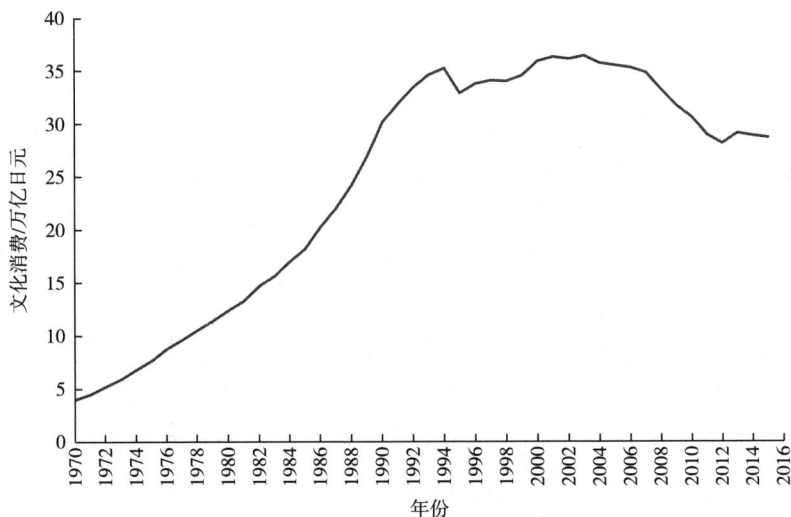

图 6-15　1970~2015 年日本居民文化消费

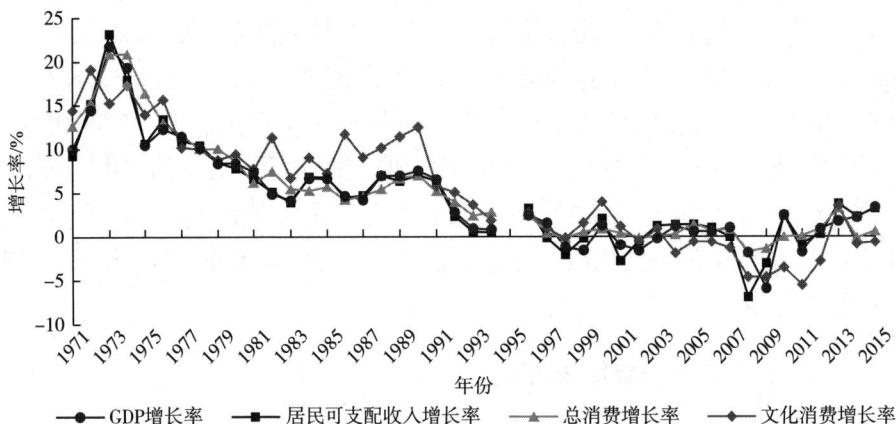

图 6-16　1971~2015 年日本 GDP、居民可支配收入、总消费和文化消费增长率

因为 1995 年前后数据的基准不同，所以忽略 1995 年的增长率

　　1976~1983 年，日本经济一方面受政府政策刺激、出口扩大等正面因素影响，另一方面又受日元升值萧条、第二次石油危机、世界经济萧条等负面因素影响，GDP 增长速度不断下降，由 12.30% 降到 4.13%，降低 8.17 个百分点。居民可支配收入和总消费增长率也分别由 13.42% 和 12.98% 下降到 3.93% 和 5.47%，分别下降 9.49 个和 7.51 个百分点。

1984~1990 年，日本先后经历了高技术景气、日元升值萧条、平成景气，GDP 增长率由 6.66% 降到 4.26%，随后又升至 7.51%。居民可支配收入和居民总消费也经历了相似的路径。1991 年 4 月开始，日本进入长达 30 个月的平成萧条期，GDP、居民可支配收入和居民总消费增长率分别由 6.57%、6.36% 和 5.14% 降到 0.93%、0.56% 和 2.4%。2008 年世界金融危机给日本经济带来较大冲击，GDP 增长率由 2007 年的 1.03% 下降到 2009 年的 -5.92%。随后，日本经济在复苏中遭遇特大地震，2011 年 GDP 增长率略有下降，2012~2015 年，经济逐渐恢复，GDP 增长率由 0.87% 上涨到 3.33%。

文化消费增长率大体围绕 GDP 和居民可支配收入的增长率上下波动，但也有特殊。1971~1975 年，文化消费维持高速增长，但年均增长率比 GDP 和总消费年均增长率稍低；1976~1980 年，文化消费增长率随 GDP 和居民可支配收入增长率下降，但绝对值保持较高水平；1981~1991 年，日本文化消费增长率显著高于 GDP 和居民总消费增长率，维持在 10% 左右；1992~2001 年，文化消费增长率虽然偏低，但一直维持正增长；2002~2007 年，文化消费增长率基本为负；2008~2012 年，受较大的负外部冲击影响，居民文化消费以 4% 左右的速度下降。2013 年，受居民可支配收入水平上升影响，居民文化消费增长率达 3.54%，2014~2015 年出现负增长。

（三）日本文化消费占比情况

总体看来，文化消费占 GDP、收入和总消费的比重变化趋势基本相同，经历了一个上升期、一个震荡期和一个下降期，呈现倒 U 形（图 6-17）。1970~1975 年，文化消费占 GDP、收入和总消费的比重分别在 4.90%、5.66% 和 9.20% 附近波动。1975~1985 年，文化消费占比缓慢上升，文化消费占 GDP、收入和总消费的比重分别从 4.94%、5.70% 和 8.76% 上升到 5.70%、6.58% 和 9.85%，10 年间分别上涨 0.76 个、0.88 个和 1.09 个百分点。1985~1991 年，文化消费占比经历高速增长期，文化消费占 GDP、收入和总消费的比重分别从 5.70%、6.58% 和 9.85% 提高到 7.08%、8.26% 和 12.70%，6 年间分别增加 1.38 个、1.68 个和 2.85 个百分点。

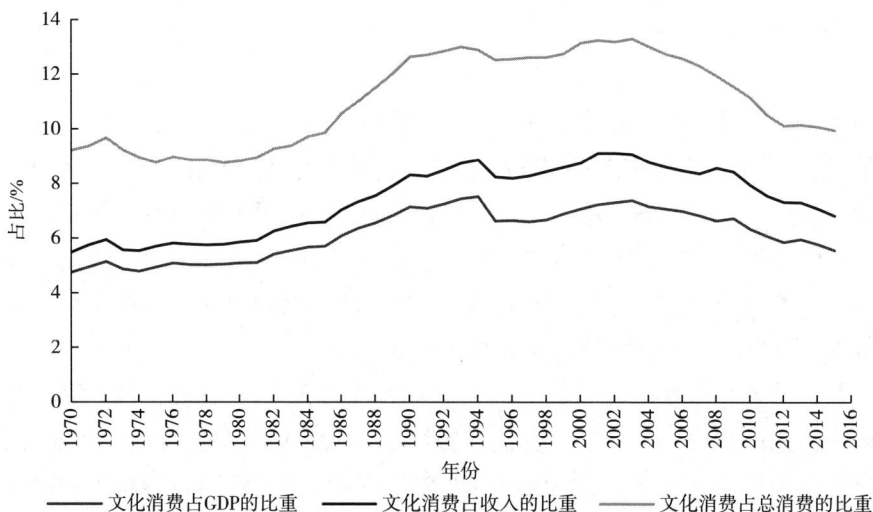

图 6-17 1970~2015 年日本文化消费占比情况

1992~2003 年，日本经济泡沫破灭，文化消费占比经过一番波折最终略微上扬。文化消费占 GDP 的比重由 7.24%增长到 7.37%，增长 0.13 个百分点；文化消费占收入的比重由 8.48%上升到 9.06%，上升 0.58 个百分点；文化消费占总消费的比重由 12.70%上涨到 13.29%，上升 0.59 个百分点。2003 年以后，文化消费占比不断下降。文化消费占 GDP、收入和总消费的比重分别由 7.37%、9.06%和 13.29%下降到 5.55%、6.81%和 9.95%，分别下降 1.82 个、2.25 个和 3.34 个百分点。

（四）日本文化消费结构情况

将日本文化消费粗略地分为教育支出、文化娱乐用品和文化娱乐服务，可以明显看到 1963~2015 年的结构变化。文化娱乐服务占文化消费总量的比重持续扩大，由 26.83%上升到 45.66%，上升 18.83 个百分点。文化娱乐用品占文化消费总量的比重在 1963~1965 年由 41.27%降到 37.53%；接着经过 4 年的扩张，1969 年达 47.6%；在 47%左右维持了几年后，在 1992 年降到 29.83%；1993~2010 年又经历一轮扩张，由 30.89% 提高到 36.70%；接着在 2013 年降到 30.99%；2014~2015 年基本维持在 31.5%左右（图 6-18）。

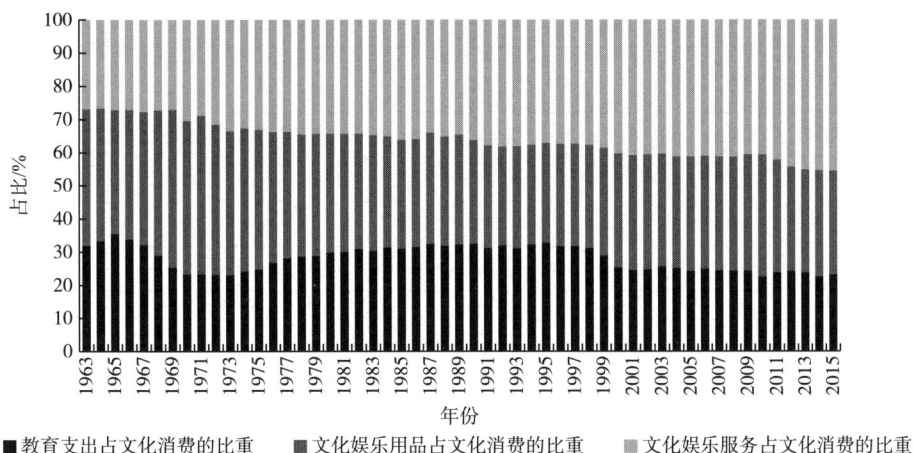

图 6-18　1963~2015 年日本家庭文化消费结构情况

资料来源：1963~1999 年数据来自日本总务省统计局的《日本的长期统计系列——第 20 节家计》，以 1990 年为基期。2000~2015 年数据来自日本总务省统计局的《日本统计年鉴》和《日本的统计》

教育支出占文化消费总量的比重在 1963~1967 年维持在 30%以上；1968~1969 年文化娱乐用品占比扩张期间，教育支出占比下降。1973~1980 年，教育支出占比经历一轮扩张，由 23.10%增长到 29.79%。直到 1997 年，教育支出占比保持在 30%以上。进入 21 世纪后，教育支出占比由 1999 年的 28.86%降到 2010 年的 22.58%，随后 5 年基本保持在 23%左右。

将文化消费更细致地分类，可以看到文化消费内部结构的变化（表 6-4）。1965~2015 年，日本家庭文化消费总量从 5 331 日元上涨到 32 501 日元，增长 5.10 倍。教育支出从 1 886 日元增加到 7 521 日元，增长 2.99 倍，教育支出占文化消费总量的比重也由 35.38%降到 23.14%，下降 12.24 个百分点。文化娱乐耐用品支出由 585 日元增加到 1 425 日元，增长 1.44 倍，其占文化消费总量的比重由原来的 10.97%降到 4.38%。文化娱乐用品支出由 645 日元上升到 5 369 日元，增长 7.32 倍，其占文化消费总量的比重也由 12.10%上涨到 16.52%，上涨 4.42 个百分点。书籍和印刷品支出在文化消费中一直占有较大比重，但书籍和印刷品支出占文化消费总量的比重呈波动式下降趋势，最终由 1965 年的 14.46%下降到 2015 年的 10.29%。文化娱乐服务支出一直呈上升趋势，由 1965 年的 1 445 日元上涨到 2015 年的 14 841 日元，上涨 9.27 倍，其占文化消费总量的比重由原来的 27.11%上升到 45.66%。

表 6-4　1965~2015 年日本家庭每月文化消费的结构

文化消费结构		1965 年	1975 年	1985 年	1995 年	2005 年	2015 年	总量增长倍数	占比增长量/%
文化消费总额	总量/日元	5 331	17 638	35 044	46 931	37 447	32 501	5.10	
教育	总量/日元	1 886	4 345	10 853	15 381	9 078	7 521	2.99	
	占总额比重/%	35.38	24.63	30.97	32.77	24.24	23.14		−12.24
文化娱乐	总量/日元	3 445	13 293	24 191	31 550	28 369	24 980	6.25	
	占总额比重/%	64.62	75.37	69.03	67.23	75.76	76.86		12.24
文化娱乐耐用品	总量/日元	585	2 196	2 898	2 845	3 032	1 425	1.44	
	占总额比重/%	10.97	12.45	8.27	6.06	8.10	4.38		−6.59
文化娱乐用品	总量/日元	645	2 596	4 996	6 674	5 612	5 369	7.32	
	占总额比重/%	12.10	14.72	14.26	14.22	14.99	16.52		4.42
书籍和印刷品	总量/日元	771	2 660	3 631	4 585	4 253	3 344	3.34	
	占总额比重/%	14.46	15.08	10.36	9.77	11.36	10.29		−4.17
文化娱乐服务	总量/日元	1 445	5 840	12 666	17 446	15 473	14 841	9.27	
	占总额比重/%	27.11	33.11	36.14	37.17	41.32	45.66		18.55
住宿和旅行费	总量/日元	439	2 557	4 986	7 363	5 373	4 718	9.75	
	占总额比重/%	8.23	14.50	14.23	15.69	14.35	14.52		6.29
学习班学费	总量/日元	345	1 513	3 573	4 078	2 736	2 456	6.12	
	占总额比重/%	6.47	8.58	10.20	8.69	7.31	7.56		1.09
其他服务	总量/日元	661	1 771	4 107	6 005	7 362	7 667	10.60	
	占总额比重/%	12.40	10.04	11.72	12.80	19.66	23.59		11.19

四、中国文化消费发展

（一）中国文化消费总量情况[①]

改革开放 30 多年来，中国经济飞速发展，人民生活水平有了飞跃式的提高。总体来看，GDP 的增长速度快于居民收入和总消费的增长速度。

---

① 如无特别说明，中国数据来自中经网统计数据库，其中居民收入由城镇居民可支配收入和农村居民纯收入根据人口数加权所得；居民总消费由城镇居民现金支出和农村居民总支出根据人口数量加权所得；居民文教娱乐支出根据城镇居民文教娱乐现金支出和农村居民文教娱乐支出根据人口数量加权所得。

1985~2015 年，中国 GDP 由 9 098.9 亿元上涨到 689 052.0 亿元，上涨 74.7 倍，年均增长率高达 15.5%。随着经济发展，居民收入水平也得到极大提高，由 1985 年的 5 065.5 亿元提高到 2015 年的 305 567.1 亿元，提高 59.3 倍，年均增长 14.6%。居民生活水平也随着收入上涨不断提高，居民总消费由 4 252.7 亿元上涨到 193 591.8 亿元，上涨 44.5 倍，年均增长 13.6%（图 6-19）。

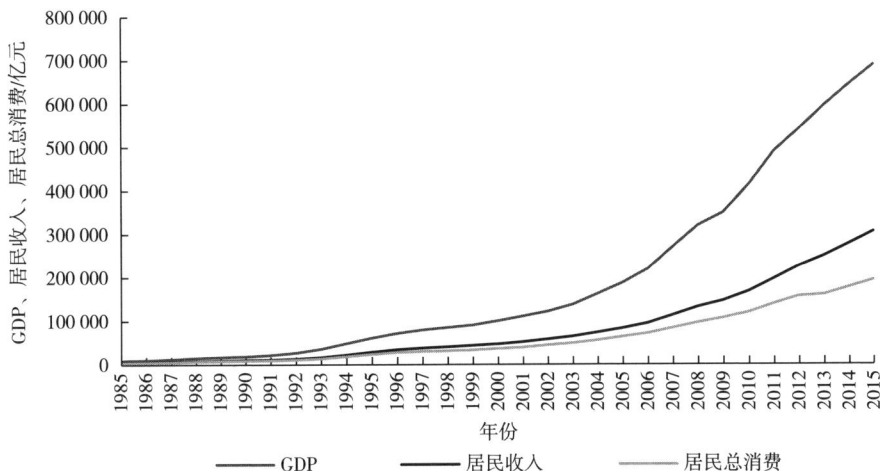

图 6-19 1985~2015 年中国 GDP、居民收入和总消费情况

1985~2015 年，中国城镇化快速发展，农村居民人口不断减少，城镇人口迅速增加。相应地，农村居民文化消费总量的增长速度非常缓慢，城镇居民文化消费总量增长迅猛。1985~2015 年，中国居民文化消费总量由 237.9 亿元增长到 24 208.8 亿元（图 6-20），增长 101 倍，年均增长 16.7%。

（二）中国文化消费增长情况[①]

1999~2007 年，中国 GDP 增长率不断上升，由 6.30%上升到 23.15%；2008 年世界金融危机爆发，受国际经济市场疲软影响，中国 GDP 增长率在 2008 年和 2009 年分别降为 18.24%和 9.25%。2010~2011 年，GDP 增长率短

---

① 本小节增长率按当年价格计算，与国家统计局按照基年价格计算有所差异。数据来源于中经网统计数据库。

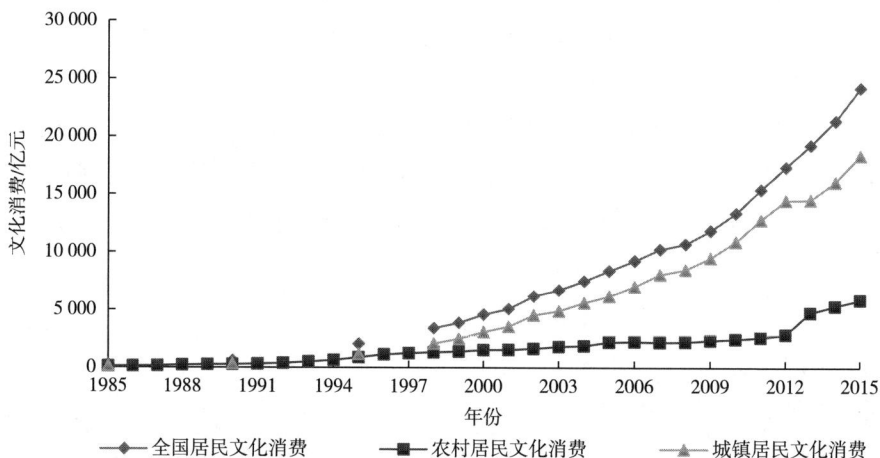

图 6-20 1985~2015 年中国居民文化消费

因为数据缺失，1985~1998 年中国城镇居民文化消费数据不连续，所以全国文化消费数据也不连续

暂恢复到 18.32% 和 18.47%，2012 年之后，GDP 增长率不断下降，在 2015 年降到 7%（图 6-21）。

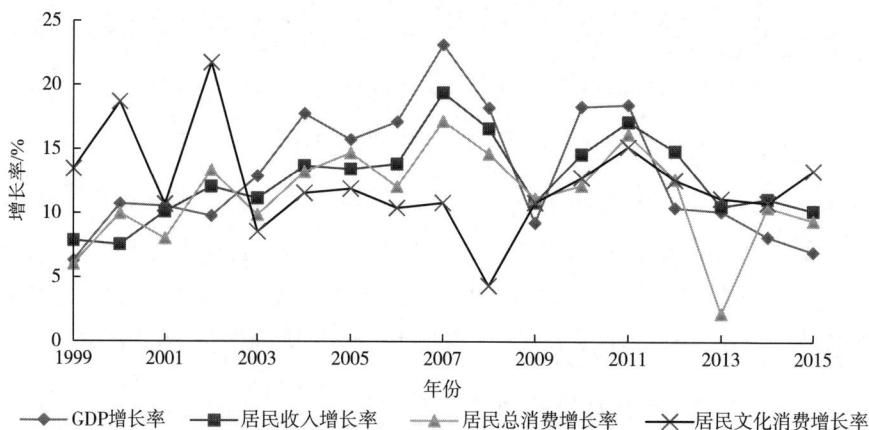

图 6-21 1999~2015 年中国 GDP、居民收入、居民总消费和居民文化消费增长率

　　居民收入和总消费增长率与 GDP 增长率的变化趋势一致，1999~2007 年，居民收入和总消费增长率分别由 7.87% 和 6.04% 上涨到 19.42% 和 17.20%，2009 年分别降到 10.86% 和 11.18%，2011 年又分别上涨至 17.14% 和 14.19%，随后经历了 4 年的下降期，2015 年分别为 10.20% 和 9.44%。

中国居民文化消费增长率围绕 GDP 和居民收入增长率上下波动，1999年以来文化消费年均增长 12.29%。1999~2002 年，居民文化消费增长率始终高于 GDP 和居民收入增长率，一直保持在 10% 以上，2002 年高达 21.74%；2003~2007 年，文化消费增长率维持在 8.57%~11.91% 的水平，低于 GDP、居民收入与总消费增长率；2008 年，受外部冲击严重，居民文化消费增长率骤然降到 4.35%；2009~2015 年，文化消费增长率始终稳定在 10% 以上。其中，2009~2012 年，文化消费增长率低于居民收入增长率，2013 年后，文化消费增长率又反超 GDP 和居民收入增长率。

（三）中国文化消费占比情况

1985~2015 年，文化消费占比情况可以明显分为 3 个阶段。1985~2002年，文化消费占比呈明显上升趋势，文化消费占 GDP、居民收入和总消费的比重分别由 2.61%、4.70%和 5.59%上升到 4.88%、10.39%和 13.67%，分别上升 2.27 个、5.69 个和 8.08 个百分点。2002~2008 年，文化消费占比呈明显下降趋势，文化消费占 GDP、居民收入和总消费的比重分别由 4.88%、10.39%和 13.67%下降到 3.35%、8.10%和 11.14%，分别下降 1.53 个、2.29 个和 2.53个百分点。2008~2015 年，文化消费占比变动趋势发生分歧，文化消费占GDP 的比重基本保持不变，在 3.15%~3.51%的范围内波动；文化消费占居民收入的比重略微下降，由 8.10%下降到 7.72%后回升到 7.92%；文化消费占总消费的比重有小幅回升，由 11.14%上升到 12.51%（图 6-22）。

五、俄罗斯文化消费发展

（一）俄罗斯文化消费总量情况[①]

1995~2015 年，俄罗斯 GDP 和居民总消费总体呈现上升趋势，但居民总消费和 GDP 之间差距巨大（图 6-23）。自 1991 年俄罗斯实行"休克疗法"后，国内经济不景气，直到 1998 年，俄罗斯的 GDP 和居民总消费几乎没有增长。

---

① 如无特别说明，1995~2015 年俄罗斯各项数据来源是：GDP、总消费和人口数据来自世界银行数据库；文化消费占总消费的比重数据来自俄罗斯联邦统计局网站的《俄罗斯统计年鉴 2005—2016》；文化消费总量数据根据居民总消费和文化消费占比数据计算得出；人均文化消费数据根据文化消费总量和人口数据计算得出。各年数据均基于 2010 年价格。

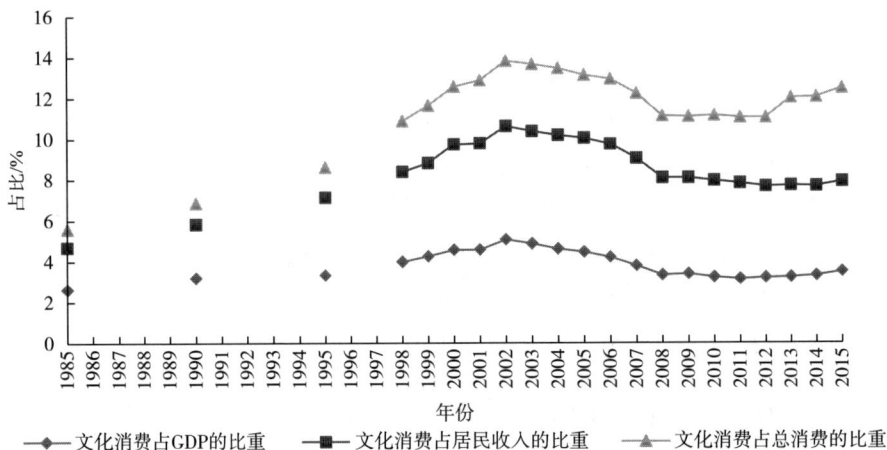

图 6-22　1985~2015 年中国文化消费占比情况

因为数据缺失，1985~1998 年中国居民文化消费数据不连续，所以文化消费占比数据也不连续

1999 年以后，国际市场上能源产品价格上涨，俄罗斯经济依赖能源和原材料出口，迎来了经济增长的 10 年。2008 年世界金融危机导致 GDP 短暂下滑，之后俄罗斯 GDP 和居民总消费渐渐恢复上升趋势。2014 年，俄罗斯遭遇西方国家的经济制裁，经济出现预势。

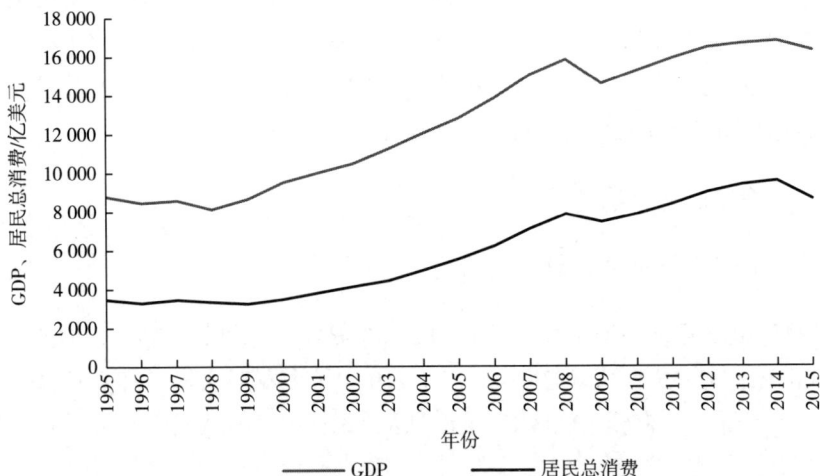

图 6-23　1995~2015 年俄罗斯 GDP、居民总消费情况

1995~2015 年，俄罗斯居民文化消费的波动比 GDP 和总消费的波动更为

明显。俄罗斯经济转型对文化消费的影响大于对 GDP 的影响，金融危机使文化消费的下降时间长于 GDP 下降时间，西方经济制裁对俄罗斯文化消费的负面影响也大于对 GDP 的负面影响。1995~2015 年俄罗斯居民文化消费情况见图 6-24。

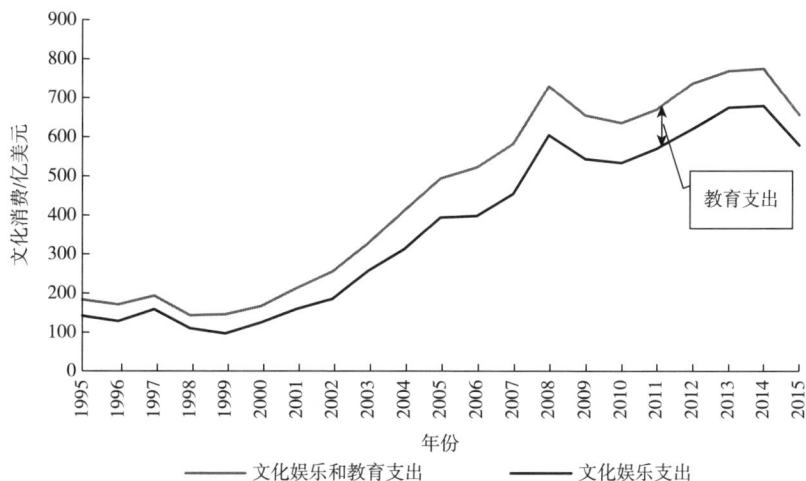

图 6-24　1995~2015 年俄罗斯居民文化消费情况

（二）俄罗斯文化消费增长情况

1996~2015 年，俄罗斯经济几经波折，总体来看，文化消费增长率的变动幅度大于 GDP 增长率和居民总消费增长率的波动幅度（图 6-25）。1997~1998 年、2008~2009 年和 2014~2015 年经济不景气，导致 1998 年、2009 年和 2015 年文化消费增长率均低于居民总消费增长率和 GDP 增长率。在经济繁荣的 2000~2008 年，文化消费增长率基本上远远超过 GDP 增长率和居民总消费增长率。

（三）俄罗斯文化消费占比情况

俄罗斯文化消费占 GDP 的比重和文化消费占总消费的比重（图 6-26）在 1995~2015 年经历了 3 个时期。1995~1999 年，文化消费占 GDP、总消费的比重震荡下降，但幅度较低：文化消费占 GDP 的比重在 2% 左右震荡；文化消费占总消费的比重在 5% 上下浮动。2000~2005 年，文化消费占 GDP、总消费

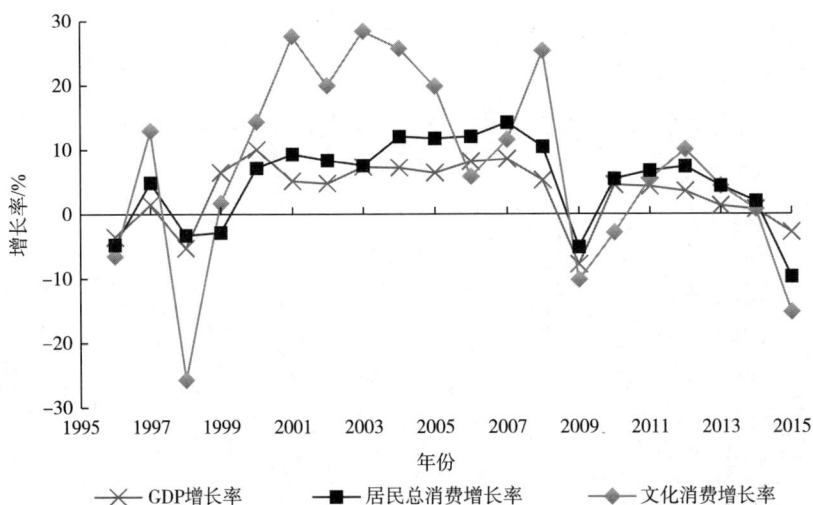

图 6-25 1996~2015 年俄罗斯 GDP、居民总消费和文化消费增长率

的比重经历快速上升期：文化消费占总消费的比重从 4.80%上涨到 8.90%；文化消费占 GDP 的比重由 1.76%上升为 3.85%。2006~2015 年，文化消费占GDP、总消费的走势发生分歧：文化消费占 GDP 的比重震荡向上，从 3.77%上升为 4.62%，在 2015 年跌回 4.02%；文化消费占总消费的比重由 8.40% 涨到 9.30%，然后一路下跌至 2015 年的 7.60%。

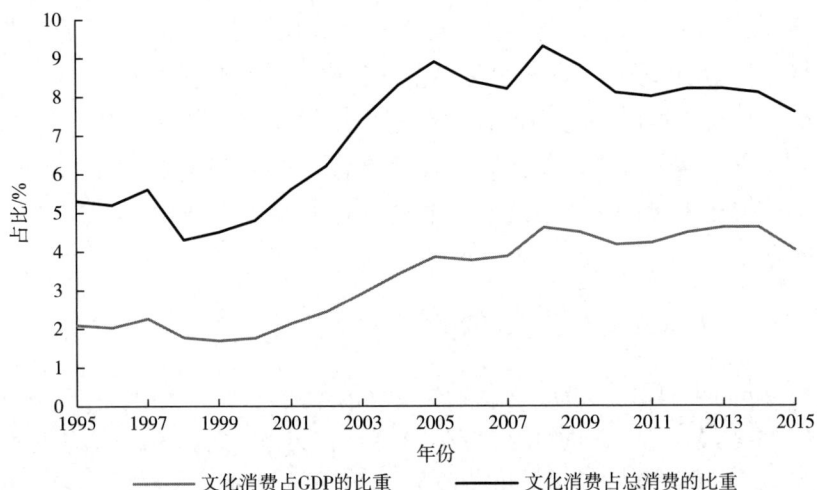

图 6-26 1995~2015 年俄罗斯文化消费占比情况

第三节 典型国家文化消费发展状况比较

美国、英国和日本既是经济强国，也是文化消费大国，其文化消费水平和结构有一定代表性；俄罗斯是金砖国家中文化消费发展较好的国家。这些国家的文化消费发展经验对提升中国文化消费具有重要借鉴作用。

一、文化消费水平比较

2015 年，国际货币基金组织（International Monetary Fund，IMF）公布的世界 GDP 排行显示，美国、中国、日本和英国分别为世界第一、二、三、五名。美国经济实力雄厚，GDP 与文化消费总量遥遥领先于中国、日本、英国和俄罗斯（图 6-27）。

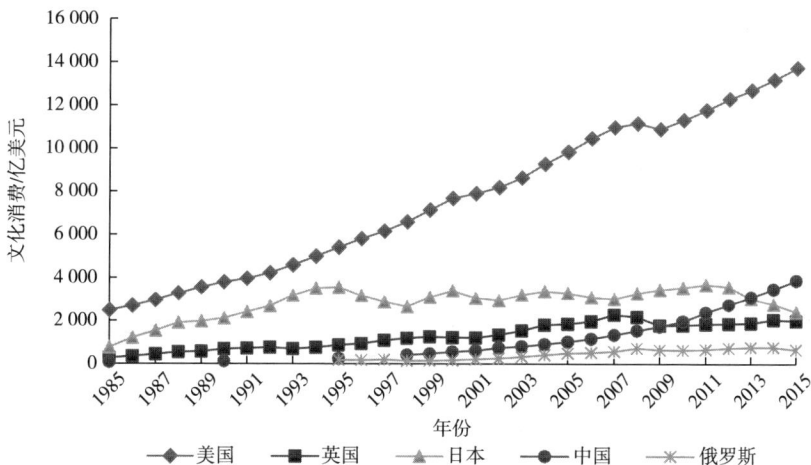

图 6-27 1985~2015 年典型国家的文化消费总量

美国、英国、日本和中国的文化消费由各国统计局整理所得，历年汇率数据来自世界银行。俄罗斯文化消费由俄罗斯联邦统计局和世界银行的数据计算得出。因为数据缺失，所以 1985~1998 年中国居民文化消费数据不连续；1995 年之前俄罗斯文化消费数据缺失

1985~2015 年，美国文化消费总量的增长态势强劲，由 2 484 亿美元上涨到 13 753 亿美元。日本文化消费总量在 1985~1994 年的增长势头还能与美国相比，经济泡沫破灭后，文化消费总量一蹶不振，至今没有突破 3 700 亿美元，且 2011 年地震海啸后，日本文化消费总量呈现负增长，从 2011 年的 3 692.6

亿美元下降到 2015 年的 2 413.1 亿美元。英国文化消费总量较低，1985~2008
年，英国文化消费总量从 276.6 亿美元增加到 2 183.7 亿美元，增长速度相对缓
慢；世界金融危机爆发后，国际经济疲软背景下，英国文化消费总量停滞不
前。中国文化消费总量在 1985~2015 年获得了长足进步，由 81.0 亿美元上涨到
3 887.4 亿美元，上涨 47 倍，在 2010 年和 2013 年相继超过英国和日本。俄罗
斯的经济总量与美国、中国、日本、英国相差甚远。

　　与文化消费总量美国一枝独秀的情况不同，人均文化消费呈现中国和俄罗
斯偏低的情景（图 6-28）。1985~2015 年，美国人均文化消费增长的步伐一如既
往的坚定，由 1 044.0 美元增长到 4 285.8 美元。2007 年之前，英国人均文化消
费增长态势迅猛，2007 年甚至以 3 729.2 美元超过美国人均文化消费（3 651.0
美元）水平，金融危机爆发后，英国人均文化消费水平急速下降。日本人均文
化消费的增长势头在 20 世纪 80 年代末 90 年代初超过美国。1995 年，日本和
美国的人均文化消费分别为 2 841.5 美元和 2 062.8 美元。在日本经济"失去的
二十年"里，日本人均文化消费水平停滞不前，也逐渐失去与美国竞争的机
会，2011~2015 年，日本人均文化消费由 2 888.6 美元急剧下降至 1 898.7 美元。

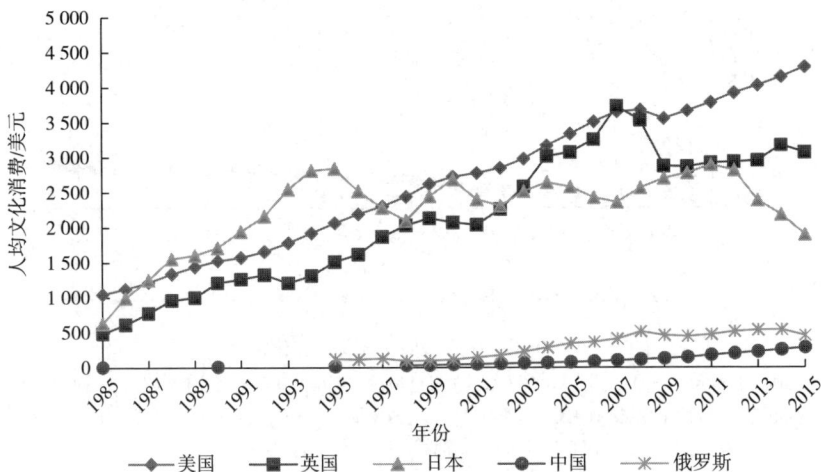

图 6-28　1985~2015 年典型国家的人均文化消费

美国、英国、日本和中国的文化消费由各国统计局整理所得，历年汇率数据来自世界银行。美国人口数据来自美国
人口普查局，英国人口数据来自英国国家统计局，日本人口数据来自日本电子政府的综合窗口，中国人口数据来自
中经网统计数据库。俄罗斯文化消费占总消费的比重数据来自俄罗斯联邦统计局，总消费数据和人口数据来自世界
银行。因为数据缺失，所以 1985~1998 年中国居民文化消费数据不连续；1995 年之前俄罗斯文化消费数据缺失

1999~2008 年，俄罗斯人均文化消费快速增长，由 99.29 美元增长到 511.33 美元。世界金融危机爆发后，又受西方经济制裁影响，俄罗斯的人均文化消费在 500 美元上下波动，2015 年仅为 455.66 美元。中国人均文化消费水平始终保持正增长，由 1985 年的 7.65 美元上涨到 2015 年的 282.8 美元。1985~2015 年的 30 年间中国人均文化消费上涨 36 倍，与俄罗斯人均文化消费之间的差距不断缩小，但与美国、英国甚至日本还有较大差距。2015 年，美国、英国和日本的人均文化消费分别为 4 285.8 美元、3 064.2 美元和 1 898.7 美元，分别为中国的 15.15 倍、10.84 倍和 6.71 倍。

二、文化消费结构比较

从文化消费内部结构来看，美国、英国、日本和俄罗斯均是文化娱乐用品和服务占主导地位；英国文化娱乐用品占比最大；日本文化娱乐服务占比最大；中国城镇居民是教育支出占主导地位（图 6-29）。

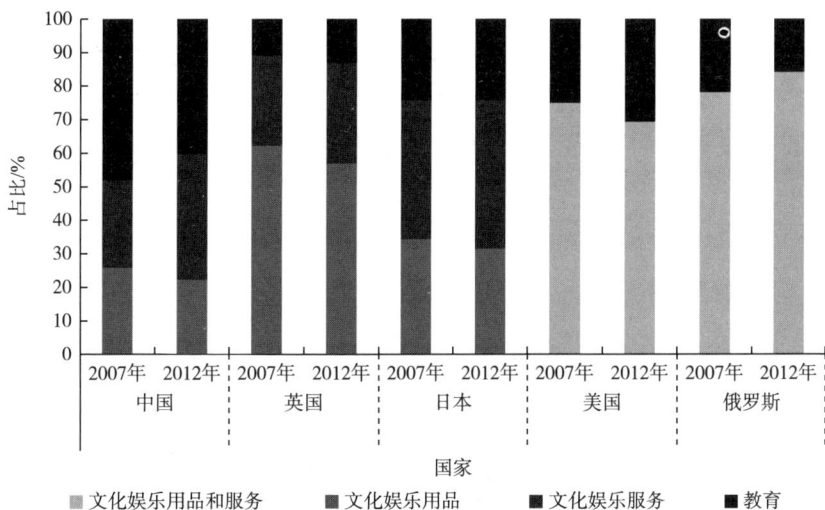

图 6-29　2007 年和 2012 年典型国家的文化消费结构情况

资料来自各国统计局。中国文化消费结构是指中国城镇居民文化消费结构；美国、俄罗斯数据中文化娱乐用品和服务没有分开，因此横条面积表示文化娱乐用品和服务总占比

2007~2012 年，各国的文化消费结构有所调整：英国和美国的教育占比有扩大趋势，日本的教育支出占比基本没有改变，俄罗斯教育占比有小幅下

降，中国教育占比最大但呈下降趋势。2012 年，中国、英国、日本、美国和俄罗斯的教育占比分别为 40.31%、13.24%、24.24%、30.78%和 15.85%。2007~2012 年，文化娱乐服务占比基本呈上升趋势，中国、英国和日本的文化娱乐服务占比分别从 26.15%、26.96%和 41.34%上升到 37.47%、29.83%和44.33%。文化娱乐用品占比不断下降，中国、英国和日本的文化娱乐用品分别从 25.82%、62.18%和 34.28%下降到 22.22%、56.93%和 31.43%。

三、文化消费占比比较

1985~2015 年，美国、英国、日本、中国和俄罗斯的文化消费占 GDP、居民收入、总消费比重的情况如图 6-30 所示。从文化消费占 GDP 的比重可以看出，美国文化消费占 GDP 的比重在五国中始终保持领先地位，且占比不断上升，由 1985 年的 5.71%上升至 2015 年的 7.63%。英国文化消费占GDP 的比重在 1985 年为 5.23%，低于日本的 5.70%，随后在 2005 年达到7.52%，超过日本的 7.06%。2015 年，英国和日本文化消费占 GDP 的比重分别降为 6.95%和 5.55%。中国文化消费占 GDP 的比重在 1985~2005 年由2.61%提升到 4.47%，与美国、英国和日本的距离不断缩小，且一直高于俄罗斯。但随后在 2015 年又降至 3.51%，被俄罗斯以 4.05%反超。

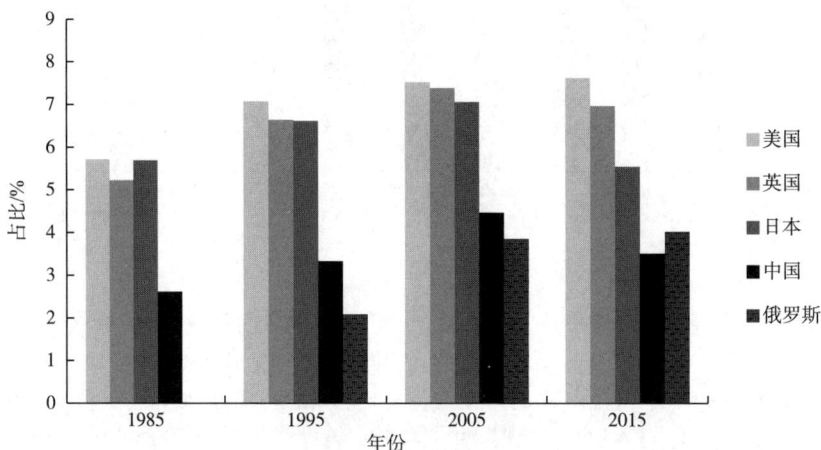

（a）文化消费占GDP的比重

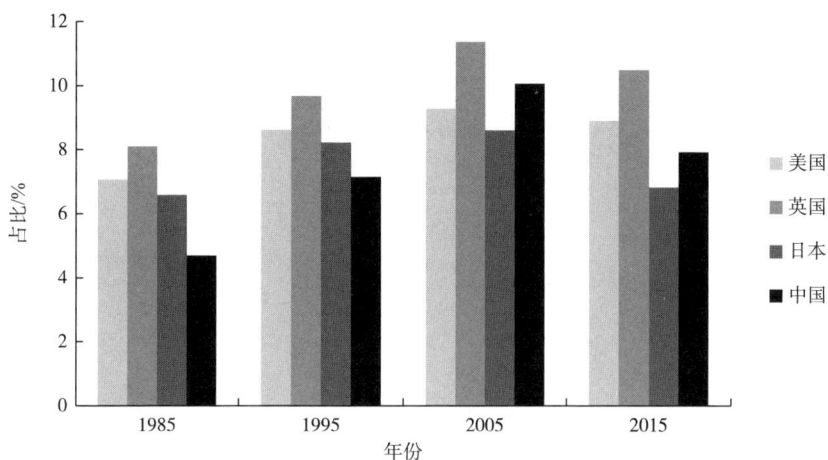

（b）文化消费占居民收入的比重

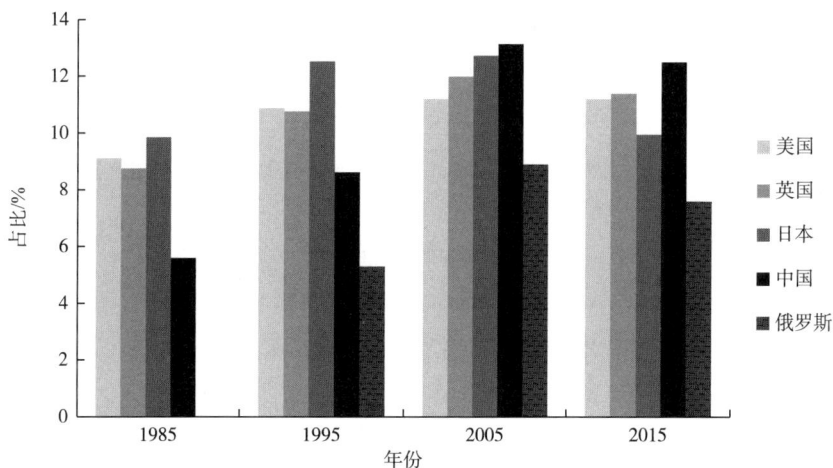

（c）文化消费占总消费的比重

图 6-30 1985~2015 年典型国家的文化消费占比情况

1985~2015 年俄罗斯文化消费占居民收入的比重数据缺失；1985 年俄罗斯文化消费占 GDP 的比重
和文化消费占总消费的比重数据缺失

　　从文化消费占居民收入的比重来看，1985~2005 年，四国都是持续上升；
2005~2015 年，四国都有所下降。英国的文化消费占居民收入的比重一直是最
高的，2005 年为 11.36%，2015 年降到到 10.48%。美国文化消费占居民收入的比
重始终高于日本，2015 年两者分别为 8.90%和 6.81%。中国文化消费占居民收
入的比重在四国中波动最剧烈，1985~2005 年由 4.70%上升到 10.06%，2015 年

降至 7.92%。

从文化消费占总消费的比重来看，美国文化消费占总消费的比重最稳定，1985 年、1995 年、2005 年、2015 年的占比分别为 9.12%、10.88%、11.20%和 11.20%。英国、日本和俄罗斯的文化消费占总消费的比重经历了先升后降的过程，日本的降幅最大，俄罗斯始终是最后一位。中国的文化消费占总消费的比重实现了逆袭，1985 年，中国文化消费占总消费的比重仅为5.59%，远低于美国、英国、日本的水平，2005 年增至 13.14%，超过美国、英国和日本，2015 年略降至 12.51%，但仍保持领先地位。

四、文化消费增长速度比较[①]

21 世纪以来，美国、英国、日本、中国和俄罗斯的文化消费增长速度波动较大，但不能掩盖中国文化消费增长速度高于美国、英国、日本的事实，文化消费增长率见图 6-31。2000~2007 年，美国和英国的文化消费增长率各有千秋，均在 3%~8%波动；俄罗斯的文化消费增长率保持较高水平。金融危机后，俄罗斯的文化消费在正增长和负增长之间波动。金融危机后，直到2014 年，英国文化消费增长速度一直跟不上美国的增长速度，2015 年以4.93%反超美国的 4.16%。21 世纪以来，日本的文化消费增长率几乎都低于中国、美国和英国，且在大部分时间里都是负增长。

由 2000~2015 年的文化消费增长率平均值来看，中国和俄罗斯文化消费和人均文化消费的增长率平均值均在 10% 以上，显著高于美国、英国和日本；美国和英国的文化消费和人均文化消费增长率平均值均不超过 5%；日本的文化消费和人均文化消费增长率平均值甚至为负（图 6-32）。

综上所述，美国的文化消费总量居世界首位，人均文化消费水平比较高，文化消费占 GDP 的比重最大；英国家庭文化消费支出超过食品支出，文化消费占居民收入的比重居世界前列；日本的文化消费中文化娱乐服务占比最高，文化消费结构不断优化；俄罗斯在金融危机爆发前文化消费总量和人均文化消费增长速度最快；中国居民文化消费总量和人均文化消费水平虽不断上升，但与美国、日本、英国相比差距明显。

---

① 本小节中的文化消费增长速度由各国货币金额计算所得。

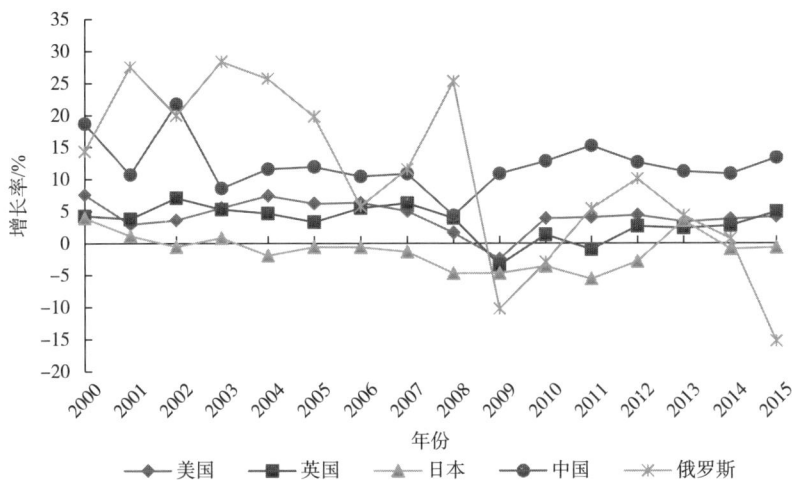

图 6-31　2000~2015 年典型国家的文化消费增长率

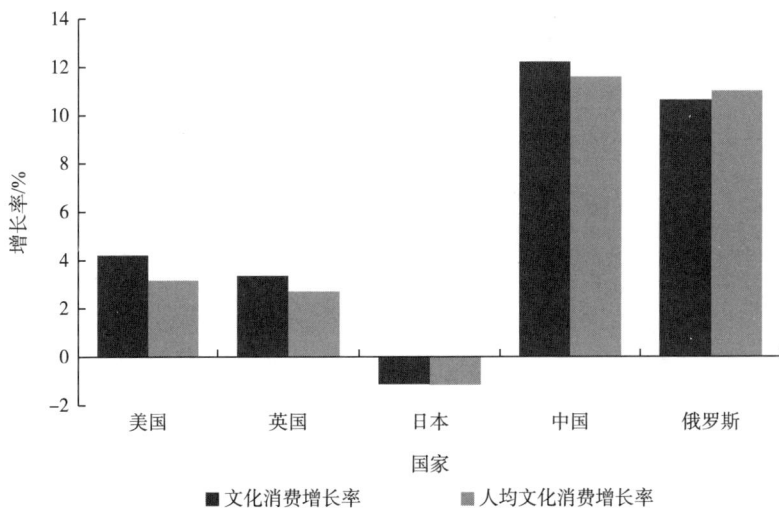

图 6-32　2000~2015 年典型国家的文化消费和人均文化消费增长率

第四节　文化消费提升的国际经验

下文从提高居民消费能力、改善居民消费环境、增强居民消费意愿和稳定居民消费预期等角度对美国、英国和日本的文化消费发展经验进行总结。

一、提高居民消费能力

提高居民消费能力就是要让消费者买得起文化产品和服务，或提高居民收入，或降低文化产品和服务的价格。

（一）提高居民总收入水平

收入是消费的基础，文化消费也不例外，居民文化消费总量随着居民总收入的提高而增加。如图 6-33 所示，美国、英国和日本的居民文化消费增长率围绕居民收入增长率上下波动，就像价格围绕价值上下波动。

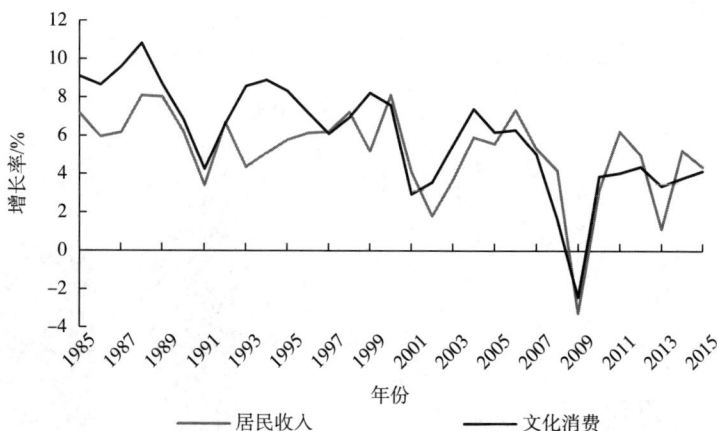

（a）美国

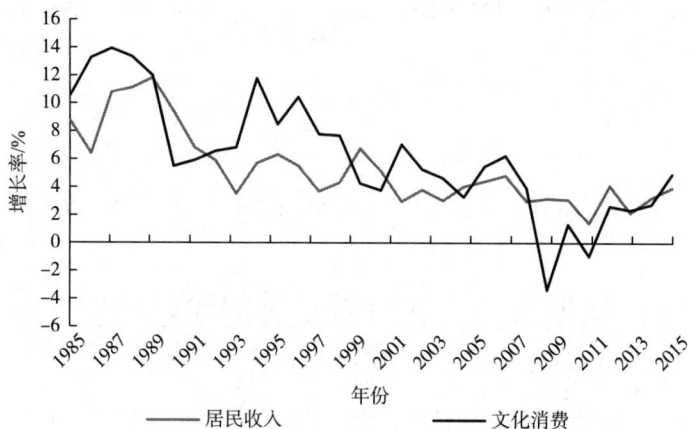

（b）英国

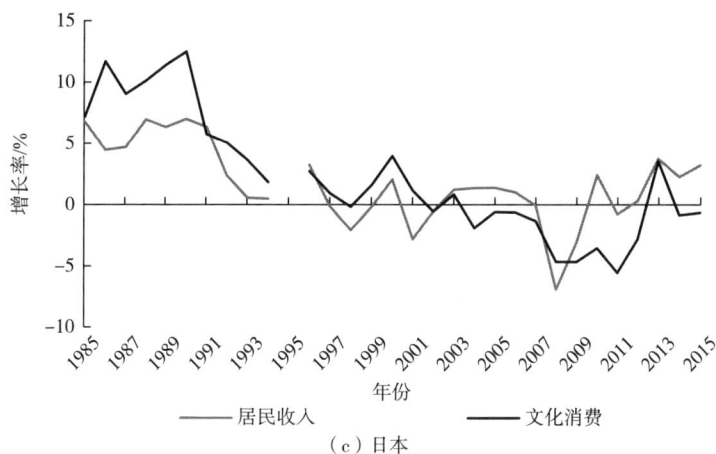

图 6-33   1985~2015 年美国、英国和日本的居民收入与文化消费增长率

日本 1995 年前后数据的基准不同，所以忽略 1995 年的增长率

（二）增加低收入家庭收入

家庭收入水平是影响家庭文化消费的重要因素，将家庭按照收入水平分为五等分，能明显看到家庭教育支出和文化娱乐支出随着家庭收入水平提高而增加，增加低收入家庭的收入，能有效提高家庭文化消费水平。2015 年美国各收入层次家庭的文化消费表明，收入越高的家庭年均文化娱乐支出越多；收入最高 20%家庭的年均文化娱乐支出为 5 919 美元，显著高于第四分位家庭的年均文化娱乐支出（3 051 美元）；收入最高 20% 家庭的教育支出是第四分位家庭的 3.8 倍，远超其他收入层次的家庭；收入最低 20% 家庭的教育支出反而比第二分位和第三分位家庭高（图 6-34）。

英国各收入层次家庭每周的文化消费趋势明显，收入每上升一个层次，家庭每周文化娱乐支出和教育支出均升高一个等级，收入最高 20%家庭的文化娱乐支出和教育支出相较于第四分位家庭有一个大的跨越，教育支出甚至是第四分位家庭的一倍以上（图 6-35）。

日本家庭收入五等分后，能看出家庭每月文化娱乐支出和教育支出有明显的上升趋势，与美国和英国最高 20%家庭文化娱乐支出和教育支出跨越式增长不同，日本各收入层次家庭的文化娱乐支出和教育支出增长较平滑（图 6-36）。

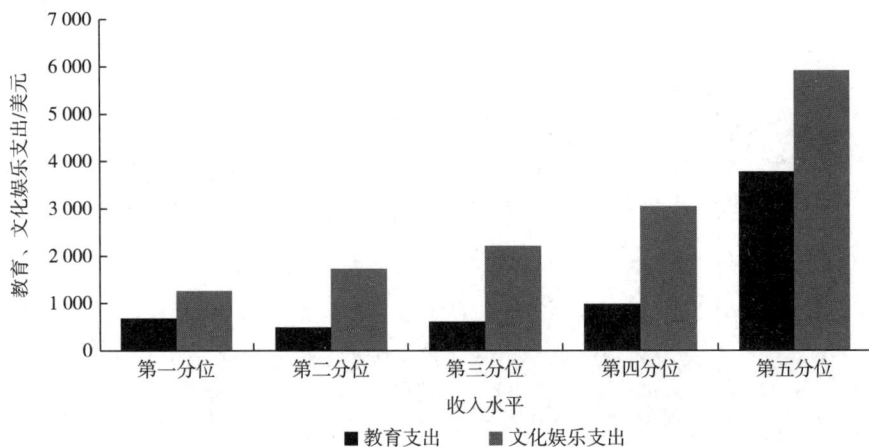

图 6-34　2015 年美国年收入五等分家庭文化消费情况

数据来自美国劳工统计局《消费者消费调查》。五等分家庭年收入范围由低到高分别为低于 19 572 美元、
19 572~37 638 美元、37 638~62 587 美元、62 587~103 057 美元、103 057 美元以上

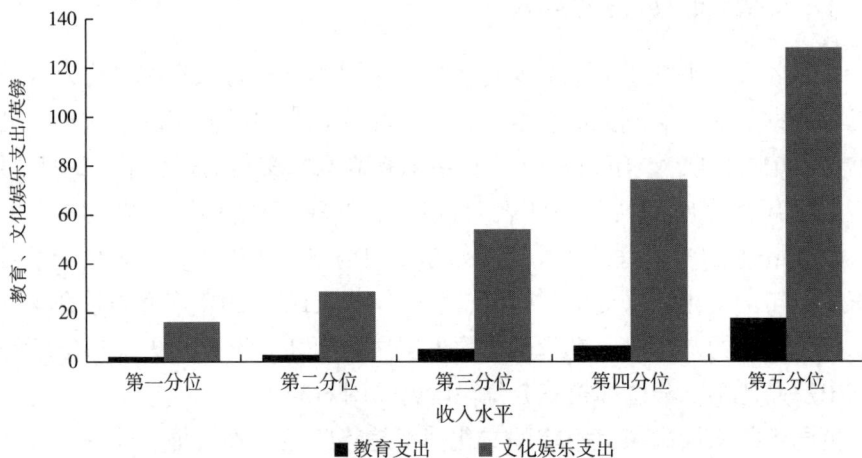

图 6-35　2016 年英国周收入五等分家庭每周文化消费情况

数据来自英国国家统计局。五等分家庭每周收入范围由低到高分别为低于 298 英镑、
298~487 英镑、487~744 英镑、744~1 112 英镑、1 112 英镑以上

（三）降低失业率

失业率上升不仅阻碍居民总收入增长，同时影响居民消费预期，降低失业率，能有效促进居民文化消费的增加。1929~1933 年美国经济进入大萧条，

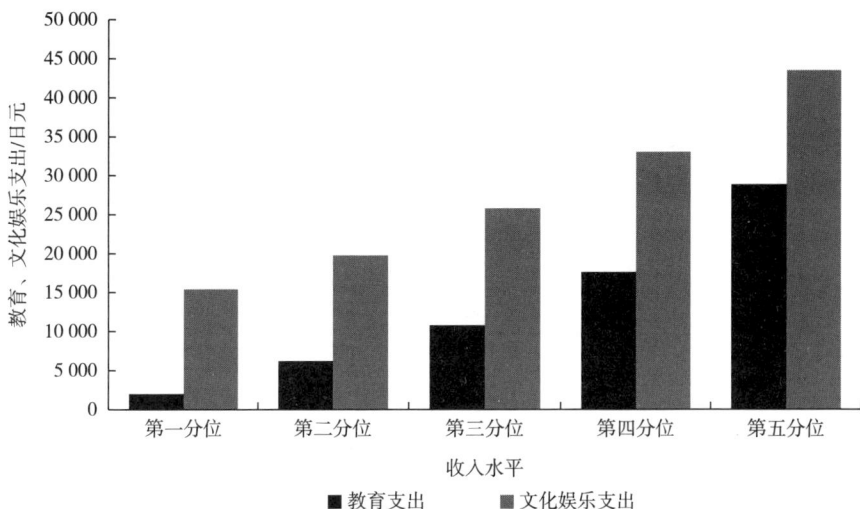

图 6-36 2015 年日本月收入五等分家庭每月文化消费情况

数据来自日本总务省统计局《日本统计年鉴平成 29 年》。五等分家庭月收入范围由低到高分别为低于 352 万日元、352 万~489 万日元、489 万~648 万日元、648 万~854 万日元、854 万日元以上

失业人数由 155.0 万人上升到 1 036.5 万人，失业率由 3.2%飙升到 20.6%。相应地，美国文化消费总量从 51 亿美元降到 27 亿美元，1932 年文化消费增长率为–25.00%（表 6-5）。

表 6-5　1929~1943 年美国失业和文化消费情况

年份	失业人数/万人	失业率/%	文化消费/亿美元	文化消费增长率/%
1929	155.0	3.2	51	—
1930	432.9	8.7	47	–7.84
1931	772.1	15.3	40	–14.89
1932	1 146.8	22.5	30	–25.00
1933	1 036.5	20.6	27	–10.00
1934	836.6	16.0	30	11.11
1935	752.3	14.2	32	6.67
1936	528.6	9.9	37	15.63
1937	493.7	9.1	41	10.81
1938	679.9	12.5	40	–2.44

续表

年份	失业人数/万人	失业率/%	文化消费/亿美元	文化消费增长率/%
1939	622.5	11.3	42	5.00
1940	529.0	9.5	45	7.14
1941	335.1	6.0	51	13.33
1942	174.6	3.1	56	9.80
1943	98.5	1.8	61	8.93

资料来源：失业人数和失业率来自 Darby（1976）。文化消费数据来自美国经济分析局，文化消费增长率根据文化消费数据计算得到

　　罗斯福上台后实施第一次新政，美国 GDP、居民收入和居民总消费都呈现正增长。1933~1934 年，美国失业人数从 1 036.5 万人下降到 836.6 万人，失业率从 20.6%下降为 16.0%；同期，美国文化消费总量上升了 3 亿美元，文化消费增长率由–10.00%上升到 11.11%。1935~1941 年，美国政府开始了更加强势的救济和复苏措施，即罗斯福第二次新政。失业人数从 752.3 万人降为 335.1 万人，失业率从 14.2%降为 6.0%；文化消费总量从 32 亿美元增长到 51 亿美元。1942 年和 1943 年，失业人数进一步下降，失业率分别为 3.1%和 1.8%，文化消费相应增长，分别增长 9.80%和 8.93%。

　　1997~2004 年，俄罗斯通过促进居民就业、鼓励居民创业的方式，使登记失业人数从 900 多万人降到 577.5 万人，失业率从 11.8%降为 5.6%。1998~2005年，俄罗斯规定的最低月工资从 83.5 卢布增加到 720 卢布。2000 年，俄罗斯的中产阶级人数比例仅占 20%，到 2005 年已超过 40%。2000~2005 年俄罗斯文化消费增长最迅速。

（四）降低文化产品或服务的价格

　　完善的知识产权保护体系提升了美国文化创意产业在全球市场的领先地位。20 世纪 80 年代，美国的电影产量只占世界电影产量的 6.7%，却占据世界总放映时间的一半多，巨大的经济效益反过来又降低了文化产品的价格，形成良性循环。根据美国电影协会[①]的统计，2001~2015 年美国平均电影票价

---

① http://www.natoonline.org/data/ticket-price/。

从 5.65 美元缓慢上涨至 8.43 美元，而就业人员平均每小时工资也从 16.35 美元增加为 23.23 美元，总的来看，美国居民平均每工作一小时能看 2~3 场电影（表 6-6）。

表 6-6　2001~2015 年美国平均电影票价、平均每小时工资和工作一小时能看几场电影

年份	平均电影票价/美元	平均每小时工资/美元	工作一小时能看几场电影/场
2001	5.65	16.35	2.89
2002	5.80	17.10	2.95
2003	6.03	17.41	2.89
2004	6.21	17.80	2.87
2005	6.41	18.21	2.84
2006	6.55	18.84	2.88
2007	6.88	19.56	2.84
2008	7.18	20.32	2.83
2009	7.50	20.09	2.68
2010	7.89	21.35	2.71
2011	7.93	21.74	2.74
2012	7.96	22.01	2.77
2013	8.13	22.33	2.75
2014	8.17	22.71	2.78
2015	8.43	23.23	2.76

资料来源：平均电影票价来自美国电影协会网站；平均每小时工资来自美国劳工统计局

二、改善居民消费环境

（一）经济环境打基础

国民经济持续发展为文化消费提供了坚实的经济基础。美国是世界强国，GDP 总量世界第一，美元是国际通用货币；日本是亚洲为数不多的发达国家，GDP 总量世界第三；英国是欧洲老牌国家，有深厚的文化底蕴，GDP 总量排名世界第五。1985~2015 年，美国、英国和日本的 GDP 与文化消费增长情况表明，在经济形势向好的情况下，文化消费增长率略高于 GDP 增长率；而若经济形势走弱，文化消费增长率也跟着走弱（图 6-37）。

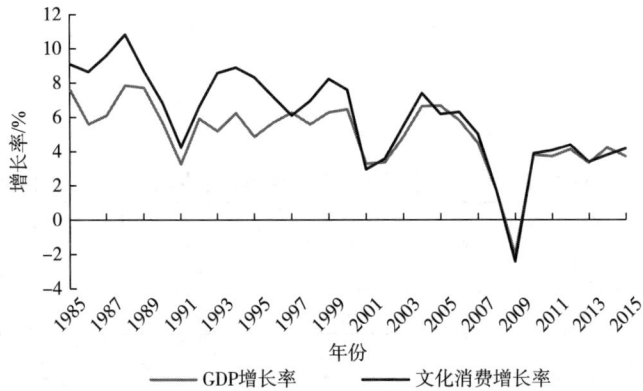

（a）美国

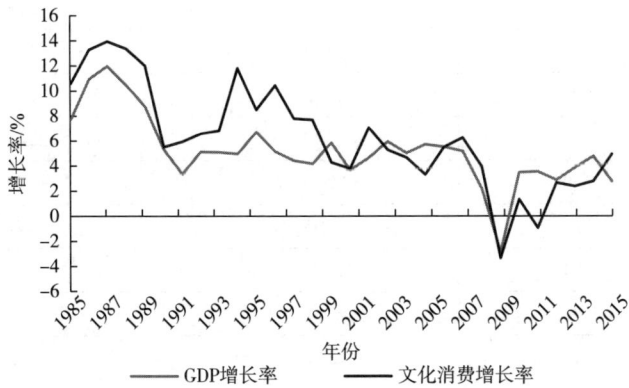

（b）英国

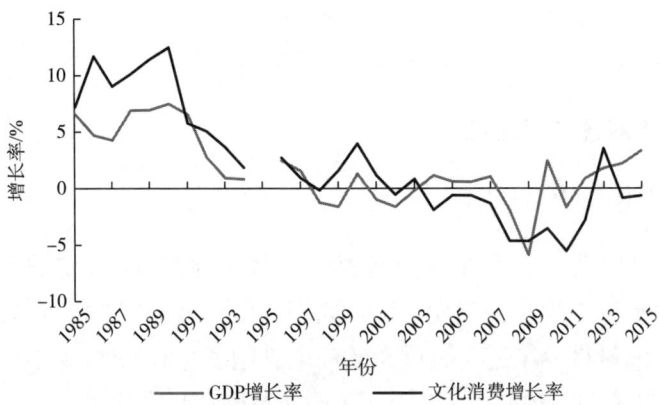

（c）日本

图 6-37　1985~2015 年美国、英国和日本的 GDP 增长率与文化消费增长率

日本 1995 年前后数据的基准不同，所以忽略 1995 年的增长率

（二）社会环境营氛围

风俗习惯、宗教信仰、价值观念、生活方式、文化传统等社会环境因素对居民文化消费产生重要影响。20 世纪 20 年代中期，美国青少年进入社区高中的机会增加，且高中毕业后的额外收入能弥补因上学而放弃的收入，青少年选择读高中的人数有较大增加。1928~1938 年，美国 48 个州的高中毕业率从 27.0%上升到 48.2%（沃尔顿和罗考夫，2011）。相应地，美国教育支出增长率在 1930~1932 年一度高于 GDP 增长率（图 6-38）。

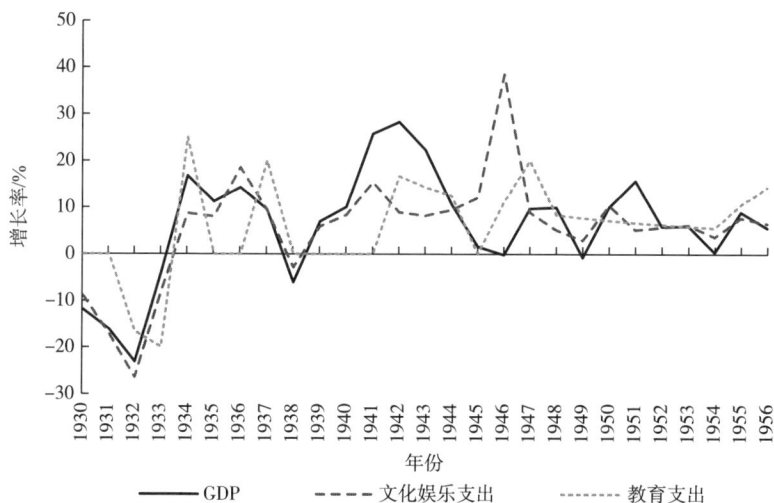

图 6-38 1930~1956 年美国 GDP、文化消费支出增长率

珍珠港事件爆发后，美国卷入第二次世界大战，战时美国受"用大炮替代黄油"政策影响，大量生产力用于生产战争武器，文化消费增长率在 1941~1944 年明显低于 GDP 增长率。战争结束初期，美国居民文化消费出现爆炸式增长，1946 年，文化娱乐支出增长率高达 38.46%。20 世纪 40 年代末，美国经历"红色恐慌"，共和党将文化视为批评民主党的一种武器（马特尔，2013）。在紧张的社会环境下，50 年代初，美国的文化娱乐支出受到一定影响，文化娱乐支出增长率基本低于 GDP 增长率。1947~1955 年，美国GDP 从 2 499 亿美元上升到 3 911 亿美元，年均增长率为 5.76%；居民文化娱乐支出从 98 亿美元增加到 154 亿美元，年均增长率为 5.81%。

英国历史悠久，是欧洲艺术和文物交易中心，是世界上第二大艺术和文物交易市场，同时是世界上最大的设计出口国。英国拥有的时尚设计师数量在世界排第四位，英国家庭的文化消费占总消费的比重超过 12%。17 世纪后半期，英国的书籍、报纸、杂志、戏剧、音乐、绘画等文化消费不断增加；18 世纪，文化艺术不再局限于国王、朝臣和王公贵族，成为进入咖啡馆、俱乐部、剧院、音乐厅、画室和拍卖行等活动场所商业化的大众文化消费，英国出现了早期文化消费繁荣（李新宽，2016）。英国是近代传媒和报刊业发展最早的国家之一，18 世纪中后期的传媒和报刊业摆脱了政府监管。传媒和报刊业不仅成为监督和批判政府的力量，也成为传播消费渠道和消费理念的途径，大众化的商业性广告引诱人们对享受的欲望，对社会发展和文化消费繁荣起到了推动作用（曹瑞臣，2015）。

（三）技术环境领风尚

技术环境是影响文化消费的重要方面，科学技术决定文化消费质量，科学技术发展趋势引领文化消费走向。随着发明创造的层出不穷，收音机、电视、电脑等文化娱乐耐用品相继面世，居民文化消费总量不断增长，文化消费方式不断改变。电子计算机在 20 世纪 40 年代萌芽，经历了电子管计算机、晶体管计算机、小规模集成电路计算机和大规模集成电路计算机，最后走入大众家庭。互联网的不断发展、电子阅读的兴起不断改变消费者的阅读习惯，杂志、报纸、书籍和文具等文化品的消费占比不断下降。1960~2015 年，美国居民的书籍等印刷品和文具占文化消费的比重由 19.05% 下降到 8.70%。1965~2015 年，日本家庭的书籍和印刷品占文化消费的比重由 14.46% 下降到 10.29%。2015 年，英国家庭的报刊、书籍和文具等占文化消费的比重为 7.07%。

交通工具的发展给人们出行带来便利，让旅行更加方便。飞机和游轮的发明，让大洋彼岸的旅行不是梦。1970~2015 年，美国居民旅行消费由 1 亿美元增长到 111 亿美元，旅行支出占文化消费的比重由 0.18% 增长到 0.81%。英国家庭每周用于旅行的费用近 22.1 英镑，占文化消费的比重达 29.47%，而国外旅行费用占文化消费的比重高达 27.6%。

2013 年，美国、日本和英国国内研究费分别为 4 569.77 亿美元、1 602.47

亿美元和 398.59 亿美元，为各国的科学技术发展提供强大的经济支持。美国、日本、英国的科学技术水平比较发达，这为文化产品创作、表现、传播提供了广阔的平台，也让消费渠道更加便捷，对文化发展与消费起了巨大推动作用。好莱坞运用数字技术、仿真技术、生物技术等高科技手段，让动画片、科幻片、战争片等电影场面真实、美轮美奂，为好莱坞风靡全球提供了强有力的技术后盾。

（四）政策环境揽全局

政策环境是影响文化消费的重要外部力量，主要包括文化管理与监督、文化立法和政策扶持等。美国不仅是经济和军事的世界霸主，也是文化产业的世界霸主，文化消费总量居世界第一。其文化消费政策也是偏重为文化产业发展提供自由的环境，为文化输出提供法律保障。美国国内利用《版权法》《专利法》等打击盗版，激励创新；国外推动建立国际版权保护体制，保护本国文化产业。

受美国文化产业冲击，英国和日本纷纷采用国家战略和国家税收等手段扶持本国文化发展。英国遵循"一臂之距"管理原则，政府管文化但不办文化。政府与各级文化机构签署协定，明确职责，通过互相协商来管理文化资金和项目运作。建立财政支持机制，持续扶持创意产业发展。英国的管理机构对电影制片商、电视制作者和电子游戏的制作者等文化产品供给者通过提供税收优惠、基金支持、基础设施建设投入和创意人才培养等方式，有效促进了文化消费增长。

日本实施"文化立国"战略，1996 年日本公布实施《21 世纪文化立国方案》；2007 年日本"亚洲前景战略会议"委员会通过了发展文化产业的纲领性文件《日本文化产业战略》。政府通过实施税收减免等措施来激励个人和企业赞助文化事业；通过政策投资银行的融资和债务担保提供资金支持，促进文化企业发展。日本政府对高收入的个人和高盈利的企业征收重税，而对赞助文化事业的个人和企业采取减免税收等优惠措施，有效激励企业和个人赞助文化事业。

三、增强居民消费意愿

（一）提高受教育水平

一般而言，受教育程度越高，居民就业能力越强，收入越高，文化消费水平越高。受教育程度通过两个途径影响居民的文化消费：一方面，受教育程度影响居民收入，从而影响文化消费；另一方面，受教育程度影响居民对文化产品的理解能力和欣赏能力，进而影响文化消费。受教育程度提高，阅读能力得到了根本改变。从 16 世纪到 18 世纪晚期，英国居民识字率不断增长：1500 年，男女识字率分别为 10%和 1%；1714 年，男女识字率上升为 45%和 25%；1750 年左右，男女识字率分别为 60%和 40%。当前，美国、日本和英国接受过高等教育的人口所占比例分别为 42%、45%和 38%。

2014 年，美国最高学历在大学以下的居民税前收入平均为 45 037 美元，文化消费为 2 654 美元，文化消费占收入的比重为 5.89%；最高学历为大学及以上的居民税前收入平均为 100 770 美元，文化消费为 6 249 美元，文化消费占收入的比重为 6.2%。2014 年美国分等级最高学历者的文化消费见表 6-7。

表 6-7 2014 年美国分等级最高学历者的文化消费

收入和文化消费	全体平均	高中以下	高中毕业	高中毕业大学以下	大专毕业	学士	硕士及以上
税前收入/美元	66 877	28 031	40 260	47 891	60 671	84 628	123 654
文化消费/美元	4 067	1 480	2 162	3 196	3 339	5 183	7 785
娱乐/美元	2 728	1 301	1 873	2 179	2 516	3 287	4 565
阅读/美元	103	32	56	72	83	134	209
教育/美元	1 236	147	233	945	740	1 762	3 011
文化消费占收入比重/%	6.08	5.28	5.37	6.67	5.50	6.12	6.30

资料来源：美国劳工统计局

（二）增加居民闲暇时间

影响文化消费倾向最显著的因素可能是工作时间、家务时间、闲暇时间。20 世纪初，欧洲体力劳动者每周工作 52~54 小时，第一次世界大战后减为 48 小时，第二次世界大战后进一步减为 44 小时，现在工人标准工作时间是每周 40 小时。当前，美国、日本和英国的劳动者平均每周工作时间分别约为 35 小时、33 小时和 32 小时。除公共假日外，几乎所有工人都能享受每年至少四周的带薪假期。2014 年美国居民日常时间利用情况显示，约 44% 的居民参加工作，参加工作者平均每天工作 8 小时，全体居民平均每人每天工作 3.6 小时；95.7% 的居民每天都参与文化娱乐或体育活动，平均每人每天花费 5.3 小时，比工作时间多 1.7 小时。

（三）提高文化产品质量和创新性

文化产品质量是影响文化消费的重要因素。美国拥有全球"文化巨无霸企业"的 50% 以上，控制了全球 75% 的电视节目的生产和制作，影片生产量只占全球电影产量的 6.7%，却占据全球总放映时间的 50% 以上。英国拥有世界上最大的设计行业，设计行业在全球范围内处于绝对领先地位。全球播放的动画片中，60% 产自日本，在欧洲甚至超过 80%。基于产品质量和创新性，美国的电影和音乐、英国的设计和日本的动画在世界范围内占据主导地位。相应地，其文化消费总量也比较大。

四、稳定居民消费预期

（一）完善社会保障体系

1929 年大萧条发生前，美国赞成个人应该自力更生，反对政府的补贴和强制支持。1932 年之前，工人都进行必要的储蓄，或者依靠亲友的储蓄来应对工伤事故外的其他收入损失和意外风险。大萧条带来的经济劫难改变了人们的观点。1935 年美国出台《社会保障法》，规定工人支付其收入的 1% 的资金（其中最高为 3 600 美元）作为联邦养老和遗嘱保险计划的基础。1961 年 1 月 20 日到 1963 年 11 月 22 日，约翰·F. 肯尼迪将上任政府的福利方案扩大，为联邦老人提供医疗保险；资助美国居民接受教育；用联邦资金为美国居民住房和"市区重建计划"提供支持；提高工人最低工资，从每小时 1.00 美元提高到 1.25 美元。随后，林登·B. 约翰逊于 1963 年就职总统，医疗保险制度继续得到改善，针对 65 岁及以上老人的医疗方案被加入社会保障，针对穷人的联邦租金补贴以住宅条例形式发布，这是美国福利立法的新起点（沃尔顿和罗考夫，2011）。

英国是世界上最早建立福利社会的国家，也是福利最全面的国家之一。经历了全球殖民时代和工业革命时期，英国在 20 世纪初达到极盛时代，享有殖民垄断和工业垄断，国内对就业保障和福利的呼声日益高涨。20 世纪 40 年代后半期，英国成为福利国家。政府给公民的津贴与补贴涉及失业、疾病、养老、住房、食品等方面，名目繁多，如幼儿补助金、事业津贴、产妇补助金、寡妇津贴、养老金领取者的药费补贴和廉价黄油供应、低收入家庭的房屋补助金等。

两次世界大战后，英国失去了世界霸主地位，逐渐降低的福利保障能力和逐渐提高的福利保障要求之间的矛盾加剧。20 世纪 50 年代后，英国患上众所周知的"英国病"，经济发展放缓（罗志如和厉以宁，2015）。20 世纪 70 年代中期，英国经历第二次世界大战后最严重的一次西方世界经济危机，面对经济衰退、失业率上升、通货膨胀等问题，英国历史上第一位女首相撒切尔夫人上台。20 世纪 80 年代，经过撒切尔夫人保守党政府的一系列改革措施，经济得到持续增长（张润森，1989）。2008 年金融危机后，又受 2009 年欧洲主权债务危机冲击，英国经济衰退加剧，文化消费在 2009 年也呈现负增长。2010 年联合政府为应对欧债危机，被迫使用紧缩政策，包括压缩公共部门支出，削减居民福利，提高大学学费，推迟退休年龄至 66 岁等政策。

总体来看，社会保障体系的完善能降低预防性储蓄动机，从而提高居民消费预期；然而过于优厚的保障制度给国家带来沉重的负担，给经济增长带来障碍。合理的、完善的社会保障体系非常重要。

（二）前景明朗的生活预期

稳定的社会环境、繁荣的经济环境和不断上涨的可支配收入带来乐观的生活预期。1985~2000 年，美国居民收入增长率基本维持在 4% 以上，居民文化消费也保持较高速增长，且文化消费增长率基本高于居民收入增长率。2000~2002 年、2006~2009 年，美国居民收入增长率有较大幅度下降，居民文化消费增长率也跟着下降，且基本低于居民收入增长率。

相反，不利的冲击增加居民不确定性风险，阻碍文化消费增长。2008 年金融危机爆发前，美国人均文化消费在不断上升；金融危机发生后，人均文化消费震荡下行。2011 年地震及海啸突发，日本家庭文化消费占可支配收入比重从 2011 年的 9.13%下降至 2012 年的 8.21%。2008 年金融危机以后，英国文化消费占 GDP 的比重从 2008 年的 7.59%下降至 2015 年的 6.97%。

第五节　主要结论与启示

一、主要结论

美国、英国和日本既是经济强国，也是文化消费大国，其文化消费水平和结构有一定代表性；俄罗斯是金砖国家中人均文化消费最高的国家。美国、英国、日本、俄罗斯的文化消费发展经验对提升中国文化消费有重要借鉴作用。2014 年中国 GDP 约 10.4 万亿美元，占世界的 13.3%，稳居世界第二位。随着国民经济的快速发展，中国文化消费总量持续增长。2000~2015 年，年均增速高达 12.22%，2015 年文化消费总量为 3 887.4 亿美元；同期，人均文化消费年均增长率为 11.60%，2015 年达 282.8 美元。但无论从总量还是人均水平来看，中国与美国、英国和日本等发达国家仍有较大差距。

美国、日本和英国等国发展与提升文化消费的主要经验包括：第一，通过增加居民收入、降低产品价格等方式，提高居民文化消费能力；第二，通过完善法制建设、科技发展和政策扶持等方式，改善居民文化消费环境；第三，从普遍提高居民受教育程度、增加居民休闲时间、提高产品和服务质量等方面着手，增强居民文化消费意愿；第四，通过完善养老和医疗等社会保障措施，稳定居民文化消费预期。

二、对中国的启示

美国、日本和英国发展与提升文化消费的经验给中国提供了重要的启示和借鉴。中国应积极采取措施，提升文化消费。

第一，健全提高文化消费能力的制度保障，夯实居民文化消费提升的基础。实施就业保障工程，推行创业互助机制，将创业基金向创业大学生、创智青年和创新人才倾斜，以创业带动就业，保持收入稳定增长；健全收入分配制度，缩小收入差距，落实工资正常增长机制；完善下岗职工再就业培训体系，提高就业能力；适度推行文化消费券，保证低收入者平等享受文化消费。

第二，推动文化产业发展，降低文化产品和服务价格。规范文化市场管理体制，完善相关中介机构服务，实施相关税收优惠和金融创新，拓宽中小微文化企业融资途径，降低文化企业运营成本和融资成本。引导、扶持、规范民间资本进入文化产业。培育一批核心竞争力强的国有或国有控股大型文化企业或企业集团，在发展文化产业和繁荣文化市场方面发挥主导作用。加大对文化产品及服务的补贴力度，对图书和电影等大众文化消费品给予直接补贴，运用税收减免等倾斜性优惠措施对文化消费实施间接补贴，推动文化产业发展，降低文化产品价格。

第三，提高民众受教育程度，激发居民文化消费意愿。加大教育投入力度，优化教育投入结构；均衡发展义务教育，提高普通高中教学质量，加快发展中等职业教育；积极发展继续教育，提倡终身学习；平衡地区教育资源，创造平等的受教育机会。

第四，加强专利保护，鼓励文化产品和服务创新。加强专利保护和版权保护，鼓励各类市场主体进行创造和创新；坚决打击盗版与山寨，支持和保护原创设计与原创生产；完善金融保险服务，降低创新风险；设立影视、图书等文化产业创新奖项，激励产品和服务创新；培育新兴消费热点与业态，增强居民消费意愿。

第五，落实带薪休假制度，提高居民文化消费的时间保证。依靠科技创新，努力提高劳动生产效率，减少居民的工作时间和家庭劳动时间，增加闲暇时间。完善企事业单位休假制度，积极落实带薪休假制度；增强居民休假时间的灵活性，避免黄金周休假扎堆现象。

第六，积极推进文化惠民工程，改善文化消费环境。推进以"普惠"为内涵的文化惠民工程，推出一批脍炙人口的大众项目，保障居民基本文化权益。推进以"均等"为内涵的文化惠民工程，侧重向城镇中低收入人群、农村居民和困难群众提供便利、便宜的专门项目，活跃文化消费市场。推进以"品质"为内涵的文化惠民工程，打造一批精品项目，引领文化消费市场发展。增加公共文化产品供给，加强公共文化设施建设，建立健全公共文化服务政策执行监督机制，推进公共文化服务政策绩效评估工作，提高公共文化服务质量。政府部门切实做好服务，提供公开透明的发展环境。

第七，加强社会保障体系建设，稳定居民消费预期。持续推进保障性住房建设，降低中低收入人群的生活压力；逐步完成养老保险、失业保险、最低工资制度、最低生活保障等的全覆盖；推进基本公共服务的城乡一体化和均等化，兼顾公平与效率；合理筹措和管理社会保障资金，坚持权利与义务相结合原则；稳步提高社会保障水平，稳定消费预期。

第 七 章

文化消费调控机制分析

第一节　文化消费调控机制概述

　　文化消费是指用文化产品或服务来满足人们精神需求的一种消费活动。扩大文化消费是扩大内需的重要组成部分，增加文化消费总量，提高文化消费水平，是文化产业发展的内生动力。党的十八大报告指出，要牢牢把握扩大内需这一战略基点，加快建立扩大消费需求长效机制，释放居民消费潜力，保持投资合理增长，扩大国内市场规模。党的十九大报告指出，完善促进消费的体制机制，增强消费对经济发展的基础性作用。这一定位为文化产业的发展和文化消费的扩大注入了强大的驱动力，并为新时代文化经济调控奠定基调。

　　文化消费的宏观调控，是国民经济宏观调控的重要内容，是根据社会经济发展目标对社会文化消费活动或个人文化生活进行有意识的、合理的调节，是促进文化消费提升的重要条件。由于市场具有自发性，在文化消费领域存在各种矛盾和问题，有必要对文化消费进行调控和引导，协调文化消费与生产、分配、交换各方面的关系，以促进文化事业和产业的繁荣，提升文化自信。

一、文化消费调控工具分析

文化消费政策与文化经济政策密不可分而又稍有差异。相关学者已对文化经济政策展开了丰富的研究，为文化消费政策的探讨提供了重要借鉴。文化经济政策的本质是国家对文化经济活动的干预，是一种政府行为和非市场性质的经济调控手段，是政府管理经济的基本工具。国家实施文化经济政策有助于弥补市场经济自身的不足，扩大文化消费，推动文化事业和产业的健康发展，也是实现经济转型升级和国际赶超战略的重要支撑。根据 Throsby（2010）对文化经济政策工具的分类，分别探讨财政政策、管制政策、产业政策、人才政策和贸易政策五类政策工具。

（一）财政政策

财政政策通常是指政府变动税收和支出以影响总需求进而影响就业和居民收入的政策（高鸿业，2007）。财政部财政科学研究所课题组（2013）认为财政是促进公益性文化事业大发展的重要手段，建议加大财政投入，逐步提高文化支出占 GDP 的比重；逐步将公益性文化服务纳入基本公共服务均等化范畴；明确各级政府公益性文化事业的支出责任；充实税收优惠政策，发挥杠杆作用，撬动民间资本。陈隆近和王雯（2015）认为税收政策作为促进文化发展的调节手段为政府所广泛使用，然而中国当前的税收宽减多体现为对文化生产的扶持，直接针对文化消费的税收激励尚显乏力。

从国际经验的角度看，美国政府设立了美国国家艺术基金会，并每年将超过基金总额的 35% 划拨给各州和联邦的艺术委员会，以帮助其对应管辖区域的文化产品供给者，用剩余资金对文化领域个人或团体进行直接资助，并对杰出的艺术成就进行奖励和补贴（吴俐萍，2006）。同时，美国政府也通过直接提供文化产品的方式刺激文化消费发展，并对消费者进行间接资助。例如，纽约市的大都会艺术博物馆不但常年进行高品质的艺术品展示，还以所谓"建议票价"的方式刺激消费，即建议票价 25 美元，而最终支付多少钱买票则由消费者自己决定。韩国政府也运用税收、贷款、担保等多种优惠政策对文化市场进行补贴。例如，对风险较高的创意产业直接提供信贷支持、对文化产业园区内的企业予以税收减免等（刘菲菲，2013）。

通过对以往研究的归纳总结，可将财政政策定义为政府部门利用公共支出对文化消费施加影响的政策，主要包括：①政府部门直接提供文化产品和服务，具体指政府利用公共产权的文化设施面向消费者提供文化产品，如博物馆、图书馆、公共电台和电视台等；②利用财政收入对文化产品提供者进行补贴或直接拨款，以提高其提供文化产品的积极性；③给予文化产品生产者一定的税收优惠；④给消费者提供价格支持、信息支持或消费安全保障。

（二）管制政策

管制政策的兴起主要源于市场失灵，管制是政府对微观经济主体的经济活动依据一定的法规进行的干预，它包括经济性管制和社会性管制。其中，社会性管制是政府为了保护广大消费者、雇员以及公众的健康和安全而对环境、产品质量和工作场所进行管制（曾令发，2006）。张秉福和侯学博（2013）认为全球化背景下政府规制创新对文化产业发展的促进作用主要表现为：优化市场环境、扶持产业发展、提供各类服务；规范作用主要表现为：维护产业安全、保护知识产权、实施内容监管。胡雅蓓和张为付（2014）认为文化消费的流通载体是协调供求矛盾运动的媒介和渠道，政府要制定统一性的游戏规则，维持市场秩序。

从国际经验的角度看，日本政府制定了比较健全的文化产业法律法规，其中比较典型的是 20 世纪 70 年代颁布的《著作权法》，并根据经济环境的变化进行多次修改，对日本文化产业的发展有极大的促进作用。韩国政府先后出台了《创新企业培育特别法》《文化产业促进法》《著作权法》《广播法》等各种法律法规，这些法律法规的颁布与实施为文化产业发展创造了良好的法律环境（刘菲菲，2013）。法国立法规定，全国 1 300 多家电台在每天早上 6 时 30 分至晚上 10 时 30 分的音乐节目中，法语作品不得少于 40%，各电视台每年播放法语电影不得少于节目总量的 40%，违者处以罚款（刘新民，2011）。

通过对以往研究的归纳总结，可将管制政策定义为政府建立文化市场运行规则和制度，通过构建社会基础结构的方式为文化市场的发展提供保障。

主要包括：①知识产权保护；②文化权利保护[①]；③媒体政策，指对报纸、广播、电视以及网络媒体的管制政策；④产品安全、市场秩序、消费者权益保护等方面的法律或规则。

（三）产业政策

关萍萍（2015）认为文化产业政策是改变产业间资源配置及在具体产业内部干预产业组织形式的政府政策的总称，将文化产业政策基本内容体系概括为资本投入方式与体制改革类、文化产业组织类、文化市场类、文化产业技术类、各地区文化产业协调发展类以及文化人才政策类六项。袁海（2010）利用 2005~2008 年省级面板数据，对影响中国文化产业集聚的经济地理与产业政策因素进行了实证分析，结果表明政府的财政支持促进了文化产业集聚。

从国际经验的角度看，日本于 1995 年在《新文化立国：关于振兴文化的几个重要策略》中确立了日本 21 世纪文化立国的新战略（江凌，2010）。韩国于 1998 年确立了"文化立国"的国家新战略，并于 1999 年发布《文化产业发展五年计划》，从此韩国政府的文化产业振兴政策正式进入实施阶段（李忠辉，2016）。韩国自 1980 年后实施的产业组织政策包括：制定和实施公正交易法、推进公营企业改革、大力扶持中小企业的发展、实施进口自由化、引入国外竞争、实施产业合理化政策、对企业和金融机构进行结构调整和战略重组（赵彦志和杜朝晖，2003）。

通过对以往研究的归纳总结，并为了区分广义上的产业政策，可将产业政策定义为政府通过对特定产业的政策支持以换取该产业更快的增长速度，以达到调节产业结构、提高产品质量和数量等目标。主要包括：①中小企业支持政策；②制定产业发展战略以引导产业发展方向；③通过信息支持、基础设施建设等措施促进创意产业集群发展；等等。

[①]　需要说明的是，所谓文化权利通常以多种形式体现出来，如文化层面上的道德权利，即文化产品提供者被承认、被尊重，以及产品不被破坏的权利；社会层面上的国家内部族群追求传统文化的权利；政治层面上言论自由的权利；等等。

（四）人才政策

康学梅（2016）认为人才政策对文化产业发展尤为关键，并指出中国省域文化产业发展中人才政策存在政策体制、政策对象和人才服务管理三方面的问题，需要加快出台不同政策力度的文化产业人才政策，进一步优化人才服务环境。欧阳友权（2012）认为改革用人机制、盘活现有人才是发挥文化产业人才效能的快捷路径；需要整合人才培养的"源流"，构建文化产业人才培养体系；充分发挥市场在人才资源配置中的基础性作用，做到人尽其才，才尽其用；按劳分配和按生产要素分配相结合，鼓励人力资本参与利润分配。

从国际经验的角度看，美国于 1992 年出台《美国艺术教育国家标准》，于 1994 年将艺术教育作为基础教育的核心学科写入《2000 年目标：美国教育法》；并分别于 2006 年和 2010 年先后两次颁布全美艺术发展战略规划，从国家层面做出打破学科壁垒、创新发展"优秀艺术"的战略安排（李战国和缪晨洁，2015）。此外，美国利用其人才政策优势在全世界范围内网罗优秀人才，通过培养和引进人才夯实了文化霸主地位。韩国政府设有文化产业人才培养委员会、文化产业专门人才库教育机构、认证委员会等部门，对文化产业人才进行培养、认证、奖励，有力地促进了韩国文化产业的发展。

通过对以往研究的归纳总结，可将人才政策定义为政府为了完善文化人才培养、引进、激励机制所采用的手段或措施。主要包括：①文化人才培养和开发；②对文化产品的个人提供者予以资金支持，制定最低工资标准，为文化产业劳动力提供失业补助、养老金计划等；③职业健康与安全规制；④职业知识与技能培训。

（五）贸易政策

贸易政策通常是指一国政府为了特定目的而制定的对外贸易活动进行管理的方针和原则。汪颖和黄建军（2016）认为文化贸易是实现一个国家或地区文化影响力的重要方式，在经济新常态下，需要完善文化贸易法律法规、建立高效的文化贸易管理机制、对文化产品和文化服务贸易进行分类政策设计、加大对中小微文化贸易企业的支持力度等。查志强（2014）通过对浙江省文化发展现状进行分析，认为加快推进浙江省对外文化贸易发展，需从完善政策扶持和保障措施、大力培育文化出口企业、注重原创和品牌、扩大服务平台集聚效应等方面加大工作力度。

从国际经验的角度看，美国宣扬在贸易政策上采取自由主义政策，通过促进国际资本流动和跨国公司发展支持美国的文化"走出去"，并通过政府的对外宣传和外交活动，促进美国文化在世界文化市场上扩张（张丽，2012）。欧盟文化贸易政策在区域内强调文化多样性和自由化的统一，实行内部自由化与外部限制双轨制，充斥着保守派和自由派之间的斗争；对外欧盟坚持维护文化多样性（陈亚芸，2012）。韩国《游戏产业振兴相关法》规定，为促进游戏产品和游戏商品的海外扩张，政府应推动相关部门或企业举办国际游戏展览会、开展海外营销及宣传活动等（闫玉刚，2012）。

这里贸易政策主要针对的是文化产品进出口，常常成为提高一国文化产品国际竞争力的手段。主要包括：①通过直接的出口补贴、降低文化产品出国展示门槛等手段来刺激产品出口；②通过关税和进口配额等手段实现对文化产品的进口控制。

二、文化消费调控相关研究回顾

政策传导机制狭义上是指横向层面的时间传导机制，即在社会经济系统内部的政策要素、媒介和目标之间的传导；广义而言还包含纵向层面的政策制定到政策实施部门之间的空间传导机制（肖教燎，2010）。此外，文化消费既有消费的一般属性，又有其特殊性。因此，先综述消费政策传导机制方面的研究，后综述文化消费政策传导机制方面的研究。

（一）消费调控工具传导机制研究回顾

已有文献更多地侧重于分析货币政策和财政政策的传导机制。杨赞和沈彦皓（2013）认为当前中国房地产价格对货币政策传导以及居民消费决策具有双重影响力，应用向量自回归模型，结合数值模拟方法测算货币政策冲击下不同区域房价波动对居民消费的作用，研究结果表明：货币政策传导中房价对居民消费的影响具有明显的区域异质性。刘玉红等（2006）根据中国在转轨时期所具有的经济特点，构建了一个小型的宏观经济联立方程模型，模拟了 2003~2004 年货币政策和财政政策对宏观经济的影响，认为由于传导机制不畅，中国货币政策的效果、旨在增加农村居民收入的减税政策的效果不明显，而扩大城镇居民消费、提高职工工资的政策效果则比较显著。吴强（2004）认为货币政策传导机制的通畅是使货币政策有效的保证，分析了货币政策传导的机理和货币政策的特点，提出货币政策是否有效不在于它是否能影响消费，而在于它能否有效影响投资。毛军和刘建民（2016）运用空间 Durbin 计量模型研究发现：税收负担和政府财政支出规模对中国区域居民消费水平具有正向的传导作用；以间接税为主的税制结构与以投资性支出和消费性支出为主的财政支出结构抑制了中国区域居民消费水平；需要考虑空间因素下运用税收政策和财政支出政策"组合拳"的资源配置功能熨平区域居民消费的不均衡状态。蒋永穆（2006）认为财政政策的有效性取决于传导机制，尤其是传导机制中微观主体的反应及其行为调整，财政政策工具的有效性是体制约束、微观主体数量、消费倾向、预算约束、信息传递效率与政策工具作用时间的函数。李良智和吴佳伟（2012）进行实证分析后认为影响居民消费最主要的因素是居民的可支配收入，而影响居民可支配收入的关键因素是税收和政府的财政政策；国家财政支出对城镇居民消费需求的传导效应有限。郭长林（2016）将金融摩擦嵌入一个多部门动态随机一般均衡模型框架，来识别金融市场扭曲这一传导机制的显著程度和作用机理，研究表明：金融市场扭曲是积极财政政策导致居民消费下降的重要原因，定向式信贷政策可以有效地矫正金融市场扭曲，缓解这一因素对居民消费的消极影响。

（二）文化消费调控工具传导机制研究回顾

已有文献分析大多从政策对消费的作用以及政策存在的问题等角度展开。张京成（2016）分析了产业融合政策对文化消费的传导过程，认为《国家文化科技创新工程纲要》《关于深入推进文化金融合作的意见》和《国务院关于推进文化创意和设计服务与相关产业融合发展的若干意见》等政策有助于培育文化新兴业态，促进创意产业的快速发展，繁荣的文化创意产业形成了广泛的文化消费，文化消费的增加反过来又刺激产业发展，形成良性循环。郑鈜（2013）认为文化消费政策是促进文化消费的有效正式制度安排，目前我国文化消费政策存在的问题主要包括：缺乏高层次、高质量的文化消费政策；文化消费政策的主要任务、工作目标、具体手段、保障措施等内容尚未凸显；文化消费政策的软环境整治尚未得到重视。陆立新（2009a）研究了我国农村居民文化消费影响因素的区域差异及动态效应，提出为促进农村居民文化消费水平的提高，应不断增加农村居民收入、培养农村居民良好的文化消费习惯，政府制定相关政策时必须正视区域差异、在政策上区别对待。戎素云和闫鞞（2013）通过实证分析，认为有效提高居民的文化消费水平，必须有针对性地改善文化消费条件，具体包括：加大文化消费基础设施投入力度，完善金融和信贷体制，改善文化消费的宏观制度环境。邹晓东和苏永军（2000）基于上海文化消费相关因素的实证分析，提出推动文化市场和文化消费发展的政策建议：第一，改善文化投资结构；第二，引入政府宏观经济调节手段，缓解居民因收入较低而产生的对文化消费的限制，建立文化消费全方位、多元化的发展格局；第三，正确对待文化消费结构中出现的新变化，加大教育型消费的投入力度，同时保证娱乐型消费的稳定发展。

三、简要评论

无论发达国家还是新兴工业化国家，大多都通过制订合理的政策实施方案达到促进文化消费的目的。我国对政策工具在文化消费领域的作用日益重视，对文化消费的研究也日益丰富，但就文化消费政策传导机制而言相关研究还亟待提升。

首先，从研究范畴来看：第一，文化消费政策传导机制研究成果欠缺。其一，关于消费政策传导机制的研究主要集中在货币政策和财政政策方面，关于其他政策传导机制的研究较少。虽然消费政策传导机制的实证研究方法很多，但研究的影响因素过于宏观，并不适合文化消费的研究，文化消费的研究需要具体分析。其二，文化消费影响因素研究的理论和实证较多，但涉及文化消费政策传导机制的研究很少。第二，文化消费政策传导机制研究已有成果缺乏系统性。针对文化消费的政策传导机制研究，多以文化消费的影响因素研究为主，很少涉及完整的文化消费政策传导机制，缺乏有关文化消费政策传导的系统性研究。

其次，从研究内容来看，目前存在三个缺口：第一，从扩大文化消费到提升文化消费的缺口。现有研究大多以增加文化消费数量和提高文化产业利润为目标。然而在我国文化消费发展过程中，扩大文化消费仅仅是目标之一。如何通过文化消费的结构调整、文化产品的质量保障、文化消费的环境优化来实现文化消费直至整个文化产业的提升才是更重要的政策目标。对国外经验的借鉴也必须在这个目标的引导下，进行创造性的借鉴，避免政策设计上的拿来主义，实现提升文化消费的目标。第二，从微观研究到宏观研究的缺口。从研究现状来看，文化消费的影响因素研究多以微观主体，如消费者或供给者为研究对象，对文化消费政策的研究则是立足于宏观上的文化消费概念。而微观主体行为的相加并不一定产生出一致性的宏观表现。因此，如何在保证研究具有微观基础的前提下，合乎逻辑地将分析结论用于政策设计，是现有研究的一个理论困境。第三，从政策研究到理论研究的缺口。文化消费政策的传导应该包括从政策制定到影响因素再到文化消费的完整过程，然而现有的政策研究与理论研究被割裂了。即孤立的研究政策与影响因素的关系，影响因素与文化消费行为的关系，或者政策与文化消费行为的关系，而不是在一个统一的框架下，将影响因素视为从政策工具到文化消费的传导中介展开研究。

第二节　文化消费调控工具传导路径及机制分析

由于文化消费政策传导机制是一个复杂的动态系统，又是社会经济大系统下的子系统，各系统之间相互作用、相互交融，难以严格明晰其系统边界和完整概括其系统要素。因此，首先对文化消费政策的范畴进行界定，其次对文化消费政策传导过程中的主要变量进行阐述和关系分析，再次分析文化消费政策的传导路径，最后归纳并阐述文化消费政策传导机制及其核心作用机理。

一、文化消费调控工具传导过程的主要变量选择及其关系

（一）主要变量选择

这里以狭义政策传导机制为主要研究对象，将文化消费政策传导机制概

括为政策工具→传导中介→微观主体行为→政策效果。按照文化消费政策从输入端到政策输出端的传导流程，选取文化消费政策工具作为输入变量，包括财政政策、产业政策、人才政策、规制政策、贸易政策。选取文化消费政策媒介体反应变量和中介目标变量作为中介变量，其中媒介体反应变量包括产品特征（产品品种、产品质量、产品价格）优度、产业特征（供给力、美誉度、新业态）优度、消费者特征（消费能力、消费意愿、消费品位）优度、市场特征（消费环境）优度；中介目标变量包括文化消费总量、文化消费结构优度。选取文化消费政策调控目标作为输出变量，包括 GDP 规模、产业结构优度、文化消费满意度[①]（图 7-1）。

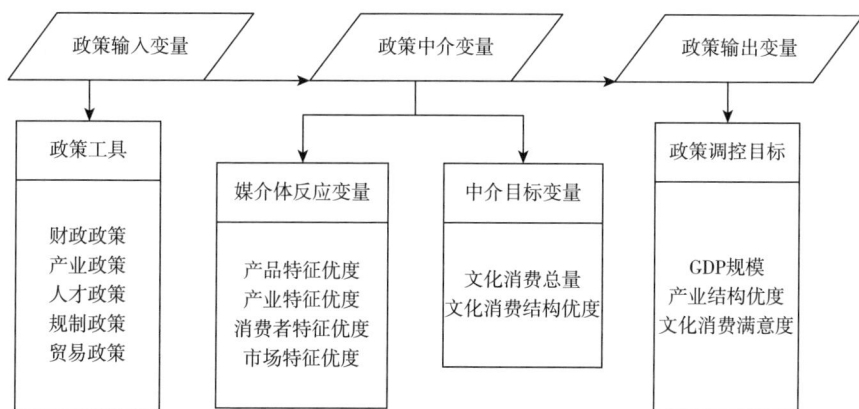

图 7-1 文化消费调控工具传导变量

（二）主要变量的相互关系分析

文化消费政策参与宏观调控是为了取得一定的经济或社会效果，调控目标是政策的落脚点和归宿。因此，下文围绕政策调控目标，采用倒推法对文化消费政策传导系统中关键变量的关系进行分析。

中国特色社会主义进入新时代，消费在我国经济增长三驾马车中的地位日益凸显，扩大内需以拉动经济增长的基本方针和政策成为现实选择。文化消费作为消费本身对经济发展具有促进作用。文化产品出口和文化消费带动

---

① 这里将政策调控目标概括为 GDP 规模、产业结构优度、文化消费满意度三个层面。其中，因为消费质量、消费满意度、消费结构之间相关度很高，而且提升满意度是目的，为简化分析，仅考虑文化消费满意度。

新一轮文化产业投资，进一步促进经济增长。因此，GDP 规模与文化消费总量和产业结构优度存在因果关系。

提升产业结构优度（即提升第三产业比重以及第三产业中文化产业比重）是文化消费调控的重要目标，这需要推动文化产业的发展。文化产业的发展受制于文化消费总量和文化消费结构等需求侧因素，更依赖于自身产业竞争力的增强。因此，产业结构优度与文化消费总量、文化消费结构优度以及产业特征（供给力、美誉度、新业态）优度有因果关系。

文化消费政策参与宏观调控的社会目标是提升文化消费满意度、满足消费需求、实现民生幸福。消费质量是社会提供居民消费生活的充分程度和居民对消费需求的满足程度，是消费过程中消费主体、消费客体和消费环境三者相结合所产生的消费的质的规定性（柳思维，2014）。满意度是消费主体对消费过程和结果的总体评价，侧重于消费者的主观感受。在以人为本的消费或社会理念下，文化消费满意度是文化消费政策制定或实施的重要目标。因此，文化消费满意度与文化消费总量、文化消费结构优度等有因果关系。

二、文化消费调控工具传导路径分析及因果关系图

根据文化消费政策传导过程各主要变量之间的关系，进一步分析财政政策、产业政策、人才政策、规制政策、贸易政策在调控中实现政策目标的具体传导路径。

（一）财政政策传导路径分析

中国政府采用财政政策对文化产业和文化消费进行引导，如 2015 年文化部办公厅印发的《2015 年扶持成长型小微文化企业工作方案》明确规定：以推动政策落实和提升政府支持工作能力水平为重点，进一步完善支持小微文化企业发展的政策措施。2009 年财政部、海关总署、国家税务总局联合颁布的《关于支持文化企业发展若干税收政策问题的通知》指出，在文化产业支撑技术等领域内，依据《关于印发〈高新技术企业认定管理办法〉的通知》（国科发火〔2008〕172 号）和《关于印发〈高新技术企业认定管理工作指引〉的通知》（国科发火〔2008〕362 号）的规定认定的高新技术企业，减按15%的税率征收企业所得税；文化企业开发新技术、新产品、新工艺发生

的研究开发费用，允许按国家税法规定在计算应纳税所得额时加计扣除。

财政政策通过以下几条途径来实现调控目标[①]：

（1）创新支持性财政支出→企业研发成本→企业创新能力→产品质量→文化消费总量→GDP 规模。通过加强对企事业单位科研项目资金支持和落实税收优惠政策，降低企业技术研发成本，进而鼓励企业加大研究开发费用投入，增强企业创新力。企业技术发展推动产品质量提高，进而满足消费需求，达到扩大消费总量以及带动经济增长的效果。

（2）生产支持性财政支出→企业生产成本→企业生产积极性→产品数量→文化消费总量。落实文化产业发展的税收优惠政策，包括鼓励企业和个人向公益性文化事业捐赠，对纪念馆、博物馆、美术馆等公共文化服务设施门票收入免征营业税，对电影、动漫、新闻出版和发行等文化企业给予税收优惠，利用财政收入对文化企业进行补贴或直接拨款等[②]。降低企业生产经营成本，带动企业生产积极性，推动企业扩大生产，保证文化产品市场供应，促进消费需求的有效实现。

（3）价格支持性财政支出→产品价格→消费者消费能力→文化消费总量。政府通过调整文化产品的价格，支持部分文化馆、电影院、博物馆等文化场所定期向社会提供免费或低票价服务，加大对文化消费市场中产品的财政补贴，开展"市民文化消费日"和发放文化消费券等活动，维持价格合理。一直以来，文化产品价格高是制约居民文化消费的重要因素。直接、间接降低价格的方式使消费者的文化消费需求得以实现，进而扩大文化消费总量。

（二）产业政策传导路径分析

中国政府采用产业政策对文化产业和文化消费进行引导，如 2016 年工业和信息化部与财政部联合颁布的《工业和信息化部　财政部关于推进工业文化发展的指导意见》明确规定：通过 5-10 年时间，涌现一批体现时代精神的大国工匠和优秀企业；工业产品的文化元素充分展现，工业文化产业成为

---

① 为保持分析的层次性，政策输出变量仅以 GDP 规模为例说明。

② 为了使分析更加简洁，不区分公共部门博物馆、图书馆、公共电台和电视台等与企业之间的差别，将文化生产部门统一视为企业。

经济增长的新亮点；中国制造的品质内涵和美誉度显著提升。2016 年文化部颁布的《文化部关于推动文化娱乐行业转型升级的意见》明确规定：鼓励生产企业开发新产品；鼓励娱乐场所丰富经营业态；鼓励娱乐场所发展连锁经营；支持以游戏游艺竞技赛事带动行业发展。

产业政策通过以下几条途径来实现调控目标：

（1）产业组织发展支持→产业供给力→企业生产成本→企业生产积极性→产品数量→文化消费总量→ GDP 规模。产业组织发展支持主要表现为在税收、土地供应、技术支持等方面支持中小企业发展，鼓励企业利用市场机制进行重组兼并。通过推进国有经营性文化单位体制改制，加快文化企业的现代公司制度建设以激发企业活力，提升企业竞争力。通过税收优惠、财政补贴、完善基础设施等培育文化产业园区、文化产业集群等来降低企业生产成本，刺激企业生产积极性，提升文化产业供给力。产品数量更加丰富有助于弥补市场产品短缺，扩大文化产品消费数量。消费对经济具有巨大作用，消费反作用于生产，并积极引导生产的扩大，开启消费扩大到生产扩大的良性循化，推动经济增长。

（2）产业品牌扶持→产业美誉度→产品质量→文化消费总量。通过政策引导促使企业加大产业科技研发投入，加快产业创新发展，扩大产业品牌宣传，进而打造出中国自主品牌，提升产业美誉度，形成产业和产品美誉度之间的良好融合与相互促进。产品美誉度有助于增加文化产品的内在价值，提升产品质量，带动消费总量扩大。

（3）产业品牌扶持→产业美誉度→消费者消费意愿→文化消费总量。消费可以被引导和创造，新产品供给可以激活人们的消费欲望。求美动机是影响文化消费者的重要心理因素，以追求文化产品或服务的艺术价值或欣赏价值为主要特征。文化消费时尚化发展是现代文化消费的重要特点，广告宣传作用下，文化消费成为高生活品位的一种象征。通过网络、电视、广播、报纸等媒体宣传产业品牌和文化消费价值理念，逐步形成消费热点，引领文化消费。因此，产业美誉度的提升激发或增强消费者消费意愿，激发购买动机，进而扩大文化消费总量。

（4）产业融合发展支持→产业新业态→产品质量。通过制定产业发展战略和实施相关优惠政策以引导产业发展方向，鼓励促进文化创意和设计服务与相关产业的融合，形成"文化+科技""文化+旅游""文化+创意""文化+金融""文化+制造""文化+贸易"等产业发展新模式、新业态。产业多元融合的新模式，为传统文化资源注入活力，重构文化产业经济的生态环境，有助于打造多样化的产品和服务，增强文化产品质量。

（三）人才政策传导路径分析

中国政府采用人才政策对文化产业和文化消费进行引导，如 2014 年教育部颁布的《教育部关于推进学校艺术教育发展的若干意见》明确规定：要因地制宜创新艺术教育教学方式，探索简便有效、富有特色、符合实际的艺术教育方法，建立以提高艺术教育教学质量为导向的教学管理制度和工作机制，切实提高艺术教育教学质量。2013 年《教育部 文化部 国家民委关于推进职业院校民族文化传承与创新工作的意见》中明确规定：优化专业布局，加强专业建设；深化教学改革，推进产教融合；推进课程改革，提升传承能力；加强师资建设，提高培养水平；强化行业指导，改革评价机制。

人才政策通过以下途径来实现调控目标：文化领域人力资本投资→企业创新能力→产品质量。

人才政策主要表现为加强教育投入，构建职业培养机制，培养文化领域人才；加大国外人才引进，补充国内部分文化产业急缺性人才；提升文化产业人才薪酬待遇，提供相关生活、安全等保障；对优秀文化创新项目提供资金支持，鼓励开展国际交流合作；等等。这些措施能够有效激发文化人才的创造力，推动文化产业创新发展，为打造中国文化精品提供重要的人才支撑。

（四）规制政策传导路径分析

中国政府采用规制政策对文化产业和文化消费进行引导，如 2015 年国务院颁布的《国务院关于新形势下加快知识产权强国建设的若干意见》规定：加大知识产权侵权行为惩治力度；加大知识产权犯罪打击力度；建立健全知识产权保护预警防范机制；加强新业态新领域创新成果的知识产权保护。

规制政策通过以下途径来实现调控目标：

（1）知识产权保护类法律支持→企业创新能力→产品质量。加强知识产权保护，合理设置知识保护年限，大力维护知识产权和文化权利所有者的正当权益，严厉打击盗版等侵权行为，为知识产权流转和获益提供完善的市场机制，鼓励企业单位或个人进行创新研究，增强生产者的创新或技术能力，提升文化产品质量。

（2）产品质量监管类法律支持→产品质量→文化消费总量。加强产品质量监管，增加对生产假冒伪劣产品的厂商或个人的打击力度。完善产品安全责任追踪机制和产品生产流动溯源机制，有效保障产品质量，提升消费者信心，扩大消费数量。

（3）市场流通规范类法律支持→市场有序度→文化消费总量。建立健全文化产品市场流通机制，完善产品信息和价格透明机制，规范市场行为，增强文化市场的有序度，促进消费需求。

（4）消费者权益类法律支持→消费环境优度→消费者消费意愿→文化消费总量。建立市场消费端反馈机制，加强消费者权益保护，拓展消费者诉讼渠道，维护公平公正的市场秩序，增强消费者消费意愿，扩大消费需求。

（五）贸易政策传导路径分析

中国政府采用贸易政策对文化产业和文化消费进行引导，如 2012 年颁布的《广电总局关于进一步加强和改进境外影视剧引进和播出管理的通知》规定：为提高引进节目质量，扩大高清节目源，应优先引进高清版本的境外影视剧；引进境外影视剧的长度原则上控制在 50 集以内。境外影视剧不得在黄金时段（19：00—22：00）播出。各电视频道每天播出的境外影视剧，不得超过该频道当天影视剧总播出时间的百分之二十五。

贸易政策通过以下途径来实现调控目标：产品出口补贴、进口限制→企业生产成本→企业生产积极性→产品数量。

加大对科技开发用品进口税收优惠力度，通过关税优惠政策推动中华文化"走出去"，控制国外文化产品的数量和质量等措施，保护国内文化发展，降低文化企业的生产成本，提升企业生产积极性。

（六）基于传导路径的文化消费调控工具传导系统因果关系图

基于上述文化消费政策传导路径分析，并在适当添加一些辅助变量的基础上，可以构建文化消费调控工具传导系统因果关系图（图7-2）。为了更清晰地分析文化消费政策传导路径，将部分重要且上文未列出的传导路径进行如下说明。

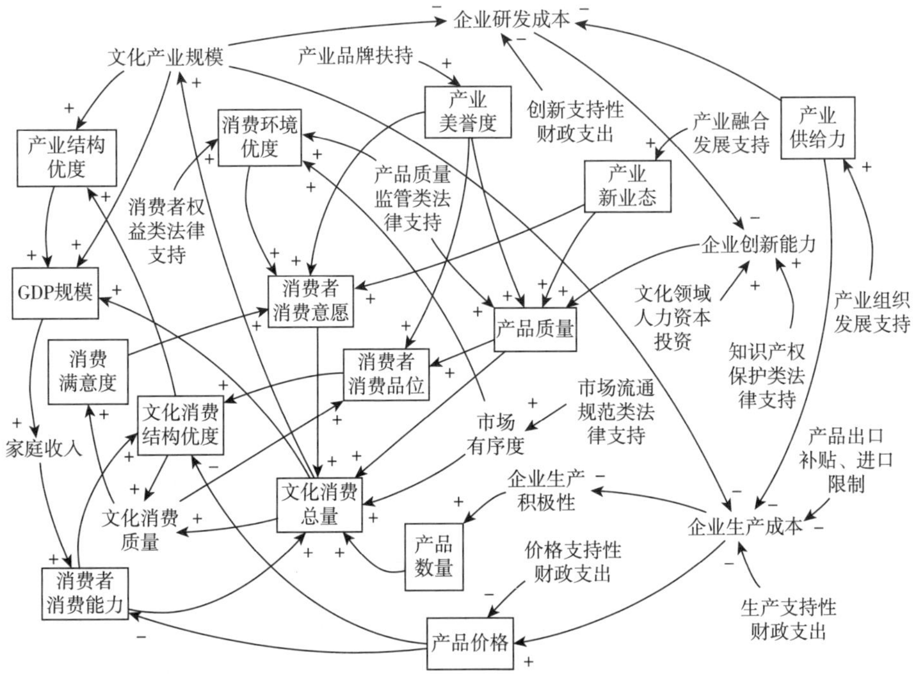

图 7-2　文化消费调控工具传导系统因果关系图

（1）GDP 规模→家庭收入→消费者消费能力→文化消费总量→ GDP 规模。随着经济增长，居民逐步分享经济增长带来的丰硕成果。家庭收入不断提高，有助于提升消费者消费能力，增加消费支出，带动社会文化消费总量扩大，促进经济新一轮增长，形成正循环。

（2）文化消费总量→文化产业规模→产业结构优度→ GDP 规模。文化消费扩大带动文化产业发展，而文化产业具有"融合度高、关联性强"的特点，文化产业发展又会带动相关产业发展，从而有助于优化产业结构，产业结构转型升级进一步促进经济增长。

（3）文化消费总量→文化消费质量→消费满意度→消费者消费意愿。消费数量是消费质量的基础，扩大文化消费数量有利于提升文化消费质量。文化消费质量提升有助于增加消费满意度，消费满意度增加有助于形成良好的消费预期，进而增强消费者再次消费的意愿。

（4）产品质量→消费者消费品位→文化消费结构优度→文化消费质量→消费者消费品位。若文化消费市场以积极健康的文化产品为主，消费者通过消费高质量的文化产品，能够逐步增强文化认同感，提升消费者素质，提升文化消费品位，形成持续性的黏性的习惯效应，促进更高层次的精神文化需要，形成良性循环。

（5）文化消费结构优度→产业结构优度→GDP 规模。消费结构优化反映的是消费层次的提升，表现为发展型、智能型文化消费比例增加，以及对更高层次的文化消费需求量扩大，有助于引领生产部门结构调整，优化消费结构和调整经济结构，转变经济发展方式和促进经济可持续发展。

（6）GDP 规模→家庭收入→消费者消费能力→文化消费结构优度。经济增长带动家庭收入不断提高，进而提升消费者消费能力，扩大文化消费。依据消费需要层次理论，当消费者基础需要满足之后会形成高层次需要，促进居民消费结构升级。

（7）文化消费结构优度→文化消费质量→消费满意度。文化消费结构优化促进微观个体追求更高品质文化产品消费，在文化产品数量和质量双重保障下，微观个体消费质量得以提高，在消费中获得更大的满足感，提升文化消费满意度。

（8）消费满意度→消费者消费意愿→文化消费总量→文化消费质量→消费满意度。文化消费满意度提升会促进消费预期的提高，良好的消费预期促进消费意愿，在消费意愿驱动下，消费者依托市场有效供给，扩大文化消费数量。而消费数量是消费质量的基础，在文化产品供给侧不断优化的基础上，高品质文化消费数量的扩大有助于提高微观个体文化消费质量，再次提升文化消费满意度，从而形成正循环。

三、文化消费调控工具传导机制分析

（一）文化消费调控工具对传导中介的传导机制

（1）文化消费调控工具对产品特征的作用机理。文化产品特征优化是文化领域供给侧改革的必然要求。可以由政府部门利用公共产权的文化设施面向消费者提供文化产品，并加大文化事业投入，为社会提供产品。此外，发挥市场机制作用，通过收益、成本、风险来影响企业决策、引导企业行为，通过一系列政策引导企业扩大生产、提升质量、合理定价。

（2）文化消费调控工具对消费者特征的作用机理。文化消费政策对消费者特征的作用机理是通过引领社会风尚转变消费者的消费理念，通过收入再分配政策增加消费者收入，通过财政补贴等优惠政策间接提升消费者购买文化产品的能力，通过培育消费热点开发消费者需求，通过加强消费者权益保护、优化消费环境提升消费者文化消费意愿。

（3）文化消费调控工具对产业特征的作用机理。文化消费政策对产业特征的影响主要通过政策引导来培育产业主体、塑造产业组织形式、打造产业品牌、发展产业新模式等，增强文化产业综合竞争力，带动经济发展。通过财政政策扶持中小文化企业发展，增强文化市场活力，完善文化产品市场供应体系。通过产业组织、产业技术等政策促进产业集聚，形成规模效应，壮大文化产业实力，做大做强品牌，提升综合竞争力。通过产业融合政策培育文化产业新业态，优化文化产业供给结构。

（4）文化消费调控工具对市场特征的作用机理。文化消费政策对市场环境的作用主要是依靠强化市场主体责任、规范消费市场秩序、保障消费者合法权益等方面来规范市场主体的责权利。通过法律条例、规章制度对市场行为进行规范，严厉打击和惩罚流通环节售卖假货行为，通过建立和完善消费投诉处理机制，强化责任落实和人员保障，畅通受理处理渠道，净化广告市场环境，加强消费者信息安全保护等以营造良好的文化消费市场环境。

（二）传导中介对微观主体行为的传导机制

（1）传导中介对扩大文化消费的作用机理。传导中介对扩大文化消费

的作用机理主要是市场调节，通过价格机制使市场出清。此外，政府为市场提供公共文化产品，既作为文化消费市场上的需求方，也作为文化消费市场上的供给方参与市场。产品数量、质量是供给方面的重要特征，产业特征以产品特征为中介影响文化消费。消费者特征中文化产品购买意愿、购买能力是居民消费需要转化为有效社会需求的关键。供给的扩大为消费扩大提供了必要条件，消费需求的扩大带动消费扩大。

（2）传导中介对调整消费类别的作用机理。传导中介对调整消费类别的作用主要依赖消费者特征的改变，进而影响消费者消费行为。此外，产品特征也会影响消费者消费行为，这主要依赖于产品之间的替代效应。产业特征对调整消费类别的作用，一方面通过以产品特征为中介间接发挥作用。产业特征优化有助于提升产品整体质量，促使消费者改变消费行为。另一方面通过以消费者特征为中介间接发挥作用。新技术带来的新产品和品牌效应下形成消费热点，使消费新产品成为时尚，实现消费类别的调整。

（三）微观主体行为对调控目标的传导机制

（1）微观主体行为对促进经济增长的作用机理。从微观到宏观并不是简单的加总，而是复杂的传导过程。就主要方面而言，文化消费扩大促进经济增长，既是文化消费作为消费本身对经济增长的作用，也是文化消费以人力资本提升为中介所产生的对经济增长的作用。与此同时，文化消费类别的调整对促进经济的作用主要体现为经济结构优化调整释放的经济增长潜力。

（2）微观主体行为对优化产业结构的作用机理。文化消费的扩大标志着生活质量的提高，而文化消费比重的提高标志着消费结构的升级。消费结构的优化反映了消费层次的提升，表现为发展型、智能型文化消费比例增加，这有利于文化消费质量提升和更高层次的文化消费需求量扩大，促进生产部门结构调整，优化消费结构和产业结构，转变经济发展方式和促进经济可持续发展。

（3）微观主体行为对提升文化消费满意度的作用机理。提升文化消费满意度是目的，扩大文化消费数量是基础，提升文化消费质量是关键。微观主体扩大文化消费是一个文化产品价值得以实现的过程，也是一个消费需要得以满足的过程。与此同时，微观主体扩大文化消费为进一步优化文化消费结构提供了可能，有助于文化消费质量的提升。微观主体消费类别的调整优化了文化消费在总消费中的比例，也优化了文化消费内部结构。调整文化消费类别有助于优化微观主体消费结构，提升文化消费层次，实现人力资本提升与人的全面发展，使精神上获得更大的成就感、满足感，进而提升文化消费满意度。

（四）文化消费调控工具传导机制的作用机理

从国内外发展经验来看，政府在经济发展中发挥着重要作用，尤其是在文化产业发展初期。整体来看，中国文化消费政策有以下四大作用机制。

（1）调控目标：促进经济发展和实现民生幸福。消费调控必须坚持以人为本原则，突出消费政策对人的关怀和尊重。文化消费政策的最终目的是满足民生，尤其是持续提高居民的消费水平，提高居民生活质量。

（2）调控针对的主要方面：供给侧。相对美国、日本等发达国家，中国文化产业还比较落后，居民文化消费水平明显低于发达国家平均水平。在经济新常态下，中国供需矛盾的主要方面在供给侧，这也是政府要大力发展文化产业的重要原因。但文化供给和需求是矛盾的两个方面，两者相互依存，发展文化产业的同时也要鼓励和引导居民扩大文化消费、调整文化消费内部结构。

（3）调控的关键：开启良性循环。要发挥文化消费在经济中的主导作用需要诸多基础条件。在文化产业发展萌芽阶段，政府需要制定相关政策推动企业成长、产业聚集，出台相关规制政策和贸易保护政策为文化产业助力，并采取一系列政策措施刺激文化消费，畅通消费与产业发展相互作用机制，开启文化消费增长与产业发展的良性循环。政府通过财政支持高校开设文化相关专业，支持社会职业培训发展，以扩大动漫、艺术等文化产业的复合型人才培养；通过市场规制政策保护知识产权，以鼓励企业、个人投身研发创新；通过建立健全文化产品市场相关法律法规，打击生产、销售伪劣产品的行为，保护消费者合法权益，以完善市场环境。这些措施是文化消费启动的重要基础条件，一旦开启便会促进文化消费与产业发展良性循环，带动经济发展。

（4）调控主导者的角色定位：发挥导向性作用。要充分发挥市场在经济资源配置中的决定性作用。市场调节具有自发性、盲目性、滞后性等固有弊端，在文化产业竞争力仍显不足、消费结构仍需优化的背景下，需要政府参与市场管理。政府逐步减少行政手段干预经济发展，更多地采用经济政策来引导文化产业发展和提升文化消费。政府综合利用各种调控工具，通过调节政策客体的利益关系，使其行为服从政策目标。

第三节　完善文化消费调控机制的思路

一、文化消费调控工具传导机制中存在的问题

文化消费政策传导机制包括从政策制定到影响因素再到文化消费的完整过程，从而保证文化消费政策设计在逻辑上的连贯性。借鉴张秉福等（张秉福，2012；张秉福和侯学博，2013）、关萍萍（2015）等的研究，结合上述分析，将我国文化消费政策传导中存在的问题概括为以下几点。

（一）文化消费政策体系及功能不完善

（1）文化消费领域规制法律缺失较多，体系不健全。文化消费在新媒体时代表现出不同于以往的消费特点。作为形式、载体、内容更新速度快的新型消费，我国文化消费规制立法还处于起步阶段，全国人大的高层次立法较少，还没有形成全面系统的文化产业规制法律体系。

（2）有些法律规范缺乏针对性和可操作性。由于对文化产业和文化消费特殊性的把握不准确、不全面，规制法律法规中有些规定过于笼统，概念不明晰，针对性不强，严密性不足，使行为规范没有具体的界定标准，执行起来难以准确把握，无法有效实施。

（3）文化消费政策侧重于文化供给端，忽视需求端。文化消费政策集中在文化创造主体和传播主体上，而对文化产业链的末端——文化消费却很少关注。文化产品的创意、生产与销售，其最终目的在于消费。若文化消费群体没有培养起来，盲目投资必然造成我国文化产业的供需失衡，这种失衡状态又必然带来文化产品生产的错位和行销的断路、效益低下，最终引起文

化产品的积压和文化资源的浪费。

（二）文化消费政策执行不到位

（1）直接干预类政策行为具有"短视性"。文化产业组织类、市场类等直接干预政策存在很强的短期倾向。一些地方政府急于实现政策效果，对文化产业的市场规律认识不清、缺乏科学的政策制定与实施程序及良好的效果评估标准，更加侧重于给予企业资助的"数量"，未能真实了解企业发展需要，导致政策激励效果不佳。

（2）财政直接支持增加了政府的财政负担，有时干预了市场公平竞争，政策效果不佳。以往的财政支持形式简单、直接，大量的财政补贴使部分区域出现骗补现象，加大了政府财政负担，造成一系列不良影响。需要寻找合适的支持方式，引导社会资本进入文化产业，并且要做到适时退出，防止扰乱市场信号。

（3）从间接激励政策内容来看，加剧了企业个体和区域发展不平衡。财政类、文化产业类、人才类等政策确实为文化企业提供了更加宽松的发展环境，然而当前政策更侧重于对已经盈利、具有品牌影响力的成熟企业的环境开放，而中小文化企业很难得到政策的实际优惠，使中小企业的创业和发展环境依然严峻。此外，政府政策倾斜造成区域发展不均衡。

（三）文化消费政策调控效应发挥不充分

（1）政策各环节协调度不够，导致整体政策效果不佳。文化消费政策传导各环节具有典型的木桶效应。文化消费是一个系统，各个环节相互影响。例如，企业生产出高质量产品，如果没有有序的市场，依然很难扩大文化消费或提升消费质量。因此，需要疏通政策制定到政策目标传导的各环节，加强短板管理，协调各个部门共同治理。

（2）行政过度干预妨碍文化消费政策的有效传导。政府更多的是充当监管人，根据文化消费政策传导目标对市场进行调节，促进文化消费良性循环。但还存在较多干预，没有充分发挥市场自主性，导致出现扩大文化消费但并没有提升文化消费质量等现象。

（3）政策传导机制运行缺乏充足的内部动力。体制改革仍有空间。改革更应该侧重于对经济运行法律的建设，避免指令式的朝令夕改，促进企业专注于创新发展。

（4）文化消费政策传导过程中易忽略消费主体和消费客体的差异性。产品与消费群体消费能力匹配度欠缺。人均文化消费水平是衡量文化消费质量的基础，但人均文化消费水平还需要与个体收入水平相匹配。高质量的文化消费要求具有合理性、适度性，文化消费高于或低于相应收入水平下的数量都不利于文化消费质量的提高。居民收入水平对文化消费有直接影响。

二、政策含义

（一）合理确定调控政策，实施传导过程动态监测

（1）把握传导过程关键变量，合理确定调控政策。关键变量是政策调控的重要出发点，产品特征、市场特征、文化消费质量、文化消费数量都需要重点关注。在影响因素研究的基础上，如何甄别核心要素，并在考虑不同政策效果的基础上，提出扩大文化消费的政策实施方案，是文化经济政策研究的核心。人均文化消费水平是文化消费质量的基础。文化消费数量上的增长并不意味着文化消费质量的必然提高，但如果没有数量的满足，就很难有质量的保证。所以，提高文化消费质量，首要目标就是提高人均文化消费水平。此外，文化消费占总消费支出的比重也是反映居民文化消费水平的重要指标，需予以重视。

（2）关注政策传导中变量变化，实施传导过程动态监测。文化消费政策依据传导中介变量来起作用，所以中介变量的反应关乎政策的执行效果。需要关注传导过程的关键变量，监控过程变量的变化，保证传导路径畅通。例如，文化产品价格、文化产品质量、消费者满意度、文化消费结构等都可以通过调研获得，这些都是文化消费政策传导系统中的关键变量。文化市场监管要实现"事前、事中和事后"动态监管，健全以市场为导向的文化产品与服务评价指标体系，及时发现问题。

（3）加强文化领域法律工作，保持政策的稳定性。加强法律工作，防止政策一阵风现象，提升政策效果。尤其在文化规制方面需要保持政策的一致性和连贯性，减少短视行为。此外，需要进一步落实带薪休假制度，提高

居民文化消费的时间保证；培育新兴消费热点与业态，适度推行文化消费券制度，增强居民消费意愿。

（二）健全文化市场管理体制，保持政策传导路径畅通

（1）夯实文化市场环境基础，充分发挥市场对资源配置的决定性作用。文化消费的提升要依靠市场来完成，防止简单的行政干预。加大立法工作，理顺市场运行机制。规范文化市场管理体制，精简文化项目审批环节、手续和费用，完善相关中介机构服务，降低文化企业运营成本；加大文化企业发展相关税收优惠和金融创新，拓宽中小微文化企业融资途径，降低文化企业融资成本；加快文化企业对接平台建设，为各类文化企业以及社会资本提供项目、资金和人才的对接平台，降低文化企业搜寻成本。实现文化资源开发的区域联动和城乡整合，提高社会资本参与文化供给的积极性。

（2）持续推进公共部门体制改革，调动管理、生产部门积极性。明确政府部门权责利关系，加强部门绩效考核，加强追责制度，确保政策执行符合既定目标。将文化消费发展纳入政绩目标考核，增强政府服务于文化消费提升的动力。将文化消费发展分别纳入经济发展和文化发展考核指标体系中。在经济发展方面，需要重视文化消费数量扩大及其对经济发展的贡献，可考察文化消费数量的增速、文化消费占支出的比重、文化消费的经济增长贡献率；在文化发展方面，需要重视居民精神文化生活的丰富和居民基本文化权益的保护，可考察居民文化消费的满意度，尤其是对政府公共文化服务消费的满意度，以提高公共文化服务质量与动力。

（3）提高监管纠错能力，减少政策传导阻塞。政策实施环节存在一些企业骗取政府优惠政策、打擦边球等现象，使政策力度打折扣，真正需要扶持的企业没有得到帮助。需要建立政策执行检查制度，及时纠偏，减少政策执行偏离带来的损失。

（三）打好政策组合拳，提升政策传导系统内部运行优度

整合各宏观部门政策调控资源，充分发挥财政、税务、发改等部门的职能，打好政策组合拳。文化消费政策传导系统内部要素和环节众多，要素涉及宏观和微观主体，环节包括政策启动、政策细化、政策实施运行等。而政策传导路径上任何一个变量或环节出现问题，都会对传导路径造成某种程度的阻塞，妨碍政策系统运行，增加调控难度。因此，需要理顺生产、市场、消费各环节，加强对媒介体和客体等要素的互动配合，有序衔接信息传递和政策落实，驱动政策系统运行。

第　八　章

文化消费提升机制及路径选择

第一节　文化消费的提升机制

居民文化消费的影响因素包括客观因素和主观因素。客观因素包括居民的消费能力和消费环境，主观因素包括居民的消费意愿和消费预期。客观的消费能力和消费环境是影响居民文化消费提升的硬条件；主观的消费意愿和消费预期是影响居民文化消费提升的软条件。

一、文化消费能力提高

消费能力可分为潜在的、有支付力的和实际的消费能力。将潜在消费能力转化为有支付力的消费能力，主要途径是提高居民收入和降低消费品价格。文化消费是精神层面的满足，需求收入弹性通常大于 1，即居民收入提高 1%，对文化产品的需求增加幅度大于 1%。因此，居民收入越高，家庭收入越高，居民文化消费占总消费的比例也会越高。从收入的类别看，虽然存在差别，但无论是工资性收入、经营性收入、财产性收入还是政府转移性收入对居民文化消费均具有正向影响。

就业率提高以收入增加为中介变量促进文化消费。全国整体失业率下降，就业率上升，居民总收入增加，文化消费总量增加；居民就业率上升，工作机会增多，居民收入预期和生活预期上升，预防性储蓄下降，文化消费上升。居民文化消费数量增加后对文化消费质量提出更高要求。

　　文化产品和服务的价格降低与需求扩张存在正反馈机制。市场容量增加促进文化产品的生产分工，提高生产效率，降低生产成本，进而推动价格下降；反过来，价格下降在收入效应和替代效应的双重作用下，将有效推动文化产品的需求扩张和消费增长。文化消费扩张会满足消费者在精神层面的多样化追求。如果文化产品和服务价格偏高，会促使消费者选择电视广播等低成本的文化休闲方式，阻碍文化消费的质量提升和结构优化（图8-1）。

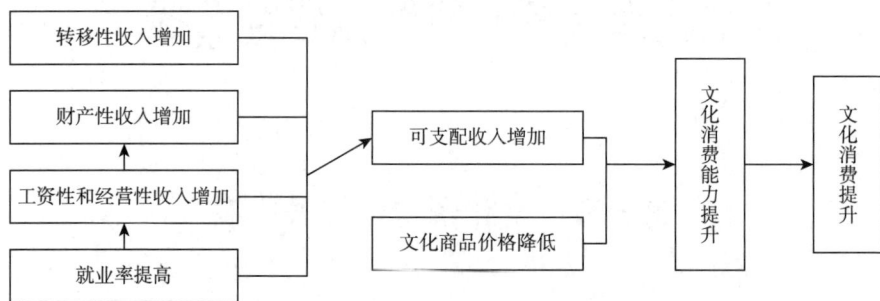

图 8-1　消费能力提高促进文化消费提升

二、文化消费环境优化

　　消费环境是外在的、客观的对消费者产生影响的因素，主要包括经济环境、社会环境、技术环境和政策环境等。

　　第一，经济基础决定上层建筑，国民经济持续稳定发展是文化消费增长的基础。精神文化的发展离不开经济生活的满足与富裕，只有脱离了生存困境，人们才会产生精神文化需求。文化产品和服务一般属于发展型和享受型商品。文化产业的发展以农业和工业发展为基础。

　　第二，社会环境营造文化消费氛围。受不同社会文化熏陶的人具有不同的价值观和消费观，受崇俭黜奢观念影响，人们反对奢侈浪费，生活精打细算，用于享受型的文化消费的支出必然较低。在和谐社会形成和发展稳定的年代，人们追求物质和精神的满足，文化娱乐方式多样化需求增加，文化消费质量要求提高；社会动荡年代，人身安全受到较大威胁，文化消费质量要求相对较低；和平年代，人民生活较为安逸，文化消费质量要求相对较高。

第三，技术进步引领文化消费新风尚。技术进步可以提高生产效率，更多的劳动力从农业和手工业的束缚中解脱出来，让居民有更多的时间和精力追求精神享受。技术进步和生产效率提高，可以降低企业生产成本，降低文化产品和服务价格，提高文化产品和服务的质量，促进文化消费结构升级，提升文化消费。电子技术和互联网技术的发展深刻改变文化消费方式。信息技术的发展，促使文化产品、文化消费观念和文化消费方式普及速度更快、传播渠道更便捷。

第四，政策环境引导文化消费发展。政府高度重视文化软实力，经济实力和文化实力决定不同的文化消费政策。国家立法、专利和版权保护、倾斜性税收等政策是影响文化产业发展的重要因素；消费税和文化生产补贴政策能有效调控文化产品和服务价格，调节居民文化消费水平；公共文化产品供给和文化消费券等政策能有效促进居民文化消费总量增长；义务教育的推广、高等教育和社会教育的普及既能提高人们短期教育支出水平，又能扩大居民长期文化消费需求（图 8-2）。

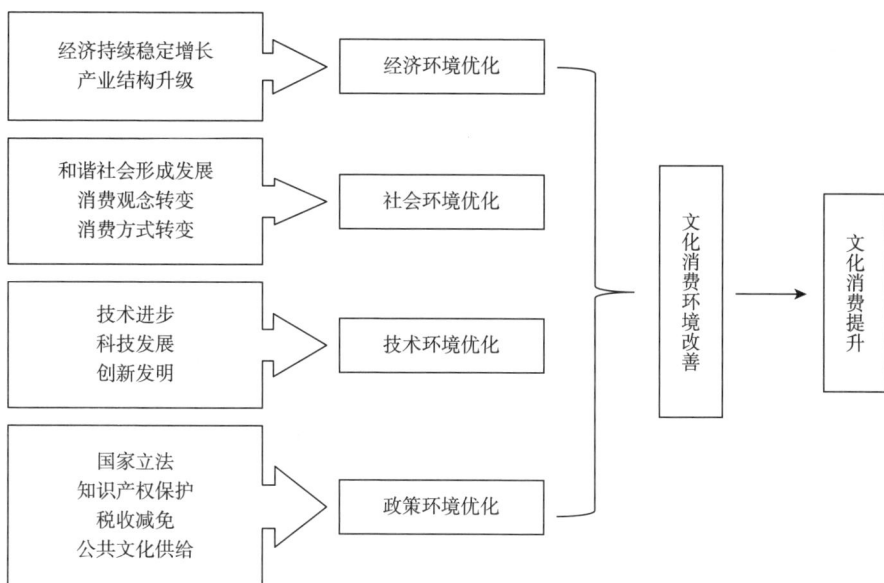

图 8-2　文化消费环境改善促进文化消费提升

三、文化消费意愿增强

消费意愿的提高是将有支付力的消费能力转化为实际消费能力的重要途径。消费者不但要有钱花，而且愿意将钱花在文化产品和服务上，才能成为实际的文化消费。文化娱乐和教育支出具有消费的一般性，受收入和价格等因素影响；文化消费大都是非必需性消费，又有其特殊性，受居民受教育程度、闲暇时间以及文化产品和服务的质量与创新性等因素的影响（图 8-3）。

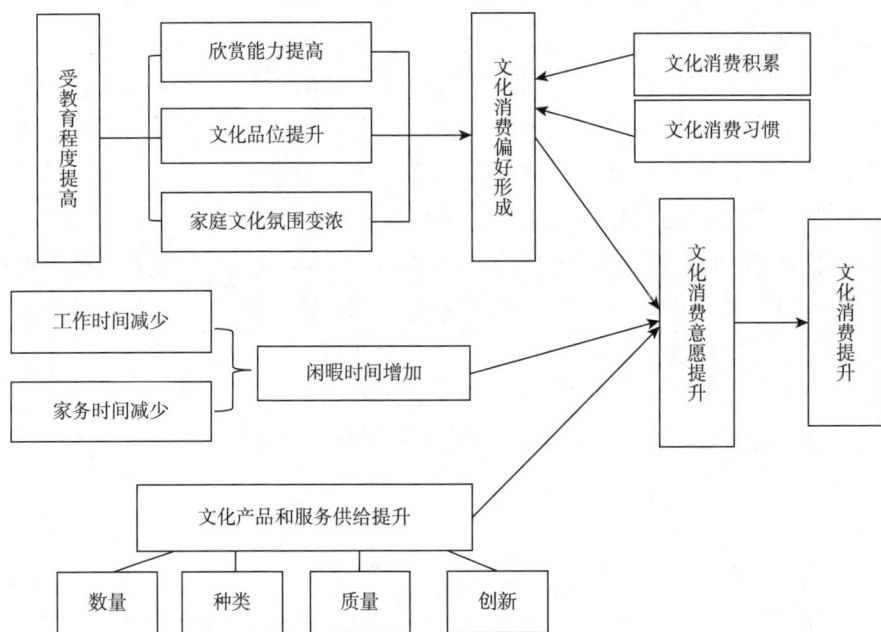

图 8-3　文化消费意愿提升促进文化消费提升

文化消费涉及对文化产品和服务的理解与欣赏，居民受教育程度对文化消费选择影响较大。文化消费品位的形成受文化教育水平影响，高雅文化艺术欣赏受专业水平限制；大众文化消费的精神内涵领悟受理解能力和思维方式影响；文化消费习惯养成受家庭文化背景的熏陶，也受长期消费惯性和偏好影响。受教育程度提高不仅对自己当前的文化消费习惯产生影响，也对子女将来的文化消费行为产生深远影响。

文化消费涉及休闲娱乐，闲暇时间是影响休闲娱乐消费的重要因素。书籍、报纸、杂志等出版物的阅读需要时间；电视、电影和音乐的欣赏需要时间；体育运动、体育比赛的参与和观赏需要时间；博物馆、历史景观、风景名胜的观光旅行需要时间。空闲时间的增加促使消费者追求文化消费产品和服务的丰富性，有助于提高人们对文化消费品质的要求。

文化消费涉及体验与感受，文化产品和服务的质量与创新性是其重要影响因素。生活品质的提高让消费者对文化产品和服务的质量有更高要求，低俗、低质的文化产品和服务不仅不能满足消费者的精神需求，还影响消费者的文化品位。高质量、高品位的文化产品不仅更受消费者欢迎，而且能经受时间的检验，有利于消费者习惯与偏好的长期培养。

四、文化消费预期改善

良好的消费预期是促使有支付能力的消费转化为实际消费的重要因素。健全的社会保障体系能减少消费者的后顾之忧，降低预防性储蓄，增加即期消费。

不断发展的经济和持续增长的收入能增强消费者信心，乐观的经济和收入增长预期能增加居民即期消费；由俭入奢易、由奢入俭难，文化消费行为容易形成习惯。随着居民生活水平的日益提高，更多高雅艺术文化进入普通老百姓的生活，文化消费逐渐成为普通民众的生活必需品，相互学习和模仿行为促进文化消费增长。

居民平均受教育年限增加使居民预期受教育程度上升，大学和研究生教育成为大众的预期。预期受教育水平的提升使居民预期收入上涨，预期收入上涨降低居民储蓄动机，能够促进即期的文化消费，甚至借贷消费。

受消费习惯影响，过去和现在的文化消费水平对将来的文化消费水平有重要影响。消费者在文化消费过程中发现并形成自己的文化消费偏好。有阅读偏好的消费者会有书籍、杂志和报纸等消费预算；喜欢看电影、听音乐的消费者会有电影院、音乐厅等消费预算；有运动习惯的消费者会有体育用品和体育比赛等消费预算；喜欢亲近自然、体验人文历史的消费者会有旅行消费预算。有文化消费体验的消费者对文化消费品质提出更高要求，促进文化消费质量提高（图8-4）。

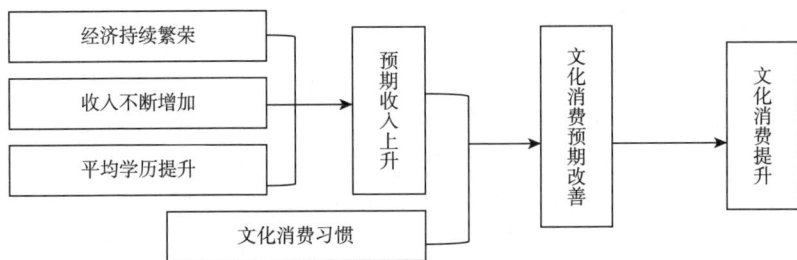

图 8-4　文化消费预期改善促进文化消费提升

第二节　文化消费提升的路径选择

文化消费提升是一个系统而复杂的工程，其提升路径不具有唯一性。精神文化生活的多样性、个性化与差异性特征决定了文化消费提升路径选择的复杂性和动态性。如果简单按照统一的政策目标、路径设计、措施安排或不顾客观现实而建立所谓的理想路径，反而会水土不服，缘木求鱼。文化消费提升的路径选择应当充分考虑文化建设的长期目的、着眼文化工作的时代价值以及文化发展的现实诉求，辅以区域文化发展阶段、文化习俗特点和实际困难，思考如何选择适用于不同区域、不同文化背景、不同社会群体和不同发展阶段的提升路径。

文化消费提升包括文化消费数量扩大、文化消费质量提高和文化消费满意度提升三个维度，文化消费数量扩大是文化消费提升的基础，文化消费质量提高是文化消费提升的升华，文化消费满意度提升是文化消费提升的最终目的。具体路径选择中，在某一时期、某一地区或是"三管齐下"，或是"两头并进"，或是"一马当先"，既有可能采取三者同步发展的原则，也可能采取两者优先发展的原则，还可能采取单个突出发展的原则。同时，也应该借鉴其他国家或地区的文化消费发展经验。

文化消费政策的传导将最终决定路径的实现程度，也就影响着路径的选择与设计。五者（数量扩大、质量提高、满意度提升、国际经验以及政策传导机制）有机构成文化消费提升的闭环逻辑。需要警惕的是，就像一个硬币的两面，这个闭环逻辑中存在正反馈机制的同时也存在负反馈机制。这意味着单独改善闭环中的某一个节点，产生的短期效果可能会由于其他节点停留在低水平而消散。例如，在不提高消费质量的前提下追求文化数量扩张，很可能导致低质量文化产品充斥市场，进而影响消费者的品位。长期来看，甚至可能由于高质量文化产品市场萎缩、低质量文化产品的市场潜力有限，文化消费数量下降。此外，文化消费与个人特征、文化消费与文化供给、文化消费与社会分层也存在正负反馈机制同时发挥作用的可能，这意味着一国文化消费提升的过程可能进入快速发展进程，也可能陷入低水平循环陷阱，即产生文化消费对文化资本存量的路径依赖。从宏观到微观层面广泛存在的循环因果关系为政策制定带来极大的挑战，在进行文化消费提升路径选择时，必须充分考虑系统性、复杂性和动态性的影响，避免政策制定时出现一叶障目或盲人摸象的问题。

文化消费与文化供给间存在结构性矛盾，主要表现为发展型的文化产品及服务供给不足、过度享受的文化产品及服务供给过剩、基本公共文化服务供给与居民文化需求不完全匹配。新时代提升文化消费，要坚持社会主义文化建设，服务于不断满足人民群众日益增长的美好文化生活需要；坚持我国文化消费主体性地位，服务于我国文化竞争力提升的时代价值；适应我国经济新常态发展，服务于文化产业成为国民经济支柱产业的现实要求。

一、文化消费理念：创新、绿色、共享

普及创新、绿色、共享的文化消费理念，培育懂消费的文化新人。随着文化消费规模扩大，坚持鼓励高雅文化消费，扩大通俗文化消费，抵制低俗文化消费，特别是抵制网络文化消费中的低俗、媚俗、庸俗内容。采取一般引导、社区宣传以及教育融合三管齐下的方式，具体包括：利用现代媒体和明星效应对广大群众进行引导；利用社区活动、社会宣传板以及社会志愿者对中老年人进行贴近宣传；利用学校课堂、课外实践和学校社团活动对学生群体言传身教，使符合生态文明和社会主义核心价值观的文化消费理念深入人心。

坚持三位一体协同发展，通过扩大文化消费数量、提高文化消费质量和提升文化消费满意度，进而助推文化消费创新、绿色、共享理念的形成。在文化产品和服务的生产过程中应坚持积极、绿色、创新导向，生产人民群众

喜闻乐见、积极健康的高品质文化产品，并通过高品质的新型文化产品引导居民文化消费。具体而言，加快文化创意产业发展，向群众提供优质的文化创意产品，满足人民美好文化生活需要；坚定文化自信，坚持改革开放，推动文化走出去，彰显和增强文化软实力，增强人民对本国文化的认同感、自豪感；促进文化创意产业发展，坚持以人为本和需求导向，坚持科技引领和创新创造，积极引导文化消费理念。

二、文化消费动力：内生、有效、优化

在提升路径的动力激活上，着眼于消费者内生精神文化需求的有效与合理释放，以"敢消费、能消费、愿消费"为切入点，形成内生、有效、优化的文化消费动力。即解决后顾之忧、改善消费环境、夯实文化消费基础，进而通过消费者自愿的、有支付能力的、趋向结构优化的消费意愿促进文化消费的提升。

完善社会保障体系建设，稳定居民消费预期，消除人民群众不敢消费的顾虑。持续推进保障性住房建设，实施租购并举住房制度，降低中低收入人群的生活压力；逐步完成养老保险、失业保险、最低工资制度、最低生活保障等的全覆盖；推进基本公共服务的城乡一体化和均等化，兼顾公平与效率；合理筹措和管理社会保障资金，坚持权利与义务相结合原则；稳步提高社会保障水平，稳定消费预期。

健全提高消费能力的制度保障，夯实居民文化消费的基础。实施就业保障工程，推行创业互助机制，将创业基金向创业大学生、创智青年和创新人才倾斜，以创业带动就业，保持收入稳定增长；健全收入分配制度，缩小收入差距，落实工资正常增长机制；完善下岗职工再就业培训体系，增强就业能力；实施差别化的收入政策，重点增加城镇居民工资性收入占总收入的比重，优化农民工就业环境，提高农村居民获得暂时性收入的可能；普遍提高居民受教育程度，增加居民休闲时间，进一步增强文化消费能力。

构建和完善舒心、放心、安心和省心的消费环境，提高居民消费意愿。实施文化市场"事前、事中和事后"动态监管，完善文化产品与服务评价指标体系；引导文化行业内自律，建立文化行业口碑体系；建立健全公共文化服务政策执行监督机制，推进公共文化服务政策与监管绩效评估工作，提高

公共文化服务质量；完善法制建设、科技发展和政策扶持等方面，改善居民文化消费环境。

三、文化供给思路：增品种、提品质、创品牌

在提升路径的导向机制上，以文化供给侧结构性改革为推手，从文化产品及服务的增品种、提品质、创品牌方面促进居民文化消费提升。即达到以文化供给数量和品种的扩张推动居民文化消费需求层次升级，以高品质、好品牌文化供给促进消费结构优化和满意度提升的目标。

活跃文化企业，增加文化产品及服务供给的数量与品种。文化企业要找准定位，结合自身优势，生产针对特定社会群体的文化产品及相关文化服务；规范文化市场管理体制，精简文化项目审批环节、手续和费用，完善相关中介机构服务，降低文化企业发展成本与壁垒，活跃文化企业发展，增加文化产品及服务供给；积极鼓励文化企业大胆创新，涉足高端、前沿的新兴文化产业，提供更多符合潮流的文化产品及服务；推动文化消费与信息消费、旅游消费、健康消费、养老消费以及体育消费的融合发展，探索"文化+互联网"、"文化+旅游"以及"文化+健康"等新型文化品种。

鼓励文化创新，提升文化产品及服务供给的质量。在坚持社会主义核心价值观前提下，鼓励文化企业逐利，拒绝提供"三俗"文化产品及服务，着重提高消费者精神文明；积极推动"文化+"战略，结合传统优势产业，丰富其文化内涵，打造更具文化内涵的产品及服务模式与体验方式；培育崇尚劳动、崇尚创造、崇尚坚持的工匠精神；弘扬热情专注、精益求精、持之以恒和勇于创新的工匠精神；鼓励追求品质、追求极致、追求创新的工匠精神。

支持企业品牌建设，创建中国特色社会主义好品牌。充分发挥市场决定、企业主导、政府推动和社会参与等的作用，为文化龙头企业创造良好的发展环境，支持有条件的企业打造国际品牌；引导文化企业诚实经营，信守承诺，积极履行社会责任，不断提升品牌形象；增强企业自主创新能力，为品牌发展提供持续动力；合理商业化中国非物质文化遗产，引导中国非物质文化遗产的高端定制生产；推广中国品牌成功模式，用专注、专业打造独特、稀缺和珍奇的富有中国品牌故事的产品。

四、文化市场繁荣：文化事业和产业双轮驱动

在提升路径的推动方式上，促进文化市场建设，着眼于文化事业和文化产业双轮驱动，以明晰文化产业化界限为重要努力方向。2013 年 8 月，习近平在全国宣传思想工作会议上指出："关于文化体制改革，我只强调一点，就是要在继续大胆推进改革、推动文化事业全面繁荣和文化产业快速发展、建设社会主义文化强国的同时，把握好意识形态属性和产业属性、社会效益和经济效益的关系，始终坚持社会主义先进文化前进方向，始终把社会效益放在首位。"

首先，坚持政府为主导的文化事业发展路径，重点突出文化事业的公益性、社会性与意识形态属性。明确文化消费提升的政策着力导向，将精准滴灌作为文化消费提升政策的基本着力方向。政府直接投资的文化类项目，侧重于基础性和公共性，保障居民的基本文化消费权益；对文化创意企业和具有核心竞争力的企业给予重点帮扶，培育一批核心竞争力强的国有或国有控股大型文化企业或企业集团，活跃文化消费市场；厘清各级政府的文化服务边界，协调文化、教育、体育、广电以及科技等部门，统筹资源，提高文化事业发展效率；合理确定政府调控政策，实施政策传导动态检测；健全文化市场管理体制，保持文化消费政策传导路径畅通；整合各宏观部门政策调控资源，提升政策传导系统内部运行优度。

其次，坚持市场为基础的文化产业发展路径，重点突出文化产业经济效益与社会效益的双属性。优化文化产业发展布局，各地在发展文化产业时，要紧密结合本地资源禀赋和地域特点，实施差异化竞争战略，走特色化发展道路，引导文化产业良性发展与合理布局；积极引导文化企业及相关辅助企业集聚，在集聚过程中积极推动文化企业、政府、学术科研机构的人才交流与合作，促进文化产业人力资源的集聚，促进文化产业劳动生产率的提升；引导中介服务机构等辅助机构集聚，为文化企业提供更加专业化的产品及服务，达到投入共享目的。

五、文化人力资本：区域协调与城乡融合

在提升路径的人才安排上，着眼于促进要素流动的制度设计和政策安

排，以引进和培养双管齐下为着力点，实现区域、城乡文化人才的协调和融合发展。最大化以人力资本等内在知识和科学技术等外在知识为核心的外溢效应，丰富人才体系，促进文化消费提升在区域间、城乡间的协调和融合发展。以核心地区带动边缘地区、以城市地区带动农村地区，进而边缘地区和农村地区整体文化消费水平的提升又夯实核心地区和城市地区的文化消费基础，实现更大、更快的提升效果，循环反复，在全国范围内构建文化消费提升相互促进的新格局。

健全文化人才的城乡、区域协调和融合发展机制，使更多的人才服务于文化建设，扎根于文化基层和第一线。探索城乡、区域人才双向流动机制，鼓励城市和发达地区的文化人才到广大农村、不发达地区和基层开展志愿服务，对口帮扶和汲取创作灵感，多为基层、边远地区和不发达地区文化人才提供跨区学习和进修的机会。提高基层文化人才的工作待遇，拓宽基层文化人才的职业发展路径。鼓励农村演艺机构和表演团体到城市表演，为其提供场所和宣传服务，促进城市文化服务机构多下农村，多走基层。

升级文化人才培养计划，拓展文化众创空间。升级原有文化人才培养计划，将文化人才培养的重点向创新、创业、创智人群倾斜，为创新人才提供创新孵化和成果转化帮助，为创业人才提供创业启动帮扶和创业指导，为创智人才提供到相关学校、科研院所和设计机构学习、进修和实习的机会。为各类文化人才提供所需的文化创业、创新以及创智空间，鼓励各级地方政府利用闲置房屋、老旧厂房以及国有商业设施提供免费或便宜的众创场所，并提供配套设备和工具。

六、文化资金投入：联动、并举、撬动

在提升路径的资金来源上，着眼于资金渠道的多元化，以提高财政资金的社会效益与增强社会资本的经济效益为基本思路。在文化建设中既发挥市场对资源配置的决定性作用，又能通过政府政策弥补文化的正外部性、信息不完全等因素导致的市场失灵，在促进文化发展中实现个人目标和社会目标的统一。

积极推进"多内涵"文化惠民工程，提高公共文化消费比重。推进以"普惠"为内涵的文化惠民工程，推出一批脍炙人口的文化消费大众项目；

推进以"均等"为内涵的文化惠民工程，侧重于向城镇中低收入人群、农村居民和困难群众提供便利、便宜的文化消费专门项目；推进以"品质"为内涵的文化惠民工程，打造一批人民群众喜闻乐见的文化消费精品项目；推进以"创新"为内涵的特殊文化惠民工程，偏重发展型文化消费向创业大学生、创智青年和创新人才倾斜。

将文化消费发展融入"一带一路"倡议，加大文化财政资金的扶持力度。将文化消费发展与国家重大战略相结合，增强财政资金对文化消费发展的保障力度，提高文化建设相关支出在财政资金中的比重：一是增强中央财政预算编制时对文化消费发展相关支出的重视程度和倾斜力度；二是增强地方政府对文化消费发展的财政补贴动力；三是促进文化企业在"一带一路"倡议中利用国内国外两个消费市场，获得财政资金补贴和退税。

降低文化企业发展成本，提高社会资本参与文化供给的经济效益。规范文化市场管理体制，精简文化项目审批环境、手续和费用，完善相关中介机构服务，降低文化企业运营成本；加大文化企业发展相关税收优惠和金融创新，拓宽中小微文化企业融资途径，降低文化企业融资成本；加快文化企业对接平台建设，为各类文化企业以及社会资本提供项目、资金和人才的对接平台，降低文化企业搜寻成本。同时，实现文化资源开发的区域联动和城乡整合，提高社会资本参与文化供给的经济效益。

借鉴结构化基金模式，让财政资金发挥更大的杠杆效益。将传统结构化基金的优先、劣后的二元投资者结构转变为筑底、优先和劣后的三元投资者结构，政府出资成为筑底投资者，再分别引入优先和劣后的社会投资者。在资金投入回收方面，优先投资者获取每年固定收益，在项目运营期由项目收益优先保证；劣后投资者则获取风险收益（运营成功后超额收益），让风险与收益对等，自己管理或委托机构对基金进行运营；筑底投资者在率先满足优先和劣后投资者的本金与收益要求后，再实现筑底资金的回收，最大限度撬动社会资本参与建设。

参 考 文 献

安顺，张明之. 2012. 论文化产业与文化消费发展的历史统一. 南京财经大学学报，（3）：101-106.

白国庆. 2014-02-20. 提升"文化消费"要"对症下药". 光明日报，第 14 版.

白重恩，李宏彬，吴斌珍. 2012. 医疗保险与消费：来自新型农村合作医疗的证据. 经济研究，（2）：41-53.

波德里亚 J. 2000. 消费社会. 刘成富，全志钢译. 南京：南京大学出版社.

财政部财政科学研究所课题组. 2013. 促进我国公益性文化事业发展的财税政策研究. 经济研究参考，（45）：3-21.

蔡军. 1999. 对我国城市居民体育消费的研究. 体育科学，（4）：57-60.

蔡武. 2010. 努力探索中国特色社会主义文化发展道路. 理论参考，（10）：13-14.

蔡武. 2011. 继续大力推动社会主义文化大发展大繁荣. 求是，（17）：23-25.

蔡武. 2012. 加快推动文化产业跨越式发展. 求是，（21）：39-41.

蔡武. 2013. 坚定不移地深化文化体制改革. 求是，（16）：39-41.

蔡武. 2014. 文化热点面对面. 北京：人民出版社.

蔡武，王瑾，许宝友. 2011. 热话题与冷思考——关于国际视域下文化软实力建设的对话. 当代世界与社会主义，（6）：4-9.

曹俊文. 2002. 精神文化消费统计指标体系的探讨. 上海统计，（4）：42-43.

曹瑞臣. 2015. 工业革命前后英国工人阶层消费状况研究. 江南大学学报（人文社会科学版），14（1）：71-80.

陈晨. 2014-04-10. 文化消费的短板怎么补？——看文化产业扶持政策如何激活文化消费. 光明日报，第 14 版.

陈海波，赵美玲，徐先翔. 2012. 居民文化消费意向影响因素的实证分析——基于江苏镇江市的调研数据. 消费经济，（1）：60-64.

陈海波，王婷，刘洁. 2013a. 促进我国居民文化消费的思考. 价格理论与实践，（3）：91-92.

陈海波，刘晓洋，刘洁. 2013b. 我国居民文化消费特征的关联规则分析. 统计与决策，（20）：72-74.

陈隆近，王雯. 2015. 促进文化消费的税收政策取向. 税务研究，（3）：32-35.

陈曼冬，陈小申. 2011. 中国城市文化消费报告（上海卷）. 北京：社会科学文献出版社.

陈奇佳，宋晖. 2009. 日本动漫影响力调查报告：当代中国大学生文化消费偏好研究. 北京：
　　人民出版社.

陈亚芸. 2012. 欧盟文化贸易政策研究——兼评对中国文化贸易政策的启示. 华南理工大学学报
　　（社会科学版），（1）：73-79.

陈燕武，夏天. 2006. 中国农村居民文教娱乐消费区域性差异分析——基于中国省际面板数据的
　　研究. 经济问题探索，（9）：59-63.

程晖. 2006-01-17. 文化消费已经成为拉动消费结构升级的主力军——解读中国社会科学院文化
　　蓝皮书中的几组数据. 中国经济导报.

崔东，文松辉. 2014-08-06. 经济运行呈现新特征——新常态下的中国经济（中）. 人民日报，
　　第1版.

戴林送. 2008. 我国城镇居民消费质量状况的实证研究. 技术经济，（3）：92-95.

邓胜利，况能富. 2005. 企业信息消费满意度分析与评价. 情报科学，（10）：1559-1563.

丁继红，应美玲，杜在超. 2013. 我国农村家庭消费行为研究——基于健康风险与医疗保障视角
　　的分析. 金融研究，（10）：154-166.

凡勃伦T B. 2012. 有闲阶级论. 李华夏译. 北京：中央编译出版社.

范周，齐骥. 2010. 中国城市文化消费报告（总卷）. 北京：社会科学文献出版社.

范周，齐骥，杨剑飞. 2010. 论"十二五"时期文化产业的发展路径. 山东社会科学，（8）：21-25.

冯义涛，邹晓东. 2000. 上海市民收入变化对文化消费发展的影响. 上海经济研究，（11）：22-27.

冯昭奎. 2015. 日本经济. 北京：中国社会科学出版社.

甘犁，刘国恩，马双. 2010. 基本医疗保险对促进家庭消费的影响. 经济研究，（S1）：30-38.

甘犁，尹志超，贾男，等. 2013. 中国家庭资产状况及住房需求分析. 金融研究，（4）：1-14.

高波. 2011. 文化资本、企业家精神与经济增长：浙商与粤商成长经验的研究. 北京：人民出版社.

高波，张志鹏. 2008. 发展经济学：要素、路径与战略. 南京：南京大学出版社.

高鸿业. 2007. 西方经济学（宏观部分）. 北京：中国人民大学出版社.

高莉莉，顾江. 2014. 能力、习惯与城镇居民文化消费支出. 软科学，（12）：23-26.

葛继红. 2012. 农民收入与文化消费牵扯：江苏364个样本. 改革，（3）：84-89.

古扎拉蒂 D N，波特 D C. 2011. 计量经济学基础. 费剑平，孙春霞译. 北京：中国人民大学出版社.

关萍萍. 2015. 我国文化产业政策的内容体系及作用机制. 浙江传媒学院学报，22（6）：106-112.

郭长林. 2016. 积极财政政策、金融市场扭曲与居民消费. 世界经济，（10）：28-52.

郭俊华. 2013. 京津冀文化消费水平实证研究. 天津大学学报（社会科学版），（1）：21-25.

韩海燕. 2012a. 中国城镇居民文化消费问题实证研究. 中国流通经济，（6）：93-98.

韩海燕. 2012b. 中国城镇居民文化消费与经济增长关系实证研究. 消费经济，（4）：61-64.

韩永进. 2011. 中国文化产业近十年发展之路回眸. 华中师范大学学报（人文社会科学版），
　　（1）：85-90.

韩震. 2011. 文化生产文化消费共同实现着文化大繁荣. 前线，（12）：22-23.

何炼成. 2011. 文化消费的若干问题探讨. 消费经济，（6）：9-12.

何昀. 2003. 全面小康社会的居民消费质量评价研究. 消费经济，（3）：16-20.

何昀. 2005a. 全面小康进程中提高居民消费质量的路径思考. 南方经济，（5）：15-17.

何昀. 2005b. 提高农民消费质量：公共消费品供给制度创新的视角. 消费经济，（6）：37-40.

何昀. 2006. 实现全面小康消费质量的路径：一个湖南案例. 消费经济，（3）：71-75.

何昀，谢迟. 2015. 正确认识四项关系　持续提升文化消费. 消费经济，（6）：40-43.

何昀，谢迟，毛中根. 2016. 文化消费质量：内涵刻画、描述性评价与现状测度. 财经理论与实
　　践，（5）：115-120.

洪涛，毛中根. 2016. 文化消费的结构性与层次性：一个提升路径. 改革，（1）：105-112.

胡乃武，田子方. 2015. 我国文化消费及其区域差异. 经济问题，（7）：1-6.

胡秀丽. 2008. 谈文化消费的社会意义. 中共青岛市委党校：青岛行政学院学报，（5）：13-15.

胡雅蓓，张为付. 2014. 基于供给、流通与需求的文化消费研究. 南京社会科学，（8）：40-46.

花建. 2012. 文化产业集聚发展对新型城市化的贡献. 上海财经大学学报（哲学社会科学版），
　　（2）：3-10.

花建. 2013. 新型城镇化背景下的文化产业发展战略. 东岳论丛，（1）：124-130.

华正伟. 2011. 文化创意产业集群空间效应探析. 生产力研究，（2）：9-10.

黄静，屠梅曾. 2009. 房地产财富与消费：来自于家庭微观调查数据的证据. 管理世界，（7）：
　　35-45.

黄永兴，徐鹏. 2011. 经济地理、新经济地理、产业政策与文化产业集聚：基于省级空间面板模
　　型的分析. 经济经纬，（6）：47-51.

霍金斯 D I，马瑟斯博 D L. 2014. 消费者行为学. 原书第 12 版. 符国群，等译. 北京：机械工业出版社.

吉林省中国特色社会主义理论研究中心文化消费研究课题组. 2011. 关于发展文化消费的几个问题. 社会科学战线，（6）：142-146.

加尔布雷思 J K. 2009. 富裕社会. 赵勇，周定瑛，舒小昀译. 南京：江苏人民出版社.

贾小玫，文启湘. 2007. 文化消费：国民实现幸福的上佳途径. 消费经济，23（5）：3-5.

江金启，郑风田，刘杰. 2010. 私性不足，公性错位：农村居民的精神文化消费现状及问题分析——基于河南省嵩县农村的调查. 农业经济问题，（6）：19-23，111.

江金启，郑风田，刘杰，等. 2011. 健康风险与农村居民信仰选择. 南方经济，（3）：43-55.

江凌. 2010. 中外文化产业政策基本特征比较. 福建论坛（人文社会科学版），（12）：125-132.

蒋萍. 2015. 我国文化产业集聚效应研究. 调研世界，（11）：14-18.

蒋永穆. 2006. 传导机制·行为反应：兼论我国财政政策的有效性. 河南社会科学，14（3）：32-36.

焦新娱. 2016. 中国文化消费现状及地区差异研究. 首都经济贸易大学硕士学位论文.

金晓彤，土天新，闫超. 2013. 中国居民文化消费对经济增长的贡献有多大？——兼论扩大文化消费的路径选择. 社会科学战线，（8）：68-74.

靳卫东，王鹏帆，毛中根. 2017. 城镇居民医疗保险制度改革的文化消费效应研究. 南开经济研究，（2）：23-40.

凯恩斯 J M. 2011. 就业、利息和货币通论. 徐毓枬译. 南京：译林出版社.

康学梅. 2016. 省域比较视角下我国文化产业发展的人才政策研究. 沈阳工业大学学报（社会科学版），（2）：170-174.

蓝爱国，马薇薇. 2009. 文化传承与文化消费——电影产业的文化道路. 北京：北京大学出版社.

雷宏振，潘龙梅，雷蕾. 2012. 中国文化产业空间集聚水平测度及影响因素研究——基于省际面板数据的分析. 经济问题探索，（2）：35-41.

雷五明. 1993. 九十年代城市文化消费的特点及其影响因素的调查. 消费经济，（3）：24-25.

李爱梅，凌文辁. 2004. 心理账户的非替代性及其运算规则. 心理科学，（4）：952-954.

李爱梅，凌文辁，方俐洛，等. 2007. 中国人心理账户的内隐结构. 心理学报，（4）：706-714.

李长春. 2010. 正确认识和处理文化建设发展中的若干重大关系　努力探索中国特色社会主义文化发展道路. 求是，（12）：3-13.

李稻葵，刘霖林，王红领. 2009. GDP 中劳动份额演变的 U 型规律. 经济研究，（1）：70-82.

李洪天. 2001. 20 世纪 90 年代我国教育发展对经济增长的贡献研究. 南京政治学院学报,（6）:
　　100-104.

李惠芬, 付启元. 2013. 城市文化消费比较研究. 南京社会科学,（4）: 143-149.

李康化. 2009. 我国文化产业市场化发展的路径选择. 福建论坛（人文社会科学版）,（10）: 71-76.

李克强. 2012. 在改革开放进程中深入实施扩大内需战略. 求是,（4）: 3-10.

李良智, 吴佳伟. 2012. 我国财政政策对居民消费需求影响的实证研究. 江西社会科学, 32（4）:
　　49-54.

李俏. 2001-03-28. 文化消费市场空间巨大——浙江省文化消费调查简析. 中国文化报, 第 1 版.

李璐. 2009. 消费环境的优化对消费质量的影响. 湖南大学硕士学位论文.

李璐. 2010. 提高农村居民消费质量需要优化农村消费环境. 消费经济,（1）: 50-53.

李蕊. 2013. 中国居民文化消费: 地区差距、结构性差异及其改进. 财贸经济,（7）: 95-104.

李蕊. 2014. 中国城镇居民文化消费: 现状、趋势与政策建议. 消费经济,（6）: 32-38.

李锐, 项海容. 2004. 不同类型的收入对农村居民消费的影响. 中国农村经济,（6）: 9-13.

李涛. 2014-01-20. 供给经济学视角下文化消费问题论要. 光明日报, 第 11 版.

李伟. 2000. 试从我国城镇居民消费结构的变化趋势论文化消费的发展与对策. 中国社会科学院
　　研究生院硕士学位论文.

李文. 2015-06-02. 深刻认识我国经济发展新常态. 人民日报, 第 7 版.

李文星, 徐长生, 艾春荣. 2008. 中国人口年龄结构和居民消费: 1989—2004. 经济研究,（7）:
　　118-129.

李新宽. 2016-02-06. 18 世纪英国文化消费的繁荣及其原因. http://epaper.gmw.cn/gmrb/html/2016-
　　02/06/nw.D110000gmrb_20160206_2-11.htm?div=-1.

李杏, 章孺. 2013. 文化消费影响因素的实证研究——以江苏为例. 南京财经大学学报,（4）:
　　28-35.

李战国, 缪晨洁. 2015. 美国高等艺术人才培养结构变迁的特点及启示. 世界教育信息,（10）:
　　26-34.

李忠辉. 2016. 韩国文化产业政策调整对我国的启示. 文化软实力研究,（4）: 83-89.

梁达. 2015-01-15. 排浪式消费转向个性化消费撼动了什么. 上海证券报, 第 A04 版.

林白鹏, 臧旭恒. 2000. 消费经济学大辞典. 北京: 经济科学出版社.

林南, 卢汉龙. 1989. 社会指标与生活质量的结构模型探讨——关于上海城市居民生活的一项研
　　究. 中国社会科学,（4）: 75-97.

林丕. 2009. 关于我国文化产业、文化消费的几个问题. 新视野,（5）: 20-21.

凌晨，张安全. 2012. 中国城乡居民预防性储蓄研究: 理论与实证. 管理世界,（11）: 20-27.

刘保昌. 2008. 文化产业集群研究三题. 江汉论坛,（6）: 135-138.

刘菲菲. 2013. 国外文化产业发展政策的经验借鉴与启示. 经济研究导刊,（35）: 54-55.

刘洁，陈海波，肖明珍. 2012. 基于 Panel-Data 模型的江苏城市居民文化消费的实证研究. 江苏商论,（4）: 36-39.

刘新民. 2011. 国外促进文化产业发展的主要做法. 学习与研究,（11）: 73-75.

刘勇，黎婷. 2006. 学习型企业信息消费满意度指数研究. 情报科学,（7）: 1082-1086.

刘玉红，高铁梅，陶艺. 2006. 中国转轨时期宏观经济政策传导机制及政策效应的模拟分析. 数量经济技术经济研究, 23（3）: 15-23.

刘玉珠. 2013. 我国文化产业面临的发展机遇及空间. 前线,（5）: 44-45.

柳思维. 2014. 现代消费经济学通论. 第二版. 北京: 中国人民大学出版社.

卢嘉瑞. 2006. 优化消费环境 提高消费质量. 河北经贸大学学报,（6）: 16-23.

卢嘉瑞，陈素梅. 1994. 中国农民的文化消费. 消费经济,（4）: 1-5.

卢嘉瑞，薛楠. 2013. 中国文化消费需求的六大新趋势. 消费经济,（5）: 23-26.

陆立新. 2009a. 农村居民文化消费影响因素的区域差异及动态效应分析. 统计与决策,（9）: 81-83.

陆立新. 2009b. 文化产业与中国经济增长的动态关系. 统计与决策,（20）: 86-87.

罗钢，王中忱. 2003. 消费文化读本. 北京: 中国社会科学出版社.

罗晓玲. 2004. 近年我国文化消费研究述评. 华中农业大学学报（社会科学版）,（3）: 70-74.

罗忻，黄永林. 2013. 我国文化消费存在的问题及引导对策研究. 兰州大学学报（社会科学版）,（1）: 82-87.

罗尧成，赵蓓超. 2016. 文化创意产业集群发展研究综述——基于 CNKI（2004—2013）收录文献的分析. 科技管理研究,（2）: 194-198.

罗志如，厉以宁. 2015. 二十世纪的英国经济:"英国病"研究. 北京: 商务印书馆.

吕寒，姜照君. 2013. 城镇居民分项收入对文化消费的影响——基于 2002-2011 年省级面板数据. 福建论坛（人文社会科学版）,（6）: 61-66.

马成文，司金銮. 1997. 中国农村居民消费结构研究. 中国农村经济,（11）: 61-64.

马克思 K H. 1975. 资本论. 第一卷. 中共中央马克思恩格斯列宁斯大林著作编译局译. 北京: 人民出版社.

马克思 K H, 恩格斯 F. 1956. 马克思恩格斯全集. 第三卷. 中共中央马克思恩格斯列宁斯大林著作编译局译. 北京: 人民出版社.

马克思 K H, 恩格斯 F. 1960. 马克思恩格斯选集. 第三卷. 中共中央马克思恩格斯列宁斯大林著作编译局译. 北京: 人民出版社.

马克思 K H, 恩格斯 F. 1972a. 马克思恩格斯全集. 第四十二卷. 中共中央马克思恩格斯列宁斯大林著作编译局译. 北京: 人民出版社.

马克思 K H, 恩格斯 F. 1972b. 马克思恩格斯全集. 第一卷. 中共中央马克思恩格斯列宁斯大林著作编译局译. 北京: 人民出版社.

马克思 K H, 恩格斯 F. 1972c. 马克思恩格斯全集. 第二十六卷. 中共中央马克思恩格斯列宁斯大林著作编译局译. 北京: 人民出版社.

马克思 K H, 恩格斯 F. 1995. 马克思恩格斯选集. 第一卷. 中共中央马克思恩格斯列宁斯大林著作编译局译. 北京: 人民出版社.

马克思 K H, 恩格斯 F. 2009. 马克思恩格斯文集. 第一卷. 中共中央马克思恩格斯列宁斯大林著作编译局译. 北京: 人民出版社.

马双, 臧文斌, 甘犁. 2010. 新型农村合作医疗保险对农村居民食物消费的影响分析. 经济学 (季刊), (4): 249-270.

马斯洛 A. 2007. 动机与人格. 许金声, 等译. 北京: 中国人民大学出版社.

马特尔 F. 2013. 论美国的文化. 周莽译. 北京: 商务印书馆.

马玉琪, 扈瑞鹏. 2015. 基于面板分位回归模型的我国城镇居民文化消费影响因素分析. 消费经济, (2): 79-83.

毛丰付, 毛中根. 2016-08-11. 中国文化消费的主体性构建及时代价值. 光明日报, 第 16 版.

毛军, 刘建民. 2016. 财税政策、路径依赖与中国居民消费的区域均衡发展. 中国经济问题, (6): 50-63.

毛磊, 张海斌, 苏昆. 2013. 文化创意集群创新网络中企业协作策略选择机制研究. 统计与决策, (24): 38-40.

毛中根, 孙豪. 2016. 中国居民文化消费增长阶段性分析——兼论文化消费"国际经验"的不适用. 财经科学, (1): 111-120.

毛中根, 叶胥. 2016. 经济新常态与中国文化消费提升: 一致性、新挑战及政策建议. 哈尔滨工业大学学报 (社会科学版), 18 (6): 118-124.

毛中根，杨丽姣. 2017a. 经济全球化背景下供给侧改革与居民消费结构升级. 财经科学，（1）：
　　72-82.

毛中根，杨丽姣. 2017b. 文化消费增长的国际经验及中国的政策取向. 经济与管理研究，38（1）：
　　84-91.

毛中根，孙武福，洪涛. 2013. 中国人口年龄结构与居民消费关系的比较分析. 人口研究，（3）：
　　82-92.

毛中根，杨丽姣，孙豪. 2015. 从生产大国到消费大国的传导机制——兼论美国经验. 哈尔滨工
　　业大学学报（社会科学版），（1）：119-127.

米银俊，王守忠. 2002. 浅析《资本论》中的文化消费. 地质技术经济管理，24（3）：63-66.

聂辰席. 2011. 坚持以文化民生理念推动文化发展　不断满足人民日益增长的精神文化需求. 中
　　国浦东干部学院学报，（2）：62-66.

聂荣，沈大娟. 2016. 农业保险参保决策对农民消费行为影响的实证研究. 东北大学学报（社会
　　科学版），（4）：362-368.

聂正彦，苗红川. 2014. 我国城镇居民文化消费影响因素及其区域差异研究. 西北师大学报（社
　　会科学版），（5）：139-144.

欧翠珍. 2010. 文化消费研究述评. 经济学家，（3）：91-96.

欧阳友权. 2012. 文化产业人才建设：问题与思路. 福建论坛（人文社会科学版），（2）：114-118.

欧阳志刚. 2014. 中国城乡经济一体化的推进是否阻滞了城乡收入差距的扩大. 世界经济，（2）：
　　116-135.

裴宏. 2013. 日本经济. 北京：首都师范大学出版社.

彭翊，李丽. 2015-03-07. 海外经验：推动文化消费的三个路径. 中国文化报，第4版.

齐英艳. 2011. 论生活质量对人的全面发展的影响. 当代世界与社会主义，（6）：155-157.

秦开凤. 2009. 宋代文化消费研究. 陕西师范大学博士学位论文.

秦开凤. 2011. 文化消费内涵辨析. 经济研究导刊，（26）：209-211.

邱玥. 2012-11-29. 文化消费：向质量要比重. 光明日报，第16版.

冉净斐. 2012. 论文化消费对国民幸福的影响. 消费经济，（3）：65-68.

人民论坛"千人问卷"调查组. 2009. 中国居民文化消费倾向. 人民论坛，（17）：36-38.

戎素云，闫韡. 2013. 河北省文化消费条件影响居民文化消费的实证分析. 消费经济，（1）：25-30.

茹慧，曹兴兴. 2010. 城市与小城镇居民家庭文化消费差异及其影响——以陕西关中地区为例.
　　边疆经济与文化，（11）：46-47.

萨森 S. 2005. 全球城市：纽约、伦敦、东京. 周振华，等译. 上海：上海社会科学院出版社.

施涛. 1993. 文化消费的特点和规律探析. 广西社会科学，（3）：95-98，101.

史寒君. 2008. 提高我国农村居民消费质量的探究. 湘潭大学硕士学位论文.

史晓菲. 2007-03-13. 文化消费不应变成奢侈消费. 消费日报，第 A01 版.

司金銮. 1994. 西方消费者问题学术史探源——西方消费者问题学术史初探之一. 消费经济，
　　（4）：47-49.

司金銮. 2001. 我国文化消费与消费文化研究之概观. 兰州大学学报（社会科学版），（6）：153-156.

宋浩. 2013. 北京市城镇文化消费及其对经济增长的影响研究. 首都经济贸易大学硕士学位论文.

宋琪，武婷婷，董朕. 2014. 基于 Theil 指数的我国城镇居民文化消费空间差异测度分析. 理论导
　　刊，（1）：91-93.

宋则，李伟. 2000. 提升我国消费层次的新思路. 经济与管理研究，（5）：21-26.

苏永军，邹晓东. 2000. 上海文化产业发展浅析. 上海大学学报（社会科学版），（4）：55-59.

苏志平，徐淳厚. 1997. 消费经济学. 北京：中国财政经济出版社.

孙立强. 2000. 中国小康社会居民消费质量. 西南财经大学硕士学位论文.

孙志军. 2012. 更加自觉、更加主动地推动文化产业又好又快发展——我国文化产业发展的实践
　　与思考. 红旗文稿，（17）：4-9.

田虹，王汉瑛. 2016. 中国城乡居民文化消费区域差异性研究——基于面板门槛模型的实证检验.
　　东北师大学报（哲学社会科学版），（3）：25-34.

万广华. 2008. 不平等的度量与分解. 经济学（季刊），8（4）：347-368.

汪丁丁. 2011. 转型期中国社会的社会科学研究框架. 财经问题研究，（7）：3-13.

汪建根. 2013-03-05. 我国居民文化消费能力总体偏低. 中国文化报，第 2 版.

汪颖，黄建军. 2016. 当前我国文化贸易政策存在的问题及调整对策. 国际贸易，（1）：64-67.

王虹. 2003. 当代英国社会与文化. 上海：上海外语教育出版社.

王佳元. 2010-11-30. 只发展文化产业满足不了文化消费. 中国经济导报，第 B01 版.

王佳元. 2011-02-19. 3 万亿文化消费缺口谁来弥补. 中国经济导报，第 B05 版.

王家庭，张容. 2010. 我国文化产业发展影响因素及提升路径的区域分析. 统计与决策，（2）：
　　79-81.

王婧. 2008. 中国文化产业经济贡献的影响因素. 统计与决策，（3）：111-114.

王俊杰. 2012. 基于面板数据的河南农村文化消费地区差异研究. 经济地理，（1）：37-40，70.

王猛，王有鑫. 2015. 城市文化产业集聚的影响因素研究——来自35个大中城市的证据. 江西财经大学学报，（1）：12-20.

王启云. 2007. 全面建设小康社会需要和谐消费环境. 消费经济，（6）：37-40.

王启云. 2008. 保护消费者权益，关键在于强化政府部门监管. 消费经济，24（4）：72-76.

王晓兴，陈文江. 1997. 兰州市民文化消费状况调查. 发展，（11）：44-46.

王亚南. 2010a. 全国大中城市文化教育消费需求态势透视——"十一五"期间增长分析、景气排行与预测. 文化艺术研究，3（3）：29-48.

王亚南. 2010b. 提升文化消费与健全社会保障. 云南社会科学，（2）：86-90.

王亚南. 2011a. 全国城镇文化消费民生效应测评——"十五"以来各地景气指数排行. 广义虚拟经济研究，（2）：71-83.

王亚南. 2011b. 中国文化消费需求景气评价报告. 北京：社会科学文献出版社.

王亚南. 2012. 中国文化消费需求景气评价报告. 北京：社会科学文献出版社.

王亚南. 2013a. 全国各地文化消费需求增长状况分析与评价. 广西经济管理干部学院学报，（4）：98-104.

王亚南. 2013b. 中国文化消费需求景气评价报告. 北京：社会科学文献出版社.

王亚南. 2014. 中国文化消费需求景气评价报告. 北京：社会科学文献出版社.

王亚南. 2015. 中国文化消费需求景气评价报告. 北京：社会科学文献出版社.

王亚南. 2017. 中国文化消费需求景气评价报告. 北京：社会科学文献出版社.

王亚南，方彧. 2010. 中国东西部文化消费影响因素异同探析. 广义虚拟经济研究，（1）：65-76.

王颖. 2013. 文化消费与居民收入的敏感性关系分析——基于省际面板数据的实证研究. 浙江工商大学学报，（6）：81-86.

王颖，支大林. 2012. 文化产业生成、运行和发展机制研究. 经济纵横，（9）：19-23.

王裕国. 1996. 居民消费变迁与经济增长方式转换. 财经科学，（1）：17-21.

魏世勇，沈利生. 2014. 基于心理账户的习惯形成. 统计研究，（4）：72-78.

文化部. 2012. "十二五"大力推动重点领域文化科技创新. 中国传媒科技，（11）：8-11.

文启湘，樊秀峰. 2003. 全面建设小康社会与提高居民消费质量的思考. 消费经济，（6）：15-18.

沃尔顿G M，罗考夫 H. 2013. 美国经济史. 第十版. 王钰，等译. 北京：中国人民大学出版社.

吴俐萍. 2006. 创意产业发展的政策支撑体系研究. 科技进步与对策，（11）：21-24.

吴强. 2004. 我国货币政策传导机制研究. 改革，（2）：32-37.

吴石磊. 2014. 中国文化产业发展对居民消费的影响研究. 东北师范大学博士学位论文.

习近平. 2017. 决胜全面建成小康社会夺取新时代中国特色社会主义伟大胜利——在中国共产党第十九次全国代表大会上的报告. 北京：人民出版社.

肖博华，李忠斌. 2014.我国文化产业区域集聚度测算及影响因素研究.统计与决策，（18）：94-97.

肖教燎. 2010. 土地政策传导机制与路径的分析与仿真——以江西省为例.南昌大学博士学位论文.

解学芳. 2011. 公共文化产品供给绩效与文化消费生态研究——以上海为例. 统计与信息论坛，（7）：104-111.

新华社.2014-01-01.建设社会主义文化强国　着力提高国家文化软实力.人民日报，第1版.

熊澄宇. 2012.世界文化产业研究.北京：清华大学出版社.

徐淳厚. 1997.关于文化消费的几个问题.北京商学院学报，（4）：45-48.

徐和清，张桂香. 2013. 收入结构对城镇居民文化娱乐服务消费的影响分析. 消费经济，（6）：51-54.

徐和清，石皓. 2014.城镇居民文化娱乐服务消费的特点及促进机制研究.当代经济管理，（3）：83-87.

徐雪高，张振. 2014.我国城乡居民文化消费的特征及趋势.经济纵横，（10）：35-38.

亚伯拉罕 P，优尔 M. 2005.旅游消费者行为研究.舒伯阳，冯玮译.大连：东北财经大学出版社.

闫鞯. 2012.河北省居民文化消费条件模型和消费条件指数研究.河北经贸大学硕士学位论文.

闫玉刚. 2012. 论中国对外文化贸易政策支持体系构建的五个战略着眼点. 文化产业研究，（1）：173-181.

严小平. 2013.文化消费：拉动文化产业发展的引擎.消费经济，（2）：69-72.

严忠. 2000. 扩展的消费——投资优化模型.数量经济技术经济研究，（8）：44-46.

晏晓丽. 2013. 国内文化消费理论的研究述评.管理工程师，（3）：12-14.

杨冬霞. 2013-03-11. 纽约大都会艺术博物馆 "建议" 门票遭起诉. http://news.cri.cn/gb/36724/2013/03/11/342s4046983.htm.

杨建龙，韩顺法.2013-12-19.文化产业推动我国经济转型升级的若干建议.中国经济时报，第5版.

杨凌.2005-11-04.我省城乡居民文化消费差异有多大？——城市人文娱支出是农民的四倍.河南日报.

杨晓光. 2006a.文化消费对中国文化发展的影响.吉林大学博士学位论文.

杨晓光. 2006b.关于文化消费的理论探讨.山东社会科学，（3）：156-159.

杨延华. 2005.文化消费初探.首都师范大学硕士学位论文.

杨英法. 2013.文化产业集群与文化消费市场间良性互动机制的构建.云南社会科学，（2）：34-38.

杨赞，沈彦皓. 2013. 货币政策传导中房价对居民消费作用的实证分析. 统计与决策，（2）：128-131.

叶朗. 2013. 中国文化产业年度发展报告（2013）. 北京：北京大学出版社.

伊志宏. 2004. 消费经济学. 北京：中国人民大学出版社.

易培强. 2015. 经济新常态下消费发展的基本特征与主要对策. 湖南师范大学社会科学学报，（5）：131-137.

尹世杰. 1994a. 论精神消费力. 经济研究，（10）：71-76.

尹世杰. 1994b. 提高精神消费力与繁荣精神文化消费. 湖南师范大学社会科学学报，（6）：20-24.

尹世杰. 1996. 切实加强对精神文化消费的引导. 消费经济，（6）：1-5.

尹世杰. 1997. 努力提高精神文化消费的质量. 南方经济，（5）：5-7.

尹世杰. 1998. 关于提高旅游消费质量的几个问题. 湖湘论坛，（2）：22-24.

尹世杰. 1999. 知识经济与文明消费. 中南大学学报（社会科学版），（1）：8-11.

尹世杰. 2001a. 我国当前提高居民消费质量的几个问题. 消费经济，（1）：18-23.

尹世杰. 2001b. 中国农村居民消费的几个问题. 湖南农业大学学报（社会科学版），（1）：1-3.

尹世杰. 2003a. 提高消费质量是全面建设小康社会的重要内容和标准. 求索，（5）：10-13.

尹世杰. 2003b. 不断提高消费质量全面建设小康社会. 消费经济，（6）：7-10.

尹世杰. 2004. 人的本质和如何体现与实现以人为本. 求索，（6）：137-139.

尹世杰. 2005-04-26. 提高消费质量须坚持以人为本. 光明日报.

尹世杰. 2011. 消费经济学. 北京：高等教育出版社.

尹世杰，蔡德容. 2000. 消费经济学原理. 北京：经济科学出版社.

于殿利. 2013-12-09. 文化自觉与国际竞争力. 人民政协报，第C03版.

袁海. 2010. 中国省域文化产业集聚影响因素实证分析. 经济经纬，（3）：65-67.

袁志刚，宋铮. 2000. 人口年龄结构、养老保险制度与最优储蓄率. 经济研究，（11）：24-32.

臧旭恒. 2017-02-08. 全面看待消费贡献率大幅提升. 中国社会科学报，第4版.

曾令发. 2006. 管制政策的变迁：一种回溯性政策分析. 理论探讨，（4）：135-138.

查志强. 2014. 浙江发展对外文化贸易的战略方向和政策建议. 中共宁波市委党校学报，（5）：104-109.

张秉福. 2012. 我国文化产业政府规制的现状与问题探析. 图书与情报，（4）：39-47.

张秉福，侯学博. 2013. 全球化背景下的政府规制与文化产业发展. 出版发行研究，（5）：15-19.

张曾芳，张龙平. 2002. 论文化产业及其运作规律. 中国社会科学，（2）：98-106，207.

张大永，曹红. 2012. 家庭财富与消费：基于微观调查数据的分析. 经济研究，（S1）：53-65.

张国祚. 2011. 实施文化强国战略的思考. 红旗文稿，（21）：25-28.

张剑锋. 2008. 文化消费质量略论. 北方论丛，（3）：142-144.

张京成. 2016. 融合创新促进文化消费浅谈. 北京联合大学学报（人文社会科学版），14（4）：17-22.

张京成，沈晓平，张彦军. 2013. 中外文化创意产业政策研究. 北京：科学出版社.

张隽. 2013. 我国农村居民消费质量分析. 河北大学硕士学位论文.

张丽. 2012. 美国文化贸易政策分析及启示. 理论界，（9）：167-169.

张连城，赵家章，张自然. 2012. 高生活成本拖累城市生活质量满意度提高——中国 35 个城市生活质量调查报告（2012）. 经济学动态，（7）：25-34.

张林. 2004. 我国城市居民体育健身消费现状及对策研究. 四川大学硕士学位论文.

张林. 2012. 对我国城市居民体育健身消费现状的探讨. 吉林省教育学院学报（学科版），（5）：137-138.

张蔷. 2013. 中国城市文化创意产业现状、布局及发展对策. 地理科学进展，（8）：1227-1236.

张沁. 2004. 对文化消费可持续发展的思考. 宏观经济管理，（4）：26-29.

张秋惠，刘金星. 2010. 中国农村居民收入结构对其消费支出行为的影响——基于 1997~2007 年的面板数据分析. 中国农村经济，（4）：48-54.

张润森. 1989. 评英国经济的复兴. 世界经济文汇，（4）：23-27.

张苏秋，顾江. 2015. 居民教育支出对文化消费溢出效应研究——基于全国面板数据的门限回归. 上海经济研究，（9）：70-76.

张太原. 2007. 20 世纪 90 年代中国城市居民的文化消费——以北京为例. 当代中国史研究，（1）：102-110.

张为付，胡雅蓓，张岳然. 2014. 生产供给、流通载体与文化产品内生性需求. 产业经济研究，（1）：51-60.

张文珍. 2009. 打造齐鲁文化品牌的思路与对策. 理论学刊，（10）：111-114.

张文珍. 2010-01-22. 提高大众文化消费能力. 人民日报，第 24 版.

张晓明. 2006. 认识文化产业发展不平衡规律　科学制定文化产业发展战略. 理论与当代，（1）：55-61.

张晓明，胡惠林，章建刚. 2009. 2009 年中国文化产业发展报告. 北京：社会科学文献出版社.

张莹，赵丽鹏. 2010-01-27. 如何丰富农村文化生活. 河南日报，第 2 版.

张颖. 2013. 提升我国居民文化消费水平的政策建议. 经济研究导刊，（20）：63-64.

张颖熙. 2014. 中国城镇居民服务消费需求弹性研究——基于 QUAIDS 模型的分析. 财贸经济，
（5）：127-135.

张自然，袁富华，赵家章. 2011. 中国经济发展中的两个反差——中国 30 个城市生活质量调查
报告. 经济学动态，（7）：3-14.

赵爱国. 2013. 文化消费心理学. 福州：福建人民出版社.

赵迪，张宗庆. 2016. 文化消费推动我国消费增长及其结构改善吗？——基于省际面板数据的实
证研究. 财经论丛，（2）：3-10.

赵建国. 2012-08-15. 进一步扩大文化消费拉动内需. 河北日报，第 7 版.

赵彦志，杜朝晖. 2003. 韩国产业组织政策的转变及对我国的启示. 宏观经济管理，（9）：53-55.

郑鈜. 2013. 我国文化消费政策的缺失与治理. 学术论坛，（9）：86-90.

郑志浩，高颖，赵殷钰. 2015. 收入增长对城镇居民食物消费模式的影响. 经济学（季刊），
（4）：263-288.

中华人民共和国文化部. 2013a. 2013 文化发展统计分析报告. 北京：中国统计出版社.

中华人民共和国文化部. 2013b. 中国文化文物统计年鉴. 北京：国家图书馆出版社.

中华人民共和国文化部. 2014. 2014 文化发展统计分析报告. 北京：中国统计出版社.

中央文化企业国有资产监督管理领导小组办公室. 2014. 中国文化消费报告（2014）. 北京：社
会科学文献出版社.

钟廷勇，国胜铁，杨珂. 2015. 产业集聚外部性与我国文化产业全要素生产增长率. 管理世界，
（7）：178-179.

周建，艾春荣，王丹枫，等. 2013. 中国农村消费与收入的结构效应. 经济研究，（2）：122-133.

周莉，顾江，陆春平. 2013. 基于 ELES 模型的文化消费影响因素探析. 现代管理科学，（8）：
12-14，45.

朱晨曦. 2013. 文化消费的可持续性问题研究. 上海交通大学硕士学位论文.

朱伟. 2012. 大学生文化消费现状及影响因素分析. 统计与决策，（17）：115-118.

朱毅蓉. 2003. 福建文化消费的现状及对策. 发展研究，（11）：27-29.

资树荣. 2013. 国外文化消费研究述评. 消费经济，（1）：30-33.

邹红，喻开志，李奥蕾. 2013. 养老保险和医疗保险对城镇家庭消费的影响研究. 统计研究，
（11）：60-67.

邹晓东. 2007. "十五"期间上海市文化消费变动因素研究. 上海经济研究，（6）：59-65.

邹晓东，苏永军. 2000. 上海文化消费相关因素的实证分析. 世界经济文汇，（3）：67-71.

左鹏. 2010. 中国城市居民文化产品消费行为研究. 上海: 上海财经大学出版社.

Alderson A S, Junisbai A, Heacock I. 2007. Social status and cultural consumption in the United States. Poetics, 35 (2~3): 191-212.

Ateca-Amestoy V. 2008. Determining heterogeneous behavior for theater attendance. Journal of Cultural Economics, 32 (2): 127-151.

Atella V, Rosati F C, Rossi M. 2006. Precautionary saving and health risk: evidence from Italian households using a time series of cross sections. Social Science Electronic Publishing, 96 (3): 113-132.

Beck U. 1992. Risk Society: Toward a New Modernity. London: SAGE Publications Ltd.

Blessi G T, Tremblay D G, Sandri M, et al. 2012. New trajectories in urban regeneration processes: cultural capital as source of human and social capital accumulation-evidence from the case of Tohu in Montreal. Cities, 29 (6): 397-407.

Bourdieu P. 1984. Distinction: A Social Critique of the Judgment of Taste. London: Routledge and Kegan Paul.

Bourdieu P. 1986. The forms of capital//Richardson J. Handbook of Theory and Research for the Sociology of Education. New York: Greenwood Press: 241-258.

Bourdieu P, Passeron J C. 1977. Reproduction in education, society and culture. SAGE studies in social and educational change, volume 5. British Journal of Sociology, 30 (1): 75-82.

Bourdieu P, Passeron J C. 1979. The Inheritors: French Students and Their Relation to Culture. Chicago: University of Chicago Press.

Bourgeon-Renault D, Urbain C, Petr C, et al. 2006. An experiential approach to the consumption value of arts and culture: the case of museums and monuments. International Journal of Arts Management, 9 (1): 35-47.

Bowitz E, Ibenholt K. 2009. Economic impacts of cultural heritage-research and perspectives. Journal of Cultural Heritage, 10 (1): 1-8.

Böröcz J, Southworth C. 1996. Decomposing the intellectuals class power: conversion of cultural capital to income, Hungary, 1986. Social Forces, 74 (3): 797-821.

Brito P, Barros C. 2005. Learning-by-consuming and the dynamics of the demand and prices of cultural goods. Journal of Cultural Economics, 29 (2): 83-106.

Bühlmann F, David T, Mach A. 2013. Cosmopolitan capital and the internationalization of the field of business elites: evidence from the Swiss case. Cultural Sociology, 7 (2): 211-229.

Campbell A, Converse P E, Rodgers W L. 1976. The Quality of American Life: Perceptions, Evaluations, and Satisfactions. New York: Russell Sage Foundation.

Carpentier F R D, Brown J D, Bertocci M, et al. 2008. Sad kids, sad media? Applying mood management theory to depressed adolescents' use of media. Media Psychol, 11 (1): 143-166.

Castello A, Domenech R. 2002. Human capital inequality and economic growth: some new evidence. The Economic Journal, 112 (478): 187-200.

Chan T W, Goldthorpe J H. 2007a. Social stratification and cultural consumption: music in England. European Sociological Review, 23 (1): 1-19.

Chan T W, Goldthorpe J H. 2007b. Data, methods and interpretation in analyses of cultural consumption: a reply to Peterson and Wuggenig. Poetics, 35 (4): 317-329.

Chan T W, Goldthorpe J H. 2007c. Class and status: the conceptual distinction and its empirical relevance. American Sociological Review, 72 (4): 512-532.

Chapain C, Cooke P, Propris L D, et al. 2010-11-01. Creative clusters and innovation. http://www.nesta.org.uk/sites/default/files/creative_clusters_and_innovation.pdf.

Cheng S W. 2006. Cultural goods creation, cultural capital formation, provision of cultural services and cultural atmosphere accumulation. Journal of Cultural Economics, 30 (4): 263-286.

Crompton R. 1992. Patterns of social consciousness amongst the middle classes. Consumption and Class, (1): 140-165.

Cuadrado-Garcia M, Montoro-Pons J D D, Perez-Cabanero C. 2010. Consumer satisfaction with cultural events. The case of an art exhibit ions. Apas Papers, 18 (2): 27-44.

Darby M R. 1976. Three-and-a-half million U. S. employees have been mislaid: or an Explanation of unemployment, 1933-1941. Journal of Political Economy, 84 (1): 1-16.

D'Astous A, Colbert F, Nobert V. 2007. Effects of country-genre congruence on the evaluation of movies: the moderating role of critical reviews and moviegoers' prior knowledge. International Journal of Arts Management, 10 (1): 45-51.

Deaton A. 1972. The estimation and testing of systems of demand equations: a note. European Economic Review, 3 (4): 399-411.

Deaton A. 1989. Saving and liquidity constraints. National Bureau of Economic Research Working Paper，
No. 3196.

Deaton A，Muellbauer J. 1980a. An almost ideal demand system. The American Economic Review，
70（3）：312-326.

Deaton A，Muellbauer J. 1980b. Economics and Consumer Behavior. New York：Cambridge University Press.

Dewenter R，Westermann M. 2005. Cinema demand in Germany. Journal of Cultural Economics，
29（3）：213-231.

Dimaggio P. 1982. Cultural capital and school success：the impact of status culture participation on the
grades of U.S. high school students. American Sociological Review，47（2）：189-201.

Dimaggio P，Mohr J. 1985. Cultural capital，educational attainment，and marital selection. American
Journal of Sociology，90（6）：1231-1261.

Diniz S C，Machado A F. 2011. Analysis of the consumption of artistic-cultural goods and services in
Brazil. Journal of Cultural Economics，35（1）：1-18.

Duesenberry J S. 1949. Income，saving and the theory of consumer behavior. Review of Economics &
Statistics，33（3）：111.

Eijck K V. 1997. The impact of family background and educational attainment on cultural consumption：a
sibling analysis. Poetics，25（4）：195-224.

Eijck K V，Oosterhout R V. 2005. Combining material and cultural consumption：fading boundaries or
increasing antagonism. Poetics，33（5）：283-298.

Emmison M. 1997. Transformations of taste：Americanisation，generational change and Australian
cultural consumption. Journal of Sociology，33（3）：322-343.

Friedman M. 1957. A Theory of the Consumption Function. Princeton：Princeton University Press.

Glaeser E L，Laibson D，Sacerdote B. 2002. An economic approach to social capital. The Economic
Journal，112（483）：437-458.

Gormley T，Liu H，Zhou G. 2010. Limited participation and consumption-saving puzzles：a simple
explanation and the role of insurance. Journal of Financial Economics，96（2）：331-344.

Graaf D E，Nan D. 1991. Distinction by consumption in Czechoslovakia，Hungary，and the Netherlands.
European Sociological Review，7（3）：267-290.

Gruber J，Yelowitz A. 1999. Public health insurance and private saving. Journal of Political Economy，
107（6）：1249-1274.

Han S K. 2003. Unraveling the brow: what and how of choice in musical preference. Sociological Perspectives, 46（4）: 435-459.

Han X R, Chen Y F. 2016. Food consumption of outgoing rural migrant workers in urban area of China: a QUAIDS approach. China Agricultural Economic Review, 8（2）: 230-249.

Hanley P, Viney R. 2001. Pressing the red button: consumers and digital television. Cultural Trends, 11（43~44）: 35-60.

Hargittai E. 2000. Open portals or closed gates? Channeling content on the world wide web. Poetics, 27（4）: 233-253.

Hjorth-Andersen C. 2000. A model of the danish book market. Journal of Cultural Economics, 24（1）: 27-43.

Jafari A. 2007. Two tales of a city: an exploratory study of cultural consumption among Iranian youth. Iranian Studies, 40（3）: 367-383.

Janssen S, Peterson R A. 2005. Comparative research on cultural production and consumption. Poetics, 33（5~6）: 253-256.

Judson R. 2002. Measuring human capital like physical capital: what does it tell us? Bulletin of Economic Research, 54（3）: 209-231.

Katz-Gerro T. 1999. Cultural consumption and social stratification: leisure activities, musical tastes, and social location. Sociological Perspectives, 42（4）: 627-646.

Katz-Gerro T. 2006. Comparative evidence of inequality in cultural preferences gender, class, and family status. Sociological Spectrum, 26（1）: 63-83.

Katz-Gerro T, Sullivan O. 2010. Voracious cultural consumption: the intertwining of gender and social status. Time & Society, 19（2）: 193-219.

Keynes J M. 1936. General theory of employment, interest and money. The American Economics Review, 26（3）: 490-493.

Knobloch S, Zillmann D. 2002. Mood management via the digital jukebox. Journal of Communication, 52（2）: 351-366.

Kong M K, Lee J Y, Lee H K. 2008. Precautionary motive for saving and medical expenses under health uncertainty: evidence from Korea. Economics Letters, （1）: 76-79.

Kotlikoff L J. 1986. Health Expenditures and Precautionary Savings. NBER Working Paper, No. 2008.

Kraaykamp G, Eijck K V. 2005. Personality, media preferences, and cultural participation. Personality & Individual Differences, 38（7）: 1675-1688.

Kraaykamp G, Notten N, Bekhuis H. 2015. Highbrow cultural participation of Turks and Moroccans in the Netherlands: testing an identification and social network explanation. Cultural Trends, 24（4）: 286-298.

Kushner R J, Brooks A C. 2000. The one-man band by the quick lunch stand: modeling audience response to street performance. Journal of Cultural Economics, 24（1）: 65-77.

Lamont M, Molnár V. 2001. How blacks use consumption to shape their collective identity: evidence from marketing specialists. Journal of Consumer Culture, 1（1）: 31-46.

Lee K M, Lee S S. 2015. The effects of the high school students' time management behavior on satisfaction with educational consumption and school life. Family & Environment Research, 53（1）: 1-16.

Leland H E. 1968. Saving and uncertainty: the precautionary demand for saving. The Quarterly Journal of Economics, 82（3）: 465-473.

Lin N. 2001. Social Capital: A Theory of Social Structure and Action. Cambridge: Cambridge University Press.

Lin N, Ensel W M, Vaughn J C. 1981. Social resources and strength of ties: structural factors in occupational status attainment. American Sociological Review, 46（4）: 393-405.

Luksetich W, Partridge M. 1997. Demand functions for museum services. Applied Economics, 29（12）: 1553-1559.

Markusen A, King D. 2003. The artistic dividend: the arts' hidden contributions to regional development. Project on Regional and Industrial Economics, Humphrey Institute of Public Affairs, University of Minnesota.

Maynard A, Qiu J. 2009. Public insurance and private saving: who is affected and by how much. Journal of Applied Econometrics, 24（2）: 282-308.

Mencarelli R. 2008. Conceptualizing and measuring the perceived value of an arts venue as applied to live performance. International Journal of Arts Management, 11（1）: 42-59.

Meyer H D. 2000. Taste formation in pluralistic societies: the role of rhetorics and institutions. International Sociology, 15（1）: 33-56.

Modigliani F, Brumberg R E. 1954. Utility analysis and the consumption function: an interpretation of cross-section data. Journal of Post Keynesian Economics: 383-436.

Molotch H. 1996. L. A. as design product: how art works in a regional economy//Scott A J, Soja E W. The City: Los Angeles and Urban Theory at the End of the Twentieth Century. Berkeley and Los Angeles: University of California Press: 225-275.

Montoro-Pons J D, Cuadrado-García M. 2011. Live and prerecorded popular music consumption. Journal of Cultural Economics, 35 (1): 19-48.

Muñiz C, Rodríguez P, Suárez M J, 2014. Sports and cultural habits by gender: an application using count data model. Economic Modelling, 36 (1): 288-297.

Nan D D G, Graaf P M D, Kraaykamp G 2000. Parental cultural capital and educational attainment in the Netherlands: a refinement of the cultural capital perspective. Sociology of Education, 73 (2): 92-111.

North A C, Hargreaves D J, O'Neill S A. 2000. The importance of music to adolescents. British Journal of Educational Psychology, 70 (2): 255-272.

Pakulski J, Waters M. 1996. The Death of Class. London: Sage.

Pratt A C. 2004. Creative clusters: towards the governance of the creative industries production system? Media International Australia Incorporating Culture and Policy, 112 (1): 50-66.

Prieto-Rodríguez J, Fernández-Blanco V. 2000. Are popular and classical music listeners the same people? Journal of Cultural Economics, 24 (2): 147-164.

Putnam R D. 2001. Social capital, measurement and consequences. Canadian Journal of Policy Research, (1): 41-51.

Rásky B, Wolf Perez E M. 1996. Cultural Policy and Cultural Administration in Europe: 42 Outlines. Vienna: Österreichischen Kulturdokumentation.

Rentfrow P J, Gosling S D. 2003. The do re mi's of everyday life: the structure and personality correlates of music preferences. Journal of Personality and Social Psychology, 84 (6): 1236-1256.

Rentfrow P J, McDonald J A. 2009. Music preferences and personality//Juslin P N, Sloboda J. Handbook of Music and Emotion Oxford. Oxford: Oxford University Press: 669-695.

Rentfrow P J, Goldberg L R, Zilca R. 2011. Listening, watching, and reading: the structure and correlates of entertainment preferences. Journal of Personality, 79 (2): 223-258.

Richards G. 1996. Production and consumption of European cultural tourism. Annals of Tourism Research, 23 (2): 261-283.

Ringstad V. 2005. Kulturøkonomi (Cultural Economics) . Oslo: Cappelen Akademisk Forlag.

Rostow W W. 1971. Politics and the Stages of Growth. Cambridge: Cambridge University Press.

Rozin P, Riklis J, Margolis L. 2004. Mutual exposure or close peer relationships do not seem to foster increased similarity in food, music or television program preferences. Appetite, 42 (1): 41-48.

Saha L J. 2003. Cultural and social capital in Asian and Pacific countries//Keeves J P, Watanabe R. International Handbook of Educational Research in the Asia-Pacific Region. Berlin: Springer Netherlands: 59-72.

Saha L J. 2015. Cultural and social capital in global perspective//Zajda J. Second International Handbook on Globalisation, Education and Policy Research. Berlin: Springer Netherlands: 767-778.

Schor J. 1999. The new politics of consumption//Schor J, Holt D. The Consumer Society Reader. New York: The New Press: 446-462.

Schutte N S, Malouff J M. 2004. University student reading preferences in relation to the big five personality dimensions. Reading Psychology, 25 (4): 273-295.

Scott A J. 1997. The cultural economy of cities. International Journal of Urban and Regional Research, 21 (2): 323-339.

Selfhout M, Branje S B T, Meeus M. 2009. The role of music preferences in early adolescents' friendship formation and stability. Journal of Adolescence, 32 (1): 95-107.

Sintas J L, Álvarez E G. 2002. The consumption of cultural products: an analysis of the Spanish social space. Journal of Cultural Economics, 26 (2): 115-138.

Sit J, Merrilees B, Grace D A. 2003. A conceptual framework for entertainment consumption at shopping centres: an extension to functional congruity of satisfaction. American Academic & Scholarly Research Journal, 6 (4): 1302-1303.

Situmeang F B I, Leenders M A A M, Wijnberg N M. 2014. History matters: the impact of reviews and sales of earlier versions of a product on consumer and expert reviews of new editions. European Management Journal, 32 (1): 73-83.

Siu Y M, Zhang J F, Ho K Y, et al. 2013. Cultural consumption and consumer well-being: implications from the self-determination theory//Guerrero J E. Fifth International Conference on Service Science and Innovation. New York: IEEE: 1-4.

Spitz A, Horvát E Á. 2014. Measuring long-term impact based on network centrality: unraveling cinematic citations. Plos One, 9 (10): e108857.

Stanton-Salazar R D, Chávez L F, Tai R H. 2001. The help-seeking orientations of Latino and non-Latino urban high school students: a critical-sociological investigation. Social Psychology of Education, 5 (1): 49-82.

Stigler G J, Becker G S. 1977. De gustibus non est disputandum. The American Economic Review, 67 (2): 76-90.

Thaler R. 1985. Mental accounting and consumer choice. Marketing Science, 4 (3): 199-214.

Theil H. 1965. The information approach to demand analysis. Econometrica, 33 (1): 67-87.

Throsby D. 2010. The Economics of Cultural Policy. New York: Cambridge University Press.

Tirre W C, Dixit S. 1995. Reading interests: their dimensionality and correlation with personality and cognitive factors. Personality & Individual Differences, 18 (6): 731-738.

Turrini A. 2006. Measuring audience addiction to the arts: the case of an Italian theatre. International Journal of Arts Management, 8 (3): 43-53.

Urrutiaguer D. 2002. Quality judgements and demand for French public theatre. Journal of Cultural Economics, 26 (3): 185-202.

van Eijck K. 1997. The impact of family background and educational attainment on cultural consumption: a sibling analysis. Poetics, 25 (4): 195-224.

van Eijck K, van Oosterhout R. 2005. Combining material and cultural consumption: fading boundaries or increasing antagonism? Poetics, 33 (5): 283-298.

Wagstaff A, Pradhan M. 2005. Health insurance impacts on health and nonmedical consumption in a developing country. The World Bank Policy Research Working Paper, No. 3563.

Wan J, Suo H, Han H, et al. 2011. The allocation of time to sports and cultural activities: an analysis of individual decisions. International Journal of Sport Finance, 6 (3): 245-264.

Weaver III J B. 2003. Individual differences in television viewing motives. Personality & Individual Differences, 35 (6): 1427-1437.

White M J, Glick J E. 2000. Generation status, social capital, and the routes out of high school. Sociological Forum, 15 (4): 671-691.

Willis K G, Snowball J D. 2009. Investigating how the attributes of live theatre productions influence consumption choices using conjoint analysis: the example of the national arts festival, South Africa. Journal of Cultural Economics, 33（3）: 167-183.

Wilska T A. 2002. Me-a consumer? Consumption, identities and lifestyles in today's Finland. Acta Sociologica, 45（3）: 195-210.

Zeldes S P. 1989a. Consumption and liquidity constraints: an empirical investigation. Journal of Political Economy, 97（2）: 305-346.

Zeldes S P. 1989b. Optimal consumption with stochastic income: deviations from certainty equivalence. Quarterly Journal of Economics, 104（2）: 275-298.

Zimmer A, Toepler S. 1999. The subsidized muse: government and the arts in Western Europe and the United States. Journal of Cultural Economics, 23（1~2）: 33-49.

索　引

C

财政政策 286 287 323 324 327-329 331-333 339

产业集聚 15 16 20 172-186 325 339

产业政策 21 26 173 323 325 331-334

G

高雅文化消费 14 26 353

个人文化消费 14 24 25 40 111 114

公共文化消费 14 24 25 89 90 125 233 357

供给侧结构性改革 18 355

规制政策 331 332 335 336 341

国际经验 15 19 21 76 78 79 91 305 323-327 352

J

家庭特征 15 16 20 146-149 156 159 161 164

M

贸易政策 323 326 327 331 332 336

R

人才政策 323 325 326 331 332 335

S

社会主要矛盾 1 3 4 9

收入结构 15 126 127 129-131 133 137-139

T

调控机制 17 322 342

通俗文化消费 14 26 353

W

文化建设 1-4 7 20 29 44 73 75 126 187 188 230 232 238 352 353 357 358

文化竞争 7 8 353

文化消费结构 63 66 77 89 92 96 103 190 215 221 265 275 282 290-292 301 304 329 331

文化消费满意度 16-18 20 21 24 43 54 55 122 123 230 233-241 243-251 253 255-261 331 332 338 340 341

文化消费数量 24 26 42 44 46 54 89
　　　121　188　191　215　236
　　　329　338　340　344　345
　　　348 352
文化消费质量 43 50 52 54 69 72-74
　　　89　122　187-195　199-
　　　229　234　239　265　314
　　　338 340
文化消费主体性 4-6 353
文化自觉 5 7 47
文化自信 1 2 7 8 47 322 354
　　　　　　　X
消费差距 66 73 78 89 90 103 104 106
　　　111-120 193 210 221
消费环境 24 38 53 69 71 78 87 123
　　　160　177　179　183　186　189
　　　305 311 319 331 336 339
消费客体 24 32 46 50 162 177 178
　　　189 235 332 344

消费理念 17 18 73 124 314 339 353
　　　354
消费能力 46 50 69-71 73 77 88 125
　　　139　234　246　258　305　306
　　　319 331 333 337 344 347
消费升级 8 10 13 188 202
消费时间 21 24 46 124 232 243 258
消费意愿 17 21 23 46 50 77 78 162
　　　305　316　319　320　331　334
　　　336 338 345 347 350
消费预期 17 18 21 158 305 308 317
　　　318　321　338　347　351　352
　　　354
消费主体 4-6 23 24 30-32 46 47 50 52
　　　131　160　162　176　178　189
　　　332 344 353
新时代 1 4 7 9 15 18 19 59 73-75 78
　　　188 322 331 353

后　记

本书是在国家社会科学基金重大项目"我国文化消费提升路径与机制研究"（14ZDA052）研究报告基础上形成的专著成果。从重大项目立项伊始到成书，是我和团队成员不断学习和辛苦工作的过程。

2014年7月，我有幸获得国家社会科学基金重大项目资助，对作为青年研究者的我来说，既是极大的鼓励，又是一份鞭策。9月，课题组组织召开项日开题报告会，四川省社会科学规划办公室主任黄兵、副主任赵静，新华社副社长、高级编辑严文斌（时任新华社对外新闻编辑部主任），武汉大学方卿教授，中国人民大学方福前教授、陈奇佳教授，南京大学高波教授，《天府新论》副总编谢莲碧，湖南师范大学何昀副教授，哈尔滨工业大学洪涛教授，浙江工商大学毛丰付教授，安徽工业大学王先柱教授，重庆大学校长张宗益教授（时任西南财经大学校长），西南财经大学副校长尹庆双教授、原校长王裕国教授、李萍教授、蔡春教授、任栋教授、寇纲教授、尹志超教授等专家学者和课题组成员出席研讨会，与会专家学者提出了许多建设性意见。课题组在项目申请书的基础上进一步详细论证了研究框架与重难点，为研究工作顺利开展打下基础。

项目执行期间，课题组多次召开小型研讨会，对研究的进度和过程中出现的重点问题进行剖析与讨论，并不断咨询各类专家、学者与青年才俊。除上述专家学者外，还邀请和咨询过湘潭大学副校长刘长庚教授，中国社会科学院财经战略研究院副院长夏杰长研究员，《新华文摘》李朱副编审，中国社会科学院世界经济与政治研究所田丰研究员，复旦大学廖圣清教授，中国人民解放军国防大学政治学院张明之教授，山东财经大学靳卫东教授，西南财经大学邹红教授、朱雨可副教授等。他们的智力贡献，进一步提升了项目的研究水平。衷心感谢他们的大力支持和帮助。同时，也要感谢在课题研究和本书出版过程中，参与撰写的各位课题组成员，他们是洪涛、何昀、毛丰付、张明之、靳卫东、叶胥、桂河清、孙豪、杨丽姣、武优勐、谢迟、袁艺婉、徐椿皓、王超超、甘付强等，以及为项目和成书贡献力量的卢碧丽、张利佳、林彦妗等。

在课题研究和本书出版过程中，一直得到我所在单位西南财经大学各位领导及同仁的关心、帮助与支持，使我和课题组能够排除困难、砥砺前行。

本书入选《国家哲学社会科学成果文库》，非常感谢全国哲学社会科学规划办公室、评审专家组和各位工作人员。同时，特别感谢科学出版社经管分社社长马跃的大力支持。

成书之际，著名经济学家、南京大学原党委书记、南京大学文科资深教授洪银兴教授欣然为本书作序。这对我是一个巨大的鼓舞。

国家社会科学基金重大项目虽然顺利结项，但我们不忘记学术研究的初心，继续前行，努力为我国的文化经济理论发展贡献绵薄之力。这几年对文化消费的关注，更让我们明白“文化兴国运兴”的道理，深感文化自信的重要性。

毛中根

2017年11月于成都